Josef Müller
Ziemlich bester Schurke

Kontakt

josef.mueller@ziemlich-bester-schurke.de

Facebook: Ziemlich Bester Schurke

Blog: www.ziemlich-bester-schurke.de

Josef Müller

Ziemlich bester Schurke

Wie ich immer reicher wurde

Bibliografische Information der Deutschen Nationalbibliothek
Die Deutsche Nationalbibliothek verzeichnet diese Publikation in der Deutschen Nationalbibliografie; detaillierte bibliografische Daten sind im Internet über www.dnb.de abrufbar.

© 2013 by Brunnen Verlag Basel

Redaktion: Bernhard Meuser

Umschlag: Reinhold Banner, Grafik Designer, Augsburg
Foto Umschlag vorne und Foto Klappe: Daniel Biskup
Foto Umschlag hinten: Josef Müller
Fotos Innenteil: © Josef Müller, außer die letzten 5 Bildseiten: Daniel Biskup
Satz: InnoSet AG, Justin Messmer, Basel
Druck: CPI Books, Ebner & Spiegel, Ulm
Printed in Germany

ISBN 978-3-7655-1595-8

Inhalt

Kein Vorwort 7

1. Es stimmt, ich war ein Schurke 9
2. Auf der Überholspur 19
3. Roll on! 30
4. Gnadenlos Geld machen! 47
5. Die Logik der Gier 60
6. Der Sündenfall 75
7. Gangstergeschichte am Bosporus 81
8. Das Millionenspiel I: Negerschecks und blaue Koffer . . . 91
9. Das Millionenspiel II: Geld stinkt! 111
10. Das Millionenspiel III: Pleite unter Kunstfreunden 122
11. Das Millionenspiel IV: Die Wahrheit über Bruce 134
12. Nobel geht die Welt zugrunde 144
13. Liebe, Angst, Vergessen 157
14. Fliehen Sie! 165
15. Die Verschwörung der chinesischen Glückskekse 172
16. Gut geplant ist halb geflohen 183
17. Unterschlupf mit Meerespanorama 192
18. Wie ich von Familie Dean adoptiert wurde 208
19. Second Life in Reality 221
20. Das FBI auf meinen Fersen 230
21. Schaut her, ich bin's! 239
22. Müller on the rocks 245

23. Der Traum	255
24. Die Change-Manager kommen an Bord	267
25. Luftnummer mit Taube	275
26. Blind Date – oder: Alles auf Anfang	280
27. Ostern für Sad Max	290
28. Mein neues Leben ist *on track*	295
Epilog	299
Danksagung	300
Anmerkungen	303
Anhang	305

Kein Vorwort

«Für alle, die Dich wirklich kennen,
die Du geschädigt, gedemütigt, belogen, betrogen
und mit einer Eiseskälte
skrupellos ausgenommen hast
– und das sind ja nicht wenige –,
ist Deine *wundersame Wandlung*
noch einmal ein Schlag ins Gesicht!
Der Heiligenschein steht Dir nicht, Josef Müller!»

Aus einer E-Mail an den Autor

1
Es stimmt, ich war ein Schurke

Zwischen mir und meinem Gesprächspartner am Telefon mochten gut und gern 3000 Seemeilen liegen. Aber die knappe, kalte Drohung, die der Mann aus sich herauszischte, schoss mir wie glühende Lava ins Ohr.

Am anderen Ende der Leitung befand sich einer, mit dem nicht zu spaßen war. Der Name des Mannes war Bruce. Es gab Zeiten, da hielt ich Bruce für einen «Good Guy», einen verrückten Hund, einen coolen Typen, einen Superkumpel, auch für einen Freund, oder was ich damals so «Freund» nannte.

Bruce war großzügig; er verbreitete internationales Flair um sich herum, und er sah nun wirklich nicht schlecht aus: jung, drahtig, erfolgreich. Man konnte prima mit ihm in Bars abhängen, die Weltpolitik kommentieren oder mit sündhaft teuren Motoryachten die küstennahe See durchpflügen. Zu den Ritualen gehörte auch, dass man permanent ein paar dieser parasitär herumhängenden Models startklar machte für die Nacht – und ab und an eine Nase Kokain miteinander teilte, wenn der Kick nachließ.

Jetzt drohte mir «mein Freund» mit einem Killer, den er mir ganz gewiss auf den Hals schicken würde, wenn ich nicht innerhalb kürzester Zeit eine hohe Summe seiner Millionen, die er mir anvertraut hatte, an seine Frau transferieren würde – Geld, das ich dummerweise gerade an der Börse verzockt hatte.

Die Illusion, dass es sich bei meinem Freund Bruce um einen soliden amerikanischen Geschäftspartner handelte, dem ich bei einer größeren interkontinentalen Geldtransaktion behilflich war, besaß ich schon lange nicht mehr. Bruce war einer der gesuchtesten amerikanischen Drogengangster. Und ich war sein Geldwäscher. Er war der Gangster, und ich war der ...

Ja, was war ich bloß? Ich ließ es in der Grauzone, denn ich wollte nicht darüber nachdenken, wer ich war und welches Mäntelchen ich mir umhängen müsste. Mein Dasein bestand aus einem Mix aus Sein und Schein, mit dem es sich prächtig leben ließ: Josef Müller, der vitale «Dreadnought», der Fürchtenichts und Kraftprotz im Rollstuhl, der es allen, allen, allen gezeigt hatte. Josef Müller, der clevere, unorthodoxe Geschäftsmann, der aus dem Nichts kam, aber einen untrüglichen Riecher für Geld und Erfolg besaß. Josef Müller, der Selfmademan, der ökonomisch durch jede Wand ging. Josef Müller, der Grandseigneur – Botschafter von Zentralafrika, Konsul von Panamá, Mann von Welt –, der sich aus kleinen Verhältnissen in Fürstenfeldbruck bei München in den internationalen Jetset hochgebeamt hatte. Josef Müller, der Genussmensch und Frauenliebhaber ...

So ungefähr sah mein Selbstbild aus. Identität konnte man das nicht nennen, denn ich war gar nicht bei mir. Ich lebte ein Puzzle von geliehenen Identitäten, in denen ich mich pausenlos spiegelte. «A Hund is er scho» – sagen die Bayern, wenn sie finden, dass jemand ganz besonders unangepasst, clever und stark ist. Ja, «a Hund» wollte er sein, der Müller! Den Daumen sollten sie heben, mit den Augen sollten sie zwinkern bei der Nennung seines Namens. Zwanzig Sekunden genügten, und der Hund kam auf den Hund.

Ich sackte in mich zusammen; ein Nervenbündel, dessen schweißnasse Hände einen Hörer umkrallten. Alles, was ich war und zu sein glaubte, wurde in einem Moment zerschossen. Zerschossen durch die zischende Stimme von Bruce, dem Drogenboss, zerschossen durch einen mysteriösen Anruf aus der Zelle des Hochsicherheitstraktes eines Gefängnisses in Florida.

«Bruce *ist* kein Killer ... Bruce ist doch kein *Killer*, he!, *er* doch nicht», beschwor ich mich selbst. Aber eigentlich hatte ich genug gesehen. Bruce agierte in einem Umfeld, in dem ein Menschenleben nichts zählte. Die diskrete Bande von Kubanern und anderen Latinos, die ihn, seine Familie und seine Freunde umgab, ob man sich nun am Pool, auf Reisen oder an der Bar befand, trug Waffen unter den Sakkos. Die geschniegelten Herrschaften dienten offiziell der Personensicherung, waren aber lebensgefährlich für alle, die sich den Anweisungen des

1 · Es stimmt, ich war ein Schurke

Clans nicht willenlos ergaben. Für 1000 Dollar plus Tickets einen, besser zwei Latinokiller zu engagieren, sie über den Teich zu schicken, um mich hinzurichten – das, so konnte ich mir ausmalen, musste für Bruce, sogar vom Knast in Florida aus, ein Kinderspiel sein.

Die nächsten Wochen waren Horror pur. Ich wagte kaum, das Haus zu verlassen, schreckte zusammen, wenn es nur klingelte, wollte partout nicht zur Tür gehen. Verließ ich trotz meiner panischen Ängste das Haus, sah ich hinter jeder Ecke einen Pistolero lauern. Ich fixierte jede Gestalt, die in meine Nähe kam. Hatte der Mann da nicht dunkle Haare? Dieser Typ da, mit der Sonnenbrille! Sah er nicht aus wie ein Latino? Wie viel hatte ihm Bruce versprochen? In Parkhäusern meinte ich das dumpfe Ploppen einer schallgedämpften Waffe zu hören. Wenn ich mit dem Auto durch die Stadt fuhr, schreckte ich schon zusammen, wenn jemand neben mir an der Ampel hielt. Aus den Augenwinkeln heraus beobachtete ich den Fahrer. He!, sah er nicht wie ein gedungener Mörder aus? Ganz sicher würde er gleich das Seitenfenster herunterlassen, blitzschnell die Waffe auf dem Beifahrersitz ergreifen, das Mündungsrohr auf mich anlegen, abdrücken und mit Vollgas durchstarten.

Mit der Zeit stieg in mir die Hoffnung, dass sie mich nicht gleich umlegen würden. Bruce wollte ganz bestimmt wissen, wo seine Millionen sind. Denn dass er mir die Geschichte mit dem Pech meiner Börsenspekulation nicht glaubte, war mir klar. Er musste annehmen, dass ich ihn übers Ohr gehauen hatte.

So bekam ich über Nächte hinweg Albträume, in denen ich mich immer wieder von zwei seiner düsteren Jungs gefoltert sah, und zwar drehbuchmäßig, brutal, blutig. Ganze Thriller, von denen ich wohl in meinem Leben zu viele gesehen hatte, liefen in meinem Hirn ab. Mein inneres Filmzentrum erfand physische Qualen, mit denen mich meine Peiniger zwingen wollten, den Aufenthaltsort des Geldes preiszugeben.

Wie sollte ich ihnen aber klarmachen, dass es das schöne Geld von Bruce, all die vielen Millionen, die ich auf so abenteuerliche Weise nach München geschmuggelt hatte, gar nicht mehr gab? Es hatte sich in nichts aufgelöst. Weggeschmolzen, wie Schnee in der Sonne. *Hier,*

Jungs, die Auszüge! Seht doch selbst. Keine Dollar mehr. Null, absolut null – Zero. Bitte glaubt mir doch!

Nacht für Nacht wachte ich auf, schweißgebadet, und hatte schreckliche Angst vor der Rache von Bruce, Angst sogar vorm Wiedereinschlafen, denn mich erwartete nur die Hölle neuer, schlimmer Träume.

In Wahrheit existierte die Gefahr nicht. Aus irgendeinem rätselhaften Grund musste Bruce entschieden haben, (jetzt) nicht gegen mich vorzugehen. Es genügte, dass die Angst da war. Dass sie da war und zur großen, bedrohlichen Macht in meinem Alltag wurde.

Im Feuer dieser Angst verstand ich langsam, wer ich wirklich war: ein Mitspieler des Bösen. Das Böse war keine Fiktion in schlechten Kriminalromanen; es existierte, quoll aus allen Ritzen, brach in meine sauber kontierte Welt ein, entwickelte eine unsichtbare, aber tödliche Omnipräsenz. Ich stand in aktiver Geschäftsverbindung mit dem Bösen, war Teil des bösen Systems, das sich jetzt gegen mich richtete und mich zu vernichten drohte. Morgen Früh vielleicht – auf dem Parkplatz von Edeka. Oder im Wald. Oder an einem Sommertag im Biergarten. Kopfschuss. Ende.

Als ich noch ein Kind war, hatte meine Mutter immer den alten Spruch zur Hand gehabt: «Sag mir, mit wem du umgehst – und ich sage dir, wer du bist.» Wie alle Kinder mochte ich den Spruch nicht. Ich wusste schon selbst besser, wer zu mir passte und wer nicht. Das musste ich mir nicht von den Eltern sagen lassen. Jetzt aber – im Feuer der Angst – kam mir zu Bewusstsein, dass ich einen Gangster meinen «Freund» genannt hatte. Wie weit war ich denn heruntergekommen? War ich selbst zum Gangster geworden? Ich habe das ehrlich erwogen. Damals zum ersten Mal, später immer wieder. In Morgenstunden, in denen mir der Suff und die Drogen des Vortages noch in den Kleidern hingen, in einsamen Nächten auf der Flucht, im Gefängnis.

Ich habe es hundertmal durchgekaut, und ich kann sagen, ein Gangster – nein, das war ich nicht. Die Mädels hatten es immer gut bei mir. Ich war nie kalt, bin nie über Leichen gegangen. Ja, ich bin sicher, es gab Gesetze, gegen die ich nicht verstoßen habe. Trotzdem hätte mir mit ein wenig Fantasie aufgehen können, dass all das schöne Geld, das mir zufloss wie der Mississippi dem Ozean, mit Blut und Tränen bezahlt wurde, mit Hunger, Elend, Ausbeutung, Suchtverfall, Menschenhandel und eben mit Mord. Trotzdem – ein Gangster war ich nicht.

Aber damit ist meine mühsame Ehrenrettung auch schon zu Ende. Es stimmt, ich war ein Schurke. Ich war Teil des Systems, habe schief in einer schiefen Welt gelebt, habe fünfe grad sein lassen, habe gelogen, betrogen und getrickst, Bilanzen geschönt und Schönheiten bilanziert. Ich war, wenn man so will, sogar ein *ziemlich bester Schurke* – ein weitgehend prinzipienloses, durchtriebenes, geldgieriges Wesen, etwas zwischen Biedermann und Spitzbub, Steuerarrondierer und Halbganove.

Ja, ich habe Menschen geschädigt und gedemütigt, bin leichtfertig mit fremdem Eigentum umgegangen, habe einige Dumme ausgenommen und Freunden etwas zugeschustert, habe um mein Leben geprasst, geschlemmt, gekokst, gesoffen und gehurt. Dass es jenseits meiner Champagner-, Kaviar- und Luxusfrauen-Welt Massenelend und Hungertod, Aids-Tragödien und Kindersoldaten gab, geschah außerhalb meines Horizonts. Ich hatte damit nichts zu tun. Ich war eben ein Egozentriker und Schurke. So war es. Punkt.

Dass ich freilich, wie mir jemand schrieb, der mich sonst treffend charakterisiert hat, andere mit «Eiseskälte skrupellos ausgenommen» hätte, bestreite ich, wo ich sonst alles bekenne. Es ist nicht wahr. Der berühmte Freiherr Knigge hat in seinem Buch *Über den Umgang mit Menschen* auch ein Kapitel geschrieben, in dem etwas vom richtigen Umgang mit meinesgleichen zu lesen ist. Darin befindet Knigge, Schurken seien «Leute, die von Grund aus schlecht sind ... obgleich ich dafürhalte, dass – ein bisschen Erbsünde abgerechnet – eigentlich kein Mensch von Grund aus ganz schlecht, wohl aber durch fehlerhafte Erziehung, Nachgiebigkeit gegen seine Leidenschaften oder durch Schicksale, Lebenslagen und Verhältnisse, so verwildert sein könne, dass von seinen natürlichen guten Anlagen fast keine Spur mehr zu sehen ist».

Knigge hilft mir etwas: Ja, ich war ein schlimmer Hund. Andererseits befand ich mich doch auch in bester Gesellschaft. Business und Moral sind in den letzten Jahrzehnten eine neue Beziehung miteinander eingegangen. Der einst berühmte «ehrbare Kaufmann» bringt es zu nichts mehr – allenfalls uns zum Schmunzeln. Im Geschäftsleben sind so viele geistig verwildert; durch die Verhältnisse sind ihnen die guten Anlagen, die Ahnungen von Anstand, die Restbestände von Erziehung, die Zehn Gebote, alle irgendwie feststehenden Maßstäbe, abhanden gekommen. Cleverness rules. Wie oft habe ich den Satz gehört: «Das nehm' ich auf meine Kappe!»? Wahrscheinlich hat ihn «Mister Lehman» auch zu seinen «Brothers» gesagt. Es kommt schon nicht raus! Fragt doch keiner danach!

Das Wichtigste scheint zu sein, dass mir keiner auf die Schliche kommt: nicht die Steuerbehörde, nicht meine Frau, nicht die Polizei, nicht der Allmächtige. Solange keiner von meinen Schweizer Konten weiß, bin ich Moralist. Der Mega-GAU ist die *Entdeckung,* nicht das Vergehen selbst. Die Entdeckung erst macht dich a-sozial; sie macht dich zum Schurken. Das ist übrigens jederzeit vergleichbar mit den aktuellen Fällen, die zurzeit durch Deutschlands Medienlandschaft gepeitscht und bis zum Geht-nicht-mehr ausgeschlachtet werden.

Bei mir war es einfach so, dass ich bis über beide Ohren fixiert war auf Geld und Erfolg. Ich diente diesen beiden Götzen mit Hingabe und Vollendung, ein Sklave, der sich selbst ausbeutet und wirklich alles gibt. Und weil meine Herren so hart waren, belohnte ich mich mit königlichen Genüssen. Zwischen exotischen Limousinen, Luxussuiten, Edelklamotten, Trüffel, Kaviar, Drogen und Frauen bestand nur ein gradueller Unterschied. Das Gute war nicht das Gute an sich. Es gab nichts objektiv Gutes. Gut war, was sich mir zum Genuss darbot, was ich mir einverleiben konnte. Der Rest war Dreck. Ich kannte keine andere Ethik. Zumindest fühlte ich sie nicht.

Es kam vielleicht hinzu, dass ich mit siebzehn Jahren durch einen grausamen Unfall in den Rollstuhl gezwungen wurde; ein Geschick, das für einen Vitalitätsbolzen und geborenen Unternehmer wie mich einfach nicht passte. Ich akzeptierte von da an keine Limitationen, auch nicht solche vom Schicksal, vom Himmel oder von weiß Gott woher. Ich wollte nicht nur das gleiche volle, satte, runde Leben wie alle anderen. Ich wollte mehr davon, deutlich mehr!

Pure Lust am Leben trieb mich immer hin zum größeren Spiel, zu starken Erfahrungen, riskanten Einsätzen. Ich gründete nicht *eine* Firma; es mussten gleich deren fünf und mehr sein. Mir genügte nicht *ein* Rolls Royce. Es musste gleich eine ganze Kollektion der teuersten Automobile der Welt her – von Maybach bis Ferrari. Mir genügte nicht *eine* erotische Eroberung; es mussten immer neue Betttrophäen her. Und wenn ich mit meinem rollenden Charme an eine Grenze kam, kaufte ich mir Liebe. Das horizontale Gewerbe hat gut von mir gelebt, wobei ich mich in bester Münchner Gesellschaft befand: Sänger, Journalisten, Politiker, Firmenbosse, Theaterleute.

Das Buch, das Sie, liebe Leserin, lieber Leser, in der Hand haben, gibt zu manchen Missverständnissen Anlass. *Erstens* ist es *kein* weiteres Schurkenstück. Von bestens eingeführten Schurken (wie mir) nimmt man nämlich an, dass sie fortlaufend neue Schurkereien produzieren, wie Bäcker fortlaufend Backwaren produzieren, solange sie nicht die Profession wechseln. Ich, Josef Müller, bin immer noch derselbe Mensch, aber ich bin kein Schurke mehr – und dieses Buch ist kein Schurkenstück.

Ein Schurkenstück wäre es, wenn ich nun zum Ende hin, wo ich «11-Millionen-Euro-Betrüger» (so jedenfalls nannte mich anfangs die Boulevardpresse) mit nichts anderem mehr Reibach machen kann, mein filmreifes Leben selbst zu Markte trage – und dabei all die Geschädigten, Geprellten, Betrogenen («Josef Müller, wo ist mein Geld!?») zu unfreiwilligen Komparsen einer geilen Story mache.

Absahnen ist nicht mehr; das Geld bleibt mir ja nicht. Der frühere Hartz-IV-Empfänger Josef Müller hat so immense Schulden, dass sich seine vielen Gläubiger auch bei einer Steven-Spielberg-Verfilmung seiner Vita keine allzu kühnen Hoffnungen machen sollten. Trotzdem: Sollte ich den entstandenen Schaden gegenüber meinen Gläubigern je wenigstens teilweise wiedergutmachen können, so möchte ich das gerne tun.

Zweitens habe ich das Buch nicht geschrieben, um meine Person mit Glanz und Gloria zu versehen, meine gesellschaftliche Reputation final noch etwas anzuheben, meine Untaten literarisch zu verklären, einen Bestseller zu landen, um endlich wieder reich und glücklich zu werden. Reich werde ich nie wieder. Glücklich bin ich.

Drittens habe ich die Ereignisse dieses Buches nicht zu Papier gebracht, um vorab zu meiner Heiligsprechung beizutragen. Es geht durch die Bank um eine fatale Reise in die völlig falsche Richtung. Es geht um höchst fragwürdiges, nicht zur Nachahmung empfohlenes Handeln. Es geht um brutale ethische Aussetzer, meinen sukzessiven Wirklichkeits- und Werteverlust. Es geht um meine chronische Nichtdistanz zum Unsinn, den ich seinerzeit verbrochen habe, schließlich auch um die realen Gefühle, die ich dabei empfand. Ich hab geprasst und hab es genossen. Ich habe gehurt und hatte jede Menge Spaß dabei. Ich war ein ziemliches Arschloch – und werde meine Katastrophen weder mit Goldglanz versehen noch meine horrenden Blackouts im Nachhinein in die Sauce des Erbaulichen tunken.

Viertens habe ich das Buch nicht geschrieben, um mich über andere zu erheben oder andere Menschen zu beurteilen. Ich selbst hielt mich lange Zeit für Mister Oberwichtig, einen Großen unter manchen anderen Größen, mit denen ich mich umgab oder deren Gesellschaft ich suchte; ich war aber nur ein Kleiner, ein Seelenkrüppel, Geldjunkie und jämmerlicher Spielball meiner Lüste.

Von den «Größen», auf die ich einst baute, hat sich keiner gemeldet, als ich im Gefängnis saß. Aber ein bildhübsches 28-jähriges Mädchen, damals noch eine Prostituierte, kümmerte sich rührend um mich. Sie brachte mir ständig Geld, schrieb mir Briefe und sandte mir schöne Hemden und Hosen ins Gefängnis. Sie wusste, ich liebe schöne Hemden und schicke Klamotten. Das habe ich ihr bis heute nicht vergessen. «Wenn du die Menschen verurteilst», sagte Mutter Teresa einmal, «hast du keine Zeit, sie zu lieben.»

Fünftens sollte ich endlich sagen, was Sache ist: Ich habe im Gefängnis eine starke Erfahrung gemacht, habe eine bis heute anhaltende Umwertung meiner Werte erfahren. Kurz gesagt, habe ich erkannt, dass der Dienst am Geld eine zu anspruchsvolle Religion ist. Sie fordert immer deine ganze Seele. Gnadenlos. Du musst das Geld zu deinem Gott machen, musst sein Sklave sein, musst es anbeten, wenn du es haben willst. Diese Religion – sie ist recht verbreitet – kostet dich dein Leben.

1 · Es stimmt, ich war ein Schurke

Nun, ich habe sie gewechselt. Ich sitze nicht mehr in eurer Kirchenbank. Okay, ich weiß, was meine Gläubiger jetzt denken: Typisch Josef, keinen Cent in der Tasche, ein Pleitier und Habenichts, und gleich spielt er den heiligen Franz. Sauber! Er hat immer schon aus allem was gemacht, und sei es auch aus Dreck Gold.

Meine Antwort: Nein, es ist nicht typisch Josef. Wenn ich noch ein bisschen der Alte wäre, würde ich schon wieder an tausend Geldschrauben drehen. Ich bin in bester körperlicher und geistiger Verfassung. Ich wüsste noch immer, wie man zack, zack, zack ein bisschen – oder auch ein bisschen mehr – Geld macht. Aber es interessiert mich nicht. «Was nützt es dir, wenn du die ganze Welt gewinnst, aber deine Seele verlierst», hat jemand vor 2000 Jahren notiert. So denke ich nun auch. Ich habe meinen ursprünglichen Glauben wiedergefunden, halte ihn für die bessere Religion. Wesentlich besser als die, die meine Seele und mein Leben so brutal und gnadenlos forderte und sie beinahe für immer bekommen hätte. Knapp war das – unheimlich knapp.

Nun kriechen ja viele zu Kreuze, wenn ihnen der Schotter ausgeht, die biologische Uhr tickt oder die Leber zwickt. C.G. Jung, der Schweizer Seelenforscher, meinte schon 1932, jeder Mensch kranke «in letzter Linie daran, dass er das verloren hat, was lebendige Religionen ihren Gläubigen zu allen Zeiten gegeben haben, und keiner ist wirklich geheilt, der seine religiöse Einstellung nicht wieder erreicht hat, was mit Konfession und Zugehörigkeit zu einer Kirche natürlich nichts zu tun hat».

Aber genau das meine ich nicht. Ich bin das denkbar ungeeignetste Objekt für Seelenklempner. Diesem Herrn Jung hätte ich eine todsichere, steuerunschädliche Anlageempfehlung verkauft. Auf die Couch hätte er mich für Geld und gute Worte nicht gebracht. Ich bin von Beruf Steuerberater – und vom Charakter her auch: so nüchtern, penibel und pragmatisch, als hätten mich meine Eltern auf einem ostpreußischen Katasteramt gezeugt. Ich hasse Psychofritzen, Schwarmgeister, Prediger, Gurus und Visionäre … Ups, das gerade war ein Rückfall. Hass bringt nichts. Also lassen Sie sich überraschen, wie das mit mir gelaufen ist.

Ich kann dieses Buch nicht beginnen, ohne mich bei allen Menschen von Herzen zu entschuldigen, die ich in meinem Leben geschädigt, belogen oder gedemütigt habe. Sie werden dieses Buch vielleicht nicht ohne eine gewisse Verbitterung zur Hand nehmen. Ich kann nicht mehr sagen als: Ich bereue meine Handlungen und Taten aufrichtig. Ich wollte, ich könnte sie ungeschehen machen. Leider kann ich die Uhr nicht zurückdrehen, materiellen Schaden nicht wiedergutmachen, seelische Wunden nicht schließen. Ich hoffe, dass wenigstens einige meine ehrliche Entschuldigung annehmen können.

Den anderen, die es nicht können, will ich sagen: Denken Sie über Vergebung nach. Vielleicht gibt es in Ihrem Umfeld Menschen, die Ihnen vergeben müssten, um einen neuen Anfang und eine zweite (dritte, vierte) Chance zu haben. Dieses Buch hat damit zu tun, dass ich genau dieses glaube: Vergebung ist möglich. Rechnungen, die nicht beglichen werden können, müssen nicht auf Teufel komm raus beglichen werden. Wir müssen uns nicht permanent gegenseitig richten.

Dostojewskij hat in seinem Roman *Die Brüder Karamasow* ein paar bedenkenswerte Sätze über die Aufteilung der Welt in Gute und Böse gesagt: «Denke vor allem daran, dass du niemandes Richter zu sein vermagst. Denn es kann auf Erden niemand Richter sein über einen Verbrecher, bevor nicht der Richter selber erkannt hat, dass er genauso ein Verbrecher ist wie der, der vor ihm steht, und dass gerade er an dem Verbrechen des vor ihm Stehenden vielleicht mehr als alle anderen auch die Schuld trägt. Wenn er aber das erkannt hat, dann kann er auch Richter sein.»

Die Lektion, dass wir uns gegenseitig mit gerechteren und gnädigeren Augen betrachten sollten, lernte Dostojewskij übrigens im Gefängnis.

Und noch etwas: Gerechtigkeit ist nicht alles, wenn es die Liebe gibt.

2
Auf der Überholspur

Es war in der Zeit, als die schärfsten denkbaren Frauen noch «Brigitte» hießen.

Aufgeschlossene Nachkriegseltern konnten ihre hoffnungsvollen Töchter *nur* «Brigitte» nennen. Das lag an einer französischen Stilikone namens Brigitte Bardot. Ein sexy Mädel konnte höchstens noch «Helga» heißen. «Helga» war der Titel des Aufklärungsschockers von 1967. Unter Brigitte und Helga stellt man sich heute Damen vor, die sich mit dem Rollator zur Dauerwelle bewegen. Coole Typen hießen «Dieter» oder «Karl-Heinz», nicht unbedingt mehr «Josef»; das war katholisch und von gestern. Was in meinem Fall auch stimmte; ich kam aus einer katholischen Familie in Fürstenfeldbruck, aber ich war an Brigitte dran – und Brigitte war der Hammer. Brigitte war die Traumfrau der Region. Und ich war siebzehn und rechnete mir gute Chancen aus, ihr Herz zu erobern.

Außer der Hoffnung auf Liebeswonnen mit Brigitte besaß ich noch ein besonderes Auto, nämlich einen Ford Mustang. Die Karre war mein ganzer Stolz. Dass ich, Josef, kaum dem Stimmbruch entwachsen, einen solch brettlharten Untersatz mein Eigen nennen durfte, verdankte ich einem besonderen Umstand.

Mit einer Sondergenehmigung hatte ich bereits im Alter von sechzehn Jahren meinen Führerschein gemacht. Der Grund war der schlechte Gesundheitszustand meines Vaters, der im Rahmen seiner Handelsvertretung Waren ausliefern musste. Ich half ihm dabei. Zum Trost aller Menschen mit einem schlechten Gesundheitszustand sei es gesagt: Mein Vater lebte daraufhin noch vierzig Jahre. Nun, ich brauchte ganze sechs Fahrstunden, bestand einen unglaublich bekloppten medizinisch-psychologischen Eignungstest mit der Note 1 und absolvierte die Prüfung. Dann hatte ich ihn – den berühmten

«Lappen», der meinen heimischen Kosmos sprengte und mir die Tore zur Welt aufmachte.

Ein paar Tage später kaufte ich mir zunächst einmal für 700 Mark einen türkisfarbenen Ford Taunus P2 – das Teil besaß Heckflossen! – und ließ mich gönnerisch an den angesagten Orten im Weichbild[1] von München blicken. Kleine Spritztour gefällig?

Das Auto, das ich mir mit dem Austragen von Werbeprospekten erspart hatte, erhöhte meinen Status beträchtlich. Bis dahin konnte ich nur Auftritte als Gitarrist in einer lokalen Beatgruppe vorweisen. Ich war kein Ritchie Blackmore und kein Jimi Hendrix. Ich hatte zwar lange Haare, aber nicht mehr als zehn, zwanzig Griffe im Repertoire. Mit dreizehn Jahren hatte ich vor den Augen meiner Eltern die Konzertgitarre zertrümmert, um klarzumachen, dass ich kein Zupfhansl, sondern Popstar auf der E-Gitarre werden würde.

Meine seriösen, etwas steifen Mitspieler hatten musikalisch mehr drauf, aber ihnen fehlten der Hüftschwung und die Gummibeine, überhaupt das Elvis-Feeling, mit dem ich reichlich gesegnet war. So reichlich jedenfalls, dass es genügte, um als Sechzehnjähriger den Frontmann zu machen, die Mädels im Beatschuppen zu beeindrucken und sie zum Tanzen zu animieren. Ich hatte in der «BRAVO» von kreischenden, zu allem bereiten Groupies gelesen, aber dazu mussten wir alle wahrscheinlich noch etwas besser werden.

Ja, man tanzte noch wirklich in diesen Tagen, auch wenn die Tanzschulen ums Überleben kämpften. Man bewegte sich im Stil der neuen Zeit, frei und kreativ – in ekstatischen Zuckungen zum Beat oder in einer elastischen Nahkampfübung namens Blues. Bei «A Whiter Shade of Pale» oder spätestens beim verruchten «Je t'aime ... moi non plus» lernten wir, dass Erotik so ziemlich das Größte sein musste. Warum warnte das Establishment nur davor?

An dem Abend, an dem ich mit Brigitte zum Tanzen in die Landsberger Disco «Upperside» fuhr, war der Heckflossen-Ford schon Vergangenheit. Ich hatte ihn durch einen ebenso waschechten wie auch etwas durchgerosteten Ford Mustang ersetzt. Was das ist, muss man jüngeren Leuten vielleicht erklären. James Bond himself war dieses Gerät gerade in «Diamantenfieber» gefahren. Was heißt gefahren? Er hat es donnernd durch die Szenerie geritten. In den Händen eines Siebzehnjährigen, der einer Freundin in spe imponieren musste, konnte daraus eine Waffe werden.

Der Samstag im Juli 1973, an dem ich meinen Ford Mustang aus dem Stall holte, um endlich, endlich mit der Frau meiner Träume ins Paradies zu reiten, war verregnet. Es war der Tag der großen Gefühle. Ins Upperside! Nicht mit irgendeinem Mädchen. Nein, mit Brigitte! He!, sie machte das wirklich; sie stieg zu mir ins Auto! Es gab zu dieser Zeit in zwanzig Kilometer Umkreis keinen Jungen, der nicht von Brigitte fasziniert war. Sie war die Überbraut, das Objekt aller keuschen wie schwülen Träume.

Nach wochenlangen charmanten bis dreisten Versuchen meinerseits hatte mich Brigitte endlich ein bisschen erhört. Wow, sie gewährte mir wirklich ein Date! Mir, dem coolen Josef, siebzehn, aus Fürstenfeldbruck. Was war ich stolz, es geschafft zu haben! Sie hatte aber kein Hehl daraus gemacht, dass es ihr (noch) nicht so ganz ernst mit mir war.

«Nur das eine Mal gehe ich mit dir aus, Josef. Bilde dir nur ja nichts darauf ein!», flötete sie bestimmt.

Sie hatte so eine samtene, weiche Stimme, die dem Schnurren einer schmusenden Katze ähnelte. Oh, ich hörte schon ein paar interessante Untertöne heraus. Es war mir, als wollte sie zu mir sagen: «Bin mal gespannt, was du so draufhast. Vielleicht wird es ja doch etwas mit uns beiden!»

Darauf antwortete ich ihr: «Du wirst schon sehen, es wird ein unvergesslicher Abend für dich, Brigitte!»

Wir beide ahnten nicht, dass es wirklich «einmalig» für uns werden würde.

Ich wollte an diesem Abend mein Bestes geben, damit sie vielleicht doch auf mich stand und sie ihre große Liebe zu mir entdecken würde. Mein Balzverhalten war echt peinlich. Aber verliebte Jungs sind nun mal verrückt, tun ungewöhnliche Dinge und denken sich nicht mal was dabei. Brigitte tat, was alle großen Bräute tun. Sie zeigen dir zunächst einmal die kalte Schulter. Und dann lassen sie so ein klitzekleines bisschen was von möglichem Einverständnis durchblitzen:

Freundchen, es könnte ja doch was gehen, aber ich warne dich (!), es kostet dich dein Leben!

Jetzt aber war die bange Wartezeit, das ewige Hinhalten vorbei. Ich fuhr vor und lachte ihr aus dem Wageninnern entgegen: «Steig ein, Brigitte!» Sie stieg ein. Ihr Charme, ihr Duft erfüllten das Auto. Ich wusste, sie war endlich «schwach» geworden, und sie würde noch schwächer werden.

Die zwanzig Kilometer bis nach Landsberg am Lech, wo das Upperside auf uns wartete, taten meinem männlichen Selbstbewusstsein gut. Die Schöne war mir anvertraut, musste sich meinen Impulsen und Handlungen fügen. Ich ließ den Motor röhren, gab Gas, und sie wurde sanft in den Sitz gedrückt. Ich ging etwas scharf in die Kurve, und sie wurde von der Zentrifugalkraft so ein bisschen zu mir herübergezogen. Tolles Gefühl!

Es wurde dann in der Tat ein wundervoller Abend. Wir ließen kaum einen Tanz aus, sie tanzte wie eine Prinzessin, nein – sie schwebte in der Art einer Königin über die Tanzfläche. Und ich? Ich war der stolzeste Tänzer auf dem ganzen Parkett. Die eifersüchtigen Blicke der anderen Jungs und Männer versprühten eine Mischung aus heimlicher Bewunderung und purem Neid.

Aber das war nicht alles. Während einer Tanzpause kamen wir uns körperlich näher, und ich küsste sie zuerst sehr zaghaft und züchtig, wie es gut erzogene Jungs in diesem Alter tun.

Und ...?

Ich glaubte es kaum. Es schien ihr gut zu gefallen! Ihre Lippen öffneten sich zu einem Zungenkuss. Ich schmolz dahin und vergaß die Welt um mich herum. Ich hörte Geigen spielen und Vögel zwitschern gleich dazu. Ich dachte an Heirat und eine gemeinsame Familie und alles, was dazugehörte.

Wir hatten den ganzen Abend geschwoft, gelacht, getanzt, getrunken, geschmust. Dieser Abend durfte einfach nicht enden. So blieben wir bis weit nach Mitternacht, bis wir einfach nicht mehr konnten.

«Bitte nach Hause! Bitte fahr mich!», flötete sie.

Der Fahrer eines Ford Mustang lässt sich das nicht zweimal sagen. Im Grunde genommen war auch ich vom Tanzen und Flirten vollkommen übermüdet und wollte nur noch eins: schlafen, unter den obwaltenden Verhältnissen wohl eher allein.

Hatte ich etwas getrunken? Ich glaube nicht. Ich erinnere mich noch daran, wie ich auf dem Parkplatz mit dem Schlüssel spielte, wie sie sich an mich schmiegte, wie wir in die Polster fielen, wie ich den Motor röhren ließ; auch daran noch, dass die Straße regennass war und es gegen die zufallenden Augenlider half, Pfützen in Fontänen zu verwandeln. Danach hatte ich einen Blackout. Den brutalen ersten Wendepunkt meines Lebens, den großen Crash, habe ich nicht mitbekommen.

Laut Protokoll der Landpolizei Fürstenfeldbruck nickte der Fahrer des Ford Mustang auf der Staatsstraße 2054, zwischen Fürstenfeldbruck und der Ortschaft Maisach, in Höhe des Gewerbegebietes Hasenheide, für eine Sekunde lang ein und verlor dadurch die Herrschaft über das Fahrzeug. Der Wagen streifte in voller Fahrt einen Begrenzungspfosten auf der rechten Seite der Fahrbahn. Durch den Aufprall erwachte der Fahrer aus seinem Sekundenschlaf und überzog, mangels Fahrpraxis, die Gegenlenkbewegung, um das Fahrzeug wieder auf die Straße zu dirigieren. Auf regennasser Fahrbahn kam daraufhin das schwere Fahrzeug ins Schleudern, drehte sich zuerst zweimal um die eigene Achse, überschlug sich dann mehrmals, geriet unkontrolliert von der Straße ab, schoss in ein Waldstück und prallte mit voller Wucht gegen einen mächtigen Eichenbaum.

Ab diesem Zeitpunkt bin ich wieder im Film. Ich fühle die Wucht, mit der ich gegen das Gestänge geschlagen werde; fühle, wie sich kantiges Blech in meine Rippen bohrt, fühle die Splitter im ganzen Gesicht und das Blut, das mir aus dem Mund quillt. Ich höre den ohrenbetäubenden Lärm von berstendem Glas und Metall; höre, wie der Motor mit voller Drehzahl aufheult, höre, wie Brigitte aus Leibeskräften schreit ... höre dann, wie es plötzlich nichts mehr zu hören gibt. Ein Rad dreht sich noch, lautlos.

Alles ist so still. Okay, Brigitte scheint zu leben, wenigstens das! Aber ich kann ihr genauso wenig helfen wie sie mir. Wir beide liegen eingeklemmt in den Blechtrümmern meines Mustangs: keuchend, fluchend, wimmernd, phasenweise auch bewusstlos. Dampf steigt aus dem demolierten Wrack in den regenkalten Nachthimmel auf. Der Lichtkegel des rechten Scheinwerfers strahlt noch kurz in das Waldstück hinein, aber nach einem Kurzschluss erlischt auch er, und die Dunkelheit der Nacht umhüllt den Schauplatz des Unfalls wie ein schwarzes Tuch.

Keiner sah es.
Keiner hörte den Unfall.
Niemand kam zu Hilfe, um uns zu retten.
Endlos lange, endlos bange Stunden vergingen. Nur dem aufmerksamen Autofahrer, der am Morgen des 29. Juli 1973, um 8.15 Uhr, an der Unfallstelle vorüberkam, haben wir es zu verdanken, dass das zerbeulte Autowrack entdeckt wurde. Eine halbe Stunde später befreiten uns die Rettungskräfte von Feuerwehr und Sanitätern mittels einer Rettungsschere aus dem zertrümmerten Schrott und lieferten uns mit Martinshorn und Blaulicht in die Notaufnahme des Kreiskrankenhauses Fürstenfeldbruck ein.

Brigitte trug von der Geschichte laut den Ärzten eine komplizierte Unterschenkelfraktur davon. Und vielleicht die Einsicht, dass man besser nicht zu jedem siebzehnjährigen Blech-Casanova ins Auto steigt.

Aber mich sollte der dramatische nächtliche Zwischenfall auf elementare Weise aus der Bahn hauen. Bei mir ging es buchstäblich um Leben oder Tod. Die Ärzte diagnostizierten zunächst eine Schädelfraktur, dazu den Bruch des Schlüsselbeins, überhaupt Prellungen und Knochenbrüche die Menge, eine verhängnisvolle Rückenmarkverletzung (von der noch die Rede sein wird), dazu Hautabschürfungen und vielfältige innere Verletzungen.

Ich war sozusagen eine einzige Baustelle aus Fleisch und Knochen; es gab wirklich nichts, was nicht geflickt werden musste. Tagelang hatte mich der Tod auf der Schippe. Bis sich der junge Körper dann doch für das Weiterleben entschieden hatte, blieb ich auf der Intensivstation. Später hörte ich, man habe damals viel für mich gebetet. An all dies kann ich mich heute nicht mehr erinnern. Wenn ich auf diese

2 · Auf der Überholspur

Tage zurückblicke, denke ich nur, *wie schön sie war* – diese zauberhafte blonde Tänzerin, meine Brigitte.

Ein Rettungs-Helikopter der Bundeswehr war schuld daran, dass ich für längere Zeit aus Brigittes Umfeld verschwand. Man brachte mich, als ich halbwegs wieder zu Kräften gekommen war, in eine Spezialklinik nach Heidelberg-Schlierbach. Das war mein Riesen-Glück. Die wenigen Patientenplätze in solchen Spezialzentren für Rückenmarkverletzte – es gab sie in Heidelberg, Frankfurt und Hamburg – waren um das Jahr 1973 sehr begehrt. Dementsprechend waren sie permanent überbucht. Und sie wurden handverlesen vergeben.

Wahrscheinlich hatten es achtzig Prozent der Rückenmarkverletzten nicht so gut wie ich; sie blieben aus Mangel an freien Plätzen in unzureichend ausgestatteten Kreis- oder Stadtkrankenhäusern. Dort starben sie an Nierenversagen oder an nicht fachgemäß behandelten Druckgeschwüren in den ersten Monaten nach ihrem Unfall. Warum *ausgerechnet ich*, der kleine Rowdy aus Fürstenfeldbruck, einen Platz in Heidelberg bekam, ist mir bis heute ein Rätsel.

In der Heidelberger Uniklinik hat man wirklich in alles investiert, bloß nicht in sensible psychologische Begleitung. Kaum angekommen, trat der behandelnde Arzt, Prof. Dr. Volkmar Paeslack, an mein Bett, um mir mit seiner gutturalen, nicht einmal unfreundlichen Stimme mein Todesurteil zu verkünden:

«*Herr Müller, Sie sind querschnittgelähmt und sitzen für den Rest Ihres Lebens im Rollstuhl! Finden Sie sich damit ab, dass es keine Heilungschancen gibt!*»

Kein verbales Herantasten, kein barmherziges «Möglicherweise» oder «Vielleicht», nicht einmal eine notgelogene prozentuale Einschätzung von x oder y Prozent Heilungschancen. Das Urteil sauste auf mich herab wie das Fallbeil einer Guillotine: «*Müller ... querschnittgelähmt! ... Rollstuhl ...*» Müller, ab zum Erschießen!

Wie? Wo? Was?

He!, ihr verdammten Weißkittel, was soll das? Frechheit!

Ich war wirklich in keiner Weise auf mein zukünftiges Leben als Behinderter vorbereitet. Das Wort «Rollstuhl» traf mich einen halben Meter tiefer als das Wort «querschnittgelähmt», war ich doch christlichabendländisch bestens konditioniert, eine jegliche Oma über die Straße zu schieben, ob sie will oder nicht. Mit dem Begriff «Querschnitt» konnte ich damals und kann ich bis heute nicht viel anfangen, es sei denn, ich denke an Niederquerschnittreifen, ein wissenschaftliches TV-Magazin oder die mathematische Mengenlehre. *Rollstuhl* also, aha! *Rollstuhl!*

Ja, und Brigitte, die Gute, würde mich, den zusammengesunkenen Krüppel Josef, mit wehendem Blondhaar über den Zebrastreifen schieben? Grrr, ging ja gar nicht! *Brigitte schiebt nicht. Brigitte tanzt.* Neue Vorstellung in meinem Hirn: Ich mit dem Rolli an der Tanzfläche, ihr zuprostend, während sie mit einer seriellen Schmalzlocke abhottet. Mir wurde schlecht.

Tagelang kaute ich – wutfinsterdunkelgrübel – am Zipfel der Bettdecke. Ich, Josef Müller, durch die Weltgeschichte geschoben? *Sie Armer, kann man Ihnen irgendwie helfen?* Mir doch nicht. Alles in mir rebellierte gegen die dreiste oberärztliche Roll-Roll-Verordnung. Ich fühlte mich gar nicht «gelähmt». Dieser blöde Paeslack musste sich in der Person geirrt haben. Ich war das einfach nicht.

Langsam kam ich aus der Phase der Rebellion und Nichtakzeptanz heraus. Ich fühlte in und über mir eine Kraft, die mich am Leben erhielt. Und mit dieser «Kraft» – wow! – gab es keine Absprache, von nun an als Krüppel zu vegetieren. Es wundert mich noch heute, aber es passierte innerhalb relativ kurzer Zeit etwas sehr Heilsames in mir. Ich nahm meine neuen Umstände an, nicht als Fluch und bitteres Schicksal, sondern nüchtern, realistisch, voller positiver Spannung, was mir dieses Leben noch bringen würde. Okay, es gab gerade ein paar üble Handicaps, aber die würde ich wegkriegen wie den Trainingsrückstand beim Fußball. Leute, wo ist der Ball?!

Eines Tages beschloss ich, nicht behindert zu sein.
Jetzt nicht.
Morgen nicht.
Übermorgen auch nicht.
Nie.
Dabei ist es geblieben. *Ich bin* nicht behindert.
Nur vielleicht am Gehen «verhindert», das ist ganz was anderes.

Ja, ich kann sogar sagen: Durch den Rollstuhl mutierte ich erst richtig zu dem Energiebündel, das ich heute bin. Für meine Umwelt war und ist das manchmal nur schwer auszuhalten.

Ich begegne immer wieder Leuten, die auf zwei Beinen durch die Welt sprinten könnten. Aber sie jammern: «Bei mir ist nichts los! Ich erlebe nie was Aufregendes, kann mich zu nichts aufraffen.» Ich hör mir das an, im Rollstuhl, und bin erschüttert. Bis auf den heutigen Tag verlief mein Rolli-Leben in einer so rasanten, abenteuerlichen, spannenden Weise, dass mir schon das Nachdenken darüber ein sanftes Schaudern bereitet. Manchmal denke ich, die haben mir damals in Heidelberg eine Starkstrom-Energiezelle implantiert: genug Power für den Rest meines Lebens.

Ich kann mich noch genau an den Tag erinnern, an dem ich nach sechsmonatiger Rehabilitationszeit wieder in das (mittlerweile rollstuhlgerecht umgebaute) Haus meiner Eltern entlassen wurde. Einen Tag später sprach ich beim Oberarzt im Krankenhaus in Fürstenfeldbruck vor, der die Erstversorgung nach meinem Unfall vorgenommen hatte. Als ich dem Doc entgegenrollte, um mich zu bedanken, begrüßte der mich mit den Worten:

«Ja hallo, Herr Müller! Sie hätten ja damals beinahe das Handtuch geworfen. Gut, dass wir sie am Leben erhielten!»

Damit wollte er zum Ausdruck bringen, dass mein Leben die ersten Tage nach dem Unfall wohl am berühmten seidenen Faden gehangen hatte. Der überaus verständnisvolle Oberarzt wollte es mir nicht glauben, als ich ihm frank und frei ins Gesicht sagte, ich hätte keine grundsätzlichen Probleme mit meiner neuen Situation im Rollstuhl. Es war aber so.

Und so ist es bis heute. Anfangs war ich ja selbst neugierig: Wann würde der große Frust kommen? Ich wartete zehn Jahre lang darauf. Als er nicht kam, gab ich das Warten auf.

Von dem Amerikaner Reinhold Niebuhr stammt der Weisheitsspruch: «God, grant me the serenity to accept the things I cannot change, courage to change the things I can, and wisdom to know the difference.» – «Gott, schenke mir die Gelassenheit, Dinge zu akzeptieren, die ich nicht ändern kann, den Mut, Dinge zu ändern, die ich ändern kann, und die Weisheit, das eine vom anderen zu unterscheiden.»

Eine tolle Maxime! Ohne sie zu kennen, durfte ich sie mir früh zu eigen machen. In meiner existenziellen Notsituation habe ich gelernt, Dinge, die unveränderbar sind, als gegeben hinzunehmen. Vor allem aber habe ich mich darauf konzentriert, mit meiner Einschränkung alle, aber auch wirklich alle Möglichkeiten auszuschöpfen, um das Unwahrscheinliche, aber vielleicht doch Mögliche zu erreichen und meine Grenzen zu erweitern.

Bevor man mit Gelassenheit das Unabänderliche hinnimmt, muss man kritisch die Realitäten abklopfen, ob sie wirklich nicht zu verändern sind. Das habe ich getan. Ich habe dem Defätismus meiner Ärzte so lange *nicht* geglaubt, bis ich zu hundert Prozent davon überzeugt war, dass sie recht hatten. Ich habe mich umfassend über alle Heilungsmöglichkeiten informiert und gründlich nachgeforscht. Das Ergebnis war: Bis heute gibt es keine Möglichkeit, einmal durchtrennte Nervenbahnen im Rückenmark wieder miteinander zu verbinden – und es wird sie vielleicht nie geben. Solange die Wissenschaft, etwa aus dem Bereich der Stammzellenforschung, hier nicht den Quantensprung schafft, hat die Medizin nichts zu heilen. Punkt.

Aber ich möchte noch etwas sagen: Ich bin mit dem, was meine Umwelt «Handicap» nennt, bisher sehr gut zurechtgekommen. Und zwar so gut, dass ich nicht einmal weiß, ob es für mich erstrebenswert wäre, dass ich wieder normal gehen und laufen könnte. Heute sehe ich meinen Unfall vor vierzig Jahren als Bestimmung, ja, als Fügung für mich und mein Umfeld an. Gut, der Welt, dem FBI und der Münchner Schickeria wäre manches erspart geblieben. Andererseits: Was hätte man von dem kleinen Vorstadtcasanova mit seinem Ford Mustang noch erwarten dürfen, hätte es im Juli 1973 nicht jene schicksalhafte Vollbremsung gegeben?

Sicher gibt es hin und wieder Tage, an denen es mir mal schlechter geht. Aber wer kennt solche Phasen nicht? Seit August 1973, seit den Tagen auf der Intensivstation, lautet der Grundtenor meines Lebens: *Danke, dass mir das Leben noch einmal geschenkt wurde!* Die veränderten Rahmenbedingungen gehören mit zum großen Spiel. Ich darf ein volles, reiches, schönes und glückliches Leben haben. Super! Seitdem ich das weiß, lebe ich auf der Überholspur – im Rollstuhl!

Als ich, Jahrzehnte später, meine Frau Sandra, die fast zwanzig Jahre jünger war als ich, vor den Traualtar führte, musste ich sie ernsthaft warnen: «Sandra, wenn du dein Leben mit mir teilen willst, dann mache dich auf eins gefasst!», erklärte ich ihr vorsorglich. «Es wird rundgehen! Und die einzige Empfehlung, die ich dir geben kann, lautet: ‹Halt dich fest, Baby!›»

3
Roll on!

In jeder Lebensgeschichte gibt es Schlüsselszenen, kurze, magische Augenblicke, in denen sich das Schicksal verdichtet. Eine solche Szene spielte sich noch während meines Heidelberger Klinikaufenthaltes ab. Es war ein grauer Nachmittag, an dem ich mit grauen Augen am Fenster hing und in eine ebenso graue Landschaft hinausstierte – apathisch, depressiv, ohne Hoffnung. Plötzlich – was war das? Es knurrte, brummte, surrte ein Gefährt die Straße herauf, das sofort ein paar Lebensgeister in mir weckte. Dem Geräusch entnahm ich, dass es sich um schweres Gerät handeln musste.

Und da glitt die Karre auch schon in mein Blickfeld: ein knallroter Mercedes 300 SL Cabrio Gullwing (215 PS, 3 Liter, Höchstgeschwindigkeit 260 km/h, bis 1963 wurden ganze 1900 Stück weltweit gebaut). Wow! Der Fahrer stellte den Motor ab, und wie von Geisterhand geführt, gingen die eleganten Türflügel nach oben: ein Reiher, der die Flügel ausbreitet und zum Flug ansetzt! Ich musste würgen, kämpfte mit den Tränen. Diesen Traum konnte ich mir ja wohl abschminken.

«Aus is. Des kannst' nie wieder!», brummelte ich in meinen nicht vorhandenen Bart. Doch was war das? Aus dem offenen Wagen flog plötzlich ein Falt-Rolli raus. Der Mann auf dem Vordersitz beugte sich mit dem Oberkörper heraus und verwandelte das Faltteil in Windeseile in ein fahrbares Gerät, in das er sportlich und fix hineinjumpte. Die Flügeltüren gingen runter, und der Typ wieselte in Richtung Klinikportal. Weg war er. Das Auto stand vor meinen Augen, rotglänzend wie ein funkelnder Stern in der Morgensonne, und faszinierte mich.

Mir blieb die Spucke weg. Aber nicht lange. Dann schwor ich mir: «Wenn *der* das kann, dann kann *ich* das auch! Du wirst genau so ein Ding haben wie dieser Typ – einen 300 SL Gullwing! Und den Mädels wird der Unterkiefer runterklappen!»

3 · Roll on!

Es klingt verrückt. Aber eines Tages hatte ich ihn, und noch ein paar andere Autos dazu. Das wird später zu erzählen sein.

✦ ✦ ✦

Ich glaube, es ist wichtig, dass ich von meiner Herkunft, meiner Kindheit, meinem Elternhaus, meinen Eltern spreche. Von Schurken möchte man ja wissen, ob das vielleicht genetisch bedingt ist; dann wäre das ja unheilbar.

Aufgewachsen bin ich in recht normalen Verhältnissen in Fürstenfeldbruck, 25 Kilometer vor den Toren der Landeshauptstadt München. Meine Eltern galten als normale Bürger und «gute Katholiken», nannten ein mit Eigenhilfe erstelltes Einfamilienhäuschen ihr Eigen und ließen sich nie etwas zuschulden kommen. Aber hinter der Fassade verbargen sich einige Unebenheiten, von denen ich zunächst wenig mitbekam.

Meine Mutter hatte zwei andere Kinder früh verloren, so dass ich alleine übrig blieb und sich ein Übermaß mütterlicher Liebe über mich ergoss – Prinz und Götterliebling. Kam ich zu Mittag von der Schule nach Hause, hatte mir die Mutter ein tolles Mittagessen gekocht. Ach, sie hatte sich schon so auf mich gefreut, ich spürte das. «Eine Runde Tischtennis?», zwinkerte sie mir zu, wenn der Teller geleert war. Natürlich ließ ich mich nicht zweimal bitten. Wir sprangen beide fröhlich in die große Garage neben dem Wohnhaus, in der die Tischtennisplatte dauerhaft aufgebaut war. Und oft legten wir die Schläger erst zur Seite, wenn wir uns vollkommen verausgabt hatten.

Mutter war eine geborene Finkenzeller; zur Verwandtschaft gehörten auch die Schauspielerin Heli Finkenzeller und ihre Tochter, die nicht weniger bekannte Schwarzwaldklinik-Schwester Gaby Dohm. Mama wuchs als dreizehntes Kind in ländlichen Verhältnissen auf; ein am Rand mitlaufender Nachkömmling, rothaarig, frech, wild und ausgelassen. An Mitgift, Erbe, Aussteuer war nicht zu denken: «Kriegst amal dös Häusl, wo'st arschlings reingehst», hatte mein Großvater sie wissen lassen. Gemeint war das Holz-Klo mit der Herzltür neben dem Misthaufen. Es ging halt karg und derb zu bei den Finkenzellers. Fröhlich war das Leben auf dem Land nicht. Depression lag im genetischen Code der Finkenzeller-Sippe; es gab Selbsttötungen in gehäuftem Umfang.

In meine DNA ging das nicht über. Mutter entkam dem dumpfen agrarischen Milieu, indem sie bei frommen Ordensfrauen in München-Nymphenburg eine Ausbildung zur Krankenschwester absolvierte. Ich glaube, sie war in ihrem Beruf tüchtig, denn sie wurde später, nach einem Zusatzexamen, sogar am OP-Tisch eingesetzt. Mir gegenüber betonte sie das immer stolz, dass sie eine staatlich geprüfte Operations-Schwester war.

Im Krieg hat sie einiges mitgemacht. Immer wieder erzählte sie die gruselige Geschichte von einem Fliegeralarm, der sie dabei überraschte, als sie gerade einen Toten in den Keller des Krankenhauses brachte. Weil der Strom plötzlich ausging, blieb sie über Stunden mit der Leiche im Lift eingesperrt. Ihr gefor damals das Blut in ihren Adern, schilderte sie mir später.

Wenn ich von meiner Mutter sagen kann, dass sie eine authentische religiöse Einstellung hatte, so kam das wohl aus dieser Zeit, in der sie sogar Drittordensmitglied[2] war und ein dementsprechendes Häubchen trug. Ich besitze heute noch einige handschriftliche Aufzeichnungen meiner Mutter, in denen ihr religiöses Leben und ihre aufrichtige Suche nach Gott zum Ausdruck kommen. Man nannte sie damals mit Ordensnamen «Schwester Lothara».

Es kommt wohl von meiner Mutter her, dass ich es immer gerne mit Frauen zu tun hatte. Ich wollte immer charmant sein, wollte den Frauen auf männliche Art etwas von dem Bezaubernden, Zärtlichen und Aufmerksamen zurückgeben, das sie mir so freigiebig schenkten. Das ist heute noch so. Ich liebe Frauen, liebe ihre Fähigkeit zur Liebe. Frauen sind und bleiben für mich ein Wunder; ich sehe sie als etwas ganz Besonderes, auch als etwas Schützenswertes an. Ich kann Männer nicht ausstehen, die Frauen zu Koch-, Putz- und Sexgehilfinnen degradieren. Warum aber liebte ich dann auch meinen Vater, der alles andere als nett zu Frauen, gar zu seiner eigenen, war?

Meine Mutter kam mit dem komplexen Charakter und der strengen, ja tyrannischen Art des Mannes, den sie im April 1955 geehelicht hatte, nur schwer zurecht. Er war einfach der Padrone; sie hatte zu kuschen. Einmal sagte sie zu mir: «Ich glaube, er hat mich nur geheiratet, damit ich ihm beim Bauen helfe.» 1952 hatten die beiden mit Schaufel und Schubkarre begonnen, die Erde zu bewegen und eine Baugrube auszuheben, in der ihr Häuschen entstehen sollte. Sie brauchten ein ganzes Jahr dazu. Heute macht das ein moderner Schaufelbagger an einem halben Tag.

«Warum hat er schon wieder den Hochzeitstag vergessen?», seufzte meine Mutter jedes Jahr erneut. «Kein Mann vergisst doch den Hochzeitstag!» Das fragte sie *mich!* Nach und nach verstand ich: So viel Liebe war da nicht zwischen meinen Eltern, Zärtlichkeit schon gar nicht. Väterliche Nähe, Körperkontakt, das war es auch, was ich selbst schmerzlich entbehrte. Wenn ein Familienfoto entstand, musste ich Vaters Arm mit Gewalt herbeiziehen, sonst hätte er steif neben Mutter und Kind gestanden.

Langsam dämmerte mir, warum meine Mutter mich, ihr Kind, wohl mehr liebte als ihren eigenen Mann. Einmal, sehr viel später, gestand mir meine Mutter: «Wenn du nicht gewesen wärst, hätte ich mich schon längst scheiden lassen.» Mein Vater hat seine Frau leider wie eine Angestellte behandelt. Wenn wieder der Haussegen schief hing, konnte der Hausherr auch einmal auf die fehlende Mitgift hinweisen; ein Punkt, der ihn lebenslang wurmte, Mutter aber unheimlich demütigte. «Host nix, bist nix.»

So wie mein Vater wollte ich nie werden, und so bin ich auch nicht geworden. Ich habe mich variantenreich an Frauen versündigt, aber ich habe doch immer versucht, eine jede wie eine Prinzessin zu behandeln, sie reich, ja überreich zu beschenken. Ich schenkte jeder Frau den Respekt und die Höflichkeit im Übermaß. Nein, so, wie mein Vater war, wollte ich nie sein! Ich nicht!

Zwischen den Eltern gab es ein dunkles Geheimnis, dem ich doch auf die Spur kam, als ich eines Tages auf dem Speicher unseres Hauses in alten Unterlagen stöberte. Mir fiel ein Dokument in die Hände, in dem es um eine Eheannullierung ging, also ein Verfahren, in dem jemand vor einem kirchlichen Gericht begründete, warum eine Ehe annulliert (für nichtig erklärt) werden müsse, weil sie gar nicht zustande gekommen sei.

Wie bitte? Dieser «Jemand» trug den Namen meines Vaters. Das Ganze spielte in Essen, im fernen Ruhrpott, und der Vorwurf gegenüber der unbekannten Frau bestand darin, sie habe heimlich ausgeschlossen, jemals Kinder zu wollen, nach katholischer Eheauffassung ein Grund, den ganzen Ehevertrag für null und nichtig zu erklären. Als ich meine Mutter mit dem schockierenden Fund konfrontierte, log sie – das einzige Mal übrigens, woran ich mich erinnern kann. Die Lüge, aus der Not des Augenblicks heraus erfunden, war auch oberdumm, richtiggehend an den Haaren herbeigezogen: «Das war nur ein Übungsfall in seiner Ausbildung. Papa ist ja bei der Polizei ...» Mit meinem Vater habe ich das Thema nie angesprochen. Es war in der Familie tabu.

Mein Vater hatte eine Kindheit, der es an zwei Dingen fehlte: Liebe und Anerkennung. Dass er von seinem eigenen Vater nie gelobt wurde, übersetzte er in übertriebenen eigenen Ehrgeiz. Er wollte es aller Welt zeigen und gab das Verhaltensmuster eins zu eins an sein eigenes Kind weiter. Mein Ehrgeiz wiederum war es, meinem Vater zu zeigen, dass ich es mindestens so gut draufhabe wie er.

Wie hätte ich mich danach gesehnt, ein Wort der Anerkennung oder etwas Liebe von ihm zu bekommen! Das kam aber nie. Es kamen freilich auch keine Vorwürfe, als ich mit riskanten Geschäften Schiffbruch erlitt und meinen Vater, der für mich bürgte, mitritt in gigantische Verlustszenarien. Er hat mir finanziell geholfen, wo er konnte. Dadurch, auf diese vertrackte Weise, hat er mir *seine Liebe* gezeigt.

Bis in seine letzten Tage hinein erschien mir mein Vater als distanzierter «Herr» mit gewissen Eigenschaften: fleißig, streng, äußerst sparsam, diszipliniert, perfektionistisch, zielorientiert. Der Krieg hatte tiefe Spuren in seiner Psyche hinterlassen. Schießgeräusche konnte er nicht vertragen; er flippte richtiggehend aus, wenn er ins Wohnzimmer kam und ich mich mal bei einem harmlosen Western entspannte.

Wenn mein Vater es aus kleinsten Anfängen zu etwas gebracht hatte, so deshalb, weil er eben ehrgeizig war, dazu grenzenlos lernwillig und anpassungsfähig. Papa besaß die Gabe, sich immer neue Tätigkeitsfelder und Berufe zu erobern, in denen er etwas leistete.

Ich weiß bis heute nicht, wie er es mit seinem Polizistengehalt und einigen Geschäfteleien am Rande zu einem prächtigen Anlageobjekt, einem Sechsfamilienhaus, brachte, das heute glatt eine Million wert wäre. *Wäre* ... hätte sein sauberer Herr Sohn es nicht durchgebracht.

Als Papa im Frühjahr 2013 starb, öffnete ich den Schrank, in dem sich ein Sortiment feinster Kleidung befand, die mein alter Herr nie getragen hatte, weil es die drei durchgewetzten Hosen, in denen ich ihn kannte, noch taten. Wenn er eine Semmel aß und ihn dabei der Appetit verließ, packte er das angebissene Teil sorgfältig ein und deponierte es im Kühlschrank, zur Wiedervorlage bei der nächsten Mahlzeit. Weggeworfen wurde nichts. Nur durch einen ständigen Kühlschrank-Check, anfangs durch meine Mutter und in den letzten Jahren durch mich, konnte er vor größeren Lebensmittelvergiftungen durch seine schon schimmelig gewordenen Essensreste bewahrt bleiben.

Aber mein «alter Herr» hatte eben auch etwas Doppelbödiges, schlawinerhaft Unternehmerisches an sich. In Bayern kennt man den «Bazi», ein Wesen, das jenseits des Weißwurstäquators gar nicht verstanden werden kann. Franz Josef Strauß etwa, den ich später persönlich kennen lernen sollte, war so ein typischer «Bazi». Ein Bazi ist einer, der es faustdick hinter den Ohren hat; ein intelligentes Schlitzohr, ein windiger Schlingel, eine etwas durchtriebene Figur, die sich aber gerade durch ihre überlegene Cleverness der Hochachtung und Sympathie aller sicher sein kann.

Im ländlichen Bayern wird noch heute keiner was, dem das Bazi-Gen vollkommen abgeht. Keine falsche Aufregung! Weder ist ein Bazi ein durch und durch schlechter Mensch, noch ist der bajuwarische Volksstamm, der den Typus hervorbringt und gut findet, eine verkommene Sippe. Der Bazi hat hervorragende Eigenschaften. Als Blockwart ist er unbrauchbar. Er ist ideologieimmun, lässt sich vor keinen Karren spannen, kann nicht im Gleichschritt marschieren. Er ist eben ein nüchterner, pragmatischer Individualist, der zäh seine Möglichkeiten taxiert, es gerne zu etwas bringt, aber auch seine Freunde und Verwandten nicht vergisst.

Das Bazihafte, das auch ich in meinem seelischen Portfolio entdecke, habe ich ganz gewiss vom Vater.

Vor dem Krieg hatte Papa das Schreinerhandwerk von der Pike auf gelernt. Im Krieg eignete er sich auf eine mir nicht näher bekannte Weise Englischkenntnisse an, mit denen er sich zeitweise als Übersetzer betätigte. Das muss wohl noch in Essen gewesen sein, wo es eben auch diese erste Ehe gab. In Fürstenfeldbruck tauchte mein Vater dann Anfang der fünfziger Jahre auf, wurde Kripobeamter und Ermittler, bis ihn ein Herzinfarkt Anfang der sechziger Jahre zwang, etwas weniger Aufregendes zu unternehmen.

Dass einer vom Polizisten zum Handelsvertreter mutiert, erscheint seltsam, für meinen Vater aber war es eine logische Entwicklung. Es passte einfach zu ihm, dass er übers bayerische Land reiste – von Bauernhof zu Bauernhof –, nach dem Rechten sah und allerhand Nützliches daließ: Melkmaschinen und Zubehör, Futtermittel jeder Art und Couleur, Wasch- und Reinigungsmittel en gros, Rinder-Doping und andere segensreiche Tierpharmaprodukte.

Segensreich wirkte der Herr Müller aber auch im Zwischenmenschlichen. Er stiftete nämlich zahlreiche Ehen zwischen den bäuerlichen Dynastien. Müller war schließlich der einzige Neutrale, der von Hof zu Hof kam. Der Milchwagenfahrer war in Herzensangelegenheiten nicht zu gebrauchen, der Pfarrer verstand nichts von Sex und der Tierarzt nichts von matrimonialer Flurbereinigung. Blieb nur Müller senior. Der hatte es drauf, der konnte verkaufen.

Unter den Bräuten in seinem Portfolio gab es ja nicht nur fesche Madeln und dralle Perlen, sondern auch «Greisliche» und solche, die schon in die Jahre gekommen waren. Da musste man lange hinreden für die Liebe. Das konnte mein Vater, und es hatte seinen Preis, wenn Land zu Land und Herz zu Herz kam. Da packte der Bauern-Vater einer schwer vermittelbaren Tochter im Erfolgsfalle schon mal 10.000 Mark auf den Tisch des Bauernhauses.

Trotz all dieser Dinge im Hause Müller zwischen meinem Vater, meiner Mutter und mir wuchs ich dennoch behütet und geborgen in der Liebe zu meinen Eltern auf. Ich musste lernen, dass es verschiedene Arten gibt, einander Liebe zu zeigen. Einfach war das sicher nicht, stelle ich heute rückwirkend fest.

3 · Roll on!

Kommen wir zu meinen frühen Jahren. Ich gestehe: Ich habe eine Frau geschlagen. Auf dem Weg vom Kindergarten nach Hause befand ich mich in Gesellschaft eines gleichaltrigen Mädchens, das sich so ausnehmend frech zu mir benahm, dass ich sie kurzerhand vermöbelte. Das Mädel lief schnurstracks zur Mutter, diese begab sich, die Empörung aufgreifend, sie gar noch steigernd, zur Kindergärtnerin, wo sie sich lauthals über mich beklagte. Die Kindergärtnerin hörte sich das Lamento an und urteilte weise wie König Salomo: «Niemals! Der Müller-Beppi ist eine *Seele von Mensch!* Der macht so etwas nie!»

Und das ist nichts als die Wahrheit. Ich bin eine *Seele von Mensch*. Doch lasse ich mir nicht gerne auf der Nase herumtanzen. Ich bin auch gerne der Chef im Ring. Trotzdem habe ich friedliche Wege der Durchsetzung gefunden. Meine Kindergartengefährtin war die letzte Frau, die ich in meinem Leben geschlagen habe.

Als Kind war ich fromm. Mama hat mit mir gebetet, morgens und abends und auch zu Tisch. Gerne bin ich mit ihr in die Kirche gegangen. In Fürstenfeldbruck wurde seinerzeit eine neue Gemeinde gegründet: Sankt Bernhard. Natürlich brauchte der hochwürdigste Herr Pfarrer auch Ministranten. Es war vollkommen klar: Der Müller-Beppi musste Ministrant werden!

Doch niemand musste mich dazu zwingen. Ich habe das gerne gemacht, das rotberockte Herumflitzen am Altar, das wilde Bimmeln mit den Schellen, die choreographischen Übungen vor dem Allerhöchsten. Habe auch fleißig die lateinischen Antworten gelernt, die ein Ministrant im Schlaf hersagen können musste: «Suscipiat dominus sacrificium de manibus tuis, ad laudem et gloriam nominis sui, ad utilitatem quoque nostram, totiusque ecclesiae sanctae suae.» Kann ich heute noch halbwegs, wobei ich immer noch nicht weiß, was es bedeutet. Es genügte übrigens, dass man laut und synchron mit den Mitministranten «Suscipiat» rief, dann (etwas leiser, aber in gemessener Länge) «brabbelbrabbelbrabbel» murmelte, um mit dem wiederum laut und synchron hervorgestoßenen Ausruf «ecclesiae sanctae suae» pünktlich zu enden. Auch das Hantieren mit Kerzen und qualmenden Weihrauchbomben empfand ich als überaus spannend.

Leider tat ich nicht lange gut. Mit den Jahren wurde ich immer frecher, bis man mich schließlich schasste. Schon damals hatte ich mir einen etwas zweifelhaften Ruf erobert: Der Müller – so raunte man sich zu – freut sich mehr, wenn er einen wegen fünf Pfennig über den Tisch ziehen kann, als wenn er für fünf Mark ein ordentliches Geschäft macht. Ich brauchte den Kick, war nie glücklich ohne Abenteuer.

Meinen Eltern bereitete mein Abschied vom Ministrantentum eine gewisse Enttäuschung, war doch inzwischen auch mein Vater vom Bazillus der Frömmigkeit befallen, und das nicht zu knapp. Schuld war sein Herzinfarkt. Als er mit fünfzig im Krankenhaus lag, kam ihm heftig zu Bewusstsein: «Wenn ich jetzt zu meinem Herrn dort oben gehen muss ... Au weia!» Die Bilanz war nicht gerade berauschend! Also machte Papa, was er am besten konnte: einen Deal. Dieses Mal mit dem lieben Herrgott: «Wenn du mich weiterleben lässt, Herr des Himmels, ändere ich mein Leben!» Das tat er auch, reeller Geschäftsmann, der er war. *Pacta sunt servanda* – Verträge müssen auf alle Fälle erfüllt werden.

Papa wurde zwar nicht unbedingt genießbarer. Aber der Lifestyle änderte sich. Es folgten Exerzitien und dann Wallfahrten ohne Ende: einmal Jerusalem, dreimal Lourdes, dreimal Rom, dreimal Medjugorje, Stammgast in Altötting. In seinem Nachlass fand ich weit über hundert fromme Bücher, viele von ihnen mit gelben Markierungen, Randnotizen und Bleistiftunterstreichungen versehen. In der Schule hätte er Fleißbildchen bekommen. Mama hingegen war schon immer fromm, und darin war sie auch wesentlich glaubhafter als Vater.

Wenn man dem frühen Müller junior die Gretchenfrage stellt, muss ich eine erstaunliche Antwort geben: Irgendwie riss der Draht zum Himmel nicht ab. Selbst in meinen wildesten Jahren habe ich immer mal an der Messe teilgenommen. Ich kam auch nie auf den Gedanken, «den da oben» könne es vielleicht nicht geben.

Ich sehe das Kopfschütteln meiner Leser. *Wie passt denn das zusammen? Koks und katholisch, Huren und Heilige, Geldschieberei und Gottesdienst?*

Einfache Antwort: Ich dachte mir nichts dabei. Ich verhielt mich als Kunde der Kirche, der bestimmte Angebote nutzt. Man muss ja nicht gleich die ganze Firma kaufen. Mich faszinierte das zeremonielle Spiel, das Würdige, Erhabene, das von einer weihrauchgeschwängerten barocken Liturgie ausgeht. Ich sah zu dieser Zeit keinen besonderen Zusammenhang von Religion und Moral. Dass man sich an die Gebote Gottes halten muss, wenn man mit dem Herrn auf gutem Fuß stehen will, lassen wir mal außen vor. Hatte mir auch niemand so richtig deutlich gesagt. Die Kirche war für mich ein altbewährter Dienstleister in Sachen Schönheit. Und sie hatte ein Produkt im Angebot, das ich super fand: Stille.

Draußen, vor der Kirchentür, war es laut, hektisch, obsessiv. Draußen köderte der Mammon, lockte die Welt, tobte die Börse. Draußen forderte die Sklaverei der Ökonomie ihren Tribut. In der Kirche war ... nun ja – *nada*, nichts. Einen heiligen Raum zu betreten, mich einfach für eine halbe Stunde vor eine Kerzenbank zu rollen, in die Lichter zu schauen, das entlastete, gab Frieden – und war damit meine originelle Alternative zu anderen Momenten des Ausgleichs, zu Porsche brettern, Nightlife, Schlemmen, Dom Perignon, Vögeln und Koksen. Ich fand das cool. Es war meine Marotte. Draußen vor der Kirche ging meine Frau mit den Hunden spazieren und dachte sich ihren Teil. Es gibt nichts zu beschönigen. So war er halt, mein äußerlicher, oberflächlicher «Approach».

Andererseits war doch ein Stück Ernst dabei. Ich hatte immer einen ... nun ... sagen wir: Heiden-Respekt vor Gott. Einen über mir zu haben, das tat mir gut. In meinem Laden war *ich* Gott. Da wagte es keiner, dem Padrone zu widersprechen. Josef war der Chef, und der konnte Feuer spucken. Wer aufmuckte, bekam die Breitseite. Häufig erwies sich «Gott» Müller aber auch als gnädig und barmherzig; es konnte schon vorkommen, dass er mal eben einen Tausender springen ließ.

Ab und an in die Kirche zu gehen, spiegelte für mich die realen Machtverhältnisse wider. In meinen Firmen war ich der King – in der Kirche und im Universum war *er* der Allmächtige.

Übrigens hatte ich noch einen Tick. Wenn ich eine neue Freundin kennen gelernt hatte, checkte ich sie gerne ab, indem ich sie in einen Gottesdienst mitnahm. Wenn da ein spöttisches Lächeln kam oder mich auch nur irgendein verachtender Augenaufschlag traf, vergaß ich sie. Rigoros. Wer Tiere, Musik und Gott nicht liebte, der war nichts für Josef. Abolutes No-Go. Durchgefallen. Auf Nimmerwiedersehn!

Einen Knacks freilich schleppte meine sonderbare Liebe zum göttlichen Milieu mit sich durch die Zeiten. Er rührte vom Januar 1974 her, als ich von der Heidelberger Reha-Maßnahme nach Hause fuhr. Einen Menschen mit Rollstuhl beförderte man seinerzeit ... wo? Im Gepäckwagen natürlich! Die normalen Zugabteile waren noch nicht ausgebaut für Rollstühle. Das Schicksal hatte für mich auch noch einen Bummelzug vorgesehen, der an jeder Station hielt – und deren gab es viele.

Mal um Mal das gleiche Spiel: Die Zugbremsen quietschten; die schwere eiserne Rolltür des Gepäck- und Postwagens wurde aufgerissen; der Wind peitschte Eisregen herein, während die stoffeligen Bahnleute, für die ich ein Stück Transportgut war, Postsäcke, Gepäck und Fahrräder aus- und einluden. Es war arschkalt; ich war völlig unangemessen angezogen, hatte nicht einmal eine Decke dabei, zitterte, bibberte, fror mir die Lippen blau und fühlte mich bald sterbenskrank. Die liebe Mama empfing ihren halb erfrorenen Sohn mit heißem Tee, Schokolade, Liebe und Decken, und am darauffolgenden Sonntag war ich schon wieder in der Lage, an einem Gottesdienst teilzunehmen. Ich freute mich sehr darauf, ein Gefühl wie *noch einmal Heimkommen*. Ich rollte der Freude entgegen.

Um den Innenraum der Kirche St. Bernhard betreten zu können, musste ich freilich eine Ministufe überwinden. Mit heutigen Rollstühlen wäre das ein Klacks. Ich besaß aber keinen heutigen Rollstuhl, sondern einen «Ortopedia-Krankenfahrstuhl», ein monströses Ungetüm, in dem ich mir etwa so beweglich vorkam wie das Fatschenkind[3] in den Windeln.

Das Volk strömte zur Kirche. Kein Mensch bemerkte, dass ich ein kleines Problem hatte. Ich musste mich schon laut bemerkbar machen, bis sich endlich jemand wortlos bequemte, mir ein bisschen zu helfen. Drinnen dachte ich: *Das eben war ja wohl nicht ganz normal! In der Kirche hast du doch lauter liebe und hilfsbereite Menschen.* Doch als ich mich anschickte, die Kirche zu verlassen, ereignete sich das gleiche Trauerspiel noch einmal.

Keine Sau hielt mir die Kirchentür, ein wahnsinnig schweres Eisenteil, auf. Fast hätt's mich aus dem Rollstuhl geschlagen. Die Leute drängelten, strömten an mir vorbei, als würden sie sich sagen: Nix wie weg hier! Da war keine menschliche Verbindung zwischen ihnen. Niemand grüßte den anderen, kein Mensch schaute auf die Leute, die eben noch mit ihm gebetet und gesungen hatten. *Da kann einer umfallen,* dachte ich, *die gehen. Haben ihre Christenpflicht erfüllt.* Ich fühlte mich plötzlich ausgeschlossen aus der Community, sah auch nicht, warum ich dazugehören sollte. *Die sind doch auch nicht besser als andere Leute,* schoss es mir durch den Kopf. Eine Folge hatte das Erlebnis: Wann immer ich kann, halte ich heute anderen Menschen die Tür auf.

So fraßen sich gewisse Dinge in mein Hirn. Ich war immer schon gut im Speichern von Erlebnissen, auch im Verwandeln dieser Erlebnisse in Prinzipien. Von meinem Vater hatte ich gelernt, dass man zäh, stark und geduldig sein musste, um Melkmaschinen, Bräute und andere bewegliche Güter in Umlauf zu bringen. Man musste ein rechter Wadlbeißer sein. Das lernte ich mit Hingabe.

Ein Nein, das war für mich immer der Beginn eines wunderbaren Geschäfts. Nur Amateure reagieren auf ein kühles «Nein!» mit: «Dann eben nicht!» Wenn bei mir jemand Nein sagt, wittere ich Morgenluft; alle meine Rezeptoren gehen an. Der Akku vibriert. Der spielerische Kampf kann beginnen. Wenn man mich zur Tür hinausschmeißt, komme ich zum Fenster wieder herein.

Aber Vorsicht! Das ist noch heute so.

In meiner Jugend war der Märchenwald Grafrath in der Nähe vom Ammersee für alle Familien im weiten Umkreis ein Begriff. Der kapitalfrohe Betreiber hatte eine Art Legoland im Kleinen geschaffen, ein Erholungsparadies für Kinder, vielmehr für Familien, die sich die horrenden Eintrittspreise und die kleinen Zusatzausgaben im Inneren des Paradieses leisten konnten.

Leider war der Märchenwald nicht für alle Kleinen ein Paradies, denn ein paar Dutzend von ihnen, Kinder wie ich, unterhielten das Ganze in einem System von Kinderarbeit. Heute würde ein solches

Unternehmen innerhalb kürzester Zeit in die Luft fliegen. Im Alter von zwölf, dreizehn und fünfzehn Jahren schuftete ich einen Großteil meiner Freizeit im Märchenpark – für zwei Mark in der Stunde. Ich konnte mich allerdings nur schwer unterordnen. Irgendwie war ich schon immer gerne Chef. Ob im Märchenwald oder sonstwo: Ich dachte wie der Chef, rechnete wie der Chef, hielt Ausgaben gegen Einnahmen. Die anderen Kinder schauten auf mich: Was macht der Josef? Wie denkt der Josef? Josef dachte subversiv: *Der Märchenwald-Betreiber sackt die Kohle ein ohne Ende. Und wir Kinder machen die Arbeit!* Für zwei Mark pro Stunde. Das ging gar nicht.

Also habe ich die anderen Kinder aufgewiegelt, hab mir Tricks ausgedacht, wie wir unser schmales Salär aufbessern konnten. Manchmal haben wir Billetts einfach zweimal verkauft. Aber das reichte mir nicht. «Der macht so a Rieseng'schäft an Ostern!», hetzte ich gegen Mister Märchenwald, «jetzt mach ma a Rövolution!» Am Ostersamstag baute ich mich vor unserem Herrn und Sklaventreiber auf und ließ ihn wissen: «Es gibt jetzt für alle Kinder einen Hunderter cash auf die Hand, oder Sie können Ihren Laden an Ostern alleine betreiben.» Der Märchenonkel riss die Augen auf, bevor er platzte: «Saubande, elendige! Ich entlasse euch alle!» Dann eben nicht. Ich ging. Aber ich wartete mal vor seiner Türe noch ein Weilchen.

Kaum waren zehn Minuten vergangen, stürzte er aus seinem Büro: «Okay, gut, ich mach das, ich zahl's euch am Abend aus!» Ja, es war Erpressung, aber meine Forderung war andererseits auch nicht ungerecht. (Gerade fällt mir ein, dass ich auch als Gewerkschafter hätte Karriere machen können.) Auf eine Auszahlung am Abend ließ ich mich natürlich nicht ein – ich kannte die Schliche des Märchenonkels und forderte die hundert Flocken sofort, cash und auf die Kralle für alle vierzig mitarbeitenden Kinder, sonst würden wir alle die Arbeit niederlegen. Tausende von Besuchern waren bereits auf der Anlage.

Innerhalb von zwanzig Minuten gab es tatsächlich die vereinbarte Sonderzahlung von hundert Mark, aber auch einen Rausschmiss erster Klasse für alle Kinder noch am gleichen Abend. Am nächsten Tag, einem herrlichen sonnigen Ostersonntag, kam ein ebenso reu- wie kleinmütiger Anruf, ob wir denn, hm, nun ja ... unter gewissen Umständen nicht doch wieder ... Okay, ließ ich den Märchenwaldboss wissen, aber nur für eine Wiedereinstiegsprämie von hundert Mark. Wir bekamen sie, traten bald in Tarifverhandlungen und einigten uns später auf eine faire Summe.

Meine Empathie fürs Unternehmerische ging so weit, dass ich mir als Kind schon Business-Modelle für Betriebe ausdachte, die mich gar nichts angingen. Da gab es in Fürstenfeldbruck den honorigen Betreiber eines Reisebüros. Ich hatte keine Ahnung, wie der Laden lief, doch offenkundig nicht schlecht; es gab regen Kundenverkehr, und die Einrichtung des Geschäfts war nobel. Ich weiß heute noch nicht, was mich ritt, dem Herrn Reisebürobetreiber einen unfehlbaren Plan zu unterbreiten, wie man sein Geschäft so richtig zum Brummen bringen könnte.

Der feine Herr hörte mich Steppke belustigt an. Man müsse dafür sorgen, schlug ich vor, dass seine tollen Reiseprospekte in der heißen Urlaubsplanungsphase in jeden Briefkasten kämen. Ich sei auch gerne zum Austeilen bereit, wenn Herr X. nur so freundlich wäre, mich herumzufahren. Was ich denn dafür haben wolle? Ich weiß nicht, warum ich seinerzeit «Nichts!» sagte, denn der Reisebürochef ging tatsächlich auf meinen Vorschlag ein, fuhr mich durch die Gegend und wartete geduldig, bis ich wieder aus dem Hochhaus kam, in dem ich alle Briefkästen säuberlich mit den Reisebüroprospekten gefüllt hatte. So ganz ohne Lohn blieb ich jedoch nicht. Man schenkte dem lieben Jungen «ein gutes Buch».

Später unterliefen mir solche Geschäfte nicht mehr. Ich hatte bald verstanden, worum es beim Geldverdienen per Handel ging: Wareneinsatz, Arbeitszeit, Vertriebsorganisation, Gewinnspanne. Ganz einfach! Beispielsweise kaufte ich meinem Vater eine größere Menge eines No-Name-Flüssigwaschmittels in Gebinden zu je fünf Litern ab und überlegte mir einen punktgenauen Slogan («Wie Lenor, nur billiger!»). Wareneinsatz: vier Mark. Verkaufspreis: acht Mark. Damit fuhr ich in der ganzen Gegend herum und hatte bald einen zufriedenen Kundenkreis dankbarer Hausfrauen.

Wer einen Ford Mustang fahren will, muss aber noch mehr auf die Straße bringen. Also weißelte ich auch Keller in Neubaugebieten, trug

Zeitungen aus oder jobbte im Milchwerk. Dort kippte ich süße, klebrige Fruchtmasse in mannshohe Joghurt-Rührwerke. So sammelte ich eine Menge Erfahrungen, freilich zog ich mir auch ein bis heute anhaltendes *Fruchtjoghurt-Trauma* zu. Die sparsamen Milchmänner strichen nämlich am Abend die Kleckerreste, durch die wir mit unseren Gummistiefeln gewatet waren, zusammen und gaben sie dem Produktionsprozess zurück. Sauberkeit first!

Mein größtes Geschäft in diesen frühen Jahren machte ich bei der Münchner Olympiade; das war mit siebzehn, noch vor meinem Unfall. Irgendein Spinner hatte mir *lebensmittelechte Plastikbierkrüge* angeboten. Hä? Kauft doch kein Mensch! Das war meine erste Reaktion. Aber die Sache ließ mich nicht los. Ich dachte nach – und plötzlich gingen in mir die Osramlichter an: Natürlich! Das war der Hit! Was würden denn all die Amerikaner, Australier, Japaner und so weiter als Souvenir mit nach Hause nehmen wollen? Na, was wohl?! Einen bayerischen Bierkrug! Das mussten die sich aber abschminken, weil die Steingutteile nun einmal so schwer waren, dass sie im Rahmen des Fluggepäcks nicht unterzubringen waren und vermutlich bei der Ankunft zerbrochen wären.

Also orderte ich eine große Menge von diesen spottbilligen, herrlich leichten, täuschend echt aussehenden, *lebensmittelechten Plastikbierkrügen*, stellte für alle Fälle den Nachschub sicher, besorgte mir die erforderlichen zehn Konzessionen und nahm mit Moped und Anhänger an der Münchner Olympiade teil. Meine Rechnung ging auf. Die Teile, die ich für fünf Mark eingekauft hatte, wurden mir für fünfzehn Mark förmlich aus der Hand gerissen. Am Schluss war ich Herr über mehrere Stände. Alle meine Freunde hatte ich eingespannt. Es war einfach ein Riesengeschäft ...

Nicht alle meine Aktivitäten nahmen einen glücklichen Verlauf, wie etwa Erfindung und Betrieb eines Semmelautomaten. Die Idee war genial. Fast alle Menschen lieben die Semmel zum Frühstück. Wenn sie nur schon da wäre! Ich gründete also die «Frischsemmel-Service Müller & Langer OHG» und sorgte dafür, dass es in vielen Hochhäusern im Weichbild von München West zur Aufstellung besagter Automaten kam (oder kommen sollte). Die Leute mussten gar nicht erst den Schlafanzug ausziehen, konnten mit dem Fahrstuhl ins Parterre fahren und für ein paar Münzen am Müller'schen Semmel-Automaten Packungen zu je fünf Frischsemmeln erwerben. Das Problem war nur die Beschickung. Wo nahm ich nur die zuverlässigen Mitarbeiter her, die regelmäßig dafür sorgten, dass der Automat jeden Tag vor 5.00 Uhr morgens befüllt wurde? Daran scheiterte das Ganze, denn ich fand keine zuverlässigen Leute, nur Pappnasen! Ein Rohrkrepierer, leider!

Mein beruflicher Aktionsradius – man wird das verstehen – ließ mir für vermeintliche Kindereien wie Schule wenig Zeit. Trotzdem brachte ich ein sehr gutes Mittlere-Reife-Zeugnis zustande. Ich wechselte auf das Gymnasium und wollte Abitur machen. Doch ging mir das alles viel zu langsam, und dazu verspürte ich keinerlei Neigung. Ich wusste, ich würde ein Mann der Praxis sein. Ich wollte Geschäfte machen, etwas verkaufen, mit Dingen handeln – und dies bitte möglichst schnell und möglichst erfolgreich. Das Abi konnte ich später immer noch nachbauen.

Meinem Vater gefiel es, dass ich mich für den Lehrberuf eines Steuerfachgehilfen entschied – damals konnte man über diesen nichtakademischen Weg noch Steuerberater werden. *Ein Steuerberater*, dachte ich mir, *hat in alle Branchen Einblick*. Er weiß, wo die Kohle gemacht wird und wovon man besser die Finger lässt.

So dumm war mein Gedanke gar nicht. Ich begann eine Lehre in einer Kanzlei in Starnberg. Auch dies, zumindest in der Logik des Mammons, kein ganz dummer Gedanke. Ich begann meine Ausbildung mit der nüchternen Feststellung: «Wie sieht's denn hier aus?!» Da musste mal tapeziert werden. Ich machte das. Sehr lange Zeit blieb mir nicht, um in das eigentliche Gewerbe hineinzuriechen. Der Autounfall kam nach zwei Jahren dazwischen.

Ich konnte es kaum erwarten, wieder zurück zu sein und meine Lehre fortzusetzen. Zusammen mit Beratern hatte ich mir einen Plan zurechtgelegt, wie das funktionieren könnte. Einen ganzen Tag im Büro zu verbringen, das war nicht möglich. Bei der BfA (Bundesversicherungsanstalt für Angestellte) wusste man das und zeigte sich außerordentlich kooperativ. Man wollte mir sogar ein entsprechend auf meine Behinderung adaptiertes Auto finanzieren, damit ich flexibel agieren konnte.

Nun schlug ich also meinem damaligen Lehrherrn vor, dass ich zeitweise in Starnberg sein würde, ansonsten aber Arbeit mit nach Hause nehmen würde bzw. anfallende Büro-Unterlagen mit dem Wagen abholen würde. Mein Chef fiel fast vom Hocker: «Siiiie doch nicht. Sie sind doch ein Krüppel im Rollstuhl! Sie können doch kein Auto mehr fahren!» Flehentlich musste ich den Mann bitten, meine Lehre beenden zu dürfen. Er hat dann eingewilligt, ohne zu ahnen, was in meiner Seele vorging. Ich schwor mir: *Dir – zeig – ich – es! Ich werde das, was du bist – und später noch viel mehr! In ein paar Jahren steht mein Cabrio vor der Tür!*

Es dauerte dann doch noch etwas länger. Man musste alleine vier Jahre als Steuerfachgehilfe vorweisen, bevor man die Prüfung als Steuerberater hinter sich bringen konnte. Ich nutzte die Zeit, um Zusatzausbildungen (u. a. eine Ausbildung zum Rechtsbeistand) zu absolvieren und von den Besten der Besten zu lernen, etwa bei renommierten Wirtschaftsprüfungsgesellschaften in München.

Den «Steuerberater» machte ich mit 25 Jahren und mit der Note 1,8. In meiner Starnberger Lehrwerkstatt staunte man nicht schlecht.

4
Gnadenlos Geld machen!

Sollten Sie in den achtziger und neunziger Jahren des vorigen Jahrhunderts häufiger zwischen Lazise, am Südostrand des Gardasees, und München unterwegs gewesen sein, könnte es sein, dass wir uns schon einmal begegnet sind. Vielleicht waren Sie das, der mir den Stinkefinger zeigte. Ich könnte das heute gut verstehen. Denn ich war einer dieser Verrückten mit Münchner oder Starnberger Kennzeichen, die Sie mit Aufblendlicht und röhrendem Motor überholt haben, gelegentlich gerne auch mal rechts.

Ich schäme mich heute dafür, so einen leichtsinnigen Fahrstil an den Tag gelegt zu haben. Aber ich gehörte eben damals zu dem hirnverbrannten Hornissenschwarm von Porsche- und Ferrari-Fahrern, der sich einen Spaß daraus machte, den Brennerpass als Jet-Set-Rennstrecke zu missbrauchen.

Ich hatte fast zwanzig Jahre das Erdgeschoss einer Villa oberhalb von Bardolino mit einer Riesenterrasse, so groß wie ein halbes Fußballfeld, und mit einem atemberaubenden Blick über den Südteil des Gardasees von einem Freund gemietet. In zweieinhalb Stunden von der Villa Barbara zur Emmeramsmühle in Bogenhausen – das galt es zu unterbieten.

Ich weiß auch nicht, warum die Menschen dieser Schicki-Micki-Blase – Leute, wie Helmut Dietl sie in seinem «Rossini»-Film skizziert hat: Promis und Promiflittchen, Sportfuzzis, Banker, Galeristen, Edelfedern, Szene-People und eben auch Steuerberater – nie gefasst und von italienischen Carabinieri standesrechtlich hingerichtet wurden. Denn wir fuhren – ohne Bremsen, aber mit kreischenden Mädels und kreisenden Schampusflaschen im Wageninneren – nicht nur mit 180 Sachen durch 60-km/h-Baustellen. Wir waren, bis auf einige Ausnahmen, auch gerne mal vom italienischen Wein angesäuselt bis sturzbesoffen.

Ich selber war mehr als heiß auf unser deutsch-italienisches Bergrennen – blieb aber als Fahrer immer nüchtern. Die Chancen, das irre Rennen für mich zu entscheiden, standen nicht schlecht. Für den Wochenendspaß ließ ich die schweren Limousinen in der Garage, auch der Chauffeur hatte frei. Ich wollte selber fahren und wählte dazu meist den Porsche 928, weil mein Rollstuhl da sehr gut reinpasste. Ich hatte einen schwarzen und einen weißen zur Auswahl. Porsche, nicht Rollstuhl.

Etwa fünfzig Leute und viele bekannte Namen gehörten zu dem Kreis, der seine festen Rituale hatte, die es zum Teil heute noch gibt, wobei die meisten natürlich nicht so verrückt waren wie unsere Clique von etwa zehn Leuten, der ich angehörte. Wenn das Wetter danach war, traf man sich freitagmittags am Starnberger See, auf einer Yacht.

Während sich das Umfeld, die Künstler, die Models, auch die Journalisten, schon bei Häppchen und Schampus in Stimmung brachten, war für die anderen noch «Arbeit» angesagt: Der harte Kern *dealte*. Ungeschriebenes Gesetz war: Es musste spielerisch zugehen, durfte keinesfalls nach Arbeit aussehen. Obwohl es immer um das eine, nämlich um Geld, Geld, Geld ging, sah man weder Papier noch Verträge, noch kursierten irgendwelche Unterlagen. Es durfte nicht einmal klar davon die Rede sein, dass es um den Mammon und seine Vermehrung ging. Geld war Scheiße. Man hatte es. Fertig. Sich mehr als beiläufig damit zu beschäftigen, war Stilbruch. Es gab deshalb auch keine formellen, arrangierten Meetings von Geschäftspartnern. Man setzte sich nicht an einen Tisch, sondern lehnte an der Reling oder der Bar, sprach über Segelwetter, Yachten, Autos, neue Golfplätze.

Sehr am Rande tauchten dann Beteiligungen, Investitionen und Anlageprojekte auf. Der Interessent musste gelangweilt ins Glas oder die Ferne schauen und so etwas Ähnliches murmeln wie: «Würde mich interessieren. Kann man da noch mitmachen?» – «Denkbar.» – «Was muss ich rüberwachsen lassen?» – «Unter hundert macht das keinen Sinn.» – «Okay, ich lass von mir hören!» Der Deal war perfekt. Ich konnte mich darauf verlassen, dass am Montag 100.000 Mark auf mein Konto transferiert wurden, vielleicht auch 200.000 oder auch mehr. Das war die Arbeit. Nun konnte das Vergnügen beginnen.

Gegen Abend bewegte sich der Schwarm in Richtung Gardasee. Dort traf man sich dann auf diversen Yachten. Auch ich besaß ein 900-PS-Boot, eine «Abbate 36» mit dem herausfordernden Namen «Follow Me». Highlife war angesagt, bis gegen Sonntagabend, wo man, nach der wilden Jagd über die Autobahn, das Wochenende meist in der Bogenhausener Emmeramsmühle ausklingen ließ.

Kurios dabei war, dass wir während des Wochenendes bayerische Schmankerl, meist eine deftige Brotzeit mit allem, was der Gaumen begehrt – auch gerne vom Käfer oder Dallmayr –, zum Gardasee brachten, und unter der Woche trafen wir uns in München, aßen am Abend im italienischen Nobel-Ristorante oder in einer Trattoria.

Ich sollte erwähnen, dass die Vergnügungen im Grunde monoton waren: Nobel-Esserei, Drinks in allen Varianten und zu jeder Zeit, ein bisschen Sport, Wasserski vor allem, verrückte Sachen machen, Sex, auch sonst den Kick suchen, sich mit Alkohol in Stimmung bringen, den neuesten Klatsch und Tratsch verbreiten.

Es klingt aus heutiger Sicht zynisch, was uns wie ein witziges Gesellschaftsspiel vorkam: die Verteilung der jungen Frauen, die meist im Gefolge der Geldbesitzer (und in Abhängigkeit von ihnen) an Bord waren. Ich erinnere mich, wie ein bekannter Schauspieler und Sänger mich von der Seite anquatschte: «Josef, was ist mit der Kleinen?» – «Lass die Finger davon. Zu jung.» – «Was heißt zu jung?» – «Ihr ist es noch nicht egal. Mensch, zieh ab, such dir 'ne andere, die Auswahl ist groß genug!»

Klarmachen für die Nacht, hieß das. Der schon damals ebenso liebenswerte wie kaputte Typ zog ab. Aber ich merkte, wie er das Mädchen weiterhin fixierte. Eine halbe Flasche Schampus später baggerte er mich wieder an: «He!, Josef, die Kleine da ... Geht da nicht doch was?» Das Geld musste gefragt werden. Ich gab schließlich nach: «Tu, was du nicht lassen kannst, aber zerstör sie nicht.»

Exakt neun Monate später kam es zu einem hässlichen Vaterschaftsprozess. Was wir da mit den jungen Frauen machten, geschah nach Gutsherrenart. Die Gier nach schnellem Reichtum und Jetset-Glanz trieb die hübschen kleinen Dinger in die Arme der Reichen.

«Dinger» ist das richtige Wort. Die klügeren Mädels ahnten, dass sie den Rang von Frischfleisch hatten, und alle Mädels wussten, dass sie irgendwann mit Sex bezahlen mussten. Aber, so sagten sie sich, vielleicht springt ja eine feste Beziehung, gar eine Ehe dabei heraus. Diese Hoffnung erfüllte sich in den seltensten Fällen. Das Geld blieb unter sich. Die kleinen Dinger waren nur zum Spielen da, wurden abgetan oder einfach nicht mehr mitgenommen, wenn sie zu zicken begannen und Ansprüche stellten.

Wie war ich in diese Kreise gekommen? Ganz gewiss nicht durch Tricks und eine geschickte Öffentlichkeitsarbeit. Die Abendzeitung in München brachte einmal eine Serie unter dem Titel «Münchens Millionäre» und wollte mich dazu interviewen. Ich lehnte ab. Man könne sich bei mir melden, wenn die Milliardäre gefragt seien und ich dann einer wär. Meine flapsige Bemerkung hatte zur Folge, dass mir in einigen Promi-Gazetten eine Weile lang das Etikett «Josef Müller, Steuerberater und Millionär» verpasst wurde, wo immer mein Name auftauchte. In den Münchner Kreisen, in denen ich mich bewegte, wurde dergleichen als oberpeinlich eingestuft. Geld hatte man, oder man hatte es nicht. Aber das Faktum in der Abendzeitung zu lesen, das sah nach *personal product placement* aus – als hätte da ein Emporkömmling aus Minderwertigkeitsgefühl heraus dafür gesorgt, dass die Statusmeldung in den Medien auftauchte. Ganz nach dem Muster des Provinzfabrikanten in Helmut Dietls «Kir Royal», der bekanntlich viel Geld dafür gegeben hätte, in der Promirubrik von «Baby Schimmerlos» aufzutauchen.

Nun war ich, bei Licht betrachtet, genau das: ein Neureicher, ein Emporkömmling, der zu einem bestimmten Zeitpunkt so viel Geld besaß, dass es ihm zu den Ohren herauskam.

Es gab, das will ich nicht verschweigen, zwischenzeitlich beschämende Pleiten, herbe Rückschläge, sogar Konkurse: Futsch, die Million! Wenn wieder einmal ein riskantes Geschäft in die Hose gegangen war, dachte ich mehrfach, mein letztes Stündchen als Geschäftsmann habe geschlagen. Ich verbrachte schlaflose Nächte, wachte schweißgebadet auf, verfluchte meine elende Zockerseele.

Am Morgen sah die Welt aber meist schon wieder anders aus. Und bald rollte der Rubel an einer anderen Ecke. Dann war die letzte Pleite schon Schnee von gestern. *Wer nichts wagt, gewinnt nichts*, sagte ich mir, und dealte aufs Neue drauflos, dass es nur so krachte. Ich konnte wieder den Sonnyboy markieren, dem das Geld an den Fersen klebte. Meine investitionssüchtigen «Freunde» mussten sehen, welche Villen ich bewohnte, welche Autos ich fuhr, welche Yacht ich besaß und welches Personal ich beschäftigte. Es ging um den «Geil!-Will-ich-auch-Effekt». Um es kurz zu machen: Innerhalb weniger Jahre hatte ich mir in München den Ruf erworben, gnadenlos Geld zu machen. Für mich und andere.

Seit meiner Jugend war ich der Logik des Geldes gefolgt. Anfangs ging es mir dabei weniger um das Geld an sich. Geld kam mir nur als ein Nebeneffekt gelungener Geschäfte vor. Wo immer ich hinkam, checkte ich die Lage und die Läden, sah ihnen meist auf den ersten Blick Erfolg oder Misserfolg an. Einmal besuchte ich eine Disco, blieb aber an der Küche hängen. Wie kompliziert die da die Schnitzel zubereiteten! *Das ist ja total irrational!* Ich fragte mich nach dem Geschäftsführer durch und wies ihn auf die ineffizienten Arbeitsabläufe hin. Mann, so konnte man doch kein Geld verdienen! Der Gute schaute mich an wie ein Auto.

Vor allem aber interessierte mich die *Anerkennung*, die sich in der Währung Geld ausdrückte, und das Machtspiel. Josef Müller, der ohnmächtige Mann im Rollstuhl, konnte Millionen bewegen. Heimlich belustigte mich die *Gier*, die sie hinter ihren Sonnenbrillen versteckten. Ich wusste, ich konnte sie befriedigen, konnte ihren Schotter vermehren, konnte sie reich machen. Das hatte einen satten Klang in meiner Seele.

Und wo kam mein Reichtum her? Ich machte einfach dort weiter, wo ich in meiner Jugend begonnen hatte, getrieben vom Müller-Ehrgeiz, getrieben von der Lust, es meinem Vater zu zeigen – und allen anderen, die mich für einen lebensunfähigen Krüppel hielten.

Mit zwanzig Jahren, 1975, besaß ich bereits genug Geld, um einen eigenen Schallplattenladen in Fürstenfeldbruck eröffnen zu können. Der Laden war in die Kette «Francoise Records» eingebunden, die ihren Hauptsitz in Hamburg hatte. Ich hatte ein Gespür dafür, dass die

Zeit reif war für Billigplattenläden, denn so mancher Lehrling gab seinen ganzen Monatslohn her, um die aktuellsten LPs zu besitzen. Schallplatten waren «in» wie nie zuvor.

Während große Plattenläden viel Geld in teure Abspiel- und Anhöranlagen investierten, stellten wir die aktuellen Scheiben meist im Karton auf den Fußboden und gaben die Kostenersparnis direkt an die Kunden weiter. Meine Devise war: Angehört wird anderswo – gekauft wird bei uns. So kostete eine Langspielplatte damals in der Regel 17,90 DM bei einem alteingesessenen Laden. Bei uns griffen die jungen Leute sie für nur 9,90 DM ab. Eingeschweißt und original aus dem Zwanzigerkarton. Genau die gleiche Scheibe. Die Platten gingen zu diesen Preisen weg wie warme Semmeln.

Ich machte Werbung vor Schulen, vor Beatclubs und dort, wo sich junge Leute sonst noch trafen. In den Staaten finanzierte und kaufte ich 10.000 Stück des Eagles-Songs «Hotel California» ein, der in der angelsächsischen Welt möglicherweise im Kommen, in Deutschland aber noch nirgendwo im Vertrieb war. Wenige Wochen später war «Hotel California» die Nummer 1 in England und Amerika. Ich fasste mir an den Kopf. Warum hatte ich nicht gleich 100.000 von den schwarzen Scheiben eingekauft?

Als die Firma dann sehr gut lief, stieß ich sie mit Gewinn wieder ab. So machte ich es häufig. Der erfolgreiche Betrieb des Unternehmens forderte inzwischen meinen ganzen persönlichen Einsatz. Aber ich hatte keine Lust, mich mit dem Klein-Klein, den Personalproblemen und Werbemaßnahmen, zu beschäftigen. Ich wollte mehr. Viel mehr.

Manchmal endeten Unternehmungen auch auf witzige Art. Ich weiß nicht, hatte ich zu tief ins Weißbierglas geschaut, oder war es meine ganzheitliche Betrachtung der Welt und wie man sie zu Geld machen kann, dass mir eine praktische Neuerung einfiel, die Gastronomen, Hobbyköche wie auch Hausfrauen glücklich machte: der «Spül-Quick», eine Art moderner Reinigungsschwamm mit Spülmittelzuführung im Haltegriff. Mit dieser kleinen Hilfe konnte man endlich auch diese tiefen Weißbiergläser, in die man mit der bloßen Hand nicht reinkam, gründlich und schnell reinigen; obendrein brauchte man nur ganz wenig Spülmittel. Außerdem blieb beim Spülen immer eine Hand trocken.

Die Praktiker erkannten sofort den Nutzen meiner kleinen Erfindung. Ich meldete den «Spül-Quick» als Patent an, ließ Produktion und Vertrieb anlaufen und rieb mir die Hände. Da kam eines Tages ein Anruf vom Syndikus eines internationalen Waschmittel-Konzerns. Ob ich unter Umständen an einem Verkauf des Patents interessiert sei? Natürlich war ich das. Der Multi kaufte, zahlte ein hübsches Sümmchen, nahm das Produkt vom Markt und versenkte das Patent in den Grüften seiner Archive, wo es noch heute ruht. Der «Spül-Quick» verringerte den Spülmittelverbrauch – das Letzte, woran ein Spülmittelhersteller Interesse haben konnte. Bei mir zu Hause gibt es noch ein letztes Exemplar meiner kleinen Erfindung, die nicht sein durfte.

Auf diese Weise betrieb ich immer mehrere Firmen und Projekte gleichzeitig. Mit keiner meiner Unternehmungen suchte ich den Verdrängungswettbewerb. Eine solche Unternehmensstrategie ist aufwändig und riskant. Ich forschte immer nach der Marktnische, fragte mich: Was übersehen die Großen, was machen die falsch?

So wuchs in den achtziger Jahren mein kleines Imperium aus Steuerkanzlei und einer changierenden Anzahl kleiner Firmen, die kamen und gingen, angekauft und gewinnbringend wieder verkauft bzw. abgestoßen wurden, wenn ich mit ihnen zu scheitern drohte. Damit konnte man reich, sogar ziemlich reich, aber nicht superreich werden. Ich wollte aber nicht reich und auch nicht ziemlich reich werden. Ich wollte superreich werden. Für die Münchner Finanzwelt war ich zu dieser Zeit noch ein ganz kleines Licht.

Da erschien am Horizont ein Geschäftsmodell, von dem ich wusste: *Das ist es!* Ich sah, dass es eine handverlesene Gruppe großer Steuerberater und Rechtsanwälte in München gab, deren Kanzleien in kurzer Zeit ökonomisch explodierten. Man sah es an den edlen Marmorpalästen, die sie sich in bester Münchner Lage einrichteten.

Dass ihnen das Geld zufloss wie die Donau dem Schwarzmeer, hing mit zwei Begriffen zusammen: «Bauherren-Modell» und «Treuhandschaft». Die Republik hatte Geld; dieses Geld konnte man absaugen und als Investition den gewaltigen Immobilienobjekten zuführen, die überall im Land entstanden. Der Steuervorteil war dabei das Wichtigste; denn die Zeche zahlte immer das Finanzamt.

Es entstanden zu dieser Zeit ungezählte Abschreibungsgesellschaften – Schiffsbeteiligungen, Containerleasing- und Filmbeteiligungsprojekte –, alle aufgepackt mit sogenannten weichen (sprich: unnötigen) Kosten, die als Werbungskosten sofort abschreibungsfähig waren. So spülte der Fiskus das nötige Geld wieder herein, das als Eigenkapital zuvor eingesetzt worden war. Wenn man als Steuerberater hier den Fuß in die Tür bekam und die Treuhandverwaltung zum Beispiel bei einem großen Bauherrenmodell übernehmen durfte, war das wie Gelddrucken: Zwei Prozent gab es für die Mittelverwendung, zwei Prozent für die Steuerberatung, zwei Prozent für die Treuhandschaft. Bei allen Deals konnte man also sage und schreibe sechs Prozent mitnehmen. Und es ging fast immer um Millionengeschäfte.

Für die Sümmchen, um die es ging, muss eine alte Frau schon lange stricken. Natürlich wachten die paar alteingesessenen Steuer- und Anwaltskanzleien, die das Know-how hatten und am Drücker waren, eifersüchtig darüber, das nur ja kein Newcomer die Donau angrub. Aber Josef Müller hatte den Spaten schon in der Hand. Über ein paar Jahre hinweg investierte ich einen Großteil meiner Energie in die Frage, wie ich den berühmten Fuß in die Tür bekam.

Den Fuß bekam ich zwar nie dazwischen, dafür aber den Rollstuhl. Es gab keinen Artikel zum Thema, den ich nicht las, keinen Vortrag, keine Präsentation, die nicht von dem netten, interessierten Herrn im Rollstuhl besucht wurde. Natürlich traf man häufig die gleichen Personen, kam mit ihnen ins Gespräch, wobei ich nicht in Abrede stellen will, dass ich allein durch meinen Rollstuhl einen gewissen Sympathie-Bonus mitbrachte. Man fiel zumindest auf, kam schneller mit Menschen ins Gespräch. Zu armen Rollstuhlfahrern ist man ja gewöhnlich nett.

Die Leute merkten bald, dass ich höchst Fachkundiges und Hilfreiches beizusteuern wusste. Dann konnte es schon einmal vorkommen, dass mich einer auf einen Kaffee einlud: «Das ist ja interessant, was Sie da sagen. Ich möchte dazu mehr wissen.»

Über der Kaffeetasse kam man sich menschlich nahe. An Charme fehlte es mir eigentlich nie. Und das *Hinreden* hatte ich schon bei meinem Vater gelernt. Bereitwillig und scheinbar vollkommen selbstlos verschenkte ich meine gewachsenen Insider-Kenntnisse, ließ auch schon einmal einen skeptisch-kundigen Satz fallen wie: «Also, wenn Sie mich fragen, ich würde die Finger von diesem Projekt lassen!»

Mit der Zeit erntete ich Ansehen, Dankbarkeit, Vertrauen. Eines meiner obersten Geschäftsprinzipien war immer: Lass den anderen zu keinem Zeitpunkt wissen, dass du ihm etwas verkaufen willst. Wenn die Zeit reif ist, wird er von alleine kommen. Man darf nie mit der Tür ins Haus fallen. Der Verkauf kommt ganz am Schluss. Wenn jemand meint, du müsstest ihm was verkaufen, kannst du einpacken.

Und eines Tages kam er, der Satz, auf den ich Jahre gewartet hatte: «Ja, könnten denn nicht *Sie, lieber Herr Müller …*?» Ich setzte dann ein eher abweisendes Pokerface auf und sagte so etwas Ähnliches wie: «Sie meinen: *Ich …*?» Oder: «Keine Ahnung!» Oder: «Müsste ich mal drüber nachdenken!» Das Spiel war gewonnen, das Ding im Kasten.

Und wenn du mal *einen* Job einer bestimmten Sorte hast, und du machst deine Sache gut, dann sind Folgegeschäfte nur eine Frage der Zeit. Dazu kam, dass ich meinen Job natürlich perfekt machte.

Wählte jemand die Nummer der Firma «Treuinvest Vermögenstreuhand GmbH» in München, hatte er mich auch schon mal persönlich an der Strippe. Nicht irgendeine Sekretärin oder einen Sachbearbeiter, der den Kunden – der natürlich nur mit einem, nämlich dem Chef, sprechen wollte – hinhielt. Sollte jedoch meine fleißige Sekretärin den Anruf entgegengenommen haben, so wurde der Anrufer schnell und unkompliziert durchgestellt.

Und ich nahm mir Zeit, ganz viel Zeit. Denn meine großen Mitbewerber-Kollegen hatten genau das nicht: Zeit. Ich erklärte dem potenziellen Kunden dieselbe Sache notfalls dreimal, versprach weitere Zusatzinfos, lieferte sie umgehend. Das gefiel wiederum meinen Auftraggebern und Initiatoren der jeweiligen Projekte, weil sich der Steuerberater so ins Zeug legte und immer erreichbar war. Das erhöhte die Verkaufszahlen. Auch die Gestaltung der Präsentationsunterlagen überließ ich niemals meinen Mitarbeitern. Die Prospekte mussten einfach stimmen. Prospektgestaltung, das war immer auch Chefsache.

Ich war und bin eben mit Leib und Seele auch Vertriebsmann, nicht nur Berater.

Ein anderes Firmenprinzip von mir lautete: Jedes Geschäft braucht zwei zufriedene Leute – den Käufer und den Verkäufer. Beide müssen am Ende glücklich sein mit dem Deal. Und zwar auf Dauer. Positive Mundpropaganda wird dich groß machen, negative Mundpropaganda dich vernichten. In die Beziehungsebene konnte man nie genug investieren. Meine Käufer sollten Sympathiekäufer sein. *Du brauchst Freunde*, sagte ich mir, *nicht Kunden*. Mal einen Abend miteinander verbringen! Small Talk machen. Essen gehen! Oft wusste ich dann bei einem größeren Abschluss ebenso viel über die Eheprobleme meines Klienten wie der über das Bauherren-Modell.

Kurz: Der Laden begann zu brummen. Es gab Zeiten, da verkaufte ich an einem einzigen Tag mehrere Objekte.

An einen Großdeal erinnere ich mich besonders gerne: Die Geschichte spielte in Südfrankreich, an der Côte d'Azur. Dieses Mal ging es nicht um Großinvestoren, sondern um «kleine Leute». Die hatten zwar nicht so viel auf der hohen Kante, aber Kleinvieh macht bekanntlich eben auch Mist, und davon konnte ich nicht genug haben. Es war mir klar, die überwiegende Menge der Leute hatte kein Geld. Aber sie wollten auch gerne reich sein und mittun im großen Spiel. *Also, so dachte ich, musst du ihnen das Gefühl verkaufen, dass sie wer sind. Josef, mach ihnen eine Tür auf!*

Der Zufall kam mir zur Hilfe. Ich hatte beste Kontakte zu einer Baufirma in Südfrankreich, einer hundertprozentigen Tochter der renommierten BNP (Banque Nationale de Paris). Diese Firma entwickelte im Jahr 1981 zusammen mit einem deutschen Architekten vor Ort ein Anlageobjekt, genauer gesagt: eine gigantische Ferienhauswohnanlage, in der Nähe von Cannes, namens «Residence les Mas de la Mer».

Nüchtern gesprochen, handelte es sich um einige Hundert übereinander gestapelte Fertiggaragen mit Nasszelle, deren einzige Attraktivität in der Tatsache bestand, dass jeder dieser Hasenställe eine Glasfront mit unverbaubarem 180-Grad-Meeresblick hatte. Verkauft wurden diese Teile das Stück zwischen 89.000 und 129.000 Mark. Teil des Geschäfts war ein besonderer Service. Man erwarb nicht nur das

Recht auf sechs Wochen Eigennutzung im Jahr, sondern erstand im Paket auch noch das Handling der Urlaubsvermietungen durch den Dienstleister an Urlauber. Ich hörte von dem Projekt, das im Vertrieb nur schleppend anlief, und schlug sofort zu. Eigentum an der Côte d'Azur – wer träumte nicht davon?

Sofort entwickelte ich zusammen mit einem Profi-Verkäufer ein Geschäftsmodell. Wer einsteigen wollte, brauchte nur zehn Prozent Eigenkapital. Ab 8900 Mark – die hatte auch noch die alte Frau vom Stricken über. Eine Woche später hatte ich halbseitige Anzeigen in der «Welt am Sonntag» und bei der «Süddeutschen» gebucht: «Ihr Domizil an der Côte d'Azur für wenig Geld: 180-Grad-Panoramablick auf das Meer. 10% Eigenkapital, Rest kann finanziert werden.» Die Kampagne schlug ein wie eine Bombe.

Nun wurde es aber erst richtig spannend. Mir war klar: Die Interessenten mussten da runter, runter an die Côte d'Azur! Und zwar gratis! Meinen Mitarbeitern stockte der Atem: «Haben Sie sich mal überlegt, was das kostet, Herr Müller?!» Ja, hatte ich. Oh, das würde sogar noch viel mehr kosten! Ich hatte mir überschlägig einen Invest von 500 Mark pro Person für zwei Tage ausgerechnet.

Auch meine Geschäftspartner waren skeptisch: «Müller, was gibt's denn da zu sehen?» Wir hatten uns die zur Hälfte fertiggestellte Ferienanlage in spe vorher angeschaut: Es gab tatsächlich nichts zu sehen außer Betonmischmaschinen, herumliegende rostige Stahlmatten und eine Bauruine oberhalb einer mediterranen Dutzendbucht.

Ich setzte meinen Kopf durch: «Lasst mich mal machen!» Der Nachteil war gerade der Vorteil. Nur Amateure verkaufen Sachen; Profis verkaufen Träume. An der halb fertiggestellten Anlage konnte man glänzend träumen. Es musste nur einer ausrufen: «Nun stellen Sie sich mal vor, meine Damen und Herren ...!»

Samstag in aller Frühe ging's in München-Riem los. Ein erster pickepackevoller Flieger, mit hoffnungsfrohen Côte-d'Azur-Kleininvestoren bestückt, startete von München aus nach Nizza. Ich selbst war bei jedem Flug dabei. Für Sonntagabend, 18.00 Uhr, war jeweils der Rückflug gebucht. Alles war en détail vorbereitet. Im Flugzeug gab es Essen vom Feinsten, außerdem Moët & Chandon, solange man lustig war. Einige Herrschaften kamen dann auch schon äußerst animiert in Nizza an. Dort standen Mercedes-Limousinen und Kleinbusse bereit, mit weiteren Champagner-Vorräten im Kofferraum. Der Wagenpulk hatte Order, die Kaufinteressenten direkt zum Objekt zu karren.

Eine halbe Stunde später standen die Leute im Staub und Gras eines mittelmeerischen Karsthügels, auf dem aufeinandergestapelte Wohnzellen im Rohbau zu bestaunen waren. Die Kaufinteressenten bekamen abermals Champagnergläser in die Hand gedrückt und bewunderten den fantastischen Ausblick auf das weite, grenzenlose blaue Meer. Das war immer und jederzeit bereit, verkaufsfördernd zu glänzen und mitzumachen. Ich musste den Mund gar nicht aufmachen. Das Wir-und-die-Côte-d'Azur-Feeling stellte sich sofort von alleine ein, zumal das Wetter hier auch zu dieser winterlichen Jahreszeit mitspielte.

Ab ging's in ein Hotel der Luxusklasse, in das bekannte «Royal Hotel, Sporting Club and Casino», das direkt am Wasser lag. Duschen, umziehen, und dann wurde zum Nobel-Dinner in das nahegelegene «L'Oasis» geladen. Der legendäre Gastro-Tempel wirbt noch heute in entzückendem Deutsch für seine Qualitäten: «Stéphane, Antoine und François Raimbault laden Sie ein in der prallen Terrasse eine bezaubernde Oase. Unter der weichen Laub unter den Blumen in den Veranden Wintergarten, und es kommt zurück, um Freizeit und Vergnügen, die aufregende Entdeckung einer seltenen und Fusion-Küche an der Kreuzung von der Mittelmeer-Länder und endlose orientalischen Nuancen im Herzen der Französisch Riviera.»

Die genialen Gebrüder Raimbault tischten auf, dass sich die Balken bogen. Und die Küche war deutlich besser als ihr Deutsch. Die potenziellen Kunden waren hingerissen, fühlten sich wie die reichen Könige. Mehr als einmal wurde ich aber diskret zur Seite genommen: «Und das hier, äh, das ist auch alles kostenlos, oder müssen wir …?» – «Nein, nein», versicherte ich lächelnd, «Sie sind unsere Gäste!»

Nach dem ersten Flug mussten wir allerdings mit den Interessenten der nächsten Flüge vereinbaren, dass sie pro Person einen Kostenbeitrag von 500 DM leisten mussten, wenn sie nicht kaufen würden. Der wahre Preis der Reise lag zwar noch wesentlich höher, aber ich musste unbedingt vermeiden, dass sich Kurzurlauber als Interessenten ausgaben, um es bei einem Wochenende an der Côte mal so richtig krachen zu lassen, auf Kosten des netten Herrn Müller.

Es sprach sich damals schnell herum – auch die Anzeigen in den Zeitungen waren ja nicht zu übersehen –, dass sich hier ein Wochenende der Superlative verbringen ließ. Ich erinnere mich an eine Gruppe von fünf gleichgestimmten jungen Herren, die bereitwillig die 500 Mark pro Nase hinblätterten, um sich dann am Mittelmeer halbtot zu saufen – der Schampus floss ja ohne Ende. Mir blieb nichts anderes übrig, als mich bei den anderen Kaufinteressenten in aller Form für das ausgelassene Treiben der Herren zu entschuldigen. Andererseits war die Schwulengruppe irgendwie auch nett. Ich hatte da kein größeres Problem.

Am nächsten Morgen, nach dem Frühstück, kam die große Stunde des deutschen Architekten der Anlage, seine Show am Reißbrett. «Und nun stellen Sie sich vor, meine Damen und Herren ...!» Die Leute bestürmten ihn bis zum Mittagessen mit Fragen. Nebenbei präsentierte ich auch noch zwei dicke Villen in der Gegend, für den Fall, dass größeres Geld im Raum war. Nach einem kleinen Mittags-Lunch ging es noch einmal auf die Anlage hinaus («Uns gehört das Wasser!»), von dort zum Flieger nach München. Auf der Rückreise waren dann meine Verkäufer gefragt. Sie gingen von Reihe zu Reihe und fragten jeden Einzelnen: «Wie viele Wohnungen darf ich denn für Sie reservieren?»

Wir mussten nicht sehr häufig nach Nizza fliegen, um fast die ganze Anlage zu verkaufen. Einen Zwischenfall gab es. Ein Arzt, der sich offenkundig vor allem selbst gesundoperiert hatte, blaffte meinen Verkäufer an: «Hören Sie doch mit dem Kleinscheiß auf! Ich will die Villen!»

Ich übernahm.

5
Die Logik der Gier

So war das in den Anfängen. Eigentlich war ich ja Steuerberater. Und ich hätte davon herrlich und in Freuden leben können. Doch Schritt für Schritt kam ich von den eigentlichen Idealen des Berufsstandes ab. Bald sah ich als Ziel nur noch die Ausweitung meiner Geschäfte und den kontinuierlichen Zuwachs an Mitarbeitern. Ich berauschte mich an der Tatsache, dass ich schon wieder ein neues Büro eröffnet hatte – und noch eins und noch eins. Oder dass ich wieder einmal eine nächste Umsatzstufe übersprungen hatte.

Mein angeknackstes, krankes «Ego» forderte immer neue Beweise meiner Größe und Tatkraft. Viele Unternehmungen habe ich schon geschildert, einige möchte ich noch erwähnen, um zu zeigen, wie ich damals tickte: Als ich bereits Steuerbüros in Fürstenfeldbruck, Starnberg, München und Wittenberg unterhielt, gründete ich dazu noch eine Kfz-Import- und Exportgesellschaft für Neuwagen der Luxusklasse (Munich Car Import GmbH) und verkaufte Nobelschlitten nach Japan, USA und in die Arabischen Emirate. Das Geschäft lief gut.

Weiter ging's im Hamsterrad: Zusammen mit einem anderen Mandanten baute ich die Firma Exclusive Cars GmbH in München auf. Ich streichelte immer schon gerne über die Motorhaube eines Ferraris oder Lamborghinis. Später schied ich aus Zeitgründen aus der Firma aus, und mein Partner führte sie alleine weiter. Und weil ich über die Pubertät hinaus auch dem infantilen Traum vom Rolls-Royce-Fahren anhing, gründete ich noch die Royal Motors Rent GmbH, eine Rolls-Royce-Autovermietung in München.

Für Müller, den Mann im Rollstuhl, der eine Hürde nach der anderen übersprang, war die Spielwiese mit PS-starken Boliden und Immobilien irgendwann nicht mehr abwechslungsreich genug. Meine Spürnase für gute Deals zog mich immer wieder in neue Geschäfte rein.

Auch in der Musikbranche und der Publizistik versuchte ich mich. Ich finanzierte eine von Ralph Siegel produzierte Hip-Hop-Band namens «Royal Art». Das waren tolle Jungs, die mit ihrer Musik genau im Trend lagen.

Ebenso als Trend erkannte ich die Möglichkeit, deutsche Unternehmen mit den finanzstarken Baronen auf russischem Boden in Verbindung zu bringen. Ich initiierte das Hochglanzmagazin «East-West Business Guide» zur Kontaktvermittlung zwischen deutschen und russischen mittelständischen Unternehmern, das von der Lufthansa an Bord der Flüge zwischen den GUS-Staaten und Deutschland an First-Class- und Business-Class-Reisende verteilt wurde. Dazu unterhielt ich kurzfristig auch ein kleines Büro in Moskau. Da will man ja auch mal hin. Zudem intensive Kontakte zum deutschen Botschafter in Russland und zum Moskauer Bürgermeister Juri Luschkow, der seine ganz eigene Art hatte, Geschäfte zu machen.

Immer wieder gab es auch Initiativen, in denen sich ein gewisser Idealismus mit meinem angeborenen Geschäftssinn mischte. Warum sollte ich mich eigentlich nicht auch im Gesundheitsbereich nützlich machen? Hatte ich da nicht einschlägige Erfahrungen? Gedacht – getan! Also plante ich nach Schweizer Vorbild mit leitenden Fachärzten der Unfallklinik Murnau/Oberbayern die Realisierung eines neu zu erbauenden Rehabilitationszentrums in Niederbayern, ein 100-Millionen-Projekt bei Deggendorf, das wir zusammen mit meinem Verein «Hand in Hand – gemeinsam geht's besser – e.V.» realisieren wollten. Die Idee war gut, die Fachkompetenz grundsätzlich an Bord. Trotzdem mutierte das Projekt zu einem Millionengrab. Außer Spesen nix gewesen. Auch das kam vor.

Andere Projekte wurden zum Selbstläufer und existieren heute noch. Das war der Fall bei meiner Tätigkeit als Herausgeber und Mitgründer des ersten farbigen Lifestyle-Magazins für Behinderte: «Handicap». Zusammen mit einem bekannten Münchner Verleger brachte ich eine Publikation auf den Markt, die den Betroffenen ein Podium gab. Mut, Stärkung und Ideen für ein spannendes Leben trotz Handicap sollte die Zeitschrift generieren. Da ich selbst im Rollstuhl sitze, bereitete es mir große Freude, für Schicksalsgenossen die positive Energie zu versprühen, die mir selbst mein Leben lang zuteil wurde. Da es ein solches Projekt für die doch erhebliche «Randgruppe» von etwa acht Millionen behinderten Deutschen noch nicht gab, war das eine echte Nische, und die Presse ernannte mich gleich mal zum *opinion leader*. Ich konnte «Handicap» mehrfach im Fernsehen, teilweise sogar in den Nachrichten präsentieren. Die Deutsche Welle drehte einen längeren Beitrag mit mir, der über die Landesgrenzen hinaus ausgestrahlt wurde. Für mein Engagement ehrte mich der bayerische Ministerpräsident, Dr. Edmund Stoiber, im Kaisersaal der Münchner Residenz. Das war Balsam für mein Ego. Geldmenschen freut es ja besonders, wenn man sie als Philanthropen erkennt.

✦ ✦ ✦

So ging das über zwanzig Jahre hinweg. Längst hatte mich meine gnadenlose Geldmacherei mit dem Gesetz in Konflikt gebracht. Nach und nach führte mich die Logik des Geldes zu immer waghalsigeren Methoden.

✦ ✦ ✦

An einem sonnigen Tag im August 2002 klingelte im ersten Stock einer Villa im Münchner Nobelstadtteil Solln, Prinz-Ludwigs-Höhe, das Telefon im Arbeitszimmer. Das Büro in meinem Palazzo Protzo ermöglichte einen traumhaften Blick auf den Park am Isarhochufer, an dessen Rand die neu erbaute weiße Villa stand. Ich nahm den Hörer ab, meldete mich mit meinem Namen. Au Backe – mein alter Freund Tom aus der Schweiz. Bestimmt wollte er mir wieder etwas «absolut Geniales» andrehen. Wir kannten uns von einer Band, in der wir als Jugendliche gemeinsam Musik gemacht hatten. Er war der Schlagzeuger, ein brillanter, charismatischer Musiker, Entertainer und Selbstverkäufer, der vor Energie nur so vibrierte. Wenn ich je ein Verkaufsgenie empfehlen würde, für welches Produkt auch immer, Tom würde in die Top Ten gehören.

5 · Die Logik der Gier

Jahre zuvor hatte Tom ein Mädchen aus der Schweiz kennen gelernt und war auch dort hingezogen, in die Region von Fribourg. Was Tom genau machte, war nie so sicher zu sagen. Er betrieb unter anderem eine Ausbildungs- und Trainingsfirma im Bereich Security und sorgte für das Sicherheitspersonal des Zürcher Flughafens. Mit seiner Frau hatte er eine gemeinsame Tochter namens Linda, deren Götti (Taufpate) ich war.

Tom hatte beruflich viele Dinge ausprobiert, die dann aus verschiedenen Gründen nicht zum gewünschten Erfolg geführt hatten. Aber nach jedem beruflichen Misserfolg stand er immer wieder auf, machte das Beste daraus und orientierte sich mit frischem Elan eben auf einem neuen Terrain. Mal war Tom Gastronom am Chiemsee, dann dealte er mit einem riesigen Grundstück-Areal am Hermsdorfer Kreuz. Er wollte nach der Wende sogar ein Disneyland im Osten Deutschlands eröffnen. Daraus wurde leider nichts.

So wollte ich seiner Euphorie nicht viel Glauben schenken, als er mir von «der Gelddruckmaschine überhaupt» vorschwärmte. Tom redete immer das Telefon heiß. Man hielt den Hörer am besten dreißig Zentimeter vom Ohr weg. Nun schwärmte er mir von einer sagenhaften, hundertpro, wirklich, echt, garantiert, absolut, vollkommen sicheren Methode vor, an der Börse Geld zu verdienen, und zwar nicht zu knapp.

«Geld, Josef, Geld! ... Nuggets! ... Gold! ...»

Er habe da so eine Firma an der Hand, die in Pretoria in Südafrika ansässig sei und computergestützte Handlungssignale für das Internet-Trading an der Börse zur Verfügung stellt. Wenn man sich beim Börsenhandel genau an diese Signale halten würde, könne man schlicht abräumen. Tom hatte gleich mal die Europa-Lizenz erworben und suchte nun Unterlizenznehmer auf dem ganzen Kontinent.

Ich ahnte, was kommt. Tom, begeistert wie immer, stieg fast durchs Telefon: «Josef, für das Gebiet Deutschland, da bist du genau der Richtige! Du kennst die passenden Leute, die auch in der Lage sind, dafür eine Lizenzgebühr abzudrücken!»

Solche Leute kannte ich schon, dachte ich: *Nur haben die ihr Geld noch, weil sie auf keinen wie dich, mein Bester, hereingefallen sind.* Aber diese Gedanken behielt ich besser für mich, schließlich mochte ich Tom! Ich musste ihn einfach ein bisschen auf den Boden holen: «Da magst du recht haben, Tom, aber das Geld sitzt heute auch nicht mehr so locker in der Tasche wie früher.»

Tom hatte mit solchen Einwänden gerechnet: «Josef, wenn die Leute erst mal sehen, was damit zu verdienen ist und wie einfach das geht, werden sie auf den Knien gekrochen kommen und Bitte, Bitte sagen. So wahr ich Tom heiße: Sie werden um eine Lizenz *betteln!*»

«Wenn du meinst.»

Ich war das Gespräch leid. Aber Tom, den ich gerade zur Tür hinausgeschmissen hatte, kam zum Fenster wieder rein. Hatte er das von mir? Am Ende gab es einen Teilerfolg für Tom. Schließlich war ich der Götti von Linda. Tom durfte vorbeikommen, um mir dieses internetgestützte «Börsen-Trading» an meinem PC vorzuführen. Wir vereinbarten also ein Treffen nach dem Oktoberfest 2002 bei mir zu Hause, in der Villa am Isar-Hochufer.

Mitte Oktober war es dann so weit. Tom war eigens aus der Schweiz gekommen, um mir diese total sichere Möglichkeit, Geld zu verdienen, zu demonstrieren. Die hübsche kleine Linda, mein Patenkind, hatte er gleich unterm Arm mitgebracht, um nicht doch noch vor verschlossenen Türen bei mir zu stehen. Ich mochte ihn einfach – mit oder ohne Linda!

Nach einer herzlichen Begrüßung hatten wir zunächst eine Menge Spaß beim Aufwärmen alter Geschichten. Dann kam er endlich zur Sache. Tom erzählte mir von einer Firma mit dem süßen Namen TWP (Trading Without Problems). Ich zog die Augenbrauen hoch.

«Keine Vorurteile, Josef! Du wirst sehen!» Der Besitzer, ein Genie, sei ein Freund von ihm, ein gewisser *Felix*. Dieser Felix leite die Firma von Südafrika aus, weil er dort aufgewachsen sei. Freund Felix würde in Kürze nach Europa kommen, und eben auch zu ihm, Tom, in die Schweiz. «Hier, die schriftliche Vollmacht! Für *alle* Länder Europas!», strahlte mich Tom an, als besäße er damit die verbrieften Grundrechte am British Empire. Oh Mann!

«Lass mich mal zaubern!», rief Tom.

Ich fuhr meinen PC hoch, und er demonstrierte in einer scheinbar

5 · Die Logik der Gier

sehr einfachen Weise, wie man mit den Handlungssignalen umgeht, die er empfing. Es waren Informationen, zu welcher Zeit der Trader (Börsenhändler) an der Börse kaufen und verkaufen musste, um satte Gewinne zu erzielen.

«Die TWP in Pretoria», erläuterte mir Tom, «sendet dir diese Signale per Internet-Datenleitung auf den Bildschirm. Zugleich handelst du als Trader mit deinem Geld bei einem Broker ... Schau mal, hier ist es jetzt die PFG Inc.[4] Du gibst einfach Kauf und Verkaufsorder nach den Signalen von TWP über das Internet an den Broker weiter ...»

Tom schaute mich erwartungsvoll an. Das klang einfach, und in der Demonstration von Tom sah das auch genauso simpel aus. Der Gewinn, der hierbei erzielt wurde, hing vom Einsatz ab und konnte (wenn die Wundertüte funktionierte) sehr, sehr groß sein.

Tom empfahl mir, mich in das System einzuarbeiten und es mit einem sogenannten «Demo-Account» zu testen: «Das ist eine sichere Sache, da siehst du gleich, ob es funktioniert oder nicht!» Das gefiel mir, denn was konnte ich dabei schon verlieren, außer meiner Zeit?

Motiviert von diesen neuen Dingen, mit denen ich mich in meinem Leben nie zuvor beschäftigt hatte, ging ich die nächsten Wochen ans Werk und übte, übte und übte. Verrückt, aber da schien was zu gehen! Irgendetwas aktivierte meinen Jagdinstinkt, auf den ich mich doch eigentlich verlassen konnte, oder? Ich roch Blut. Roch Geld. Roch viel Geld. Die Gier, die meinen Freund Tom schon in den Klauen hatte, packte nun auch mich. Langsam begann die Sache, mich «heiß» zu machen, vorausgesetzt, es funktionierte auch mit realem Geld.

Toms Plan war, Unterlizenzen in Deutschland zu verkaufen, beispielsweise für jedes einzelne Bundesland. Also telefonierte ich in den nächsten Wochen mit Leuten, von denen ich wusste, dass sie das nötige Kleingeld dazu hatten, und die für den Erwerb einer Lizenz in Frage kommen würden.

Leider war mir kein besonderer Erfolg beschieden. Alle Gesprächspartner äußerten Bedenken: gegen das System ganz allgemein, gegen die hohen Lizenzgebühren. Das Produkt war zudem vollkommen unbekannt. Tom war leider auch keine allzu große Hilfe bei der seriösen Durchsetzung der Geschäftsidee. Allerdings spürte ich bei meinen Telefonaten das allgemein sehr hohe Interesse der Leute, ihr Geld für ein Börsen-Trading einzusetzen. Die Gier war da. Alle wollten das schnelle Geld. Nur TWP überzeugte sie spontan nicht. Diesen Umstand nutzte ich und spielte eben selbst das Versuchskaninchen. Ich probierte es mit eigenem Geld. Und siehe da: Ich erzielte einen beträchtlichen Erfolg, nämlich eine Rendite von durchschnittlich zehn Prozent pro Monat. He!, das war ja unglaublich! Zehn Prozent netto *pro Monat!* Das würde heißen, dass ich pro Jahr mehr als die Verdoppelung meines Kapitals erzielen würde!

Ich konnte es kaum glauben. Ich wusste aber, dass solche Renditen möglich sind. Das Risiko, alles wieder zu verlieren, war dabei allerdings ebenfalls sehr hoch. Darüber hinaus konnte man unter Umständen auch noch das eingesetzte Kapital verlieren. Meine Zockerseele nahm das in Kauf. Ich arbeitete nur an einer Verlustbegrenzungsmethode mit Verlust-Stopps, die im Computerhandel eingesetzt werden konnten.

Ich handelte in meinem Arbeitszimmer der Villa in München-Solln anfangs den amerikanischen Index «S & P 500» und den «NASDAQ» an der Börse von Chicago, der CME (Chicago Mercantile Exchange), von meinem PC aus. Aber nicht nur ein PC stand dort, nein, ich ging die Sache sehr professionell an – wie fast alles in meinem Leben. Drei PCs und zusätzliche Bildschirme, die mir halfen, den Finanzmarkt zu beobachten. So saß ich also an meinem Schreibtisch und hatte auf einem eigens dafür angefertigten «Rack» sechs (!) Bildschirme vor mir. Das sah so kompetent und professionell aus, das gefiel mir selber am besten.

Übrigens wohnten in dieser neuen Villa mit nur vier Wohnungen, keine kleiner als zweihundert Quadratmeter, auch der Schlagersänger Roberto Blanco sowie ein ehemaliges Vorstandsmitglied der HypoVereinsbank München. Welche Auswirkungen dies auf meinen Computerhandel hatte, erzähle ich später noch ...

Ich erzielte also stattliche Gewinne mit meinem Geld. Und so blieb es nicht aus, dass auch andere davon Kenntnis erlangten. Auch mein einziger und bester Freund zu dieser Zeit, ein gelernter Jurist, der im Immobiliengeschäft tätig war, sprang an und wollte, dass ich mit seinem Geld unbedingt für ihn an der Börse spekulieren sollte. Das passte mir gar nicht, eben weil wir Freunde waren. Jedoch ließ ich mich mit der Zeit und zunehmendem Handlungserfolg von ihm breitschlagen: Ich nahm also eine Summe von 20.000 Euro in den Computerhandel an der Börse mit auf. Auch mein Freund eröffnete ein Konto beim Broker PFG Inc. in Chicago und überwies den Betrag in die USA. Eine Woche später handelte ich damit, ebenso wie mit meinem eigenen Geld, an der Börse von Chicago.

Wie das so geht! Dann kommen noch paar «beste Freunde» hinzu. Und plötzlich betreibst du ein Geschäft im großen Stil. Wenig später kam ein «Vermittler» aus Ulm auf mich zu, der viele Kunden an der Hand hatte und begeistert war von meiner Methode der wunderbaren Geldvermehrung. Wir vereinbarten eine Provision für jeden Kunden und eine Erfolgsbeteiligung am monatlichen Trading-Resultat. Im Falle eines Gewinnes vereinbarte ich für mich als Trader eine Erfolgsprovision in Höhe von zwanzig Prozent monatlich nur aus dem Gewinn.

Der Vermittler war bienenfleißig unterwegs und brachte einen potenten Kunden nach dem anderen heran. Es kamen noch weitere Vermittler hinzu, und die akquirierten ebenso Kunden. Rasend schnell war die Zahl von hundert Anlegern überschritten.

Immer noch wickelte ich das Ganze vollkommen alleine ab. Obwohl die Sache langsam stressig wurde, hatte ich meinen Spaß daran, so gefragt zu sein. He!, ich war ein Freudenspender, hatte glückliche Kunden! Kunden riefen mich an und dankten mir persönlich am Telefon; einige sandten mir Weinpräsente oder Wurstwaren aus deutschen Regionen.

Morgen für Morgen bearbeitete ich ab 6.30 Uhr die Kontoauszüge und Geldeingänge und versandte Quittungs-Bestätigungen an die Anleger. Mittags hielt ich für maximal zehn interessierte Anleger in der Villa, in der meine Privatwohnung lag, einen Vortrag zum Thema, einschließlich einer Demonstration an meiner monströsen Bildschirmwand: der Umgang mit den Handlungssignalen, die Plattform des Brokers in Chicago, meine Sicherheitsvorkehrungen. Wegen der Zeitverschiebung Deutschland/USA handelte ich erst ab etwa 16 Uhr an der Börse in Chicago, dafür aber dann bis zum Börsenschluss in den USA um ca. 22.00 Uhr deutscher Zeit. Abends wertete ich die Ergebnisse des Tages noch aus, bereitete den nächsten Tag vor und fiel um Mitternacht todmüde ins Bett. Irgendwie schaffte ich es noch, zwischendurch zu duschen, zu essen und ein paar nette Worte an meine Frau Sandra zu richten.

Dann machte ich etwas, was ich aus heutiger Sicht sehr, sehr bereue. Aus lauter Gier und Angst, der clevere Tom könnte das ganze Geschäft an sich reißen, beteiligte ich meinen Freund aus der Schweiz nicht an diesen Unternehmungen. Stattdessen erzählte ich ihm, dass der Verkauf der Lizenzen für mich nicht in Frage käme. Das entsprach zwar der Wahrheit, aber von meinem Folgegeschäft, das aufgrund seines Anstoßes und meiner Idee entstanden war, erzählte ich ihm nichts. So hinterging ich einen Freund! Schlimm, sehr schlimm! Mir graust heute noch vor dem Josef des Jahres 2002, seiner zerstörerischen Besessenheit, die den Verrat an einem Freund in Kauf nahm. So weit war es mit mir gekommen. Sehr viel später sollte sich das übrigens bitter rächen.

Dann funktionierte plötzlich das Computersystem der Handlungssignale, die ja aus Südafrika kamen, bedingt durch eine technische Umstellung, nicht mehr richtig, und ich war gezwungen, es auszusetzen. Zur gleichen Zeit lernte ich, aufgrund einer Empfehlung eines anderen Freundes, einen Börsentrader kennen, der eine über 30-jährige Handelserfahrung auf dem Börsenparkett in Stuttgart mitbrachte. Mittlerweile war er an der Börse ausgeschieden und betrieb in Berlin eine eigene Firma, die täglich Kauf- und Verkaufsempfehlungen an Börsentrader abgab.

Auch er verfügte über ein Handlungssystem, das sich freilich auf den «DAX» bezog, der in Frankfurt gehandelt wurde. Ob ich nicht einsteigen wolle? Mir war das nicht unsympathisch, da die Arbeitszeit nicht mehr erst am Nachmittag beginnen musste und nicht mehr bis in den späten Abend hinein andauerte. Der DAX wurde zu deutschen Geschäftszeiten gehandelt. So ließ ich mich – übrigens zu einem horrenden Beratungspreis – bei mir zu Hause in München-Solln drei Tage lang schulen und nahm den Index-Handel wieder auf, diesmal aber bei einem neuen Broker und an der Frankfurter Börse. Mittlerweile hatte ich ein echtes Zeiteinteilungsproblem, da mich die tägliche buchhalterische Verwaltung des Geldeingangs so in Anspruch nahm, dass ich selbst kaum mehr zum Börsenhandel kam.

Die Anleger vermehrten sich in Windeseile, ebenso die Geldanlagebeträge. Ich kannte die Namen der Investoren teilweise nur auf dem Papier und von den Summen her. Das ganze Geschäft bekam nun ein «Momentum» (engl. für Wucht, Schwung, Impuls), das heißt, es entwickelte sich eine Eigendynamik, die nicht mehr zu stoppen war.

Tagtäglich wiesen mir Anleger aus ganz Europa Geldbeträge von 20.000 bis zu 500.000 Euro auf meine Bankkonten an. Manche Anleger taten dies sogar ohne Vertrag, den ich vor einem jeden Geldempfang ausfertigte und unterschrieben zurückforderte. So führte ich immer eine Liste von zirka zehn ungeklärten Geldeingängen, da ich die Gelder keinem Anleger zuzuordnen wusste. Das Ganze war so verrückt, dass ich es selbst kaum glauben konnte. Man stelle sich einmal vor: Aus blinder Geldgier heraus und ohne eine Sicherung in der Hand zu haben, überwiesen mir wildfremde Menschen riesige Beträge, in der Hoffnung, dass ich ihr Geld kurzfristig vermehren würde.

Ich selbst spürte längst nicht mehr, auf welch dünnem Eis ich mich befand. Das Wohlwollen meiner Kunden konnte sich über Nacht in blinden Hass verwandeln, wenn ich einen Fehler machte, einem falschen Signal folgte, ein Warnsignal übersah, mich an der Börse verspekulierte. Aber für solche Skepsis war es längst zu spät. Ich brauchte das Geld, brauchte die Anerkennung. Und so gingen der Leichtsinn meiner Kunden und meine Gier eine explosive Mischung ein.

Thema Leichtsinn: Nahezu täglich bekam ich in der Praxis der Vermögensverwaltung mit, wie tollkühn Menschen mit ihrem eigenen Geld umgehen können. Es ist eine einfache kaufmännische Gepflogenheit, dass man Geld nicht ohne werthaltige Sicherheiten an Dritte gibt. Ausnahmen bestehen bei mündelsicheren Anlagen wie zum Beispiel Anlagen bei Kreditinstituten bzw. Banken, die einem Sicherungsfonds angehören. Das Geld ist dann staatlich abgesichert. An dieser Ecke ist allerdings die Rendite wesentlich geringer.

Und jetzt sind wir beim springenden Punkt. Die Grundregel jeder

Geldanlage ist: Je größer die Sicherheit und Garantie für das eingesetzte Kapital des Anlegers, umso geringer der Ertrag bzw. die Rendite. Daraus folgt umgekehrt: Je kleiner die Sicherheit und Garantie, desto größer muss der zu erwartende Gewinn bzw. Ertrag sein. Während Banken zurzeit einen jährlichen Zins, je nach Laufzeit der Anlage und Anlageform, von einem bis maximal drei Prozent jährlich anbieten, lockt der freie Kapitalmarkt mit Renditeversprechen von jährlich fünf Prozent bis hin zur Verdoppelung des eingesetzten Kapitals.

Je höher die Rendite, desto unseriöser das Geschäft und der Anbieter. Ab zehn bis fünfzehn Prozent jährlicher Rendite sollte man schon ganz genau hinsehen, wem man sein Geld anvertraut. Obwohl Banken hohe bis höchste Renditen in hochspekulativen Anlagen selbst erwirtschaften, behalten die Geldinstitute den Profit für sich und geben dem Kunden nur einen relativ geringen Betrag weiter. Jeder Anleger weiß das, denn davon leben die Banken. Jedoch möchte auch jeder Anleger die höchstmögliche Rendite bei größtmöglicher Absicherung erwirtschaften.

Die Geldanlage, die ich den Anlegern anbot, sah wie folgt aus: Laufzeit maximal ein Jahr und eventuell eine Verlängerung, Geldanlage ab 20.000 bis 500.000 Euro. Mit diesem Betrag wird hochspekulativ gearbeitet. Es erfolgt die monatliche Abrechnung des Ertrages. Meine Vergütung: monatlich zwanzig Prozent aus dem Ertrag. Möglich waren Sonderauszahlungen/Rückzahlungen. Bisherige Rendite: zirka zehn Prozent pro Monat. Sicherheiten: keine. Die letzten beiden Punkte waren die wichtigsten und brisantesten: Bei null Sicherheit gab es Aussicht auf maximalen Gewinn. Der Treiber: meine Habsucht, meine Geldgier. *Mea culpa. Mea maxima culpa.* Meine Schuld. Meine große Schuld ...

Ich habe mich in den letzten Jahren viel mit dem befasst, was das ist: Gier, Habsucht. In der christlichen Tradition gilt die Gier als eines der Hauptlaster und als Weg zur Todsünde der endgültigen Trennung des Menschen von dem Guten schlechthin, von Gott. Alle Weisheitslehrer der Erde warnen vor der Habsucht, nicht zuletzt auch Jesus: «Gebt

5 · Die Logik der Gier

Acht, hütet euch vor jeder Art von Habgier» (Lukas-Evangelium, Kapitel 12, Vers 15).

Es ist das einzige Mal, dass Jesus vom «Sinn des Lebens» spricht: «Der Sinn des Lebens besteht nicht darin, dass ein Mensch aufgrund seines großen Vermögens im Überfluss lebt.» Genau das aber war mein Lebenskonzept. Ich muss das doch irgendwann gehört haben. Ich habe es gehört und doch nicht gehört; es muss an mir abgeperlt sein wie Regen von einer Latexhaut. Jesus fügt ja sogar noch die einprägsame Geschichte von dem Mann, der sich neue Scheunen baut, um die gewaltige Ernte bevorraten zu können, hinzu. Er nennt diesen Mann einen «Narren»: «Noch in dieser Nacht wird man dein Leben von dir zurückfordern. Wem wird dann all das gehören, was du angehäuft hast?»

Aber man muss nicht darauf warten, dass der Sensenmann den Raffke überrascht. Die Gier verbreitet ihren Todeshauch schon mitten im Leben. Was passiert denn menschlich, wenn man sich von der Gier bestimmen lässt? Ich will es in einer mich beeindruckenden Geschichte sagen, der mythologischen Erzählung vom phrygischen König Midas.

Midas bat einst Gott Dionysos um eine besondere Gunst, nämlich um die Gabe, alles, was er berühre, möge zu Gold werden. Dionysos gewährte ihm diesen Wunsch. Von Stund an besaß der König tatsächlich die Gabe, alles, was er berührte, in pures Gold zu verwandeln. Die Ironie der Geschichte: Bald schien Midas zum Hungertod verurteilt, da sich selbst seine Nahrung in Gold verwandelte. Bei Midas ging die Sache gut aus: Es gelang ihm schließlich, sich durch ein Bad im Fluss Paktolos von diesem Geschenk zu befreien.

Wie oft habe ich das erfahren: Wer dem Geld den kleinen Finger gibt, wird an der ganzen Hand gefasst. Das Geldmachen wird zur Manie, zur Religion, zum einzigen Lebenszweck; man kann es nicht beiläufig betreiben. Das Geld will herrschen, beherrschen. Ich fand den Fluss Paktolos erst im Gefängnis. Mit Einsicht war ich nicht zu bezwingen.

Bei einer Geldanlage, die Jahr für Jahr nahezu eine Verdoppelung des Kapitals suggeriert, sollte jeder vernünftig denkende Mensch und Anleger nicht nur hellhörig werden, sondern besser gleich die Finger davon lassen. Nicht, dass es unmöglich wäre, eine solche Rendite zu erzielen. Ab einem gewissen Punkt geht das Wort «Risiko» aber fließend in das Wort «Dummheit» über. Gehen Sie ins Casino, sagen Sie: «Ich setze alles auf 17 schwarz!» Vielleicht honoriert das Glück ja Ihren Blackout. Gewiss kann man sein Kapital auch als «Spielgeld» einsetzen. Dann sollte man Fliege und Abendkleid anziehen, Roulette spielen und sich bei der Geldvernichtung einen schönen Abend machen.

Eigentlich war ich das Casino, spielte ich Roulette, war ich der Croupier, aber das wurde nach außen hin nicht deutlich. Für die Leute war ich Josef Müller, das Finanzgenie, das sichtlich geschafft hatte, wonach sich alle sehnten: ein sorgenloses Dasein, Reichtum, Genuss, Lebenskunst, Glück. Dem Bonvivant, der seinen Erfolg zur Schau stellt, nimmt man den Erfolg eher ab als dem bescheiden lebenden Unternehmer. Das Auge glaubt schneller, wenn es den Erfolg «vor Augen» hat.

Ich hatte schnell begriffen, dass ein repräsentativer, ja geradezu pompöser Lebensstil ein erfolgreiches Leben suggeriert und dem Anleger die Illusion verschafft, dass er sich das eines Tages ebenso würde leisten können. Deshalb wurden die Börsen-Demonstrationen für die Anleger auch in meiner Parkvilla in München-Solln und nicht in meinem Büro in der Münchner Innenstadt durchgeführt.

Ein Maybach mit Chauffeur vor der Türe gehörte zu meiner Eigeninszenierung genauso dazu wie ein Sportwagen, ein SLR McLaren mit Flügeltüren, ein paar Mercedes-Cabrios und, als Fahrzeuge für den Business-Alltag, zwei 7er-BMW.

Im Nobelhafen Puerto Portals auf Mallorca lag eine lange Sunseeker-Motoryacht vor Anker. Wer (als Großanleger) nicht gleich auf diese Yacht eingeladen wurde, hatte zumindest per Mundpropaganda davon gehört. Im Geraune der Vermittler, in den Gerüchten, die sie verbreiteten, war ich ein moderner Midas. Man musste das Geld nur mit meinen Händen in Verbindung bringen, damit es zu Gold werden würde. Auf dem Hintergrund der sinnlichen Präsenz meines Reichtums erklärte ich meinen Anlegern in der Einfachheit und Plausibilität, nach der sie gierten, es handle sich bei ihrer Geldanlage um das Wagnis, das man nun einmal eingehen müsse, wenn man im großen Spiel dabei sein wolle.

Nun gab es im Spiel mit dem großen Geld eine bedeutende Unstimmigkeit: Ich betrieb eine Vermögensverwaltungsfirma, ohne die dazu notwendige Genehmigung, nämlich die Zulassung durch das Bundesamt für Finanzen, zu besitzen. Auch dadurch kam es zum Fiasko, einer rechtskräftigen Verurteilung, von der später noch die Rede sein wird.

Ich war mir des Mangels einer fehlenden Zulassung zum Trading durchaus bewusst. Das Antragsverfahren hatte ich über ein Jahr hinweg mit Hilfe eines Spezialisten, den ich aus Norddeutschland eigens dafür einfliegen ließ, gründlich und teuer vorbereitet. Die Genehmigungsvoraussetzungen waren allerdings sehr hoch. Ich musste einen börsenerfahrenen Trader als Geschäftsführer einstellen und die Firma mit einer Million Grundkapital ausstatten. Ich fand aber keinen passenden Mann dafür – noch dazu musste er zu mir auch passen, und das war gar nicht so leicht. Deshalb zog sich das lange hin.

Schließlich hatte ich alle notwendigen Voraussetzungen geschaffen, ich hatte die Zusage eines Kandidaten als Geschäftsführer und war so weit, den Antrag beim Bundesamt einzureichen – aber dazu kam es leider nicht mehr.

Denn «andere Personen» hatten sich, wie viel später im Urteil festgestellt wurde, an den mir anvertrauten Anlegergeldern in Millionenhöhe wie in einem offenen Supermarkt bedient. Das hatte ich zwar nicht zu vertreten, jedoch hätte es ohne meine Aktivität, Anleger anzuwerben, überhaupt nicht dazu kommen können. Diese «anderen Personen», einschließlich eines Münchner Anwalts, sind 2012 alle zu langjährigen Haftstrafen rechtskräftig verurteilt worden und werden ihre Haftstrafe nun absitzen müssen. Es hatte fast acht Jahre gedauert, bis es dazu kam. Ein Verfahren gegen einen namhaften Notar aus Augsburg wurde aus gesundheitlichen Gründen ausgesetzt. Wenigstens erhielt ich dadurch eine Teil-Rehabilitation.

Ich schlage ja gerne an meine Brust. Den Vorwurf, ich hätte von Anfang an geplant, mich an Anlegergeldern zu bereichern, muss ich freilich nicht auf mir sitzen lassen. Hätte ich eine betrügerische Absicht gehabt, hätte ich bei meiner «Flucht» ganz gewiss nicht einen Millionenbetrag der Anlegergelder auf den Bankkonten belassen. Ich hätte damals zu jeder Zeit das Geld abräumen und mitnehmen können. Das tat ich bewusst nicht. Es war ja nicht mein Geld.

In der Anklageschrift der Staatsanwaltschaft ging man ursprünglich sogar davon aus, dass ich überhaupt nicht an der Börse gehandelt hätte. Auch das entsprach nicht ganz der Wahrheit, sondern traf nur auf die letzte Zeit vor meiner Flucht zu. Ich hatte die Renditen anfangs tatsächlich erwirtschaftet und konnte die Nachweise dafür auch vorlegen. Es war nur so: Die Geldverwaltung der Einlagen, die monatlichen Abrechnungen sowie die Auszahlungen an Anleger erforderten so viel Zeit, dass ich am Schluss gar nicht mehr zum eigentlichen Handel an der Börse kam.

Ich machte mir damals viele Gedanken, wie ich den Ertrag, der durch die verlorenen Handelsaktivitäten *nicht* erwirtschaftet wurde, dennoch an der Börse verdienen könnte. Zufällig lernte ich damals einen Geldhändler kennen, der diese Gewinne, abgesichert in einem Bankentrading, möglich machen sollte. Er besaß die Erfahrung und das Know-how dazu. Ich fuhr mit ihm damals auch mit einigen Hunderttausend Euro in die eidgenössische Alpenrepublik. Danach transferierte ich auch einen Betrag auf ein Konto in der Schweiz, um dieses Bankentrading vorzubereiten. In der Schweiz hätte ich für dieses Trading laut Aussage des Geldhändlers keine Genehmigung benötigt. Aber dazu kam es auch nicht mehr.

Um nicht missverstanden zu werden: Ich glaube durchaus nicht, unschuldig verurteilt worden zu sein. Aber man stelle sich einmal vor, wie ich dastand vor dem Richter am Landgericht. Nicht *ich* stand da! Der smarte Herr Konsul (der ich bis dahin auch noch geworden war) stand da. Einer, der permant durch die Promi-Gazetten ging. Der Lebemann mit seinen Edelkarossen, seiner Villa und seiner Yacht stand da (oder besser noch: saß da!) und versuchte plausibel zu machen, dass seine repräsentative Inszenierung durchaus nicht auf der verbrecherischen Absicht beruhte, harmlose Kleininvestoren zu betrügen und sie auszunehmen wie die sprichwörtliche Weihnachtsgans. Dennoch: Die Logik der Gier hatte sich zweifelsfrei breitgemacht in meinem Leben.

6
Der Sündenfall

Von ziemlich besten Schurken will man gerne wissen, wann und auf welche Weise genau sie in Sünde gefallen sind. Sei es, um Anregungen für eigene Geschäftstätigkeiten zu bekommen, sei es, um vor juristischen Fallstricken gewarnt zu sein, oder sei es, um schlicht Abscheu zu empfinden. Wen die näheren Details hier langweilen – es geht um komplexe Firmenverflechtungen, Steuertricks und dergleichen –, kann die nächsten Seiten überschlagen. So sehr ich es nötig finde, meine Schuld «ohn' einige Bemäntelung und Gleisnerei» (Thomas Mann) zu bekennen, so wenig bin ich Masochist: Ich werde noch immer rot (und nicht geil) dabei, wenn ich mich in schlechtem Licht präsentiere. Ich bin Ihnen also nicht böse, wenn Sie weiterblättern. Für alle, die es genau wissen müssen, gilt: Bitte sehr!

Zum ersten Mal rechtskräftig verurteilt wurde ich im Mai 1992, und zwar wegen unterlassener Konkursantragstellung und Bankrott in drei Fällen, außerdem wegen Betrug, Kreditbetrug und Untreue in drei Fällen, dann wegen falscher Verdächtigung und Steuerhinterziehung. Das Urteil lautete: Zwei Jahre mit Bewährung und 44.000 DM Geldstrafe – zu zahlen an die Stiftung Pfennigparade. Den Geldempfänger durfte ich mir vom Richter selbst aussuchen. Ich wollte, dass das Geld einer Behinderteneinrichtung zu Gute kam.

Wie kam es zu der Verurteilung? 1980, in meiner Zeit als Steuerberater, hatte ich zusammen mit meinem Schwiegervater in spe, Dr. Walter Jahnel – er ist 1995, im Alter von nur sechzig Jahren, an Krebs gestorben –, die Firma COS Computersysteme GmbH gegründet. Walter war, menschlich gesehen, eine der besten Personen, die ich im Leben getroffen habe, und wurde liebe- und respektvoll von den meisten nur kurz «Doc» genannt.

Anfangs wurde in der Firma auch tatsächlich Computerhandel betrieben. Aber ab 1984 haben wir unter dem Namen der Firma neue Luxusfahrzeuge wie Mercedes, BMW und Porsche ins Ausland vermittelt und verkauft. Anfangs war Dr. Jahnel Geschäftsführer dieser COS-Sparte. Das Geschäft mit dem Autoexport boomte und warf satte Gewinne ab. Später nahmen wir einen neuen Partner, der auch der Bank gegenüber mitbürgte, in das Unternehmen auf. Wegen des damaligen Kurseinbruchs beim US-Dollar mussten wir Konkurs anmelden. Das geschah zeitlich leider ziemlich verspätet. Die verspätete Anmeldung war zu großen Teilen mein Verschulden, da ich versuchte, die Firma doch noch zu retten. Die Staatsanwaltschaft schaltete sich ein und ermittelte. Es kam zur Anklage und Verhandlung. Vor dem Richter galt ich als faktischer Geschäftsführer und als der Mann, der die Geschicke der Gesamtfirma im Hintergrund gelenkt habe, mithin als der Verantwortliche für den Konkurs des Unternehmens. Außerdem warf man mir, teilweise zu Recht, auch noch andere Verfehlungen im Zusammenhang mit dieser Firma vor.

Ich hatte tatsächlich noch eine Reihe Firmen gegründet, die mit dieser COS GmbH verflochten waren: die Treuinvest Vermögenstreuhand GmbH, die MCI (Munich Car Import Geländewagenvertriebs GmbH), die CJ Finanz- und Vermögensberatung und mit dem neuen Partner der COS auch die Exclusive Car Autovermietungs GmbH, sämtliche mit Sitz in München. Alle Firmen waren in den Autohandel durch Ankauf und Weiterverkauf an die COS GmbH involviert.

Ende 1986 wurde also von der COS GmbH Konkurs angemeldet. Der zuständige Konkursverwalter stellte Unregelmäßigkeiten in den Firmenverflechtungen fest, der Partner fühlte sich mit seiner Einlage über den Tisch gezogen, und die Bilanzen wurden von mir ... hm, hm, nun ja ... etwas kosmetisch behandelt, was man im Sprachgebrauch auch als «frisiert» bezeichnen könnte.

Die Geschäfte wurden hauptsächlich über den US-Dollar als Währung abgewickelt. Der Hintergrund des Konkurses lag in der Tatsache begründet, dass der US-Dollar zu dieser Zeit unerwartet stark sank, die COS aber gleichzeitig heftigen Lieferverpflichtungen nachkommen musste. Nun hatte ich, wie immer bei meinem etwas aufwändigen Lebensstil, mit den Betriebsausgaben etwas zu hoch hingelangt, hatte First-Class-Flüge zu Kunden in die USA und in die Emirate abgerechnet. Ich wohnte ausschließlich in Nobelherbergen in aller Welt und hatte Restaurantrechnungen bei Käfer, Dallmayr, Tantris etc. in Anschlag gebracht. *Noblesse oblige.* Das passte nach Ansicht der Richter nicht zu einem Pleiteladen.

So richtig böse wurde die Geschichte durch einen besonderen Umstand. Mein Vater haftete mit einer Millionenbürgschaft. Man würde schlussendlich *ihn* zur Kasse bitten. Er würde sein selbst gebautes Sechsfamilienhaus in Fürstenfeldbruck an die Bank verlieren. Dies vor Augen, wollte ich die Firma mit allen Mitteln vor dem Konkurs (und damit meinen Vater vor dem Verlust des Hauses und mich vor dem Verlust meines Erbes) bewahren, was mir allerdings leider nicht gelang. Allzu «trickreich» hatte ich mich aus dem Fenster gelehnt.

Dies ging gewaltig in die Hose, und so verlor nicht nur mein Vater sein Haus; auch ich selbst war der Gelackmüllerte, der eine Anklage wegen Konkursverschleppung und anderen Delikten am Hals hatte. Es sei noch erwähnt, dass nicht nur mein Vater und ich hafteten und bluten mussten, sondern auch der neue Partner und sogar Dr. Jahnel gezwungen wurden, durch Immobilienverkäufe den Schaden bei der Bank wiedergutzumachen.

Trotz dieses Warnschusses der Verurteilung vor dem Landgericht München, die mich zwar nicht ins Gefängnis, aber in den Genuss einer Vorstrafe brachte, nahm ich diese Quittung nicht ernst genug. Was an inneren Impulsen aus dem Gewissen heraus da war, wurde übertäubt von den Realien. Plötzlich fehlte es mir nämlich hinten und vorne an Mitteln, um meinen sausig-brausigen Lebensstil aufrechtzuerhalten. Das ging ja nun gar nicht! Ich hatte mich an meinen luxuriösen Lebensstil gewöhnt: einen eigenen Chauffeur zu haben, in den feinsten Restaurants zu speisen, das Edle und Beste, was die Welt bot, zu genießen, und dass in regelmäßigen Abständen von maximal einem Jahr diverse Neuwagen fällig waren. Und Motoryachten bezahlten sich auch nicht von selbst. Der Luxus hatte seinen Preis. Ich pokerte hoch.

Da kam es mir gerade recht, dass mich die unterschiedlichsten Mandanten um Steuerschlupflöcher anfragten und sich bereit erklärten, fast jedes Risiko einzugehen, wenn dadurch nur die Steuerlast zu mindern wäre. Nicht nur erfolgsverwöhnte bayerische Fußballmanager sind versuchlich.

Da legal meist alles ausgereizt war (und auch mit blühender Fantasie keine abzuschreibenden Verluste mehr zu generieren waren), erfand ich schnell mal ein «hauseigenes Steuermodell Müller». Das musste so einfach wie möglich sein, denn es betraf hauptsächlich die Ärzte in meiner Mandantschaft. Die mochten es immer simpel und klar. Was tat ich? Ich versprach den Steuerzahlungsunwilligen eine Beteiligung an verschiedenen GmbHs, die mir gehörten. Die Beteiligung würde zwei bis drei Jahre laufen, verzinst werden und die Verlustanteile in beträchtlicher Höhe würden den Beteiligten vom Finanzamt «zugewiesen».

Einzige Bedingung war: Bargeld auf den Tisch!

Das war so ganz nach dem Geschmack der cleveren Mediziner. Die Ärzte, aber auch andere Mandanten, waren begeistert, eine so kreative Leistung von ihrem Steuerberater angeboten zu bekommen. So gab es Klienten, die sich in Scheidung befanden und mir deshalb ihr Bargeld brachten, da sie es vor ihren Ehefrauen in Sicherheit bringen wollten. Ihr Prinzip lautete: Lieber beim Steuerberater gegen Zinsen «entsorgt» als es der Ex nachgeworfen. Ich war natürlich behilflich und entsorgte den Betrag «gründlichst» im Sinne des mir erteilten Auftrages. Alles musste höchst diskret abgewickelt werden. Die Anleger bewegten sich im Glauben, zu hundert Prozent auf der sicheren Seite zu sein. Dachten sie. Sie alle, die mit Bargeld herbeiströmten und es mir *ohne irgendwelche Sicherheiten* übergaben. Ich war ein guter «Verkäufer» und scheinbar auch über jeden Zweifel erhaben.

Die Rückführung der Summen hatte ich zunächst ganz ernsthaft auch geplant, verheddderte mich dann aber in meiner eigenen Trickkiste. Teil meines Modells war es, dass ich den Betrag erst einmal an mich selbst «ausleih», bevor ich ihn (vielleicht) in die Firmen hineingab. Die Rückführung hätte auch funktioniert, wenn ich hie und da die Ausleihfrist nicht ad infinitum verlängert, wenn ich also das Geld nicht schlicht und einfach behalten hätte.

Ich machte mir gewaltig was vor und konnte schon wegen meines luxuriösen Lebensstils die Beträge nicht zurückführen. Es war so ein bisschen wie bei der Buchausleihe. *Eines Tages*, sagt man sich, *bringe ich es zurück*. Wenn man es aber nie tut, ist es Diebstahl. Als es mir dann nach zwei Jahren zu heiß wurde und mich mein eigenes Gewissen bis ins Unendliche plagte, ging ich mit meinem Anwalt zur Staatsanwaltschaft und zeigte mich selbst an.

So kam es im Januar 1996 wegen Betruges in siebzehn sachlich zusammentreffenden Fällen (hauptsächlich betraf die Sache Ärzte) zu einer Verurteilung. Das Strafmaß betrug vier Jahre. Bewährung erhielt ich nun nicht mehr. Zwar musste ich die Strafe nicht antreten, weil man schlicht kein geeignetes Gefängnis für den Rollstuhlfahrer Josef Müller fand. Trotzdem belastete mich die ganze Geschichte, schon wieder vor Gericht gestanden zu haben und mit einer satten Gefängnisstrafe bepackt zu sein, unglaublich.

Ich begann meinen Trost im Alkohol zu suchen. Daher rührten auch die Verurteilungen wegen Alkoholmissbrauch am Steuer. Beim ersten Mal nahmen sie mir den Führerschein ab, aber als Rollstuhlfahrer brauchte ich ihn. Und so fuhr (und soff) ich weiter. Beim zweiten Mal räumte ich im Vollrausch eine Wanderbaustelle auf der Nymphenburger Straße in München ab. Beim Kegeln würde man sagen: Chapeau, alle Neune! Mein Mercedes hatte Totalschaden – ich (psychisch gesehen) auch. Ich stellte mir vor, die einzelnen Baustellenzeichen, die ich im Suff niedermähte, wären Kinder gewesen. Diese Vorstellung schockierte mich so, dass ich damals schlagartig mit dem Saufen aufhörte. Ich musste mich vor mir selber schützen!

Im Oktober 1997 kam es zu einer erneuten Verurteilung, dieses Mal wegen fahrlässiger Trunkenheit im Straßenverkehr und vorsätzlichem Fahren ohne Führerschein. Natürlich wurde mir auch die Fahrerlaubnis entzogen. Im Jahr 2001 kam es schließlich zu einer Gesamtstrafenbildung von vier Jahren und sechs Monaten Gefängnis ohne Bewährung.

Im Urteil kam «erschwerend hinzu», dass ein Betrugsschaden über einer Million DM vorliege, dazu Steuerhinterziehung über 150.000 DM. Zu meinen Gunsten wurde festgestellt, dass ich meine Taten uneingeschränkt eingeräumt hatte, ich zudem versucht hatte, den Schaden wiedergutzumachen. Die Richter wunderten sich nicht nur über meine kreativen Geschäftsmethoden, sondern auch über die Leichtfertigkeit der Geschädigten, die mir zu großes Vertrauen entgegengebracht sowie ohne genauere Überprüfung und ohne Sicherheiten erhebliche Vermögensdispositionen vorgenommen hatten.

Nun musste Vater Staat aber ernsthaft überlegen, wie ich wirklich hinter schwedische Gardinen zu bringen war. Also sandte mir die Vollstreckungskammer des Landgerichts München einen medizinischen Gutachter zur Feststellung meiner Haftfähigkeit. Der Landgerichtsarzt der Strafvollstreckung attestierte mir Haftunfähigkeit für ein Jahr. Danach kam sein Boss, der sich dachte: *Der Mann simuliert.* Der gestrenge Mann ließ mich gleich wissen, er werde «mich schon überführen». Nach der Untersuchung kam er freilich zu dem Ergebnis, dass man die Haftunfähigkeit wohl noch um ein weiteres Jahr verlängern müsse. Dann kam ein noch höher gestellter Arzt des Landgerichts und stellte ebenso meine Haftunfähigkeit fest, dieses Mal schon für drei Jahre.

So ging es weiter, bis man amtlicherseits die Schnauze voll hatte von den Untersuchungen. Man gab mir den Vermerk: *haftunfähig b.a.W.* (bis auf Weiteres). Vermutlich hätte ich von da an Ruhe gehabt mit der Justiz, wenn ich nicht gerade so weitergemacht hätte wie bisher: immer neue Deals, immer wieder im Scheinwerferlicht der Öffentlichkeit. Aber ich konnte es halt nicht lassen. Die Maske des Spielers schien angewachsen.

7
Gangstergeschichte am Bosporus

Alle James-Bond-Filme beginnen auf die gleiche Weise. Peitschende Big-Band-Dissonanzen fallen über die Ohren her und mischen sich mit grellen, in harten Cuts montierten Actionbildern: Auf Teufel komm raus wird gerannt, gefightet und geschossen; Autos fliegen durch die Luft, Schnellboote schießen durch die Brandung, Flugzeuge explodieren in gigantischen Feuerbällen. Dann aber beruhigt sich die Szenerie. Herr Bond hat gerade nichts weiter zu tun, als höchstens mit einer Schönen im Bett zu liegen. Da, plötzlich, kommt der Anruf. Wir ahnen es: Der Agent bekommt einen Auftrag. Und nach drei Minuten fällt der magische Satz, den bereits Bond-Autor Ian Fleming seinem Titelhelden für immer mit auf den Weg gab: «Mr. Bond, übernehmen Sie!» Die Aufgabe ist eigentlich unlösbar. Wenn es jemand hinkriegt, dann dieser eigenwillige, aber erfolgreiche Agent James Bond.

Ich fühlte mich zwar nicht gerade wie James Bond, aber ich lag auch gerade mit einer Schönen im Bett, als mich im Frühsommer 1993 ein merkwürdiger Anruf aus der Schweiz erreichte. Der Auftrag hörte sich ganz nach James Bond an.

«Wenn das einer hinkriegt, dann du, Josef!», beschwor mich die Stimme eines Bekannten.

«Wie kommst du auf mich?», fragte ich unschuldig zurück.

«Tu doch nicht so, Josef!», ließ der andere die Katze aus dem Sack. «Ich weiß ganz genau, dass du jede Menge Dollar über den Teich geholt und umgewechselt hast.»

Woher wusste er das? Hatte ich dumm rumgeplaudert? Mir war es jedenfalls unangenehm, dass ich in der Szene offenkundig als Spezialist für hochriskante Geldwechselgeschäfte gehandelt wurde. Und jetzt sollte ich die Haut hinhalten für einen neuen, brandgefährlichen Deal.

«Klar ist die Geschichte gefährlich», gab mein Schweizer Gesprächspartner zu, «aber auch *höchst rentabel!*»

Höchst rentabel! Der Mann wusste, wie man mich kriegte. Als ich die Summe hörte, die es zu verdienen gab, willigte ich ein – unter einer dreifachen Bedingung:

«Zwei Tage Bedenkzeit, fifty-fifty – und du fliegst mit!»

Worum nun ging es? Mein Partner, Mr. Schwyz, hatte Kontakte in die Türkei. Dort besaß eine Gruppe von steinreichen Leuten die gigantische Summe von über hundert Millionen libyscher Dinare, wie auch immer sie drangekommen sein mochte. Wegen des internationalen Geldembargos, das sich gegen die Politik von Staatspräsident Muhammad al-Gaddafi wandte, saßen die türkischen Großgeldbesitzer buchstäblich auf ihren Geldhaufen. Libysche Dinare besaßen zwar einen realen Wert, aber sie waren zu dieser Zeit im internationalen Geldhandel einfach nicht eintauschbar.

Ein libyscher Dinar hatte den ungefähren Gegenwert von 1,20 US-Dollar. Es galt daher, einen Weg zu finden, die Dinare im großen Stil in US-Dollar umzutauschen. Unser Ansprechpartner, der von der Gruppe aus der Türkei zwischengeschaltet war, saß in Holland. Das beruhigte mich etwas, da es ein seriöser Geschäftsmann und bekannter Finanzmakler war.

Die zwei Tage Bedenkzeit nutzte ich, um mit meinen Kontakten in der internationalen Finanzszene zu kommunizieren und die Möglichkeiten zu sondieren. Aus früheren Erfahrungen hatte ich gelernt, dass es ab einer bestimmten Höhe von Bargeld immer einen Weg gab. Immer!

Und so war es auch in diesem Fall: Die Tür ging auf. Eine Bank auf der Insel Zypern war bereit, die libyschen Dinare anzukaufen, sowie, nach Zählung und Prüfung der Echtheit, den äquivalenten Gegenwert mit einem Abschlag von zwanzig Prozent in US-Dollar auf einem Bankkonto zur Verfügung zu stellen. Das war schon einmal der entscheidende Puzzlestein.

Bevor das Spiel aber beginnen konnte, mussten noch viele Fragen geklärt werden. Ich bat beispielsweise meinen Schweizer Bekannten, mir zwei libysche Dinar-Noten zuzusenden, da sich mein Kontakt zur zypriotischen Bank von der Echtheit der Scheine vorab selbst überzeugen wollte.

Innerhalb von 24 Stunden stellte mir ein Kurier ein Kuvert ohne Absender zu. Ich öffnete es und hatte zwei Scheine in der Hand, einen Fünf-Dinar- und einen Zwanzig-Dinar-Schein. Sonst nichts – kein Brief, kein Zettel, keine Notiz. Nur die beiden Noten. Die Vorderseite war in arabischer Schrift gehalten und mit dem Lockenkopf des irren Staatschefs geziert, die Rückseite zeigte ein Dromedar und die arabischen Ziffern 5 bzw. 20. Das genügte mir.

Ich setzte mich in den Wagen, fuhr in die Stadt und hielt die beiden Noten meinem Mittelsmann der Ankäufer-Bank unter die Nase. Der griff sich wortlos die Scheine, kniff sich eine Speziallupe unter die Augenbraue und drehte und wendete die Noten eine ganze Weile.

«Nun?», fragte ich ungeduldig.

«Sauber», meinte er lakonisch.

Ich wollte mich der Sache noch einmal versichern: «Sie meinen, der Deal kann laufen?»

Der Mann schüttelte den Kopf: «Die hier sind sauber. Aber was ist mit dem anderen Zeug? Ich schlage vor, Sie wickeln das Ganze zunächst in Istanbul ab und schalten dort einen neutralen Devisenhändler ein. Der kann die gesamte Geldmenge mit einer Geldzählmaschine überprüfen. Dann besteht kein Zweifel mehr über die Existenz und Echtheit der Noten ...»

Ich dachte nur: *Oh Mann, jetzt wird es kompliziert!*

Mein Gesprächspartner schien meine Gedanken erraten zu haben, denn er meinte: «Ein Transport nach Zypern mit, äh ... falscher Ware ... das könnte ... schreckliche Folgen für alle Beteiligten nach sich ziehen.»

Die bedrohlichen Untertöne waren nicht zu überhören. Aber wieso benutzte er das Wort «alle»? Wenn es für irgendwen ein Risiko gab bei der Geschichte, dann für Mr. Schwyz und mich.

Also machten wir uns daran, die Sache in Istanbul selbst in die Wege zu leiten. Es durfte nichts, aber auch gar nichts schiefgehen, deshalb bereitete ich alles minutiös vor. Ich buchte in Frankfurt eine mit zwei Piloten bestückte zweistrahlige Cessna Citation, einen Business-

Jet der neuen Generation. Alleine die Parkgebühren auf dem Istanbuler Flughafen Atatürk betrugen damals zirka 1000 Mark pro Tag – von den Kosten der Maschine und den Piloten ganz zu schweigen.

Danach versicherte ich mich der Dienste zweier Bodyguards aus London, die mir von meinem Schweizer Partner empfohlen worden waren. Die beiden unauffälligen, für meine Begriffe eher etwas klein geratenen Herren begleiteten regelmäßig einen Diamantentransport per Flugzeug von Johannesburg/Südafrika nach London und waren alles andere als billig. 10.000 DM, zuzüglich Flugkosten, musste ich auf den Tisch legen, um sie für ein paar Tage zu engagieren. Mein Plan war, die Geldscheine persönlich in Empfang zu nehmen, mit ihnen nach Zypern zu fliegen und dort von der Bank meines Kontaktmanns in Empfang nehmen zu lassen.

In Istanbul angekommen, kam es gleich zu einer filmreifen Szene. Kaum hatte ich in einem Taxi Platz genommen, sah ich, wie einer der drahtigen Bodyguards aus dem vorausfahrenden Taxi, in dem die beiden saßen, herausstürzte. Jack spurtete zu meinem Taxi, klopfte wie wild an die Seitenscheibe und rief:

«Gimme! Gimme! ...» («Gib's mir! Gib's mir!»)

Es war klar, was er meinte: den kleinen schwarzen MCM-Aktenkoffer, in dem ich 50.000 Mark in bar mit mir führte. Das Bargeld war Teil der Sicherheit, welche die Besitzer der Dinarbeträge gefordert hatten, damit wir einen kleineren Betrag des Geldes sehen und prüfen könnten. Ich sah kein Problem darin, schließlich sollten beide Seiten abgesichert sein. Jack gegenüber schüttelte ich Kopf und Zeigefinger zum Zeichen von: No!

Ich hatte keine Absichten, das Teil aus der Hand zu geben. Jack beeindruckte das nicht im Geringsten. Er schrie mich geradezu an:

«Gimme, Josef ... it's our job!»

Jack wurde richtig zornig. Wild gestikulierend tanzte er neben dem gelben türkischen Taxi herum: «Gimme your briefcase, Mister! ... Right now ... please! ... I will take care of it!» Der Aktenkoffer sei bei ihm weit besser und sicherer aufgehoben als bei mir allein im Taxi.

Meinen Taxifahrer schien das überfallartige Getue nicht im Geringsten zu irritieren. Er verstand die Aufregung sowieso nicht. Ich war zu

7 · Gangstergeschichte am Bosporus

ihm ins Taxi gestiegen, hatte ihm die erste Anlaufadresse in Istanbul genannt, und nun wartete er geduldig, bis wir mit unserem Affentheater fertig waren. Jacks Partner Mike hatte die Szene durch die Heckscheibe des vorderen Taxis verfolgt. Nun stieg auch er noch aus und kam auf uns zu. Die anderen Autos hupten schon, weil die beiden Taxis den Verkehr blockierten, aber auch das schien die beiden Istanbuler Wagenlenker wenig zu stören. Hupen war hier an der Tagesordnung. Ich öffnete jetzt endgültig die vordere Türe des Taxis, und es begann eine rege Diskussion zwischen den beiden Bodyguards und mir. Sie endete damit, dass ich meinen Aktenkoffer behielt und sie mir auf drastische Art zu verstehen gaben, dass sie mich für einen sturen Bock und ahnungslosen Amateur hielten und sie ihren Job auf diese Weise nicht ausüben könnten.

Dann stiegen sie kopfschüttelnd wieder in das Taxi vor mir, und wir fuhren zu unserem Ziel. So viel wusste ich nun: Die beiden waren Vollprofis! Das beruhigte mich. Ich sah kein Sicherheitsrisiko darin, den Koffer selbst zu transportieren und sicher über die Runden zu bringen. Konnte doch keiner auf die Idee kommen, dass ein deutscher Rollstuhlfahrer eine solch große Bargeldsumme bei sich führen würde! Erst später sollte mir bewusst werden, welchen Gefahren ich mich bei der Geschichte aussetzen sollte.

Im Hotel Renaissance, in der Innenstadt von Istanbul, wartete schon mein Schweizer Geschäftspartner auf mich und meine bis an die Zähne bewaffnete Entourage. In diesem Hotel hatten wir Zimmer gebucht und ebenso einen Besprechungsraum für das Meeting mit den Eigentümern der libyschen Dinarschätze, dem Devisenhändler sowie einem Bankbevollmächtigen der Bank in Zypern.

Als Erstes peilten wir die Lage und instruierten die Londoner Bodyguards. Die wiederum legten uns klare Regeln vor, wie wir uns zu verhalten hatten, um mit Leib und Leben davonzukommen und nicht Gefahr zu laufen, selbst angegriffen zu werden. Im Taxi hatte ich mich äußerst fahrlässig verhalten. So etwas durfte nicht wieder vorkommen, denn Aufgabe der Bodyguards war es nun einmal, uns und das Geld zu beschützen.

Am Spätnachmittag des gleichen Tages trafen die Eigentümer der libyschen Dinare im Hotel ein, lauter scheinbar honorable Herren in feinen Anzügen. Soweit ich das erkennen konnte, handelte es sich um türkische Staatsangehörige, zumindest verständigten sie sich auf Türkisch. Wir gingen miteinander in den angemieteten Konferenzraum. Der Sprecher der türkischen Gruppe, der fließend Englisch sprach, stellte die Herren namentlich vor. Er erklärte nochmals, dass die Gruppe sich einig sei, die Dinarnoten in US-Dollar umzutauschen. Ein Punkt sei wichtig: Ob man einverstanden sei, dass wir vor jeder Besprechung und jedem Treffen auf Abhörgeräte und Waffen untersucht werden würden? Man brauche nun einmal vollkommene Sicherheit. Wir hatten nichts dagegen einzuwenden.

Nun waren wir an der Reihe. Wir wiesen noch einmal auf die bereits vereinbarte Forderung hin, die «Ware», also die libyschen Dinarnoten, vorher in Augenschein nehmen zu können, um sie einer Prüfung zu unterziehen. Als Sicherheit boten wir 50.000 DM in Noten an. Man war damit einverstanden und wollte dies so schnell wie möglich angehen. Doch wie sollte man das Geschäft für beide Seiten sicher abwickeln?

Unser Vorschlag war: Die Noten sollten in Tranchen zu je zwanzig Millionen Dinar zum Flughafen Atatürk gebracht werden, wo sie mit unserem bereitgestellten Learjet nach Zypern zur Bank ausgeflogen werden sollten. Nach erfolgter Zählung und Prüfung würde die Bank den Gegenwert, abzüglich des vereinbarten Abschlages, auf ein von den türkischen Eigentümern benanntes Konto transferieren – und zwar per Blitzüberweisung. In der Zwischenzeit bildeten wir selbst eine Art lebendiges Pfand. Wir selbst waren die Sicherheit, sollte es zu einem Verlust des Dinarbetrages kommen.

Eines besonderen Risikos waren wir uns nicht bewusst; wir verdienten genug an dem Deal und hatten ja nicht vor, die Beträge zu unterschlagen. Wie gefährlich dieses Angebot war, wird mir erst heute, da ich diese Zeilen schreibe, richtig bewusst.

Zum Abschluss der Verhandlungen vereinbarten wir einen Besichtigungstermin der Noten für den nächsten Abend, 19.00 Uhr Ortszeit. Wir würden von einem Fahrer am Hotel abgeholt werden und sollten unsere Sicherheit in Höhe von 50.000 DM in bar mitbringen. Mit den beiden Bodyguards, die das Geld mit sich führten, waren sie einverstanden.

Am nächsten Abend fuhr um 19.00 Uhr Ortszeit ein Transporter vor dem Renaissance-Hotel vor, um uns abzuholen – meinen Geschäftspartner aus der Schweiz, die beiden Bodyguards und mich. Der Transporter wurde von einem Fahrer und seinem Beifahrer begleitet. Ich bin mir ziemlich sicher, dass uns noch weitere Fahrzeuge der Geldeigentümer «begleiteten».

«Wo geht es hin?», wollte ich von dem Fahrer wissen. Sei es, dass der Mann kein Englisch konnte, sei es, dass er uns das Ziel nicht mitteilen wollte – ich erhielt jedenfalls keine Antwort. Stattdessen begann eine kuriose Schnitzeljagd, die uns quer durch Istanbul führte. Kaum schienen wir irgendwo angekommen zu sein, wurde der Transporter per Funk ungefähr ans andere Ende der Stadt gelotst.

Nach einer gefühlten Ewigkeit hielt der Transporter endlich an, zumindest wurde der Motor des Wagens abgestellt. Ein rascher Blick sagte uns, das wir uns in einer nicht gerade vertrauenswürdigen Umgebung befanden: Autowracks, Häuserruinen, eine heruntergekommene Parkfläche, verlottertes Brachland. Keine Menschenseele weit und breit. Sollten wir am Ziel unseres Trips angelangt sein? Der Fahrer machte keinerlei Anstalten auszusteigen.

Dafür öffnete der Beifahrer seine Tür, kam zu uns in den hinteren Teil des Fahrzeuges, überreichte uns vier Augenbinden und befahl uns kurzerhand, sie anzulegen. Das sahen wir nun absolut nicht ein. Um zu beraten, verließen wir den Transporter. Unsere brüske Zurückweisung provozierte einen heftigen Wortwechsel, der zu keinem Kompromiss führte. Dafür geriet die Lage von Sekunde zu Sekunde mehr außer Kontrolle. Insbesondere die Bodyguards weigerten sich kategorisch, die Augenbinden anzulegen.

«Never ever!», brüllte Jack und wies mit ausgestrecktem Zeigefinger auf den türkischen Beifahrer.

Der Mann interpretierte die Geste als Bedrohung und zog eine kleinkalibrige Waffe aus seiner Jackentasche, legte sie auf Jack an und brüllte ihm mit kippender Stimme ein Ultimatum ins Gesicht.

Mein Adrenalinspiegel schoss in die Höhe, und mich ergriff panische Angst. Das war ja das Letzte, was wir im Moment gebrauchen konnten. Einmal im Leben, dieses eine Mal, wünschte ich, nicht auf den Rollstuhl angewiesen zu sein. Mein Hirn raste, trotzdem versuchte ich die Stimme zu senken, klar, bestimmt, aber ruhig auf die Kontrahenten einzuwirken. Ich flehte sie an, zur Vernunft zurückzukehren und die fatale Auseinandersetzung abzubrechen. Geradezu verzweifelt redete ich auf die Beteiligten ein, doch die schienen mich gar nicht wahrzunehmen.

Angst – Angst wie nie zuvor – fraß mich auf. Gleich würde der verrückte Typ abdrücken. Es würde Blut fließen, Verletzte geben oder vielleicht sogar Tote. Doch plötzlich geschah etwas, womit keiner gerechnet hatte. Niemand hatte den anderen Bodyguard im Blick; niemand achtete auf den unauffälligen Mike. In Sekundenbruchteilen verwandelte der sich aus einer scheinbar unbeteiligten Randfigur in eine Art Kampfmaschine – ich kann es nicht anders beschreiben. Aus dem Stand heraus sprang Mike auf den Beifahrer, schlug ihm, der nicht wusste, wie ihm geschah, die Waffe aus der Hand. Es war, als hätte eine Raubkatze zugeschlagen.

Ich hatte so etwas bisher nur in Filmen gesehen. In hohem Bogen flogen die beiden gegen den Transporter, und bevor sich's der Beifahrer versah, lag er auch schon mit dem Gesicht nach unten auf dem Boden. Mike kniete auf ihm. Diese Aktion verlief so blitzschnell, dass ich mit meinen Augen kaum folgen konnte. Jack zog seinerseits die Waffe und sicherte das Umfeld. Ohne die eigene Waffe zu senken und die Beteiligten aus den Augen zu verlieren, griff er sich die Beifahrerpistole vom Boden und ließ die Munition – klack, klack, klack – aus der Waffe fallen.

Zumindest war jetzt die schlimmste Gefahr gebannt, denn der Beifahrer gab auf. Nach einigen Schreckminuten, in denen sich alle Beteiligten von der Situation erholten, einigte man sich schließlich darauf, dass die beiden Bodyguards, die den Geldkoffer bei sich führten, keine Augenbinden tragen mussten, aber mit den Augen auf den Fußboden zu sehen hatten. Der Beifahrer würde dies von vorne aus kontrollieren, denn wir sollten die Lagerstätte des Bargeldes nicht identifizieren können. Die Lösung, die wir für uns gefunden hatten, führte nun aber gleich zu heftigen Diskussionen mit den Eigentümern, die per Funk mit dem Beifahrer verbunden waren und ihn instruierten. Es ging hin und her. Schließlich wurde die Irrfahrt ergebnislos abgebrochen, und man brachte uns zum Hotel zurück.

Nach einer Weile teilte man uns mit, man wolle den von uns geforderten Geldbetrag am nächsten Tag zum Hotel bringen. Unser Sicherungsbetrag, die 50.000 Mark, sollten offen auf dem Tisch präsentiert werden. Man gestatte uns auch, den Devisenhändler, der für unsere Seite die Echtheit des Geldes prüfen sollte, mit an den Tisch zu nehmen. Uff! Es schien, als kämen wir langsam voran.

Am nächsten Tag, als wir uns im Konferenzraum des Hotels trafen, lief alles reibungslos ab. Die Bodyguards waren mit der Sicherheitslage einverstanden. Die libyschen Dinare wurden in einer kleinen silberfarbenen Metallkiste im Hotel angeliefert. Die 50.000 DM lagen als Sicherheit auf dem Tisch. Die Prüfung der Noten konnte durchgeführt werden.

Sie verlief zufriedenstellend. Das Geld war echt. Jetzt konnten wir uns mit dem eigentlichen Umtausch befassen. Dies war allerdings der gefährlichere Teil der Aktion, da keiner dem anderen vertraute. Plötzlich kam einer der Eigentümer, von Misstrauen getrieben, auf den Gedanken, wir sollten den Umtauschbetrag vorher als Sicherheit auf einer Bank zu ihren Gunsten hinterlegen. Da uns das bei 25 Millionen US-Dollar (das war der geforderte Gegenwert zu den 20 Millionen Dinar) schwer möglich war, drohte das Geschäft zu platzen. Wir telefonierten mit der Bank auf Zypern, die sich natürlich weigerte, den Gegenwert zu hinterlegen, solange sie selbst wiederum nicht im Besitz der Dinare war. Dies ergab eine echte Patt-Situation. Es wurde diskutiert und verhandelt. Ohne Ergebnis.

Schließlich brachen wir die Verhandlungen ergebnislos ab und reisten am nächsten Tag zurück nach Deutschland bzw. England. Außer irre hohen Spesen war nix gewesen. Im Flieger grübelte und rechnete ich bloß, wie viel schönes Geld ich bei meinem haarsträubenden Abenteuer am Bosporus in den Sand gesetzt hatte.

Ich grübelte *nicht über mich und meinen Status* – nicht darüber, dass ich mir langsam den Ruf erworben hatte, einer zu sein, mit dem man krumme Dinger drehen kann. Nicht darüber, wie dumm und blind mich das Geld gemacht hatte. Nicht über den Leichtsinn, mit dem ich Menschenleben in Gefahr gebracht hatte. Nicht über die pistolenflankierte Gier, bei der ein Menschenleben weniger zählte als ein Haufen stinkender Geldscheine.

Und auch nicht über die ganze, falsche, kapitalistische Welt, in deren Motorraum ich saß – ein Heizer des Teufels.

8
Das Millionenspiel I:
Negerschecks und blaue Koffer

«Negerschecks! ...»

«Dös san doch lauter Negerschecks! ... Nix ois lumperte Negerschecks!»

Die verbale Spitzenleistung war auch 1990 schon politisch unkorrekt. Aber das kümmerte Herrn Mayer nicht, den hemdsärmeligen Zweigstellenleiter einer großen deutschen Bank in Fürstenfeldbruck. Dem wackeren Mann waren Schecks der Art, wie ich sie ihm präsentierte, noch nicht untergekommen. Und was der Banker nicht kennt, das bucht er nicht. Das ist ja auch gut so. Herr Mayer jedenfalls zog ein Gesicht wie sieben Tage Regenwetter.

«Dös Zeigl», ließ er mich gnädig wissen, während er eine verächtliche Kopfbewegung in Richtung der Schecks machte, könne man nicht annehmen, allenfalls vorläufig und zum Inkasso, wenn ich denn unbedingt Wert lege darauf. Da werde sowieso kein Geld von den Banken kommen.

«Nur zum Inkasso, Herr Müller, hör'ns ... nehm' mers an!»

Schon gut, ich war ja nicht taub. Ich ließ den Mann hinter dem Schalter reden und lächelte ihm nur vertrauensbildend zu.

«Sie werden schon sehen, Herr Mayer, dass die Schecks akzeptiert und bezahlt werden.»

Ich weiß nicht, ob ihn meine Sicherheit verunsicherte. Jedenfalls unterzog sich Mister Bärbeiß tatsächlich der Mühe, jeweils ein einzelnes Formular für die Einreichung eines jeden der dreißig Schecks auszufertigen. Dabei brummelte er aber seinen ganzen Unwillen in den Bart.

«Stücka dreißig! Herrschaftszeiten! ... Wenn's koa Geld gibt, Müller, müssen S' die Einzugsgebühren zahlen, dös sag I eahna glei!»

Ich war mir hundertprozentig sicher, dass die Negerschecks, wie sie Herr Mayer zu bezeichnen pflegte, keine Fakes waren. Es handelte sich um sogenannte Cashier's Checks, die in allen möglichen unseriösen Farben leuchteten und mit den verschiedensten Motiven verziert waren. Was es mit den Papieren, die sich auf Bankhäuser im fernen Puerto Rico bezogen, in Wahrheit auf sich hatte, konnte ich Herrn Mayer aber auch nicht offenbaren.

Wie ich an die seltsamen Schecks aus Lateinamerika kam und was es damit auf sich hatte, dazu muss ich die gesamte aufregende Geschichte erzählen.

✦ ✦ ✦

Dass ich Bruce Crink überhaupt kennen lernte, verdanke ich einem guten Freund, mit dem ich in diesen Jahren geschäftlich verbunden war: Richard Schwarz. Ich kannte Richard, einen Deutschen, der lange in Kalifornien und Florida gelebt hatte, schon seit vielen Jahren, und zwar aus erfolgreichen Zeiten des Automobilexportes.

Richard betrieb im kalifornischen Malibu einen Autohandel. Er kaufte in Deutschland Nobelkarossen auf, hauptsächlich große Mercedes und BMWs, und importierte sie in die Vereinigten Staaten. Dort präsentierte er die edlen Teile in seinem Showroom in Los Angeles und verkaufte sie erfolgreich an reiche Amerikaner. Es war in den Jahren, als in den USA gerade der Hype um deutsche Edelmarken begann. Da diese Fahrzeuge auf dem US-Markt teurer verkauft wurden als hierzulande, brachte ihm dies einen beträchtlichen Gewinn ein. Später zog er zusammen mit seiner blonden Freundin Mary-Ann, einer Lehrerin, nach Fort Lauderdale in Florida und betrieb von dort aus seinen Autohandel weiter.

Richard Schwarz nun erzählte mir von einem jungen Mann aus Florida, der meine Hilfe gerne in Anspruch nehmen würde. Bruce Crink, so der Name des jungen Mannes, sei ein Freund von ihm.

«Womit macht er sein Geld?», wollte ich von Richard wissen; das war damals immer das Erste, was mich an einem Menschen interessierte. So genau wusste Richard das freilich nicht. Er sei der Sohn einer reichen Unternehmerfamilie, die eine Werft für Schnellboote in Miami-Nord (heute heißt dieses Stadtgebiet Aventura) betrieb.

«Und was ist sein Problem?»

«Sein Problem», lächelte Richard, «besteht in der Frage: Wohin mit der Kohle?»

Das gefiel mir schon mal. *Solchen Leuten kann geholfen werden,* dachte ich bei mir. Bei einigen Drinks erzählte mir Richard doch noch ein paar nähere Umstände, in denen sich Bruce Crink befand. Die Familie wolle ihm einen Teil seines Erbes schon vorab auszahlen, was steuerliche Gründe hatte.

«Du musst dir das so vorstellen», belehrte mich Richard. «Die US-Erbschaftssteuer langt bei den Reichen gnadenlos hin! Da muss man rechtzeitig vorbauen und den Schotter in Sicherheit bringen!»

Als berufsmäßiger Steuerberater erschien mir das durchaus plausibel: «Mit anderen Worten, es geht um recht viele von diesen Dollar?»

Richard zog die Augenbrauen hoch und lächelte: «Ganz sicher nicht um Peanuts, ich schätze mal so zwanzig Mille – wenn nicht mehr!»

Das hörte sich ordentlich an, ein Erbe von zwanzig und mehr Millionen Dollar! Ich schüttelte etwas ungläubig den Kopf: «Ist denn mit einer Schnellboot-Werft so viel Kohle zu machen?»

Wieder setzte Richard sein wissendes Lächeln auf. «Vergiss die Schnellboote!», zwinkerte er mir zu. «Die Alten sind an einem Spielcasino beteiligt. Spielcasino, Josef! Bingo, bingo – es rappeln die Automaten! Und was kommt da zusammen? Hm?»

«Bargeld!», ergänzte ich Richards Rede und stimmte in sein Lachen mit ein.

«Natürlich, Bargeld, dass es nur so kracht!», meinte der. «Und schau, da ist eben ein bisschen viel von diesem Bargeld da. Das muss weg. Wie macht man das? Man gibt es als Teil des Erbes an den Sohnemann! Ist doch logisch, oder?»

Ja, leuchtete mir ein.

Als Richard wieder ging, ließ er mich irgendwie sprachlos zurück. Ich musste diesen Bruce Crink unbedingt kennen lernen! Es war scheinbar eine Menge Geld zu machen, aber ich war mir unsicher, ob sich das Ganze nicht jenseits der Grenze des Legalen bewegte. Zu meinen Aufgaben würde es unter anderem gehören, so hatte ich Richard verstanden, die Erbschaft, in Barbeträge und einzelne Tranchen aufgeteilt, aus den USA nach Deutschland zu schaffen – am amerikanischen Fiskus vorbei! Millionen von Dollar! Nicht gerade das übliche Tagesgeschäft eines seriösen Steuerberaters. *Was ist schon legal?*, redete ich mir zu. In dem einen Land ist etwas komplett legal, im andern Land tolerieren sie es, und im dritten Land kommst du dafür in den Knast. Ich informierte mich dennoch ernsthaft über die Rechtmäßigkeit meiner Aufgabe. Mein Ergebnis war: In Deutschland zumindest, und nach deutschem Recht, tat ich nichts Unrechtes. Freilich: Das Geld eines amerikanischen Staatsbürgers aus den USA zu schaffen ... hm! Dennoch sagte ich mir: *Ein bisschen Risiko muss sein.* Der Deal würde mal richtig Frischgeld in die Kasse spülen, Geld, das ich wegen meines mittlerweile sehr hohen Lebensstandards dringend gebrauchen konnte.

Ich musste diesen Bruce Crink persönlich kennen lernen – und dazu gab es bald Gelegenheit, als der millionenschwere US-Boy mit Richard ein paar Tage Urlaub in München machte. Er hatte seine rothaarige Freundin Micky dabei, ein nicht nur *prima vista* zauberhaftes Wesen, das sich mir süß flötend vorstellte.

«It's meee ... Micky!» Augenaufschlag, blink, blink.

Ich musste an James Krüss' «Hasenheide» denken: *Aahh ... manchmal klimpern ihre Wimpern. Ja, im Klimpern kommt ihr niemand gleich!*

Micky war, was man umgangssprachlich einen heißen Feger nennen würde; ein roter, fetziger Wirbelwind, zierlich, klein an Körpergröße, aber mit gewaltigen Brüsten, die sie begeistert zur Schau stellte. Der Operateur hatte ganze Arbeit geleistet. Meine Sympathie hatte sie, trotz meiner lebhaften Abneigung gegen Silikon – und das sollte auch so bleiben, denn sie war wirklich ein Mensch mit Herz. Mann wird verstehen, dass ich zunächst gar keine Augen für ihren geldigen Begleiter hatte.

Dabei war Bruce eine nicht minder auffällige Erscheinung. Sah man ihm ins Gesicht, konnte man meinen, es mit dem Tennisprofi Andre Agassi zu tun zu haben, und zwar zu der Zeit, als er noch seinen Pferdeschwanz trug. Ich glaube, Bruce kultivierte dessen Ähnlichkeit ein wenig, zumindest war er stolz darauf.

Er war ihm nun derart zum Verwechseln ähnlich, dass sich lustige

Szenen abspielten, als sich einmal per Zufall der echte Andre Agassi und sein halb unfreiwilliges Double in München befanden. Während des Tennisturniers wurde Bruce auf offener Straße und in den Cafés angesprochen und um ein Autogramm gebeten. Ende der 80er Jahre, als Andre Agassi regelmäßig an den Munich Open auf dem Iphitos-Sport-Gelände teilnahm, pflegte er ja tatsächlich zum Essen in die Stadt zu gehen. Deshalb war es gut möglich, dass man dem Tennisstar auf der Straße begegnete. Mir machte es damals viel Spaß, zu sehen, wenn Leute Bruce mit Agassi verwechselten.

Wir fanden recht schnell zueinander; die persönliche Chemie schien zu passen. Ich erkannte in ihm das Glückskind, den reichen Erben, die Personifizierung des amerikanischen Traums.

Was er in mir sah, weiß ich nicht – den lebensfrohen Genussmenschen, den erfahrenen Finanzfuchs? Ich fühlte mich jedenfalls nicht instrumentalisiert. Die Dinge liefen auf Augenhöhe. Alles, was ich Bruce in München zeigte, die Clubs und Nobelrestaurants nicht weniger als mein berufliches und persönliches Umfeld, sah er sich mit Freude und Interesse an. Er besuchte meine Steuerkanzlei, sprach mit meinen Mitarbeitern, begrüßte meine Eltern und wollte auch sonst mein ganzes Umfeld kennen lernen.

Der München-Besuch von Bruce und Micky endete mit einer herzlichen Einladung in die USA. Ich möchte doch ja bald in die Staaten kommen, nach Miami in Florida, um seine Eltern zu sehen – und natürlich auch, um einen Blick auf die tolle Werft zu werfen.

Bereits nach kurzer Zeit konnte ich den Flug einrichten. Auf dem Flughafen wurde ich begrüßt, als hätten wir bereits im Sandkasten miteinander gespielt. *Diese Amerikaner*, dachte ich, *ein herrlich unkompliziertes Volk!* Bruce hatte ein luxuriöses Hotelzimmer im Grand-Bay-Hotel in Coconut Grove, im südlichen Stadtteil von Miami, für mich gebucht. Ich hätte mich gerne ein bisschen ausgeruht und frisch gemacht. Aber der agile Bruce wartete unten in der Lounge; er musste mir unbedingt gleich die Werft zeigen! Sie schien der ganze Stolz der Familie zu sein.

Die Werft war schon von außen betrachtet echt beeindruckend. Die langen Haare von Bruce flatterten im warmen Atlantikwind, während er dahin und dorthin zeigte und mir erläuterte, was sich unseren Augen und Ohren darbot: Lagerhallen, ein mächtiges Trockendock mit eleganten Booten, überall geschäftig umhereilende Mechaniker und Bootsbauer, flackernde Schweißfeuer, Fräsgeräusche. Riesenkräne mit überdimensionalen Spinnenarmen bewegten große Yachten und schlanke Schnellboote zwischen einem Minihafen im Intracoastal Waterway[5] und der überdimensionalen Werfthalle hin und her. Boote wurden herausgehoben, andere wieder zu Wasser gelassen. Bruce konnte mir nicht genug erklären, was hier alles passierte. Freundlich winkte er den Arbeitern, die ebenso freundlich zurückwinkten. Er hätte mir gerne noch mehr gezeigt, aber mit meinem Rollstuhl kam ich nicht so einfach überall hin. Nun müsse ich aber unbedingt seine Eltern kennen lernen!

Das war leichter gesagt als getan. Die Eltern waren zwar nette Leute, aber anscheinend permanent im Stress. Wir hatten kaum Zeit, uns zu unterhalten. Sie erklärten mir in etwas anderen Worten schlicht das Gleiche, was mir der Sohn schon gesagt hatte. Sie besäßen nun eben eine größere Menge Bargeld, die sie ihrem Sohn als vorgezogene Erbschaft schenken wollten, und wären ihm und mir sehr dankbar, wenn das sauer verdiente Geld, «to avoid unnecessary questions», also um unnötige Fragen zu vermeiden, aus steuerlichen Gründen nicht in den USA auftauchen würde. Das wusste ich schon.

Ich war nur für ein Wochenende in Florida, und alles schien mir mit rechten Dingen zuzugehen. So begab ich mich fröhlich in den Flieger und schwebte zufrieden mit mir und der Welt über die transatlantischen Wolkenfelder nach Hause zurück.

Wieder zurück in München, erkundigte ich mich auch bei den amerikanischen Behörden, ob die Ausfuhr von größeren Mengen Bargeld aus USA deklarierungspflichtig oder sogar strafbar sei. Das Ergebnis: Es waren keinerlei Genehmigungen notwendig, weder in den USA noch in Deutschland. Nur die Einzahlung von Bargeld bei Geldinstituten war nicht ganz so einfach, obgleich es das heute geltende Geldwäschegesetz damals noch nicht gab. Trotzdem, ich wurde das Gefühl nicht los, dass irgendetwas an der Sache illegal war.

Josef Müller heute.

Josef mit der italienischen Popsängerin Laura Pausini und seiner Frau Sandra, am 1. Hochzeitstag in Paris.

Mit der (inzwischen verstorbenen) Chansonsängerin, Entertainerin und Primaballerina Margot Werner (links) von der Staatsoper München.

Der damalige bayerische Ministerpräsident Dr. Edmund Stoiber würdigte anlässlich eines Empfangs im Kaisersaal der Residenz am 18. April 1996 den Herausgeber des Magazins «handiCAP», Josef Müller.

Die Gattin des früheren Ministerpräsidenten, Frau Karin Stoiber, mit Josef Müller, dem Vorsitzenden des Vereins «handiCAP e.V. – Gemeinsam geht's besser».

Das Hochzeitsfoto von Josef Müllers Eltern, April 1955.

Der Vater: Josef Müller sen.

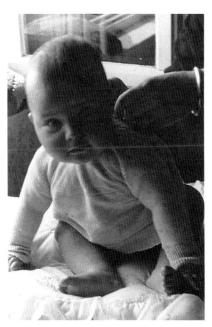

Josef als Baby …

… und bei der Kommunion.

Als Gitarrist der Band «Silverstones». Sie spielten alles: Rock, Tanzmusik ...

Nach dem Unfall.

Als Jugendlicher noch vor dem Unfall.

1974, 18-jährig, gleich nach dem Unfall. Oben links sieht man, dass die Haare kurz sind: Dort befand sich eine der heftigen Unfallwunden.

Mit Edith Schmid, Mitte der 70er Jahre. Sie war die Besitzerin des «Edith's», des bekanntesten Nachtclubs in den wilden Disco-Zeiten.

Mit Raimund Harmstorf, dem deutschen Schauspieler, berühmt für seine Rolle im TV-Mehrteiler «Der Seewolf». Er hatte eine Spezialität: Er zerquetschte eine rohe Kartoffel mit einer Hand. (Hier war er aber sehr zahm!)

Beim «Umsteigen» vom Jeep in den Rollstuhl …

Silvesterfeier in der Nähe von Luzern.

«Ohne Moos – nix los; ohne Mosi – nix losi.»

Beim Geburtstagsfest in «Käfer's Wies'n-Schänke», München.

Zwei von Josefs Rolls-Royce in München. Der schwarze war für die offiziellen Anlässe (mit weißem Chauffeur!), der weiße für die Oper und den Biergarten (mit schwarzem Chauffeur!).

Autos sind für Josef extrem wichtig gewesen. Hier sein Mercedes 500 SEC Cabriolet, eine Sonderanfertigung.

Josefs Lincoln Town Car mit Chauffeur Frank.

Mit Popsängerin La Toya Jackson (Michael Jacksons Schwester) und Josefs Rolls-Royce am Viktualienmarkt in Münchens Altstadt.

Mit Christl im ersten Rolls-Royce Corniche. Christl hielt es zehn Jahre aus mit Josef (worüber er noch heute staunt)!

Josef im Anflug auf Acapulco! (Der Rollstuhl steht derweil unten am Boden.) Ein gutes Gefühl!

Josefs erstes schnelles Boot, die «Riva Florida» auf dem Gardasee.

Mit Chauffeur vor dem RTL-Pavillon bei der Funkausstellung in Berlin.

Mit Rosie, einer Mitarbeiterin der Steuerkanzlei.

Amanda (links) und Josef standen sich nahe.

Mit dem Schauspieler Heiner Lauterbach bei einer Boxveranstaltung in Nürnberg, 2004. Rechts Sandra, Josefs Frau.

Bayerisch feiern. Links Margarete, die ungarische Freundin.

Geschäfte mit Russland: Josef 1998 mit Juri Luschkow (Mitte), dem Oberbürgermeister von Moskau.

Mit François Bozizé, bis März 2013 Präsident der Zentralafrikanischen Republik.

Mit Ernst-Jörg von Studnitz, dem damaligen deutschen Botschafter in Moskau.

Hinter Josef der Klarinettist und Bandleader Hugo Strasser. Links die deutsche Schauspielerin und Synchronsprecherin Andrea L'Arronge. Rechts Josefs gute Bekannte Kristina.

Josef mit seinem Freund Charles Brauer, dem «Tatort»-Kommissar.

Münchens Oberbürgermeister Christian Ude begrüßt Josef beim RTL-Stammtisch «RTL live» auf dem Oktoberfest.

Mit dem deutschen Schauspieler Horst Janssen, Moderatorin Tanja Paidar und Münchens Oberbürgermeister Christian Ude.

Mit Stefanie, Josefs Lebensgefährtin Ende der 80er-Jahre, auf einem Ball im Bayerischen Hof in München.

Josefs «American Bodyguard»!

Ich teilte das Bruce telefonisch mit, und er flog noch mal nach München, um mit mir die Einzelheiten zu besprechen. Und um mich zusätzlich abzusichern, unterzeichneten wir beide bei einem Münchner Notar noch ein Dokument meiner Generalbevollmächtigung und meiner Honorarvereinbarung. Und die war nicht von Pappe! Danach war alles geklärt, und den Transaktionen stand nichts mehr im Wege!

Um es ganz ehrlich zu sagen, mir war bei der ganzen Transaktion dennoch mulmig zumute. Und obwohl ich offenkundig keine Gesetze verletzte, war mir die Sache nicht ganz koscher. So vom Bauchgefühl her. Manchmal wachte ich nachts auf, grübelte darüber, was mich an der Transatlantik-Geschichte störte. War doch alles in Ordnung, sagte ich mir. Dennoch beschlich mich immer wieder das Gefühl, etwas Unrechtes zu tun.

In welch feine Gesellschaft, in welche halsbrecherischen Abenteuer und welche verbrecherischen Verstrickungen ich mich begab, war mir nicht mal ansatzweise bewusst. Hätte ich nur auf meine Gefühle, meinen Bauch gehört! Ich aber folgte einmal mehr dem Kalkül und meinem Verstand – und der folgte der harten Logik des Geldes.

✦ ✦ ✦

Wäre ich ein bisschen weniger verblendet gewesen, wäre mir aufgefallen, was der Herr Steuerberater und Vielfach-Firmenbesitzer Müller da in den nächsten Tagen für merkwürdige Dinge trieb. Höchstpersönlich begab ich mich in ein Fachgeschäft für Reiseartikel und erwarb den gesamten Lagervorrat einer bestimmten Sorte von Koffern: Marke Samsonite, Hartschale, graublau, 78 x 62 x 26 cm. Eine etwas kriminalistisch begabte Verkäuferin hätte bei der Kripo angerufen: «Da war eben ein Herr im Rollstuhl hier, vornehm gekleidet, der wollte unbedingt fünf genau gleiche, große Hartschalenkoffer der Firma Samsonite!» Spaß beiseite. Pardon, noch nicht ganz! Ich besitze diese Koffer, die mein Schicksal wurden, noch immer.

Das Wochenende darauf, an einem Freitag, flog ich voller Erwartung der Dinge, die da kommen sollten (und mit fünf komplett leeren Samsonite-Koffern), nach Miami.

Bruce schien sich über meine Ankunft zu freuen: «Josef, schau dir das Wetter an! Was machen wir mit diesem Wochenende?» Ich war jetzt gar nicht auf Spaß gepolt, sondern wollte den Deal möglichst schnell und perfekt abwickeln.

«Forget it!», rief mir Bruce zu, «die Geschäfte laufen uns nicht weg! Du wirst sehen, jetzt genießen wir erst einmal das Wochenende!»

Meinethalben.

Während wir über den Highway dahinfuhren, versuchte ich dennoch wenigstens beiläufig auf unseren Deal zu sprechen zu kommen. Aber Bruce pfiff nur vor sich hin und war in Gedanken offenkundig ganz woanders.

Bald hatten wir das Hotel erreicht, in dem ich fortan logieren sollte, wenn ich in Miami zu tun hatte. Und so checkte ich im futuristisch anmutenden 5-Sterne-Hotel Grand Bay in Coconut Grove am South Bayshore Drive ein, und zwar in der American Suite. Ich harrte dort der Dinge, die auf mich zukommen würden.

Beschweren konnte ich mich über die Unterbringung nicht. Zur üppig ausgestatteten Suite gehörte übrigens noch ein sonderbarer offener Raum, dessen Funktion ich mir nicht erklären konnte. Er war groß, quadratisch, mit hellem Holzparkett ausgelegt und von allen Seiten verspiegelt.

Ich griff gleich einmal zum Hörer und erkundigte mich nach der Bewandtnis dieses Raumes. Mir wurde mitgeteilt, dass Michael Jackson jedes Mal, wenn er in Miami weilte, diese Suite buche. Deshalb also der zur Tanzfläche umgebaute und verspiegelte Raum. Na ja! Ich bekäme auch keine Gemütswallungen, wenn mir jemand sagen würde: «Sie! In diesem Bett schlief schon Napoleon!»

Da saß ich nun – wie bestellt und nicht abgeholt. Nichts geschah. Bruce holte mich erst am Freitagabend vom Hotel ab, und wir verbrachten einen vergnüglichen Abend bei einem delikaten Essen in einem Lokal außerhalb von Miami. Es gab fangfrischen Fisch vom Tag und Stone Crabs, eine besondere Fischspezialität, die man am besten in Florida genießt. Danach tanzten und vergnügten wir uns mit Mädels aus Florida und Kuba sowie einigen Freundinnen und Freunden, die zur Entourage von Bruce zu gehören schienen. Die Gruppe hatte einen starken Latino-Einschlag. Erst viele Jahre später sollte ich erfahren, dass Bruce in Kuba geboren worden war und dass sein Vater dort Bezirksstaatsanwalt gewesen war.

Nun bin ich kein Kind von Traurigkeit. Ich kann lange, notfalls auch exzessiv feiern. Aber zu viel deutsches Blut ist in meinen Adern, als dass ich den Spruch: «Erst die Arbeit, dann das Vergnügen», einfach so aus dem Repertoire meiner Handlungsmuster tilgen könnte. Also spielte ich, so charmant ich konnte, den Spielverderber. Ich war schließlich nicht zum Spaß nach Florida geflogen.

Schon während wir über den Stone Crabs hingen, hatte ich mal wieder angesetzt: «Du, Bruce, die Sache mit dem Geld ...»

Bruce schüttelte nur den Kopf («Not yet, Josef!»), schaute mir, jungenhaft lachend, in die Augen und prostete mir zu.

Dann später, am Rand der Tanzfläche, packte ich Bruce am Sweatshirt: «Bruce, ich muss mit dir reden, geschäftlich, du weißt ...!»

Bruce drückte mit leichter Geste meine Hand weg, schaute woanders hin – und schon war er wieder im Getümmel unterwegs. Ich gewöhnte mich schließlich an den Gedanken, dass am Freitag nichts mehr laufen würde, und genoss die fröhliche Gesellschaft bis in den frühen Morgen.

Der Samstag kam. Das Frühstück nahm ich in meiner Suite ein. Mittags aß ich nur einen Snack auf der Hotelterrasse und genoss bei warmem Sonnenschein die Aussicht auf den Atlantik und die leichte, etwas salzige Brise, die vom Meer herüberzog. Mein Direktflug nach München war für Sonntagabend gebucht. Ich wartete im Hotel, schaute auf die Uhr, versuchte eine Telefonverbindung zu Bruce herzustellen. Stunde um Stunde verging. Nichts geschah. Hey, da war doch was faul im Staate Florida!

Am Nachmittag endlich holte mich Bruce dann vom Hotel ab. Zur Begrüßung machte er eine lachende, gleichwohl abwehrende Geste: «I know, Josef ... the money! ...» Es sei alles in bester Ordnung; ich solle mir da mal keine Gedanken machen. Ich würde das Geld kurz vor Abflug am Sonntag erhalten. Ich war zumindest beruhigt, obwohl mir das Ganze immer sonderbarer vorkam.

Bruce schien keine andere Sorge zu haben, als mir ein höchst unterhaltsames Wochenende in Miami zu bereiten. Ich bekam es aber einfach nicht geregelt, dass ihn der Bargeldtransport nach Deutschland, den selbst ich nicht als Routine ansah, so ganz und gar nicht zu jucken schien. Nun, ich konnte es nicht ändern und ergab mich dem vorgesehenen «Fun».

Wir fuhren also zu kubanischen Freunden von Bruce und verbrachten dort den Nachmittag bis in die späte Nacht hinein: Nette, belanglose Unterhaltungen, wieder sehr gutes, diesmal südamerikanisches Essen, danach wieder Samba, Salsa, Merengue, Tango, Swing ... die ganze erotische Skala an kubanischen und südamerikanischen Tänzen – mit echt guten männlichen und weiblichen Tänzern. Es war ein wahrer Genuss, sich den heißen Rhythmen zu überlassen und den flotten Jungs und Mädels beim Tanzen zuzusehen. Wenn man die Augen schloss (ich tat das hin und wieder), hatte man ein Gefühl, als tauchte man in die Welt der Insel Kuba ein: alte amerikanische Straßenkreuzer aus den 50er Jahren, Häuser im Kolonialstil. Ich träumte von Fidel Castro und Che Guevara und rauchte im Geist eine gewaltige Habanos-Zigarre ...

Es kam der Sonntag, der Tag meines Abfluges. Nach einem ausgiebigen Frühstück auf der Hotelterrasse des Grand Bay holte mich Bruce kurz vor Mittag vom Hotel ab. Er bat mich, gleich auszuchecken, damit wir später auf direktem Weg zum Flughafen fahren konnten. Er wolle kein Risiko eingehen, dass bei dem Bargeldtransport irgendetwas schiefgehen würde.

Wir fuhren auf einer mehrspurigen Straße in den Norden von Miami, in einem normalen silbergrauen 3er-BMW. Ich bemerkte, dass Bruce heute nervöser war als sonst. Nach ungefähr einer Dreiviertelstunde Fahrtzeit kamen wir zu einer unauffälligen, aber sehr gepflegten modernen Wohnanlage. Der Parkplatz war von Palmen umrandet, die man hier systematisch angepflanzt hatte. Bruce lenkte seinen BMW auf einen freien Parkplatz nahe einem lang gestreckten Bau, der nur zwei Stockwerke hoch war.

«Wir sind da, Josef!» Bruce stieg aus und ging zielstrebig zum Kofferraum, hob meinen Rollstuhl heraus und brachte ihn mir zur Beifahrertüre seines Autos.

8 · Das Millionenspiel I: · Negerschecks und blaue Koffer

«Freut mich!», rief ich, warf mein Sitzkissen auf den Rollstuhl und turnte sportlich auf das Gefährt, auf das ich seit 1973 angewiesen bin. «Sollen wir die Koffer gleich mitnehmen?», fragte ich Bruce neugierig. Die vier zum Transport des Bargelds gedachten Koffer hatten wir beim Auschecken aus dem Grand-Bay-Hotel auf dem Rücksitz aufgetürmt und den fünften Koffer mit meinen persönlichen Sachen, den ich zwecks Unterscheidung besonders gekennzeichnet hatte, durch den vom Hotel angebotenen Transport-Service vom Hotel direkt zur Lufthansa am internationalen Flughafen von Miami bringen lassen.

Bruce meinte: «Die Koffer hole ich später rein, komm du erst mal mit.» Sollte mir recht sein.

«Schöne Wohnanlage und sehr gepflegt!», rief ich, aber Bruce war schon zum Hauseingang gespurtet und hielt mir die Eingangstüre auf. Als ich die Tür passiert hatte, sah ich, wie Bruce einen anderen Schlüssel aus seiner Jacke herauszog. Mit diesem ging er auf die zweite Tür auf der linken Seite zu. Ein Namensschild war dort nicht angebracht. Bruce ließ mich eintreten.

«Wow!», rief ich spontan. Wir befanden uns in einer hellen, geschmackvoll eingerichteten Designerwohnung, die gleichzeitig nach Junggesellenbude aussah. An den Wänden hingen moderne Gemälde. Eines davon konnte ich unschwer als einen Miró identifizieren. Erst dachte ich, es handle sich um einen Druck oder ein Poster. Später sollte ich in Erfahrung bringen, dass es ein echter Miró war.

«Espresso? Kaffee? Oder willst du sonst was trinken?», fragte Bruce mich freundlich und deutete auf seine exklusive Kaffeemaschine.

«Nett von dir, Bruce. Einen Espresso und ein Glas Wasser, wenn es möglich ist», erwiderte ich und nahm sein gastfreundliches Bewirtungsangebot freudig an. Bruce drückte zwei Knöpfe an der Maschine, und schon lief der heiße Espresso in eine vorgewärmte Tasse unter der Kaffeedüse. Natürlich gab es nicht einfach Mineralwasser, sondern «Perrier». Bruce stellte mir Glas und Tasse mit einer so vollendeten Servierbewegung auf den Glastisch, dass es jeden Kellner mit Neid erfüllt hätte.

Während ich mich den Getränken widmete, schnappte sich Bruce schon wieder die Autoschlüssel. «Ich hole mal schnell die Koffer aus dem Auto herein.» Ein paar Minuten später kam er mit den ersten beiden Samsonites zurück, stellte sie im Wohnzimmer ab und holte dann noch die beiden anderen. Da standen sie nun, mitten im Wohnzimmer, vier nigelnagelneue, gähnend leere graublaue Hartschalenkoffer, und warteten darauf, mit Schätzen befüllt zu werden. Ich war selbst neugierig wie ein Flitzebogen, wo der junge Mann die vielen Dollar deponiert hatte.

«Wann geht dein Flug genau, Josef?», wollte Bruce wissen.

«18.15 Uhr ab Miami. Ich sollte aber schon kurz vor 17.00 Uhr am Check-in-Schalter sein», erwiderte ich.

Bruce kalkulierte die Fahrzeit und wandte sich wieder an mich: «Dann lass uns keine Zeit verlieren, damit wir auch pünktlich am Flughafen sind!»

Endlich kam der Junge zur Sache!

Ohne meine Antwort abzuwarten, begab sich Bruce in sein Schlafzimmer, um nach einer Weile wieder aufzutauchen. Buchstäblich im Schlepptau zog er eine große Holzkiste hinter sich her ins Wohnzimmer bis zu den Koffern. Einen Moment lang musste ich innerlich lachen. Das war ja wie bei Robert Louis Stevenson – es gab sie also wirklich, die berühmte Schatzkiste aus Abenteuerromanen und Piratenfilmen! Bruce war sich des Humorfaktors gerade in keiner Weise bewusst. Ob ich die Kiste öffnen könne? Klar – konnte ich.

Dann war auch mir irgendwie nicht mehr zum Lachen zumute. Stattdessen trat eine unbeschreibliche Spannung auf den Plan. Es war totenstill im Zimmer; man hätte eine Stecknadel fallen hören. Wir öffneten die Schließvorrichtung, klappten den Deckel hoch und hatten den Blick frei für den Inhalt der Kiste. Mir stockte der Atem.

Die Kiste war bis zum Rand mit gebündelten Dollarnoten gefüllt. Den Anblick kannte ich nicht einmal aus dem Fernsehen. Es mussten Millionen sein! Hundert-, Fünfzig- und Zwanzig-Dollar-Noten. Aber es blitzten auch Fünf- und Ein-Dollar-Noten durch. Alle waren sie durch umlaufende Bänder in zählbare Einheiten gepackt. Es waren nicht Banderolen, wie die Banken sie üblicherweise verwenden, mehr so eine Art von Einweckgummis. Da war sie nun, die Erbschaft, dachte ich und konnte meine Faszination nicht verhehlen. Bruce betrachtete das viele Geld wesentlich gelassener als ich. Ja, man sah ihm an, dass er meinen erstaunten Blick sogar auskostete.

«Wie viel ist das?»

Bruce zuckte mit den Schultern: «Vielleicht vier Millionen.»

Ich schaute ihn ungläubig an: «Und wie stellst du dir das vor? Wie sollen wir das in den nächsten zwanzig Minuten nachzählen, und wie soll ich es quittieren?»

«Gar nicht!», schlug Bruce vor, «dazu hast du in München doch deine Leute und alle Zeit der Welt! Schick mir das Ergebnis. Interessiert mich!»

Entweder war dieser Mann total übergeschnappt, oder er war der vollendete Snob. Oder wir waren die besten Freunde auf der Welt (und ich hatte es bloß noch nicht gemerkt). Etwas Viertes konnte ich mir nicht vorstellen. Wie konnte Bruce einem im Grunde wildfremden Menschen ein Vermögen anvertrauen, ohne exakt zu wissen, worin dieses Vermögen genau bestand, und ohne dass dieser wildfremde Mensch ihm irgendeine andere Sicherheit hinterließ als eine Visitenkarte aus Munich/Bavaria?

Rechnete dieser Bruce überhaupt nicht mit der Möglichkeit, dass der nette Herr Müller in München seine Koffer auf den nächsten Anschlussflieger nach Papete, Sankt Petersburg oder Porto Santo bringen ließ? Er hatte ja genug Kleingeld dabei, um sich eine neue Identität zu verschaffen und für den Rest seiner Tage Highlife an irgendeinem versteckten Sandstrand dieses Planeten zu machen.

Bruce mochte ahnen, was in mir vorging. Er setzte sein bestes Agassi-Smile auf und meinte: «Trust in me, Josef, just trust in me!»

Mein Lächeln kam etwas gequält, aber ich fügte mich in die Dinge.

Meine Arbeit konnte beginnen. Und wir hatten keine Zeit zu verlieren, denn ich musste zum Flughafen.

Mit flinken Händen packte Bruce ein Paket nach dem anderen in den Hartkoffer, den ich nach Deutschland mitnehmen sollte. Kaum war der erste gefüllt, begann er mit dem Umschichten des Geldes aus der Holzkiste in den zweiten Koffer. In kürzester Zeit waren alle vier Koffer gefüllt – trotzdem waren immer noch einige wenige Bündel Bargeld in der Holzkiste. «Was machen wir damit?», fragte mich Bruce.

«Wie wäre es, wenn ich noch ein paar Bündel in mein Rollstuhlkissen hineinpacken würde?», schlug ich vor.

«Warum nicht? Sehr gute Idee, Josef!», entgegnete Bruce und blickte auf seine Armbanduhr. Die Maschine, fiel ihm plötzlich ein. Sie würde beim Abflug nach München nicht auf mich warten. Ach! Ein langes Wochenende hatte er sich um die Geschichte herumgedrückt, und nun musste alles auf den letzten Drücker gehen. Eilig stopfte ich die restlichen Dollarbündel in das Sitzkissen, durch das ich es mir auf dem Rolli etwas bequemer machte. Da es eines mit Luftpolstern war, ließ ich zuerst noch etwas Luft ab, damit die Dollarscheine überhaupt hineinpassten. Reißverschluss zugezogen – und fertig!

Und jetzt passierte etwas Unglaubliches, worüber ich heute noch schmunzeln muss: Alle Koffer lagen noch geöffnet am Boden der Wohnung, randvoll mit Dollarbündeln.

Mir gefiel das nicht: «Bruce, wenn jemand am Zoll die Koffer öffnet, dann habe ich aber eine Menge Fragen zu beantworten. Ich brauche irgendwas, vielleicht Handtücher, die ich als Abdeckung über die Dollarbündel legen kann, so dass der Inhalt nicht schon beim Öffnen ins Auge fällt!»

Bruce hob den Finger. Die Idee war gut. Rasch sprintete er in das Badezimmer und kam nach einer Minute wieder zurück.

«He, Josef, tut mir echt leid. Aber ich habe keine Handtücher, die ich dir mitgeben kann, denn die im Bad benötige ich alle selbst», gab er mir zu verstehen.

«Und was ist mit diesen hier?», fragte ich Bruce und deutete dabei mit meiner rechten Hand auf einen sauber gefalteten Stapel mit Cigarette-Racing-Team-No.-1-Badetüchern, die auf der Lehne der Couch lagen.

«Auf gar keinen Fall», brach es aus Bruce hervor, und zwar in einer Heftigkeit, als wollte ich die Urne seiner Großmutter mitnehmen. «No way, Josef! Das hier sind meine Bootshandtücher!!! Sie sind unglaublich wertvoll für mich!»

Ich verstand die Welt nicht mehr. «Bruce! Du vertraust mir Millionen von US-Dollar an, hast sie nicht einmal exakt gezählt, aber bei ein paar Cigarette-Bootshandtüchern, die du für zehn Dollar im Flughafenshop kriegst, machst du so einen Zirkus. Pass auf: Ich verspreche dir, die Dinger pfleglich zu behandeln, zu waschen und das nächste Mal wieder mitzubringen!»

Bruce atmete tief durch. Stierte einen Moment an die Decke. Und kapitulierte schließlich.

Wehe, wenn ich die Handtücher nicht wieder mitbringen würde!

Bruce nahm also die heiligen Cigarette-Handtücher von der Couch und breitete sie fein säuberlich auf beiden Seiten jedes Koffers über den Dollarbündeln aus, so dass sie vollkommen bedeckt waren. Darüber klappte er nach beiden Seiten die im Koffer vorgesehene Abdeckung nach unten und hängte sie mit dem dafür vorgesehenen Zugband ein. Er klappte sodann die beiden Hartschalen vorsichtig zu und verschloss den Koffer mit einem kurzen Druck auf die äußeren Schnappschließen. Der Koffer war zu.

Ein Koffer nach dem anderen wurde so von Bruce reisefertig gemacht. Er trug die Koffer einzeln zu seinem vor der Türe parkenden BMW, schichtete alle Koffer nacheinander auf den Rücksitz, öffnete den Kofferraum und verstaute, nachdem ich eingestiegen war, den Rollstuhl wieder darin.

Jetzt wurde es aber auch allerhöchste Eisenbahn. Mit einem Schwung, dass ich mich echt festhalten musste, verließen wir den Parkplatz der Anlage und fuhren mit gerade noch erlaubter Geschwindigkeit auf die Interstate 95, Richtung Süden. Mit ungefähr vier Millionen US-Dollar in vier Koffern auf dem Rücksitz!

Wir waren spät dran, hatten auch nach halber Strecke nicht wirklich Zeit gutgemacht. Bruce gab alles, was der 3er-BMW hergab. Ich saß neben dem verbissenen Raser. Wir wechselten kein Wort, bis der Wagen abrupt stoppte. Wir standen vor der Auffahrt der Lufthansa-Fluglinie am Miami International Airport. Bruce hechtete aus dem Auto und gleich um die Kühlerhaube herum, um mir die Tür zu öffnen. In Windeseile hob er mir den Rollstuhl wieder aus dem Kofferraum und brachte ihn zu mir auf die Beifahrerseite, wo ich zuerst das «teure» Sitzkissen auf den Rollstuhl beförderte, um mich anschließend selbst daraufzusetzen.

Bruce hatte schon den nächststehenden Dienstmann herbeigerufen. Er schob ihm eine Zehn-Dollar-Note in die Hand und deutete ihm an, dass er umgehend, sofort – «Jetzt!!! Mann!!!» – die vier schweren Koffer zum Lufthansa-Check-in-Schalter befördern solle. Der Servicemann tat, was er konnte. Bruce sprintete neben ihm her. Dabei ließ er keinen der Koffer aus den Augen.

Ich rollte in einiger Entfernung hinter dem rasenden Samsonite-Team her und schüttelte nur den Kopf. *Viel zu auffällig*, dachte ich mir. *Wenn ich einer vom Zoll wäre – die würde ich mir mal näher anschauen!* Aber niemand nahm von der Hatz Notiz.

Fünf Minuten später standen wir vor dem Check-in-Schalter. Ich legte mein Business-Class-Ticket und meinen Reisepass vor, gab der Dame am Schalter die Nummer des reservierten Sitzplatzes bekannt und bat sie um Aufgabe der vier Koffer. Ich fragte auch nach dem fünften Koffer, der vom Hotel angeliefert werden sollte. Sie überprüfte beides und gab mir zu verstehen, dass der fünfte Koffer bereits abgefertigt sei, da Flugnummer und Passagier bekannt waren.

Es war ein Vorteil, dass man mich bei der Lufthansa in Miami kannte. Ich hatte früher schon häufiger in Florida zu tun gehabt, nutzte dabei regelmäßig ein Business-Class-Ticket für die Sonntagabendmaschine. Und als Rollstuhlfahrer fiel ich sowieso auf.

Auch dieses Mal (wie eigentlich immer) schaute der sympathische Stationsleiter, Herr Clausen, vorbei und begrüßte mich mit einem warmen Lächeln und einem noch wärmeren Händeschütteln: «Hallo, Herr Müller!» (Bei so vielen Fluggästen hatte er sich doch glatt meinen Namen gemerkt! Sagenhaft!) «Guten Abend! Mal wieder mit uns nach München unterwegs?»

«Guten Abend, Herr Clausen! Ja, ich habe mal wieder ein schönes Wochenende in Miami verbracht.»

Wenn der vom Inhalt meiner Fracht wüsste, dachte ich und konnte mir ein kleines Innengrinsen nicht verkneifen. Ich war gewiss der bargeldreichste Fluggast des Fluges LH463 von Miami nach München. Aus einem Reflex heraus sah ich mich nochmals um und nahm wahr, wie auf den Koffern das rote Label «Erste Priorität» angebracht wurde. Diese Aufkleber hatten zur Folge, dass bei der Ankunft am Münchner Flughafen die Gepäckstücke als Erstes entladen wurden.

Plötzlich beschlich mich ein Gefühl der Angst. Wenn die Zollbeamten nun doch einen der Koffer zur Kontrolle öffnen würden? Die Handtücher würden die Sicht auf den Inhalt nur notdürftig verbergen. Die Controlettis würden auf den Hintern fallen, die Polizei verständigen, man würde mich in einen separaten Raum bitten und peinliche Fragen über den Ursprung und die Herkunft der Dollarbündel stellen. Die nette Familie Crink könnte sich auf was gefasst machen! Ich konnte ja nicht sagen, dass ich das Geld beim Flaschendrehen gewonnen hatte. Verzweifelt suchte ich nach einer Geschichte, die einigermaßen plausibel klang. Mir fiel nichts Gescheites ein.

Aber noch war alles in Ordnung, und die Angst spielte nur in meinem Kopf verrückt. Die Stimme von Herrn Clausen rief mich aus meinen Gedanken heraus: «Herr Müller!»

Mann, o Mann, was wollte der denn jetzt? Lief da was schief?

Herr Clausen aber strahlte mich übers ganze Gesicht an: «Herr Müller, darf ich Ihnen mal wieder einen besseren Platz anbieten? In der First Class?» Der Flug versprach ja lustig und noch bequemer zu werden.

Es war nicht das erste Mal, dass mir der nette Herr Clausen ein Upgrade in die erste Klasse verschaffte. Die erste Klasse hatte noch bessere, breitere Schlafsitze und ein noch feineres Essen als in der Business Class; es gab Kaviar und andere Köstlichkeiten. Ich mochte diese luxuriösen Dinge, aber die 5000 Mark für einen einfachen Flug wollte ich doch nicht investieren. Aber nun gab es diesen Mann mit Herz, an den ich auch im Rückblick mit Freude denke.

Am Abfluggate hatte man mich schon ausgerufen und begrüßte mich entsprechend. Die anderen Fluggäste mussten noch warten. Als Rollstuhlfahrer bekam ich immer ein *pre-boarding*, das heißt, ich wurde, getrennt von den übrigen Passagieren, als Erster in das Flugzeug gelassen.

Das lief so: Ich fuhr mit einem eigens bereitgestellten Mitarbeiter des Flughafens den langen Gang zum Flugzeug hinunter. Vor der Eingangstüre wechselte ich in einen speziell für Flugzwecke angefertigten kleineren Rollstuhl über und wurde zu meinem Sitzplatz geschoben, wo ich es mir, nach einem flotten Sprung auf den bequemen Sitzplatz der ersten Klasse, bequemst einrichten konnte. Mein eigener Rollstuhl wurde in der Zwischenzeit beim Crewgepäck in der Maschine verstaut. Sofort nach meiner Ankunft in München würde mein eigenes Gerät wieder am Gate bereitstehen.

Nun saß ich also und beobachtete, wie ein Passagier nach dem anderen in die Maschine kam. Das mit Dollarnoten prall gefüllte Sitzkissen hatte ich unter meinem Sitz verstaut. So konnte ich immer ein Auge darauf haben.

Ich sah unentwegt zur Eingangstür der Maschine und zählte die Minuten bis zum Abflug. Bis zuletzt konnte jemand hereingestürzt kommen: «Sind Sie Mister Miller ...?» Vielleicht kam da ja so ein Uniformträger mit Handschellen. Aber nichts deutete darauf hin, dass die normale Abflug-Routine, das sogenannte *boarding*, unterbrochen wurde.

Nach ungefähr fünfzehn Minuten hatten alle ihren Sitzplatz eingenommen. Es folgten die üblichen Ansagen. Die Türen wurden geschlossen, und nach weiteren zehn Minuten schob sich die gewaltige Boeing 747–300 zur Startbahn, um in Richtung *good old Europe* in den dunklen Nachthimmel von Miami abzuheben.

Geschafft!, schoss es mir durch den Kopf. Für ein Stoßgebet zum Allerhöchsten reichte es damals noch nicht, dazu war ich mir des himmlischen Segens für die Geldverschiebeaktion zu unsicher. Also lobte ich mich mal selbst: *Mann, du bist raus aus den Staaten! Mensch, Junge, du hast es geschafft!*

Im Laderaum des Riesenvogels flogen unter meinem Namen vier graublaue Samsonite-Koffer mit vier Millionen US-Dollar und acht dieser unermesslich kostbaren Cigarette-No.-1-Badetücher mit.

Josef Müller – König der Schmuggler – wurde von der Lufthansa standesgemäß versorgt: Nach den Vorspeisen, einschließlich einer anständigen Portion Beluga-Kaviar, genoss ich ein feines Stück Hochrippe, das vor meinen Augen aufgeschnitten wurde. Nobel geht die Welt zugrunde.

Da wir starken Rückenwind hatten, landete die schwere Boeing bereits nach ungefähr achteinhalb Stunden auf der Rollbahn des früheren Flughafens München-Riem.

Nachdem ich als Rollstuhlfahrer wieder durch einen speziellen Passagierservice des Flughafens aus der Maschine begleitet worden war, konnte ich auf den vor dem Flugzeug nunmehr bereitgestellten eigenen Rollstuhl umsteigen und mich in Richtung Passkontrolle und von dort zum Gepäckband bewegen. Mein Begleiter war ein ungefähr 25-jähriger junger Mann, der vermutlich hier seinen Zivildienst ableistete.

Nach etwa fünfzehn Minuten kullerten die ersten Gepäckstücke aus dem schwarzen Loch, das in die Mauer eingelassen worden war, auf das Fließband. Da war es wieder, dieses flaue Gefühl in der Magengegend, das ich schon von Miami her kannte. Was wäre ..., schoss es mir durch den Kopf, *wenn nun «zufällig» ein Koffer fehlen würde?*

Könnte ich dann zur Gepäckermittlung im Flughafen gehen und nach einem graublauen Koffer fragen, der bis zum Rande mit US-Dollar-Noten vollgepackt war?

Was genau ist der Inhalt des verlorenen Gepäckstücks?
Ungefähr eine Million US-Dollar in verschiedenen Scheinen!
Sonst noch etwas?
Ja, natürlich ... zwei ungemein wertvolle Badetücher!
Können Sie die beschreiben?
Sehr genau sogar! Sie tragen das bekannte «Cigarette-No.-1-Racing-Team»-Emblem ...

Unwillkürlich musste ich lauthals loslachen angesichts meiner kuriosen Fantasiereise. Meine Anspannung löste sich etwas. Der neben mir stehende Tourist mit buntem Hawaii-Shirt musterte mich missbilligend von oben bis unten.

Ah, da kamen sie auch schon, die ersten beiden Koffer! Und sie sahen unbeschädigt aus. Da, der dritte Koffer flog auf das Band!

Der Begleiter des Spezialservices für Behinderte stand immer noch neben mir. Ich drehte mich ihm zu und ließ ihn wissen: «Die beiden graublauen Koffer dort! Sehen Sie die ...? Und der dort hinten von der gleichen Sorte!» Gerade schoss ein weiterer Koffer, den ich als mein Eigentum identifiziert hatte, auf das Gepäckband. «Und der dort hinten auch noch. Es müssen insgesamt fünf Koffer sein. Einer fehlt noch! Nur noch einer!»

Mit geschickten und starken Händen fischte der Zivi die schweren Koffer vom Band und platzierte sie neben mir und meinem Rollstuhl auf dem Boden des Flughafengebäudes.

Ich zählte: eins, zwei, drei, vier Koffer.

Einer fehlte! Ausgerechnet einer von den Geldkoffern!

Immer verhaltener spuckte das schwarze Loch Gepäckstücke auf das Fließband. Ein rotes Monstrum, eine Kleidertasche, einen Kosmetikkoffer. Kein graublauer Samsonite dabei. Sekunden vergingen wie Minuten!

Mir wurde speiübel. Wie sollte ich das Bruce erklären? Ich schloss die Augen.

«Da isser!», rief mich die Stimme des Zivis aus meinen trüben Gedanken. Ich boxte ihm vor lauter Freude in die Seite und ließ einen gellenden Urschrei ab: «Yeaaaaah ... da isser! Da ist er ja endlich! Mann, bin ich glücklich!»

Der Tourist mit dem Hawaii-Shirt, der vermutlich immer noch auf sein Surfbrett wartete, bedachte mich zum zweiten Mal mit Missfallen. Wenn Blicke töten könnten – sagt man –, wäre ich jetzt hinüber. Getötet von einem genervten Touristen im Hawaii-Hemd.

Nachdem er alle Koffer auf den Wagen platziert hatte, schob der Zivi ihn in Richtung Zoll. Dort gab es nun zwei Ausgänge: einen für anmeldepflichtige Waren und einen für anmeldefreie Waren. Zielstrebig schob mein Begleiter die Koffer mit den Millionen auf den mit grünen Streifen gekennzeichneten Ausgang für anmeldefreie Waren zu.

Genauso sollte es sein.

Wir passierten. Kein Zöllner quatschte uns von der Seite an. Zwei Minuten später waren wir durch die Kontrolle und trafen in der Empfangshalle ein, wo ich sofort meinen treuen Chauffeur, Herrn Hoffmann, erblickte.

«Dieses», meinte ich zum Zivi, «war der erste Streich. Doch der zweite folgt sogleich!»

Der schaute mich mit großen, fragenden Augen an. Ich lachte, drückte ihm zwanzig Mark in die Hand und sagte: «Das kann ich Ihnen jetzt nicht erklären. Aber das Geld, Mann, das haben Sie sich wirklich verdient!»

9
Das Millionenspiel II: Geld stinkt!

Ich mochte diesen smarten Herrn Hoffmann, der zu meinem Team gehörte. Man musste ihm etwas nicht zweimal erklären, konnte ihn überall einsetzen. Schon kurz nach seiner Einstellung hatte ich den Eindruck gewonnen, dass der junge Mann das Potenzial für größere Dinge hatte.

Für mich waren immer auch die Umgangsformen ein wichtiges Kriterium. Hoffmann erwies sich als ein konstant freundlicher und aufmerksamer Zeitgenosse. Er war nie wirklich schlecht gelaunt, zeigte sich in allen Fällen diskret und war schweigsam wie ein Grab. Das genügte mir, um ihn zu meinem Chauffeur zu machen. Ein Chauffeur sieht eine Menge; man redet vertraut mit ihm, weiht ihn in kleine Geheimnisse ein, teilt schon einmal Beurteilungen von Ereignissen mit ihm. Wenn ich Hoffmann um seine Einschätzung bat, erwies sich, dass der Mann mitdachte und klug zu urteilen vermochte.

Gar zu steif ging es zwischen uns nicht zu. Das hing damit zusammen, dass sich bei mir Business und Lebenslust auf ziemlich wilde Weise vermischten. Auch Hoffmann schien kein Kostverächter zu sein. Was mich dabei beruhigte: Hoffmann gefielen ausschließlich dunkelhaarige Frauen, während ich fast nur auf Blondinen stand.

Um mobil zu sein, brauchte ich einen Menschen, der mehr war als ein Chauffeur. Sagen wir es so: Ich brauchte wegen meiner Rollstuhlgeschichte einen Kammerdiener, wobei mir der feudale Stil – unten versus oben – immer zuwider war. Dass ich der Chef war, musste nicht heißen, dass Herr Hoffmann draußen im Rolls-Royce Zeitung lesen musste, während ich drinnen im P1 die Puppen tanzen ließ und mit beiden Händen das Geld ausgab. Wir waren gemeinschaftlich im Münchner Nachtleben unterwegs. Und der große, schlanke und gut aussehende Herr Hoffmann, der mir bisweilen etwas zur Hand ging, sollte selbstbewusst auftreten können. Für einen katzbuckelnden Diener hatte ich keine Verwendung.

Wir waren ein sehr gutes Team. Obwohl ... die weiblichen Mitarbeiterinnen meiner Steuerkanzlei in München mochten Herrn Hoffmann, gaben ihm aber bei seiner Einstellung eine Überlebenschance von maximal zwei Wochen. Doch nach einer Zeit hatte er sein zweijähriges Dienstjubiläum bei mir gefeiert. «Wie sich die Mädels im Büro doch irren konnten», schmunzelte ich für mich. «Sie haben es zwei Jahre mit mir ausgehalten – und ich konnte Ihr Gehalt zwei Jahre lang zahlen!», scherzte ich an diesem Tag mit ihm.

Jetzt stand die Sache mit den Koffern an. Jemanden musste ich ins Vertrauen ziehen. Konnte Herr Hoffmann mit diesen Dingen umgehen? Oder war er noch zu jung, zu wenig erfahren dazu? Ich hatte letztlich keine Wahl. Nur ihn konnte ich in so etwas einweihen, niemand anderen sonst. Für Herrn Hoffmann sprach, dass er sich zu keiner Zeit in den zwei Jahren seiner Anstellung als neidisch auf meinen Lebensstil erwiesen hatte. Er bekam gutes Geld von mir (wie ich auch sonst immer gut zahlte) und stellte nie weitergehende Forderungen an mich. Das wiederum honorierte ich, indem ich mich bei diversen Gelegenheiten als großzügig erwies. Ich sah Hoffmann einfach als loyalen, korrekten und zuverlässigen Mann, den überdies die Frauen mochten. Also passte er gut zu mir.

Ich weiß noch, wie ich Hoffmann über mein Amerika-Abenteuer und seine Folgen in Kenntnis setzte. Es war auf der Heimfahrt in den Herzogpark, wo ich meine Wohnung hatte, als ich ihm anvertraute, er müsse mir beim Ordnen einer gewaltigen Menge von Bargeld zur Hand gehen.

✦ ✦ ✦

Den Deal mit dem Münchner Bankhaus hatte ich bereits Wochen vor meinem Trip nach Miami eingefädelt. Auf Empfehlung eines Freundes war ich bei einer namhaften deutschen Großbank am Promenadeplatz in München vorstellig geworden. Mir war etwas mulmig zumute, als ich im noblen Foyer der Bank auf meine Gesprächspartner wartete. Würde das Bankhaus bereit sein, eine große Menge von US-Dollar-Noten in immer neuen Tranchen entgegenzunehmen, sie umzutauschen und meinem Konto in harten DM-Beträgen gutzuschreiben? Ich stellte mir das alles andere als einfach vor, wappnete mich vorsorglich für dumme Fragen und rechnete mit komplizierten Genehmigungsverfahren.

Gleich drei Herren von der «Nadel und Zwirn»-Fraktion empfingen mich, um mein (ihnen in Umrissen bekanntes) Anliegen zu hören. Ich erzählte den auf seriös getunten Bankern von einem Grundstück in Florida, das mir seit langem gehöre und das ich nun gerade, aufgeteilt in einzelne Parzellen, verkaufen würde. Das Problem dabei sei nur, dass die Käufer zwar bereit seien, den von mir geforderten Preis zu bezahlen, ich aber dafür Bargeld annehmen müsse. Ich zuckte theatralisch mit den Schultern. Was halt den Amerikanern so einfällt, sollte das heißen.

Ich hatte genau den richtigen Ton getroffen. In welchen finanztechnischen Varianten diese Amerikaner sponnen, wie, wo und warum ein Geldbetrag da war, ob er vielleicht aus einem Postraub kam, ob er aus einer illegalen Ölquelle in meinem Schrebergarten stammte oder ob ich die Einkünfte aus meinem florierenden Sklavenhandel an der Steuer vorbeischaffen wollte – das interessierte die freundlichen Bankchefs im Grunde nicht die Bohne. Eine schöne, glaubhafte «Erzählung» musste her, auf deren Hintergrund man in unschuldigster Höflichkeit und gegenseitiger Wertschätzung fett ins Geschäft kam. Darum ging es. Die Nadelstreifen waren nur auf eines erpicht: Geld in großen Mengen herbeizuvereinbaren, es teuer zu verwalten, langfristig anzulegen oder zumindest kurzfristige Zinsgewinne zu erzielen.

Wenn ich eine Erfahrung in meinem Leben gewonnen habe, dann diese: Bei größeren Beträgen findet sich immer ein Weg, sie unterzubringen. Und – so sollte ich hinzufügen – auch eine probate Lüge, die krummen Dinger auf schön zu frisieren. Das ist Alltag in deutschen Banken, auch *nach* dem Geldwäschegesetz – diese Erfahrung habe ich jedenfalls gemacht. Banken, die sich penibel genau an das Gesetz halten, seien an dieser Stelle um Vergebung gebeten.

Als ich von vielen Millionen Dollar erzählte, die ich bar im Koffer bringen würde, sah ich sofort das Glänzen in den Augen der Banker. Ich köderte sie weiter: «Da ich das Geld kurzfristig nicht benötige, bitte ich um Ihre werte Beratungshilfe in Hinsicht auf eine längerfristige Anlage.»

Oh, versicherte man mir im Gestus schönster Selbstlosigkeit: An Hilfe und Rat werde es wahrhaftig nicht fehlen. Dafür sei man ja in der ganzen Branche bekannt. Natürlich waren die Herren nicht doof. Sie wussten genau, was ich hinter meinem Lächeln dachte: *Wenn das Geld erst mal umgetauscht und auf dem Konto ist, werden wir weitersehen. Zwingen können sie mich zu gar nichts.*

Und ich wusste, was ihnen durch die Zelllappen schoss: *Wenn das Geld erst mal in unserem Bankhaus gelandet ist, werden wir weitersehen. Zwingen können wir den Burschen zu nichts; aber ein bisschen was geht immer!*

«Entschuldigen Sie die Frage», wanzte sich einer der Banker näher an die Sache heran: «Wie viel ungefähr bringen Sie da jedes Mal an Dollarbeträgen mit – und in welcher Stückelung dürfen wir das Geld erwarten, Herr Müller?»

«So zwischen vier und sechs Millionen, die Stückelung kenne ich noch nicht», antwortete ich auf ihre Frage und fügte hinzu: «Ich kann das Geld nur in gesicherten Koffern befördern.» Ich dachte bei mir: *Von wegen gesichert*, aber es hörte sich einfach wichtig und kompetent an.

Die Herren berieten sich kurz und wandten sich dann wieder an mich: «Gut, wir nehmen Ihr Geld an. Kommen Sie aber bitte nach Schalterschluss, so um 17.00 Uhr. Fahren Sie mit Ihrem Wagen dann bitte hinten an der rückwärtigen Seite unserer Bank bis zur Schranke. Läuten Sie dort, und ein Mitarbeiter wird Ihnen die Schranke öffnen. Es wäre doch sehr auffällig, wenn Sie mit den Koffern durch die Schalterhalle kommen.»

Sieh an, dachte ich mir, *sieh an!* Ich musste mir ein Schmunzeln verkneifen. Zu dieser Zeit war ich zwar absolut der Meinung, dass hier kein unsauberes Geld gewaschen würde, aber durch die Anordnungen der Banker kamen mir wieder Zweifel, ob alles wirklich mit rechten Dingen zuging.

Einer der Herren meinte noch: «Also, rufen Sie uns an, wenn es so weit ist. Und noch etwas: Bitte liefern Sie keine kleinen US-Dollar-Scheine an, nur Hunderter, Fünfziger und evtl. noch Zehner. Noten im Wert darunter nehmen wir nicht an.»
«Gut», willigte ich ein, «ich melde mich. Und vielen Dank für Ihre Hilfe.» Dann verabschiedete ich mich von der rührigen Großgeldeinsatztruppe des Münchner Geldinstitutes, allesamt Prokuristen.

❖ ❖ ❖

Das war geklärt, aber der Hinweis mit den Fünf-, Zwei- und Ein-Dollar-Scheinen schaffte mir ein neues Problem. Jetzt brauchte ich den guten Hoffmann. In Miami, beim Verpacken des Geldes von Bruce, hatte ich festgestellt, dass so manche kleinere Dollarnote in den Bündeln aufblitzte. Die mussten nun aussortiert werden. Da kam nur Herr Hoffmann in Frage. Ich vermied es, ihm die näheren Umstände des Deals zu schildern, sondern bezeichnete die wundersame Bargeldanhäufung einfach nur als «Mandantengeld», was es ja im weiteren Sinne auch war.

Herr Hoffmann hatte die Koffer schon gesehen, als er mich in München-Riem vom Flughafen abholte, ich ihn eingeweiht hatte und er sämtliche Koffer von der Tiefgarage in die Wohnung im Herzogpark nach oben schleppte. Die vier Geldkoffer ließ ich ihn seinerzeit ins Wohnzimmer meiner 250 Quadratmeter großen Wohnung bringen, den Reisekoffer mit persönlichen Dingen zu mir ins Schlafzimmer. Schlafen musste ich ja nun nicht gerade mit dem Schotter.

Jetzt war «Sesam, öffne dich» dran. Ich gab Hoffmann die vier verschiedenen Schlüssel und bat ihn, sämtliche Koffer zu öffnen und die Badetücher vor die Waschmaschine zu legen. *Pacta sunt servanda* – Verträge müssen erfüllt werden. Und ich hatte Bruce ja hoch und heilig versprechen müssen, die Kultobjekte sauber gewaschen beim nächsten Besuch wieder mitzubringen.

Hoffmann öffnete die Hartschalengeräte – eines nach dem anderen –, nahm die Badetücher heraus und ließ im ersten Moment keine Verwunderung erkennen.

Als aber der Schatz der Sierra Madre in seiner ganzen Herrlichkeit offen vor uns lag, erhob sich Hoffmann aus seiner knienden Position, irgendwie wankend, wie mir schien. Er lehnte sich mit dem Rücken an die Wand, zog ein Taschentuch aus der Tasche und wischte sich den Schweiß von der Stirn.

«Chef, sagen Sie, dass das nicht wahr ist!» Ihm blieb der Mund offen stehen, und er benötigte erst einmal ein paar Sekunden, um sich an den Anblick zu gewöhnen.

Auch mich beeindruckte die gewaltige Ansammlung. Mit Geld hatte ich eher abstrakt zu tun, im Alltag von Transaktionen und Überweisungen ging es nüchtern zu. Hier aber lag das Geld sinnlich wahrnehmbar vor uns, und seine schiere physische Präsenz hatte etwas Magisches. Was mich aber noch tiefer beeindruckte, war eine Tatsache, die mir nie zuvor bewusst geworden war: Das Geld stank! Also hatte das Sprichwort «Geld stinkt nicht» doch unrecht. Es musste von armen Leuten erfunden worden sein.

Von dem realen Geld ging ein unbeschreiblich modriger, ein richtig strenger Gestank aus. Ein Pestgeruch zwischen Altpapier, Schweiß, Schimmel und vergilbten Aktenordnern teilte sich uns mit – eine Art papierener Todesgeruch. Als ich später erfuhr, woher das Geld tatsächlich stammte, erinnerte ich mich an diese Reminiszenz.

«Was nun?», fragte mich Hoffmann, als er sich gefasst hatte. Ich erklärte ihm, dass er die Ein-, Zwei- und Fünf-Dollar-Noten aussortieren und den Rest, gebündelt nach Größen, wieder in die Koffer einordnen sollte. So legte er zunächst den Inhalt aller vier Koffer fein säuberlich auf dem Fußboden aus. Man stelle sich das vor: Eine Riesenfläche – und das Wohnzimmer entsprechend geräumig – war mit Scheinen in kleinen Bündeln bedeckt.

Mit einigem Entsetzen stellte ich fest, dass sich der Gestank des Bargeldes in der ganzen Wohnung ausgebreitet hatte. Wir rochen förmlich die vielen schmutzigen Hände, durch welche die Banknoten gegangen sein mussten. Und was war das erst für ein Anblick! Danach untersuchten wir jedes Geldbündel nach Ein-, Zwei- und Fünf-US-Dollar-Noten und sortierten sie exakt aus. Die fertigen Bündel legten wir dann längsgeordnet hin. Das war das Zeichen, dass sie schon bearbeitet waren, so dass wir sie nicht verwechselten.

Danach half ich ihm dabei, die Gummiringe, die jedes Bündel zusammenhielten, wieder überzustülpen. Eine kurze Kaffeepause eingerechnet, benötigten wir ungefähr drei Stunden dazu. Ja, es war eine Menge Arbeit. *Ich werde ihm eine Gehaltszulage geben*, dachte ich bei mir. Zufriedene Menschen sind noch loyaler, diskreter und reden weniger. Gerede konnte ich überhaupt nicht brauchen! Nur unzufriedene Menschen meckern und weinen sich bei Dritten über den Arbeitgeber aus.

Am Ende der Arbeit wies ich Hoffmann nochmals auf die Wichtigkeit seiner Aufgabe hin und bat ihn um höchstes Stillschweigen. Ich bin überzeugt davon, dass er alles für sich behielt. Jedenfalls erfuhr ich nie etwas Gegenteiliges. Ich drückte ihm beim Verlassen der Wohnung noch hundert Mark in die Hand und bat ihn, er solle seine Freundin zum Essen ausführen.

Am nächsten Tag brachte ich die Geldkoffer – so hatten wir es vereinbart – nach Schalterschluss zum Hintereingang des Geldinstituts, wo mich schon zwei mir noch nicht bekannte Herren der Bank und eine Dame in schickem türkisfarbenem Kostüm erwarteten. Die Koffer wurden in einen gesicherten Raum gebracht, in dem schon zwei Zählmaschinen bereitstanden. Ich übergab dem älteren Banker die Kofferschlüssel, dieser öffnete sie, die Geldbündel wurden den Koffern entnommen und auf einem großen Tisch aufgereiht.

Man sagte mir zu, dass die gesamte Summe innerhalb der nächsten drei Tage gezählt und der Gegenwert zum Tageskurs des US-Dollars meinem Girokonto gutgeschrieben werde, das ich am Vormittag desselben Tages in der Bank eröffnet hatte.

Ich war zufrieden. «Perfekt, ich danke Ihnen. Aber noch eines: Der Sicherheit halber hätte ich gerne bitte irgendeine Quittung, dass ich Ihnen das Geld angeliefert und übergeben habe, für den Fall – Sie verstehen? –, dass mir etwas zustoßen sollte.»

Der Größere der beiden Herren antwortete mir in einwandfreiem Hochdeutsch: «Das wollen wir nicht hoffen, Herr Müller. Den Gesamtbetrag kennen wir jetzt ja noch nicht, aber wir können Ihnen die Anzahl der Dollarpäckchen bestätigen, damit Sie etwas in Händen haben.» Damit war ich einverstanden.

Nun trat die weibliche Mitarbeiterin in Aktion, die sich bisher im Hintergrund gehalten hatte, sortierte die einzelnen Päckchen der Größe nach und zählte sie mit flinker und geübter Hand. Der kleinere Bankmann assistierte ihr dabei. Schon nach ungefähr einer Viertelstunde hatte ich auf dem Briefbogen der Bank eine handschriftliche Quittung mit zwei Unterschriften in Händen, auf der stand:

Nachfolgende Notenbündel in US-Dollar von Herrn Josef Müller zum Umtausch erhalten:

123 Bündel klein
56 Bündel mittel
78 Bündel groß

München, den ...
Unterschriften ...

Noch heute denke ich darüber nach, was wohl passiert wäre, wenn ich diese Quittung jemals an die Zeitschriften SPIEGEL, BILD oder an den Redakteur eines TV-Reportage-Magazins weitergegeben hätte.

Mit leeren Koffern fuhr ich wieder nach Hause. Nach drei Tagen rief mich die Bank an und berichtete, dass nach mehrmaliger Zählung ein Betrag von 4,165 Millionen US-Dollar zum Umtausch in die Bayerische Landesbank gebracht worden sei. Fünf Hunderter-Notenscheine wurden als Fälschung erkannt. Ob ich mit der Einziehung dieser Blüten einverstanden sei. Das war ich – selbstverständlich.

Am gleichen Tag noch wurde mir ein Betrag zum US-Dollar-Tageskurs von ungefähr 5,8 Millionen DM auf meinem Girokonto gutgeschrieben.

So schnell hätte ich Millionär werden können, wenn ich es nicht längst gewesen wäre.

Ich flog nun häufiger an den Wochenenden zu Bruce nach Miami. Jedes Mal spielte sich das Wochenende genauso ab wie beim ersten

Mal. Herr Clausen freute sich schon, mich zu sehen, und begrüßte mich wie einen alten Buddy.

Das Miami-Ritual bestand darin, dass jeweils am Freitag und Samstag Essen, Party und Vergnügungen angesagt waren. Nur die Mädchen wechselten ständig, und die Jungs aus Südamerika nahmen meist Kokain, um sich die Nacht über fit zu halten. Dies störte mich nicht. Ich blieb fit durch körpereigenen *stuff* – Adrenalin!

Am Sonntag hieß es zunächst ausschlafen; dann ging es zum Apartment von Bruce. Das Geld wurde in die Koffer eingeladen und mit Badetüchern notdürftig vor Blicken geschützt. Dann ging es ab zum Flughafen, und ich flog zurück nach München.

Bei jedem Flug befanden sich Millionen von Dollarnoten in den Koffern. Jedes Mal wurde es mir heiß. Jedes Mal wartete und zählte ich aufgeregt die Koffer auf dem Fließband in München, ob nicht doch einer abhandengekommen war. Ich nahm aber keine «kleinen» Dollarnoten mehr mit. So konnte ich mir die Arbeit mit Herrn Hoffmann ersparen und die Koffer direkt am Montagabend noch zum Hintereingang der Bank bringen.

Mein Girokonto wuchs und wuchs. Bruce verlangte ab und zu Informationen zum Kontostand. So weit hatte diese Geschäftsbeziehung etwas durchaus Angenehmes, bei allem schmuggelspezifischen Stress. Bruce nahm nun München in seine regelmäßigen Destinationen auf. Alle zwei, drei Monate kam er für ein paar Tage in die bayerische Landeshauptstadt – nicht um sein Geld zu zählen, sondern um auch hier das Leben zu genießen. Ich glaubte immer noch an das Märchen vom reichen Sohn eines Werftbesitzers aus Florida, der sein Geld in Europa anlegen wollte. Vielmehr: Ich wollte daran glauben, wollte mir den schönen Glauben partout nicht nehmen lassen.

Bei einem seiner München-Besuche übergab er mir auch die früher erwähnten «Negerschecks», die Bruce sich, so sagte er mir, persönlich in Puerto Rico habe ausstellen lassen. Keiner dieser Schecks war über eine höhere Summe als 9500 US-Dollar ausgefertigt, da es nur bis zu dieser Höhe erlaubt war, Bargeld einzuzahlen bzw. in Schecks umzutauschen, ohne dass eine Meldepflicht an die US-Finanzbehörden bestand.

Es gab noch weitere Sonderaktionen: So rief mich Bruce eines Tages aus den USA an und gab mir die Telefonnummer eines Herrn Alvarez auf der Insel Jamaica. Dieser Mr. Alvarez, wie er ihn nannte, habe sich Geld von Bruce geliehen und würde es jetzt zurückzahlen wollen. Bruce bat mich, dass er dieses Geld direkt auf mein Konto, auf dem auch seine anderen Guthaben lagen, anweisen könne. Ich willigte ein und rief daraufhin Mr. Alvarez an.

Ein sehr freundlicher Herr meldete sich am anderen Ende der Leitung, und er kam gleich zur Sache: «Geben Sie mir bitte die Bankverbindung des Kontos und finden Sie heraus, mit welcher Korrespondenzbank in den USA Ihre Bank arbeitet.»

Es kostete mich ein Telefonat mit meiner Bank in München, und schon konnte ich ihm die Überweisungsdaten und die Korrespondenzbank mitteilen. Eine Woche später ging über die Chase Manhattan Bank ein weiterer Betrag von knapp einer weiteren Million US-Dollar auf meinem Konto ein.

Spätestens jetzt hätten bei mir alle Warnsignale aufleuchten müssen, dass es nicht ganz mit rechten Dingen zuging. Aber ich war zu dieser Zeit bereits hoffnungslos dem Geldrausch verfallen. Je mehr Geld ich auf meinem Konto hatte, umso gieriger wurde ich. Und blinder. Und unvorsichtiger. Und dümmer.

Das ist übrigens der Generaleffekt jeder verschobenen Wahrheit; dass sie verdummt, ob du dir gierig die Welt vereinnahmst, ob du lügst, stiehlst, deinen Partner betrügst, jemandem den gerechten Lohn oder die geschuldete Ehre vorenthältst oder dich selbst zum Nabel der Welt erklärst. Die Lüge etwa macht dumm, weil sie immer ein wenig mit der Wirklichkeit kollidiert. Du musst also schnell etwas Plausibles hinzuerfinden, damit die Sache wieder einigermaßen stimmt. Am Ende gibt es siebzehn einander widersprechende Varianten der Wahrheit, die sich kein Mensch merken kann, am wenigsten du selbst.

Die Wahrheit jedoch ist widerspruchslos und einfach zu merken. Das wiederum reduziert die Komplexität unseres Lebens, was, wie ich höre, ein globaler Megatrend ist. Lügen ist also total altmodisch. Man kann sich damit nur blamieren.

9 · Das Millionenspiel II: Geld stinkt!

Bruce und ich wurden derweil gute Freunde. Wir verbrachten mehr und mehr Zeit miteinander – Geld spielte dabei keine Rolle, es war vorhanden, Punkt. Ich bezahlte für ihn auch einmal einen etwas besser ausgestatteten roten Ferrari Testarossa aus seinem mir anvertrauten Geld. Bruce hatte ihn sich in den USA gekauft. Kostenpunkt: 400.000 DM.

Er erzählte mir dann, dass er das schöne Auto ... nun ja, nicht unbedingt in Miami und auch sonst eher gar nicht fahren sollte, weil ihm sonst die Steuerbehörde hinterherlaufe, was auch logisch sei, da er ja keine offiziellen Einkünfte erziele. Wahrscheinlich nahm er ein Cigarette-Racing-Team-No.-1-Badetuch, breitete es in der Garage zu Füßen der Kühlerhaube aus und verrichtete kultische Übungen. Hat ja auch was!

Die Flüge in die USA und die Transportaktionen ereigneten sich mit der Zeit seltener. Die Erbschaft schien nun gänzlich nach Europa verlagert worden zu sein.

10
Das Millionenspiel III:
Pleite unter Kunstfreunden

Dann geschah bei einem meiner Aufenthalte etwas Seltsames: Immer bewunderte ich den Miró von Kunstfreund Bruce. «Klar ist das ein Original!», hatte er mich etwas beleidigt wissen lassen; er hänge sich doch keinen Schrott an die Wand!

Als ich mich wieder einmal in bewundernden Worten erging, bot mir Bruce das Gemälde zum Kauf an. Für einen kleinen, netten Deal unter ziemlich besten Freunden hatte Bruce exorbitant hohe Preisvorstellungen: Für 400.000 US-Dollar könne ich das Teil erwerben. Er, Bruce, sehe, dass ich mich in das Werk verliebt habe.

Liebe hin, Liebe her, ich bat mir Bedenkzeit aus. Nun, ich gebe zu, ich wollte mich über das Gemälde auch näher informieren. Der Freundschaftspreis schien mir doch gesalzen. Was konnte ein solches Bild wert sein? Gab es vergleichbare Werke auf dem Markt – und was musste man dafür hinblättern?

Als ich wieder zurück in Deutschland war, holte ich mir die notwendigen Informationen aus dem Internet. Und was ich herausfand, das haute mich fast um. Das besagte Gemälde des spanischen Malers Joan Miró, das bei Bruce in Miami an der Wand hing, war wirklich Millionen wert! Also hatte mich Bruce doch nicht übers Ohr hauen wollen. Als ich mich schon fragte, warum ich nicht gleich zum Schnäppchenpreis zugeschlagen hatte, las ich noch etwas. Wie bitte? Das Gemälde gab es gar nicht mehr! Es war von der Bildfläche verschwunden. Sprich: Es war als *gestohlen* gemeldet.

Meine rosarote Brille wackelte nicht; sie fiel mir mit einem Schlag von der Nase herunter. Wenn das Gemälde tatsächlich Diebesgut war, hatte Bruce den Dieb beauftragt; er hatte das Bild zumindest einem Hehler, wenn nicht gar dem Dieb selbst, abgekauft. Dunkle Wolken zogen am Horizont auf, überschatteten die ganze Geschichte mit Bruce.

Wer sich Diebesgut an die Wand hängt, der ist auch noch zu ganz anderen Geschichten imstande. Ich dachte plötzlich mit Grauen an unser Bargeldprojekt.

Ich musste unbedingt mehr über die Herkunft des Geldes herausfinden. Und zwar so schnell wie möglich. Denn wenn die Millionen aus trüben, am Ende verbrecherischen Quellen stammten, hatte ich unter dem schönen Namen Josef Müller junior «heißes» Geld auf meinem Konto. War ich denn blind gewesen?, fragte ich mich dauernd. Innerhalb von Stunden war mir klar, dass ich als Geldwäscher instrumentalisiert worden war.

✦ ✦ ✦

Während der Zeit, in der mir die Augen aufgingen, diskutierte ich mit Bruce gerade über die weitere Anlage des zweistelligen Millionenbetrags auf meinem Girokonto. Die Herren von der Bank nervten nämlich schon langsam mit ihren täglichen Anlagevorschlägen für das Sümmchen auf meinem Girokonto.

Da ich als Steuerberater damals zwei Büros führte, eines in Fürstenfeldbruck und eines in der Münchner Innenstadt, kam ich viel in Kontakt mit Mandanten und anderen Menschen. Ich erinnere mich noch sehr gut daran, dass zu dieser Zeit ein Mann auf Empfehlung eines Mandanten zu mir in meine Münchner Steuerkanzlei «Im Tal» (ungefähr zweihundert Meter vom Rathaus und Marienplatz) kam. Es war ein österreichischer Mediziner, der eine Klinik für Onkologie eröffnen wollte. Er stellte sich als Dr. Schaller vor und war Onkologe.[6]

Dieser Dr. Schaller aus Österreich wollte eine bestehende Klinik in Bad Hall bei Linz kaufen, sie umbauen und mit technischen Geräten so ausrüsten, dass sie nach der Umwidmung als onkologische Klinik weiterbetrieben werden konnte. Das kostete Geld – sehr viel Geld sogar. Und auf meinem Konto befand sich sehr viel Geld. Die Ertragschancen waren weitaus größer als bei jeder von der Bank angebotenen Kapitalanlage. Deshalb schlug ich Bruce vor, sich mit einem größeren Millionenbetrag als Kapitalgeber und Miteigentümer an der Klinik zu beteiligen. Das weckte sein Interesse. So erstellte ich zunächst sowohl die erforderlichen Kapitalbedarfs- und Liquiditätsrechnungen als auch eine Ertragsvorschau für das eingesetzte Geld.

Alles ließ sich sehr positiv an; die zu erwartende Rendite konnte sich wahrhaft sehen lassen. Ich fuhr daraufhin selbst nach Bad Hall, um mir alles vor Ort anzuschauen, und berichtete Bruce ausführlich davon. Auch mein Bericht gefiel ihm, und so setzte ich einen Betrag von zehn Millionen Mark für die Krebsklinik in Österreich ein. *Egal, dachte ich mir, woher das Geld von Bruce nun kommt, es findet zum Teil schon einmal eine hilfreiche Verwendung.* Wenn es wirklich gestohlen war oder beispielsweise aus Drogengeschäften kam, so konnte kaum etwas Sinnvolleres damit geschehen, als Krebspatienten damit zu helfen. Zwar gehört Krebs immer noch zu den am schwierigsten heilbaren Krankheiten, aber man kann heute durch Früherkennung und eine Vielzahl therapeutischer und chirurgischer Maßnahmen eine Menge dazu tun, dass auch für Krebspatienten das Leben lebenswert bleibt und ihre Lebenserwartung steigt.

✦ ✦ ✦

Es verblieb aber noch ein weiterer, sehr großer Millionenbetrag auf dem Konto, und das sollte auf die Dauer nicht so bleiben. Denn hier brachte das Geld kaum Erträge ein, allenfalls ein paar lächerliche Zinsen. Die Banker nervten mich umso mehr, als sie natürlich mitbekamen, dass ich zehn Millionen von dem Konto für die Investition in Österreich abgezogen hatte. Ich suchte nun keine weitere langfristige Geldanlage, sondern wollte kurzfristig hohe Gewinne erzielen.

Das war auch die Order von Bruce. Er dachte, so locker dahingesagt, an zwanzig Prozent Zinsen pro Jahr. Dieses Ziel war aber schon damals, als noch bessere Zinsen bezahlt wurden als heute, sehr schwierig bis unmöglich zu erreichen. Ich teilte den Renditewunsch trotzdem den Herren vom Geldinstitut mit. Die stimmten sofort einhellig darin überein, dass die Erfüllung dieses verwegenen Wunsches auf jeden Fall mit einem höheren Risiko verbunden sei; aber auch dafür hätten sie das Richtige.

Diese Schelme!, dachte ich mir. Sie würden gewiss alles tun, um sich keinen Tropfen des Geldregens auf meinem Konto entgehen zu lassen. Das taten sie zwischenzeitlich sowieso schon, da ich die Millionen auf einem Festgeldkonto liegen hatte, mit täglicher Kündigungsfrist. Im Vergleich zu den Sollzinsen, die die Bank ihren Schuldnern abverlangte, blieb eine hohe Gewinnmarge für das Geldinstitut übrig. Aber jetzt eröffnete sich ihnen die Chance, noch mehr zu verdienen. Also schlugen Sie mir vor, in den Forex-Handel einzusteigen.

Forex ist die Abkürzung von *For*eign *Ex*change, was einfach Devisenhandel bedeutet. Unter Devisen versteht man die Währungen der verschiedenen Länder. Da die Währungen gewissen Schwankungen ausgesetzt sind, kann man mit der Spekulation auf Währungsveränderungen Gewinne erzielen.

Der Handel verläuft folgendermaßen: Die Bank setzt das Geld ein, um bestimmte Währungen auf einem vermeintlich günstigen Kursstand zu kaufen. Steigt der Wert der Devisen gegenüber der Deutschen Mark, gibt es einen Gewinn zu verzeichnen. Fällt der Wert, erzielt man einen Verlust.

Damit begibt man sich in einen hochspekulativen Bereich. Man kann dabei entweder schnell reich werden oder aber auch alles verlieren.

«Dazu wird es nicht kommen», ließ sich einer der Herren vernehmen, «denn da hat die Bank Instrumente, dies zu verhindern.» Man werde immer auf der Gewinnerseite bleiben.

Damals hatte ich keine Ahnung von diesem wirklich «heißen» Geschäft, dessen Risiko dem Handel mit hochspekulativen Optionen in nichts nachstand. Dazu kam noch, dass durch eine sogenannte Hebelwirkung das Risiko, aber auch die Gewinnmöglichkeit noch wesentlich erhöht wurden. Ich werde das gleich erläutern.

Die Bank machte nun einen für sie entlastenden, für mich aber reizvollen Vorschlag: «Sie können die Devisen selbst handeln – es ist nicht kompliziert. Sie rufen uns an und geben uns eine Kauf- bzw. Verkaufsorder, und wir führen das sofort für Sie aus», teilte mir der Leiter der Devisenabteilung mit, der zu diesem Gespräch hinzugerufen worden war.

«Und woher kenne ich den genauen Ankaufs- und Verkaufskurs der Devisen?», wollte ich wissen.

«Da gibt es ein kleines Gerät, einen Pager, der zeigt Ihnen den aktuellen Kurs der jeweiligen Währungen sekundengenau an. Das Ding passt in Ihre Hosentasche. Sie können den Pager rund um die Uhr mit sich führen», klärte mich der Devisenhändler auf.

Die Banker verkauften mir ihr Know-how so überzeugend, dass ich bereit war, dieses Risiko einzugehen. «Hört sich gut und interessant an. Lassen Sie uns das versuchen», schloss ich unsere Gespräche ab und verließ die Bank. Ja, das reizte mich, und so kaufte ich mir noch am Nachmittag des gleichen Tages ein paar Bücher über die Geheimnisse des Devisenhandels und bestellte mir einen Pager, um ständig über die aktuellen Währungskurse informiert zu sein.

Ich kontaktierte nun auch Bruce, und der war mit allem einverstanden, solange nur zwanzig Prozent Gewinn pro Jahr erwirtschaftet wurden und das Kapital erhalten blieb. Würde ich die zwanzig Prozent übersteigen, könnte ich das Plus für mich einstreichen, teilte mir Bruce großzügig mit. So übergab ich der Bank den Auftrag, mit den verbliebenen Millionen auf meinem Konto in den Forex-Handel einzusteigen.

Der Devisen-Pager kam ein paar Tage später per Post, und ich lernte mit ihm umzugehen. Mit Feuereifer informierte ich mich über die den Währungskurs beeinflussenden Faktoren, bestellte das «Handelsblatt» und noch andere Fachzeitschriften, und nach zwei Wochen begann ich den Handel mit Währungen; eine der größten Fehlentscheidungen in meinem Leben – im Nachhinein betrachtet. Da ist man ja bekanntlich immer klüger.

Man sollte vielleicht sagen, dass die ausländischen Währungen, wie der US-Dollar, den ich hauptsächlich handelte, nicht physisch, also wie eine Ware, gekauft wurden. Man handelte immer nur mit sogenannten Optionen. Man kann das mit einer Wette vergleichen. Wettest du auf die richtige Richtung, sprich: einen positiven Kursverlauf, gibt es Gewinne, liegst du falsch, machst du Verluste. Dann schmilzt das schöne Geld schon mal wie Schnee in der Sonne.

Von allen Gaben wünschen sich Devisenhändler nur die eine: die prophetische, die ihnen aber meist zuletzt gegeben wird. Auch Kristallkugeln sind nicht auf dem Markt. So verlässt man sich auf das eigene Hirn, das bessere Bauchgefühl und das nächste Gerücht. Wie schon gesagt: *Gier frisst Hirn!* Eigentlich war dieser Handel zu einem gewissen Teil nichts anderes als ein Glücksspiel. Ich hätte mich auch mit ein paar schönen Mädels in Baden-Baden in die Spielbank setzen können. Hier wie dort das gleiche Spiel: Am Anfang gewinnt man, träumt von großen Gewinnen, später verliert man mehr, als man zuvor gewonnen hat. Das ist das Teuflische an diesen Systemen.

Genauso war es bei mir! In den ersten Wochen verdiente ich an manchen Tagen bis zu einer Viertelmillion; es gab aber auch Tage, an denen verlor ich, dass es mir nur so grauste. Und permanent waren sie da, die beiden Faktoren, die allen Spekulanten den Schlaf rauben: die Angst und die Gier!

Bist du auf der richtigen Seite, macht sich die Gier bemerkbar. Wer will schon gerne abspringen, wenn er sich auf der Gewinnerstraße befindet? Warum nicht alles wagen und diese herrlich ansteigende Entwicklung nutzen?

Doch die Kurse beim Devisenhandel sind nun einmal höchst schwankend; manchmal verändert sich innerhalb von Minuten, ja sogar Sekunden, die ganze Szenerie. In der Fachsprache heißt das, sie sind sehr *volatil*. Gibt es irgendwo einen Pegelausschlag – beispielsweise verändert sich durch einen Notenbankbeschluss der Kurs der Leitwährung –, wird an allen Ecken und Enden der Welt hektisch gekauft und verkauft. Befindest du dich momentan in einer scheinbar stabilen Gewinnphase, kann es fünf Minuten später schon ganz anders aussehen, und du bist – vielleicht auf Nimmerwiedersehen – auf der Verliererstraße.

Dann kommt die große, lähmende Angst. Du verlierst den Kopf, machst den entscheidenden Fehler, der dich in den Abgrund reißt. Ein Ausstiegsszenario im Kopf zu haben, also zu wissen, wann der Punkt gekommen ist, wo man noch aussteigen kann, bevor man viel Geld oder sogar alles verliert, ist das Wichtigste überhaupt.

Bei allen Handlungsimpulsen, die aus Gier oder aus Angst kommen, ist der rechtzeitige Ausstieg das Entscheidende. Ich kann aus Erfahrung heraus nur empfehlen, weder ängstlich noch gierig zu sein und mit einem täglichen kleinen, aber beständigen Gewinn zufrieden zu sein. Das ist auch die Kunst, die jeden auf Dauer erfolgreichen Devisenhändler auszeichnet: die richtige Balance zwischen Angst und Gier.

Leider hatte ich damals viel zu viel Geld zur Verfügung und noch viel zu wenig Erfahrung mit dem riskanten Devisenhandelsgeschäft. Einmal dealte ich mich in wilde Euphorie hinein, dann wieder durchlitt ich im wahrsten Sinne des Wortes Höllenqualen, wenn ich scheinbar endlos in der Verlustzone herumirrte.

«Reine Nervensache, Josef!», sagte ich mir. «Reine Nervensache!» Das sagten sich auch die Menschen, die mich zu ertragen hatten, etwa meine Mitarbeiter. Ich reagierte zu dieser Zeit immer gereizter. Meine Nerven lagen einfach blank, besonders wenn ich den Tag im Verlust abschloss. Das konnte nicht endlos so weitergehen.

Die Bank freilich freute sich. Sie kassierte bei jedem An- und Verkaufsauftrag ihre Gebühren. Obwohl ich manchmal nur ein paar Minuten im Handel war, dies aber mehrmals täglich, verdiente die Bank kräftig an den jeweils anfallenden Gebühren.

Die Gewinnvorgabe von Bruce, zwanzig Prozent jährlich zu erzielen, toppte ich zunächst bei weitem. Dahinter steckte aber auch Arbeit; schließlich konzentrierte ich mich zu dieser Zeit wesentlich mehr auf den Devisenhandel als auf meine Steuerkanzlei. Ein Beispiel: Wenn ich bei einem Jahresabschluss einer Firma, an dem ich zwei Tage arbeiten musste, 3000 DM verdiente, war das gut. Im Devisenhandel verdiente ich manchmal zwischen 50.000 und 100.000 DM am Tag. Die Tage der Verluste musste ich zwar gegenrechnen, aber es war kein Vergleich mit den Erträgen aus meiner Arbeit als Steuerberater. Deshalb vernachlässigte ich damals auch meinen Job als Steuerberater, was aus heutiger Sicht sehr dumm und kurzsichtig war.

Monate vergingen, bis zu dem Tag, der mein Schwarzer Tag werden sollte; es war der Tag, an dem der US-Dollar mit einem Mal wie von Geisterhand geführt in die Tiefe sauste. Die Ökonomen hatten sich die wirtschaftliche Lage des Landes angesehen und waren zum einhelligen Urteil gekommen, dass die US-Wirtschaft sehr schlecht dastehe und das Land am Vorabend einer gewaltigen Krise stehe. Devisenhandel ist Psychologie pur; er besteht weniger aus Fakten als aus seismographischen Reaktionen auf Meinungen und Gerüchte. Es war noch nichts geschehen, aber der Markt reagierte sofort – und zwar panikartig. Augenblicklich veränderte sich der Dollarkurs zur Deutschen Mark. Innerhalb von wenigen Minuten ging der Dollar in die Knie – von damals 1,78 DM auf unter 1,60 DM.

Und ich lag – das Schicksal wollte es so – auf steigendem Kurs (in der Fachsprache: *long*), das heißt ich verlor kräftig. Anstatt sofort rauszugehen und mit Verlust zu verkaufen, hatte ich Angst, panische Angst. Ich war wie gelähmt, konnte mich zu nichts entschließen. Innerhalb von wenigen Minuten hatte ich das ganze Geld, das ich in den letzten Monaten dazugewonnen hatte, verloren. Den ganzen Gewinn. Alles weg.

Der Devisenhändler der Bank, der mir damals zum Einstieg in den Devisenhandel geraten hatte, beruhigte mich: «Müller, machen Sie sich jetzt nicht verrückt! Der Dollar erholt sich schon wieder. Jetzt nur ruhig bleiben!»

«Sie haben Nerven», entgegnete ich ihm in höchster Aufregung, «wenn der Kurs noch weiter fällt, kann ich meine Millionen los sein!» Bei meinen eigenen Worten hatte ich plötzlich einen Schweißausbruch und saß im feuchten Hemd, zitternd, in meinem Büro.

Der Spezialist von der Bank redete pausenlos auf mich ein: «Mensch, beruhigen Sie sich, um Himmels willen! Das ist Alltag. Ich habe solche Situationen schon oft in meinem Leben durchgemacht. Ruhig bleiben, gaaanz ruhig! Der erholt sich schon wieder, Sie werden es sehen!» Er hörte nicht auf: «Hallo, Herr Müller, hören Sie! Wir müssen die Stunde nutzen und noch den gefallenen Dollar mit dem günstigeren Preis kaufen und dazumischen!»

«Sie haben Nerven! Das kann mein vollkommener Ruin sein!», schleuderte ich ihm entgegen.

Der Kurs fiel nun langsam, aber beständig nach unten, weiter und weiter. *Ich halte das nicht mehr aus*, dachte ich und beendete das Gespräch. Das ist nichts für mich. Da braucht man Nerven wie Drahtseile.

Wirre Gedanken zuckten mir durch den Kopf. Was würde ich Bruce sagen, wenn ich, nach jetzigem Stand, von seinem Geld ein paar Millionen verloren hatte? Da schoss mir eine Erinnerung durch den Kopf.

Im Sommer vor diesem Ereignis waren Bruce, seine Freundin Micky und sein bester Freund Enrico mit dessen Freundin Carmen für sechs Wochen zu einem Sommerurlaub nach Europa gekommen. Natürlich musste ich mit von der Partie sein. Es sollte nach Südfrankreich, an die Côte d'Azur, gehen.

Ich mietete also vom 1. August bis 15. September eine große Villa mit Swimmingpool an. Sie lag zwischen Mougins und Cannes. Wenn man aus dem prächtigen Gebäude trat, befand man sich auf einem riesigen, auf das Meer hinausblickenden Grundstück. Gleich mit angemietet wurden die Hausangestellten und sogar ein eigener Tennislehrer. Man musste ja nicht knapsen. Auch ich reiste nicht alleine, sondern brachte meine damalige Freundin Stefanie und meinen Chauffeur Herrn Hoffmann mit. Insgesamt bestand die Feriengesellschaft also aus sieben Leuten.

Jeden Abend besuchten wir eine Diskothek in Cannes, die sich im Spielcasino, gegenüber dem bekannten Hotel Majestic, befand. Bruce trank an solchen Abenden immer Whiskey und nahm meist auch noch etwas Kokain dazu. Das kannte ich schon aus den USA von ihm. An einem solchen Abend nun kam Bruce auf mich zu, als meine Freundin sich gerade auf der Toilette befand.

Ich weiß nicht, was ihn zu seiner ungeheuerlichen Mitteilung bewegte – waren es die Drogen, der Alkohol? –, jedenfalls legte er freundschaftlich seinen Arm um meine Schultern und flüsterte mir ins Ohr: «Du hast viel Geld von mir, Josef. Solltest du planen, mich umzubringen, sage ich dir: Behalt das Geld! Lass mich am Leben! Ich möchte nicht sterben.»

Ich fiel fast aus dem Rollstuhl. Wieso sagte er das? Es gab nicht den geringsten Grund oder Anlass dazu. «Bist du verrückt geworden,

Bruce?», flüsterte ich. «Niemals würde ich dir wegen dem Geld etwas antun oder antun lassen! Niemals, hörst du!» Das entsprach vollends der Wahrheit. Auf so einen verrückten Gedanken wäre ich nicht einmal im Entferntesten gekommen.

Bruce zuckte ein bisschen mit den Schultern, als wollte er irgendetwas sagen wie: Man weiß ja nie, der Mensch ist schwach, Gelegenheit macht Diebe ... Eine Weile noch ließ er den Arm auf meiner Schulter, nippte versonnen am Whiskey. Wir schwiegen.

Mord, überhaupt jede Form von Gewaltausübung, gehört nicht in mein Repertoire, nicht einmal der Gedanke daran. Jedoch muss ich zugeben, dass ich mich schon einmal gefragt hatte, was denn wohl wäre, wenn Bruce einen Unfall hätte. Er liebte ja schnelle Autos und Boote. Wer würde dann zu mir nach Deutschland kommen? Wie würde er sich legitimieren? Würde er sich gar nicht legitimieren, mich bedrohen, mir einfach die Pistole unter die Nase halten? Gab es einen Erben des Erben? Ich verwarf diese Fragen aber bald wieder, denn warum sollte so etwas geschehen?

Als ich endlich im Bett lag, verbrachte ich dennoch die ganze restliche Augustnacht im Halbschlaf, gequält von immer neuen wilden Vorstellungen.

✦ ✦ ✦

Warum nur erinnerte ich mich an diese Begebenheit ausgerechnet in der höchsten Aufregung, während des Dollarkurs-Absturzes an der Börse?

Das Telefon klingelte, und der Devisenhändler riet mir noch einmal, die Dollars billig nachzukaufen, um einen niedrigeren Durchschnittskurs zu erzielen. Sollte der Kurs dann wieder steigen, würde es gar nicht so lange dauern, bis ich wieder in die Gewinnzone käme.

Ich gab schließlich nach und vertraute seiner langjährigen Erfahrung. «Gut, kaufen Sie sofort nach!», erteilte ich ihm die Kauforder am Telefon. Mehrere Millionen flossen in den erneuten Ankauf von US-Dollar-Optionen. Irgendwann musste der Kurs doch wieder steigen!

Der Kurs sank weiter.

Ich dachte, ich werde verrückt. Was würde Bruce sagen, wenn ich sein ganzes Geld verloren hätte? Ich schwor drei heilige Eide, dass ich mich nie, nie, nie wieder mit dem Devisenhandel befassen würde. Der Dollar hielt sich nun bei einem Kurs von 1,50 DM. Für zwei Tage! Mein Devisenhändler atmete schon auf: «Sehen Sie, Herr Müller. Man muss nur die Nerven behalten!»

Dann fiel er erneut. Für mich der Supergau. Es passierte das, was andere schon in den Selbstmord getrieben hatte, etwa am «Black Friday» im Oktober 1929, am Tag des Börsencrashs in den USA. Viele verloren von heute auf morgen ihr gesamtes Vermögen.

Heute kann ich sagen: «Schön, wenn es damals *nur* so gewesen wäre, dass ich mein ganzes Vermögen verloren hätte!» Nein, es kam noch viel, viel schlimmer, und das hing mit der schon erwähnten Hebelwirkung der Spekulation zusammen. Ich konnte mit einem geringeren Betrag an Sicherheit einen wesentlich höheren Betrag an Devisen erwerben. Dadurch konnte ich schneller viel Geld gutmachen, aber auch, im Falle des Verlustes, schneller das Geld verlieren.

Die Bank hätte mir längst einen *margin call* (Aufruf zur Sicherheitsleistung) geben müssen. Drohen Verluste aus dem Handel einer Devisenposition das bereitgestellte Kapital aufzuzehren, so gibt der Broker bzw. die Bank diesen Aufruf an den Kunden, damit er weiteres Kapital nachschießen kann. In meinem Falle wären ungefähr zehn Millionen US-Dollar fällig gewesen. Da ich diese Summe nicht innerhalb von einem Tag hätte besorgen können, würde man die Position glattstellen und mich aus dem Markt werfen. Das hat zur Konsequenz, dass ich, wenn der Dollar dann wieder steigen würde, nicht mehr dabei wäre. Das Kapital, das ich auf meinem Konto schon verloren hatte, wäre nun endgültig weg.

Aber nein, kein frühzeitiger *margin call* kam. Plötzlich, viel zu spät, rief mich der Devisenhändler der Bank an und fragte doch noch, ob ich nachschießen könnte. Der Dollar war schon fast auf 1,45 DM gefallen. Als ich verneinte, vernahm ich ein leichtes Zittern in seiner sonst so geschäftsmäßig sonoren Stimme: «Dann haben wir beide ein Problem, Herr Müller! Wir beide!»

Ich verstand momentan nicht, was er damit andeuten wollte. Aber kurz darauf war mir klar, was geschehen war. Meine Dollarposition wurde aus dem Markt genommen, in der Fachsprache hieß das: glattgestellt. Und das hatte folgende dramatische Konsequenzen:

- Die vielen Millionen, die ich aus USA in bar geholt hatte und die auf meinem Konto lagerten, waren weg.
- Ich persönlich hatte plötzlich drei Millionen DM Schulden bei der Bank.
- Der seit langen Jahren bei der Bank beschäftigte Devisenhändler wurde fristlos gefeuert.

In dem Moment verstand ich erst seinen Satz richtig: «Dann haben *wir beide* ein Problem!»

Es ist schwer, der Realität ins Auge zu sehen. Die Realität war grauenvoll. Es war nicht *mein* Geld, sondern es waren die Millionen von Bruce, die ich vor lauter Gier in den Sand gesetzt hatte. Das Geld von den «Negerschecks», Mr. Alvarez' Überweisung aus der Karibik und das aus Miami in Koffern eingeflogene Bargeld hatte sich innerhalb weniger Tage in Luft aufgelöst.

Die drei Millionen Mark Schulden, die ich plötzlich auf dem Buckel hatte, berührten mich momentan überhaupt nicht, nur die Verpflichtung Bruce gegenüber. Wie konnte ich ihm das erklären? Was würde er davon überhaupt glauben? Was würde mit mir passieren?

Würde er mich jetzt umbringen?

11
Das Millionenspiel IV: Die Wahrheit über Bruce

Wenn es Bruce erfahren würde – und früher oder später musste er es erfahren: Würde er mich dann umbringen?

Ich habe sie schon im Eingangskapitel beschrieben, die schlaflosen Nächte, die namenlose Angst, die mich beschlich, wenn ich ein fremdes Zimmer betrat, wenn ich eine plötzliche Bewegung registrierte, wenn ich mein Haus verließ. Und dann geschah etwas, das ich bis heute noch nicht verstehe.

Eines Tages rief mich Richard Schwarz an, eben der Richard Schwarz, der mich mit Bruce Crink zusammengebracht hatte. Aus dem blauen Himmel heraus machte er mir eine Mitteilung, für die ich ihn hätte küssen können.

«Mensch, Josef, stell dir mal vor, was passiert ist: Das FBI hat Bruce verhaftet!»

«Nein!»

«Doch! ... Vor drei Tagen, abends, in Palm Beach, vor einer Diskothek. Hey, kannst du dir das vorstellen? Bruce!? Nicht irgendeinen Bruce! Unsern Bruce Crink! Was sagst du dazu?»

Wenn ich nicht im Rollstuhl gesessen hätte, hätte es mich umgehauen. Bruce verhaftet! Etwas Besseres hätte mir nicht passieren können! In mir sangen die Engel und der ganze himmlische Engels-Chor dazu: *DANKE! DANKE! DANKE!*

Bevor ich meinen Gefühlen überhaupt Ausdruck verleihen konnte, fuhr Richard fort: «Pass auf, Josef, und es kommt noch viel krasser. Man wirft Bruce vor, der Kopf einer Transportfirma und Gangsterbande zu sein, die mit Schnellbooten über zwanzig Tonnen Waffen und Drogen durch die Karibik geschleust hat.»

Jetzt fiel es mir wie Schuppen von den Augen. Die Werft in Miami war keineswegs ein florierender Reparaturschuppen für Freizeit-

Skipper, sondern schlicht die «Base» der Gangster – der große, gut getarnte Umschlagplatz für die heiße Ware, die zwischen Mittelamerika und den USA gehandelt wurde. Ich Trottel hatte mir eine Schmierenkomödie vorspielen lassen. Und die biederen Eltern waren wahrscheinlich Schauspieler, die man eigens engagiert hatte, um dem naiven Geldwäscher aus good old Germany eine perfekte «Inszenierung» zu bieten.

Ich kam mit dem Denken nicht nach, aber Richard war noch lange nicht zu Ende mit seinen Nachrichten.

«Und Bruce Crink ist gar nicht sein richtiger Name. In Wahrheit heißt der Bursche Enrico Caprino. Natürlich ist auch er ein Latino, wie alle seine feinen Kumpels. Sein Gesicht wurde operativ verändert; die Haare sind gefärbt. Und nun halt dich fest, lieber Josef: Unser lieber Freund Bruce stand auf der Fahndungsliste der zehn meistgesuchten Verbrecher Amerikas. Den sehen wir nie wieder, Josef, der verschwindet für immer in Sing Sing! Wie schrecklich, das Ganze!»

Richard wartete auf Bekundungen meines Mitleids. Aber ich war ganz anders getunt. Am liebsten hätte ich Samba getanzt und dabei geschrien: «Nein, wie super, das Ganze!!!» Ich musste jetzt ruhig nachdenken, ganz ruhig. Nur keine übereilten Entschlüsse fassen!

Zuerst musste ich Richard am Telefon loswerden und erwiderte ihm: «Wie schrecklich das alles, Richard. Meinst du, wir werden in die Geschichte reingezogen? Was kann uns jetzt passieren?»

«Ach, gar nichts», beruhigte mich Richard, «wir wussten ja von nichts!»

Das habe ich ihm seinerzeit nicht geglaubt, und ich glaube es ihm auch heute nicht. Ich vermute, er wusste genau, wer Bruce Crink in Wirklichkeit war. Und er wusste auch, wo das Geld herkam.

Endlich legte Richard auf, und ich kam in Ruhe zum Nachdenken.

Gesichtsoperation! Falscher Name! US-Fahndungsliste! Drogen, Waffenschmuggel! Erst einmal tief durchatmen! Die wichtigste Nachricht war, dass mein Leben fürs Erste nicht mehr in Gefahr schien. Ich war erst einmal überglücklich, dass es mir jetzt erspart blieb, Bruce die ganze Wahrheit über den fatalen Devisenhandel, durch den er eine gigantische Geldsumme verloren hatte, mitzuteilen.

Zum ersten Mal in meinem Leben kam mir der Gedanke in den Sinn, dass das kein «purer Zufall» sein konnte. Was für ein haargenaues Timing! Hier musste doch jemand die Finger im Spiel haben, der viel mehr in der Hand hält als nur ein pfiffiger Steuerberater und Devisenwechsler wie ich. Genau zum richtigen Zeitpunkt – jetzt, wo es mir vielleicht an den Kragen hätte gehen können, wurde Bruce verhaftet. Ich konnte mir keinen Reim darauf machen, wer dieser «Jemand» sein könnte. So einen «Zufall» gibt es nicht!

Langsam kehrten wieder Ruhe und Frieden in mein Leben ein. Die nächsten Wochen hörte ich weder von Richard noch Bruce etwas. Der Schuldsaldo bei der Bank belastete mich momentan weniger, denn wie lautet ein Sprichwort: «Schuldest du der Bank 10.000, dann hast *du* ein Problem! Schuldest du der Bank zehn Millionen, hat *sie* das Problem!» Tatsächlich: An der Bankenfront blieb es ruhig. Niemand trat an mich heran wegen des Schuldsaldos auf dem Kontoauszug in Höhe von 3.000.000 DM.

✦ ✦ ✦

Ich begann mich wieder mehr um meine Steuerkanzlei in München zu kümmern. Meine Karriere als reicher Geldverwalter hatte ein jähes Ende gefunden. *Schuster, bleib bei deinen Leisten,* dachte ich mir, erstellte wieder Bilanzen und Steuererklärungen und beriet meine Mandanten. Meine nun wieder physische Anwesenheit erfreute meine Mitarbeiter, was mir zusätzlichen Auftrieb gab.

Ungefähr sechs Monate später teilte mir meine Sekretärin mit, dass ein Mandant, der in meiner Kanzlei bei einer Mitarbeiterin seine jährliche Steuererklärung erstellen ließ, noch unbedingt mit mir persönlich sprechen wollte. Es ginge um eine äußerst wichtige, persönliche Mitteilung.

Der unauffällige Herr mittleren Alters, der sich mir nie persönlich vorgestellt hatte, nahm an meinem Schreibtisch Platz und kam ohne lange Vorrede zur Sache: «Das, Herr Müller, was ich Ihnen jetzt erzähle, ist streng vertraulich zu behandeln. Ich habe Informationen für Sie, die Ihnen eventuell sehr nützlich sein könnten.»

Ich hatte keine Ahnung, um was es dabei ging und was er von mir wollte.

Der Mann neigte sich etwas zu mir hin und begann: «Wenn Sie in meine Steuerakte bei Ihnen schauen, finden Sie die Angabe ‹Verwaltungsangestellter›. In Wahrheit arbeite ich für das FBI in Deutschland. Wahrscheinlich wird Ihnen nicht bekannt sein, dass das FBI in Frankfurt eine Dienststelle mit ungefähr zweihundert Mitarbeitern unterhält, die in verschiedenen Angelegenheiten tätig ist, natürlich mit Zustimmung des deutschen Staates ...»

«Sehr interessant», kam ich dem mitteilungswilligen Herrn entgegen – ahnend, dass da nicht viel Erbauliches kommen würde.

Er fuhr fort: «Nun, schauen Sie ... als ich vor wenigen Tagen ein Ersuchen unserer Behörde in den USA auf den Schreibtisch bekam, konnte ich es zuerst gar nicht glauben. Das stand ein Name ‹Josef Müller aus München› mit Ihrer Privatanschrift auf der Fahndungsliste des FBI, der DEA – unter dem Kürzel versteckt sich die amerikanische Drogenbehörde – und des Secret Service ...»

«Was ist das genau?», unterbrach ich.

«Nun, der Secret Service ist eine unserer Strafverfolgungsbehörden auf Bundesebene, unter anderem zuständig für die Bekämpfung der Finanzkriminalität. Nun, diese Behörden wollen Sie sprechen, Herr Müller – und zwar in Zusammenhang mit Herrn Enrico Caprino, den Sie unter dem Falschnamen ‹Bruce Crink› kennen. Sie sollen vernommen werden, da Sie in Verdacht stehen, illegale Gelder aus Drogen- und Waffengeschäften aus Amerika geschafft zu haben, um sie dem Zugriff der Behörden zu entziehen.»

Uff, was würde da auf mich zukommen? Jetzt konnte ich mein Erstaunen über sein Wissen nicht mehr verbergen. Der Mann ließ mich aber gar nicht zu Wort kommen. Ohne Punkt und Komma erzählte er mir fast jede Einzelheit der kriminellen Machenschaften von Bruce/Enrico und seiner Bande. Ich erfuhr Puzzleteile aus dem Alltag des organisierten Verbrechens, die mich erschaudern ließen.

Dass Bruce Dreck am Stecken hatte, und das nicht nur als Kunstfreund, musste ich ja schon von Richard erfahren, aber die Einzelheiten hauten mich doch um. Von Waffenschiebereien, Drogenhandel im großen Stil und von Tötungsdelikten war hier die Rede. Die Wirklichkeit so hautnah und detailreich zu hören, ließ in mir wieder die Angst aufkommen.

Mein Gegenüber bemerkte dies sofort und beruhigte mich: «Es wird Ihnen in Deutschland nichts passieren, Herr Müller. Man wird Sie auf keinen Fall deswegen ausliefern. Sie sind deutscher Staatsbürger, nach amerikanischem Recht nicht zu belangen. Persönlich bin ich davon überzeugt, dass Sie da reingezogen wurden und keine Ahnung davon hatten, wer da sein Geld in Deutschland anlegen wollte. Aber Sie müssen verstehen, die Behörden wollen das illegale Geld gerne sicherstellen und konfiszieren.»

Das kann ja noch lustig werden, dachte ich für mich. Ich hielt es für richtig, an der Ecke gleich einmal wahrheitsgetreu vorzubauen: «Das Geld, falls Sie das interessiert, ist leider weg, durch eine unachtsame Devisenspekulation bei der Bank verspekuliert worden. Vollkommen! Es ist nichts mehr vorhanden, was Ihre Behörde sicherstellen und konfiszieren könnte.» Von der Beteiligung an dem Onkologie-Zentrum in Österreich wollte ich zuerst einmal nichts erwähnen. Das konnte ich später immer noch nachschieben.

Der Mann schilderte mir eine Fülle von Details, die das FBI über mich und mein Mitwirken im Fall «Enrico Caprino» wusste. Es war, als hätten sie mich vom Morgen bis in die Nacht gefilmt. Ein merkwürdiges Gefühl, wenn dir jemand dein eigenes Leben erzählt – und streckenweise mehr darüber weiß als du selbst.

Einer plötzlichen Eingebung folgend, fragte ich unseren seltsamen Mandanten: «Warum erzählen Sie mir das alles?»

Der Mann legte den Kopf ein wenig schief, lächelte und sagte: «Ich will Ihnen nur den Rat geben, momentan nicht in die Vereinigten Staaten zu fliegen. Es wäre zu riskant!» Er stand auf, bedankte sich für meine Zeit und schritt zielstrebig zur Türe. Kurz davor drehte er sich nochmals zu mir um und verabschiedete sich mit den Worten: «Dieses Gespräch hat nie stattgefunden!»

✦ ✦ ✦

Die verschwiegene Beteiligung an der onkologischen Klinik in der Nähe von Linz in Österreich erledigte sich nach vierzehn Tagen von selbst.

Eines Morgens rief mich Dr. Schaller aufgebracht aus der Klinik an und berichtete mir von seinem untreuen Verwaltungsdirektor, der einen Großteil der Gelder unterschlagen hatte; das Geld sei seiner Spielsucht zum Opfer gefallen. Die Klinik stehe praktisch vor dem Aus, wenn ich – und das sei seine letzte Hoffnung! – nicht noch drei Millionen nachschießen könne. Ansonsten sei er gezwungen, beim zuständigen Amtsgericht den Konkurs der Klinik anzumelden.

Das jetzt auch noch! Mich konnte nichts mehr erschüttern.

«Herr Dr. Schaller, es tut mir leid. Ich bin nicht in der Lage, irgendwelche Beträge nachzuschießen», entgegnete ich ihm mit tonloser Stimme.

Schweigen am anderen Ende der Leitung, nur schwergängiges Atmen.

«Dann muss es wohl so sein, Herr Müller!»

So erledigte sich die vorgetäuschte «Erbschaft» von Bruce gänzlich von selbst, und es war auch nicht ein roter Heller mehr vom Schatz der Sierra Madre übrig, den ich in abenteuerlicher Weise aus den USA nach Deutschland geholt hatte.

Bis auf ... Halt, natürlich war noch was da: Es gab sie noch, die kleinen US-Dollarbeträge in Ein-, Zwei- und Fünf-US-Dollar-Noten aus dem ersten Geldtransport, welche die Bank nicht angenommen hatte. Sie erinnern sich? Diese Beträge wechselte ich am Hauptbahnhof in München, kaufte meiner Freundin davon ein schönes Kleid von Dior und ein Paar ebenso erlesene Schuhe. So aufgebrezelt, freute sie sich, dass ich sie anschließend zu einem feinen Essen in einem Münchner Nobelrestaurant einlud.

❖ ❖ ❖

Drei Monate später bekam ich in meiner Münchner Steuerkanzlei Besuch von zwei Beamten des Bayerischen Landeskriminalamtes.

«Herr Müller, wir haben hier ein Amtshilfeersuchen einer amerikanischen Bundesbehörde erhalten und würden Ihnen gerne ein paar Fragen zu einem gewissen Bruce Crink stellen», eröffnete der größere der beiden Herren das Gespräch.

«Soll ich nicht besser meinen Anwalt hinzuziehen?», kam es sofort aus mir heraus.

«Das dürfte nicht notwendig sein», meinte der andere Beamte, «es geht nur um eine Zeugenbefragung.»

«Gut, es wird nicht lange dauern», meinte ich, «denn Sie sind ja bereits im Besitz aller notwendigen Unterlagen!»

Die Herren schauten einigermaßen betreten. Ich lehnte mich entspannt in meinem Rollstuhl zurück und erklärte den Verdutzten mit einem leichten Grinsen auf den Lippen, wie ich zu der Aussage kam.

«Da ich Ihren Vizechef persönlich kenne, habe ich ihm bereits vor ungefähr acht Wochen in Ihrer Behörde sämtliche Unterlagen, Verträge und Kontoauszüge zu Herrn Enrico Caprino alias Bruce Crink übergeben. Weil ich mir nichts zuschulden habe kommen lassen und von dieser dubiosen Geschichte erst im Nachhinein erfuhr, habe ich es vorgezogen, Ihrer Behörde alle Unterlagen anzuvertrauen. Es war ja abzusehen, dass Sie aus den USA Anfragen erhalten würden.»

Was hatte mich dazu veranlasst? Als Mitglied des konsularischen Corps in München traf ich den stellvertretenden Leiter des BLKA oft bei Gelegenheit eines offiziellen Empfanges. Als die Sache «Bruce» aufflog, wusste ich instinktiv, was zu tun war. Ich packte alles, was mit Bruce zu tun hatte, einmal mehr in einen Koffer, fuhr zum Bayerischen Landeskriminalamt und sprach dort vor, um die Unterlagen dort lassen zu können. Dies war gar nicht so einfach, da der Behörde ja kein offizielles Delikt vorlag. Schließlich konnte ich die Papiere doch noch dalassen, und mir fiel ein Stein vom Herzen.

Jetzt war ich fein raus, da die beiden Herren nur im eigenen Hause nachforschen mussten, wo die Papiere hingekommen waren. Ich beantwortete noch ihre Fragen und hörte nie wieder etwas von ihnen.

❖ ❖ ❖

11 · Das Millionenspiel IV: · Die Wahrheit über Bruce

Dafür hörte ich etwas von Enrico alias Bruce. Eines Abends läutete bei mir in meiner Wohnung im Herzogpark in München-Bogenhausen das Telefon, und ich hob ab. Am kurzen Piep-Signal des Satelliten konnte ich erkennen, dass der Anruf aus den USA kam. Micky, die Freundin von Bruce, war am Telefon und flötete ein paar unverständliche Sätze in ihren Hörer. Ich entnahm, dass sie ein Kind von Bruce erwartete, bei ihren Eltern wohnte und in massiven Geldnöten war.

Plötzlich knackte es in der Leitung und die Stimme von Bruce war zu hören, der mir kurz erklärte, dass er über eine Anruf-Weiterschaltung aus dem Gefängnis von Tallahassee mit mir sprechen wollte – und zwar über Micky.

Ich erschrak zutiefst, als ich so plötzlich die Stimme vernahm, die ich nie wieder meinte hören zu müssen – eine Stimme wie aus einem Grab. Aber das Gefängnis war kein Grab. Es hatte Telefonverbindung.

«Schickst du bitte an Micky 200.000 Dollar von meinem Geld?», gab Bruce seine Anweisung durchs Telefon.

Woher nehmen und nicht stehlen?, schoss es mir sofort durch den Kopf.

«Bruce, es ist was passiert ... leider ... Du musst es mir glauben ... es ist nichts mehr da von deinem Geld, nichts mehr, leider», versuchte ich ihm schonend die Wahrheit beizubringen.

Ich kam mir dabei vor wie ein Lügner der billigsten Sorte, dabei war *er* der Gangster und ich in gewisser Hinsicht sein Opfer.

«Mein Geld!», zischte die Stimme durch den Hörer, «was ist mit meinem Geld!?»

Das Geld? Verdammt, das Geld! Stank es nicht nach Blut, Pisse und Sperma, nach den dreckigen Spritzen und schmutzigen Händen der Junkies? Ich erklärte ihm in kurzen Sätzen, dass die Klinik pleite sei und das restliche Geld an der Devisenbörse verzockt wurde.

«Das Geld ...», flüsterte Bruce, als hätte er meine lange Geschichte nicht gehört. «Wie viel kannst du Micky überweisen?»

«Momentan gar nichts, Bruce, da ich selbst durch die Spekulation drei Millionen Schulden bei der Bank habe!»

Erst war vollkommene Stille im Telefon, und dann brüllte er mit Worten los, die ich hier nicht wiederholen kann. Es hatte überhaupt keinen Sinn, Bruce in seinem Tobsuchtsanfall zu unterbrechen, ihm mit rationalen Darlegungen zu kommen oder ihm die Vorlage von Beweisen anzubieten. In jedem Satz kam zwei- bis dreimal das Wort «fuck» vor, und zwar in einer Art und Weise durchs Telefon an mich hingeschmettert, die mir zeigte, dass ich von Anfang an besser alle meine Finger aus diesem «Spiel» hätte lassen sollen. Aber jetzt war es zu spät.

Nun wurde Bruce seinerseits sachlich. «You should know, my friend ...», ließ er mich in geschäftsmäßigem Ton wissen: «Es kostet mich kein Geld, jemanden, der mir noch einen Gefallen schuldig ist, zu bitten, zu dir zu fliegen und dich wegzumachen! Maximal ein Flugticket! Bis sie deine Leiche finden, ist er schon längst wieder hier und untergetaucht. Ich habe viele, die mir noch einen Gefallen schuldig sind! ... You should know.»

Ich schwieg.

«Micky wird dir ihre Telefonnummer und ihre Bankverbindung geben. Ich gebe dir eine Woche Zeit, das Geld zu transferieren, ansonsten werde ich etwas in die Wege leiten.»

Dann knackte es wieder zweimal, Micky war wieder am Telefon, sie hatte unsere Konversation natürlich mitgehört. Sie gab mir ihre Handynummer und die Bankverbindung eines Geldinstituts in Atlanta durch.

Natürlich versuchte ich auf sie einzureden, dass sie Bruce beruhigen und von seinem Vorhaben abbringen sollte. Immer wieder versicherte ich ihr, dass ich das Geld nicht mehr besäße, mich daran auch nicht bereichert hätte ...

Kommentarlos legte sie auf, es klickte wieder durch den Satelliten, und dann war die Leitung tot. Ich sollte nie wieder etwas von Bruce hören.

Ja, und ich lebe noch. Schön!

✦ ✦ ✦

Von Richard Schwarz, besser gesagt von seiner Mutter, die in Frankfurt lebte, hörte ich etwas. Aufgelöst weinend berichtete sie mir am Telefon, dass ihr Sohn Richard in Florida am Flughafen verhaftet worden sei und wegen einer Befragung im Untersuchungsgefängnis (South Florida Reception Center) in Fort Lauderdale festgehalten werde. Richard war zu seiner Freundin Mary-Ann in die USA geflogen, um mit ihr ein paar Tage Urlaub zu verbringen.

Das FBI, die DEA und der Secret Service warteten schon auf ihn. Dank meines FBI-Schutzengels war mir das erspart geblieben. Durch Einschaltung von Anwälten versuchten Richards Eltern alles, um ihren Sohn freizubekommen. Obwohl es sich nur um eine Befragung zu Enrico Caprino alias Bruce Crink handelte, hielt ihn die amerikanische Justiz für sechs Monate im Gefängnis fest.

Ein Jahr später erfuhr ich durch Richard, der sich nach seiner Entlassung wieder in Deutschland aufhielt, dass man Bruce zunächst zu «dreimal lebenslänglich» verurteilt hatte. Er ging aber mit den Behörden einen Deal ein und trat als Zeuge gegen die anderen Bandenmitglieder auf, was ihm eine Haftverkürzung auf «nur» zwölf Jahre einbrachte. Nach dieser Mitteilung habe ich weder von Bruce noch von Richard je wieder etwas gehört.

✦ ✦ ✦

Die Geschichte mit Bruce war die erste Phase in meinem Leben, in der mir der Gedanke kam, dass es so etwas wie «Führung» geben könnte, eine Art höheren Willen oder die List des Schicksals. *Etwas sollte nicht sein.* So etwas ist mir vorher und nachher nicht wieder passiert, dass mir solch ein unermesslicher Reichtum in die Hände gespielt – und bis auf den letzten Groschen wieder aus den Händen gerissen wurde. Und ich war wirklich kein Amateur in der Kunst der Geldvermehrung. *Es sollte nicht sein.* Es war eben Blutgeld, gehandelt in der Währung Satans; Geld, auf dem kein Segen ruhte.

12
Nobel geht die Welt zugrunde

Anfang der 90er Jahre machte ich Winter für Winter Urlaub in Zürs am Arlberg, im Gefolge die jeweils aktuelle Freundin. Entweder stiegen wir im Almhof Schneider in Lech oder im Hotel Zürserhof ab; exklusive Häuser, die in puncto Komfort keine Wünsche offen ließen.

Österreich hatte eine Menge für mich zu bieten: Österreicherinnen vor allem. Ich hatte eine Schwäche für die Wärme, den Charme und die *feschness* (gibt's das Wort schon? – Sonst bitte anmelden!) der Mädels aus der Alpenrepublik.

Kurz vor meinem neuerlichen Besuch hatte sich etwas Grundstürzendes verändert. Ich war nicht mehr der *Herr Müller*.

Die extrem gutaussehende junge Dame an der Rezeption begrüßte mich im Flötenton: «Oh, der *Herr Konsul* geben uns die Ehre! ... Wos für eine Fraide!»

Klar freute die das, ich ließ ja eine Menge Geld da. So ehrlich, diese Österreicher! Nur die Anrede gefiel mir nicht.

«Lassen Sie das doch bitte mit dem albernen ‹Herrn Konsul›! Nennen Sie mich einfach bei meinem Namen Josef Müller.»

Fräulein Susanne schaute wie ein Auto. Seltsame Wünsche haben diese deutschen Gäste!

«Ja, selbstverständlich, Herr Konsul!»

«Herr Müller!», lächelte ich.

«Gerne, Herr Konsul! ... Äh, Herr Müller!»

Den «Herrn Konsul» wurde ich, außer bei Fräulein Susanne, die sich so anstrengte, als müsse sie «Herr Müller» auf Kisuaheli dahersagen, im ganzen Urlaub nicht mehr los. Ob mir jemand die Koffer in meine Suite trug, ob man mir den Mantel bzw. die Jacke abnahm oder mir die Toilettenfrau die Tür zum Klo öffnete: Fortan geschah dies auf einer höheren, konsularischen Ebene, die einer scheinbar seinshaften Veränderung Rechnung trug.

❖ ❖ ❖

An den «Konsul» war ich gekommen wie sprichwörtlich die Jungfrau zum Kind. Ganz ohne Vorgeschichte geschah das freilich nicht. Schlussendlich jedenfalls hatte mir der Präsident der Republik Panamá im Mai 1990 den Titel des Honorarkonsuls für den Freistaat Bayern mittels eines sogenannten Dekretes verliehen.

Aus nüchternem Kalkül heraus nahm ich den Titel an. Er sollte mir geschäftliche Verbindungen ermöglichen und Türen öffnen. Die Rechnung ging auf. Der Titel hatte einerseits etwas «Seriöses» an sich, eine Eigenschaft, woran ich zunehmend Bedarf hatte. Und er hatte zugleich einen etwas «ominösen» Charakter, denkt man an den damals bekannten Titelhändler «Konsul Hans Hermann Weyer», dessen «Chronique scandaleuse» in den Gazetten und der Boulevardpresse gerne ausgebreitet wurde. Und noch dazu kannte ich diesen smarten Konsul Weyer persönlich. Ich fand ihn menschlich ganz sympathisch, hatte aber sonst mit ihm nichts weiter zu tun. Er schenkte mir sein Buch «Ich, der schöne Consul» (Goldmann, 1986) mit persönlicher Widmung. Auch das gefiel mir: diese repräsentative Zelebration von Geld, Lebenslust und erotischem Erfolg.

Wenn das Leben aus Sein und Schein besteht, lebte ich damals fast ausschließlich vom Schein. Man kann auch sagen: von der Lüge. Je prekärer meine Geschäfte wurden, je mehr ich auch persönlich und menschlich abglitt, desto glänzender musste die Außenseite aufgemöbelt werden. So war ich alles andere als abgeneigt, als sich mir Mitte der 80er Jahre eine sonderbare Möglichkeit bot, zu einem wohlklingenden Titel zu kommen.

Damals lernte ich Konsul Rudolf Wildgruber und seine Gattin Konsulin Hannelore Wildgruber in München kennen. Sie vertraten die mittelamerikanische Republik Panamá mit einem Konsulat in der Münchner Innenstadt. Die beiden Herrschaften waren gebürtige Schweizer, was man ohne Probleme anhand ihrer Klangfarbe verifizieren konnte.

Die Wildgrubers, beide schon über siebzig, lebten in äußerst bescheidenen Verhältnissen, denn sie hatten keinerlei Einkünfte außer dem Konsulat. Es könnte sogar sein, dass sie Sozialhilfe bezogen. Nach außen hin jedoch, besonders bei Empfängen, mimten sie die stolzen, erfolgreichen Diplomaten. Ich fand sie aber freundlich und unterhaltsam und traf mich gerne mit beiden. Auf eine ebenso charmante wie diskrete Art ließen sie mich allerdings auch wissen, wie es gerade um ihren Kühlschrank bestellt war. Dem «Horror vacui» half ich gerne öfters ab.

Im Gegenzug lud mich Konsul Wildgruber ein, die Republik Panamá zu besuchen, das sei geschäftlich unglaublich spannend. Ohne rechten Glauben, mehr aus Neugier auf das exotische Land, flog ich mit, begleitet von einem sehr guten Freund. Bald begleitete ich Wildgruber aber öfters nach Panamá, um dort in Begleitung von Mandanten sogenannte Offshore-Firmen und einmal sogar eine Bank zu gründen.

Ich lernte dabei auch den panamaischen Botschafter Max Jiménez kennen, der in Bonn die diplomatische Vertretung leitete. Er war ein echter Diplomat und Ehrenmann, und wir waren uns auf Anhieb sympathisch. Er stellte mich wichtigen politischen Persönlichkeiten des kleinen mittelamerikanischen Landes vor. Eines Tages wurde mir vorgeschlagen, dass ich als Nachfolger von Herrn Konsul Wildgruber das Konsulat übernehmen sollte.

Die Aufgaben der konsularischen Vertretung bestanden darin, für Reisepässe und Visa, Beglaubigungen und allgemeine Informationen zum Land Panamá als Ansprechpartner zuständig zu sein. Ebenso sollte das Konsulat Kontakte herstellen zu Instituten und Firmen in Panamá sowie deutschen Investoren und Geschäftsleuten Informationen zu Panamá vermitteln. Da war man bei mir ja nicht an der ganz falschen Adresse. Das Ganze war eine ehrenamtliche Position. Kein Geld, überschaubare Arbeit, aber Ansehen – das war der Deal.

Ich schlug ein. Damit begann ein Verfahren, das sich so lange hinzog, dass ich die Zusage in der Zwischenzeit fast schon vergessen hatte. Das Außenministerium in Panamá wandte sich an die deutsche Botschaft in Panamá, diese an das Auswärtige Amt in Bonn und dieses wiederum an die Staatskanzlei in München mit der Frage, ob die damalige Bundesrepublik Deutschland Herrn Josef Müller als Konsul in München akzeptiert, wenn die Republik Panamá ihn zum Konsul für den Konsularbezirk Bayern ernennen und einsetzen würde. Der korrekte Dienstweg halt.

Im Frühjahr 1990 rief mich plötzlich S.E. der Botschafter Max Jiménez aus Bonn an und fragte, ob ich mich am nächsten Tag bei dem zuständigen Beamten im Auswärtigen Amt in Bonn vorstellen könnte. Da fiel mir meine Zusage wieder ein. Kurzentschlossen wie immer, sagte ich zu, und wir trafen uns zunächst zu einem Mittagessen im Hotel Venusberg in Bonn. Bei einem Glas Sekt teilte mir Jiménez freudestrahlend mit, dass nunmehr der Entschluss des Auswärtigen Amtes vorliege, mich als Honorarkonsul anzuerkennen.

Meine Bereitschaft löste zunächst einmal einen kleinen mittelamerikanischen Staatsakt aus: Der Staatspräsident, S.E. Guillermo Endara Galimany (Präsident von Panamá von 1989–1994), unterzeichnete im Mai 1990 das Dekret zu meiner Einsetzung als Honorarkonsul in Bayern. Ein Dekret – Sie brauchen nicht bei Wikipedia nachzuschauen – ist der Erlass eines Rechtsaktes durch ein Staatsoberhaupt, in diesem Fall meine Bestellungsurkunde aus Panamá. Im Oktober 1990 erhielt ich die sogenannte Verbalnote, in der mir das Exequatur (lat. für: «Er möge ausüben») als Leiter dieser honorarkonsularischen Vertretung erteilt wurde.

Zu einer luxuriösen Ernennungsfeier lud ich viele bekannte Persönlichkeiten in ein bayerisches Nobelgasthaus im Münchner Stadtteil Bogenhausen ein. Eine südamerikanische Musikgruppe unterhielt meine erlesenen Gäste zu bayerischen und panamaischen Gerichten.

Ab diesem Tag war ich also Honorarkonsul der Republik von Panamá. Ich war sehr gespannt, welche Operette sich im Beiprogramm zu meinem Titel auftun würde in meinem neuen Leben als «Herr Konsul».

Da ich nur wenig Spanisch sprach, nahm ich Privatlektionen bei einem Spanischlehrer an der Berlitz-School, der mich in meiner Münchner Steuerkanzlei unterrichtete, die zugleich zu Empfangsräumen des Konsulats wurde. Der neue Aufgabenbereich bot auch Gelegenheit, eine weitere bildhübsche Sekretärin einzustellen, eine bezaubernde Panamaerin, deren Eltern noch in Panamá City lebten.

✦ ✦ ✦

Während meiner Amtszeit als Honorarkonsul habe ich viele ehrwürdige Kollegen kennen gelernt. Überhaupt habe ich den Stand einer akkreditierten konsularischen Vertretung oder einer Botschaft stets als ehrenhaft, sauber und korrekt erfahren. Das möchte ich der nachfolgenden Geschichte vorausschicken.

Ich hatte mein neues Amt noch nicht angetreten, da besuchte mich mein Amtsvorgänger, Konsul Wildgruber, in meiner Kanzlei und bat mich um einen Gefallen. Eine ... «nun ja, gewisse Knappheit der Mittel» – ich wisse schon – treibe ihn zu mir. Ich dachte im Stillen: *Oh je! Jetzt pumpt er dich schon wieder an!*, aber da täuschte ich mich ausnahmsweise.

Er fuhr fort: «Sie wissen, dass ich auch berechtigt bin, weitere Konsulate in Deutschland zu besetzen. Da ich Ihnen für Ihre bisherige finanzielle Hilfe noch Geld schulde, dachte ich mir, dass Sie mir dabei behilflich sein könnten, einen adäquaten Herrn zur Besetzung des Honorarkonsulats in Berlin zu finden.» Ich hätte doch Kontakte in die Geschäftswelt. Ob ich da nicht ...? «Sie, Herr Müller, vereinbaren ein Honorar für mich, das Sie in Empfang nehmen und, äh ... nun, wir teilen es uns dann. Was halten Sie davon?» Fifty-fifty unter Kollegen.

Einverstanden, ich machte mit, erhoffte mir dabei allerdings weniger eine satte Provision als die Rückführung meiner Konsul Wildgruber gewährten Darlehen. Er sollte aber den Betrag in Empfang nehmen und nicht ich. Das stellte sich in meiner Sicht als wesentlich seriöser dar.

Tags darauf rief ich ein paar von meinen Kontakten in Berlin an, erzählte mit humorigem Unterton von der Geschichte und bat um Vorschlag geeigneter Kandidaten mit der notwendigen Verbindung aus Kleingeld und Reputation. Alles andere würde Konsul Wildgruber in München erledigen. Ihm war die Gabe der Rede in die Wiege gelegt, und im zelebrativen Präsentieren war der Schweizer Diplomat nun wirklich ein Naturtalent.

Eine Woche später meldete sich ein Herr aus Berlin, der sich auf einen Kontaktmann und meinen Wunsch, das Konsulat der Republik Panamá in Berlin als Honorarkonsul zu besetzen, bezog.

Ich befragte ihn nach seiner jetzigen Position, da er dieses Amt ja neben seinem normalen Beruf übernehmen musste. Ebenso erkundigte ich mich nach seinen Vermögensverhältnissen. Beides schien zu passen.

Er war in einer namhaften Firma in Berlin als Führungskraft und Prokurist tätig und verfügte, so teilte er mir am Telefon mit, über das notwendige Kapital.

Der clevere Konsul Wildgruber hatte mich gebeten, nicht von Vermittlungsgebühr zu sprechen, sondern von einer «Spende für humanitäre Zwecke», speziell für die Neuanschaffung von Krankenwagen in Panamá.

Ich informierte Konsul Wildgruber von meinem schnellen Erfolg, vereinbarte ein Treffen in seinem Konsulat mit dem Kandidaten aus Berlin und harrte trotz der Persönlichkeit Wildgrubers äußerst skeptisch der Dinge, die da kommen sollten.

Ich war es als Steuerberater eigentlich gewohnt, meine Arbeit im Nachhinein honoriert zu bekommen. Aber hier kam es auf Konsul Wildgruber an, wie «heiß» er den Kandidaten machen konnte.

Der Tag des Treffens mit dem Berliner Prokuristen kam. Ich holte ihn vom Flughafen ab und fuhr ihn zum Konsulat von Panamá in München, wo Konsul Wildgruber schon auf ihn wartete.

Nach drei Stunden holte ich ihn dort wieder ab, brachte ihn zurück zum Flughafen, trank mit ihm noch vor dem Abflug einen Kaffee und entnahm seiner gutgelaunten Art, dass Konsul Wildgruber überzeugende Dienste geleistet hatte.

Auf der Rückfahrt rief ich den Konsul an. «Sehr gut, Herr Müller, sehr gut! Das wird ein ehrenwerter Konsul für Berlin werden», legte er sofort los.

Ich kam gleich zur Sache: «Sind Sie sich finanziell einig geworden? Lief es in Ihrem Sinne?»

«Alles bestens gelaufen. Ein sehr guter Mann mit viel Weitblick! Wirklich ein hervorragender Kontakt, den Sie da brachten! Wir haben als Spende 200.000 DM vereinbart, und 100.000 DM zahlt er vorab, sobald mein Schreiben an den Herrn Botschafter gefertigt ist. Ich schreibe schon daran», ließ er mich wissen.

Nach weiteren sieben Tagen ging das Empfehlungs-Schreiben für das neu zu besetzende Konsulat in Berlin an den Botschafter nach Bonn raus. Weitere drei Tage später rief mich Konsul Wildgruber an und bat mich, seinen Besuch in meinem Büro zu erwarten. Kurz darauf saß er mir auch schon gegenüber und zahlte mir meine Darlehen, die ich ihm regelmäßig gewährt hatte, auf Heller und Pfennig in bar zurück.

Ich hatte noch ein paar Telefonate mit dem Prokuristen, denn es war alles in Vorbereitung für ihn in Berlin. Plötzlich riss aber der Kontakt von einem auf den anderen Tag ab. Konsul Wildgruber versuchte ihn noch öfters zu erreichen. Auch der Kontaktmann, über den er kam, hatte nicht die geringste Ahnung, wo der Kandidat für das Berliner Konsulat abgeblieben war. Ich habe von dem Berliner Prokuristen, der 100.000 DM vorab für eine gute Sache bezahlt hat, nie wieder etwas gehört.

Als Honorarkonsul der Republik Panamá war ich eine Art «Aushängeschild» für den fremden Staat. Deshalb musste ich meinen öffentlichen Auftritt etwas «anpassen». Im Münchner Nachtleben trifft man oft auf Klatschreporter und steht mit seinem Verhalten am nächsten Tag in der Boulevardpresse. Deshalb trat ich so in der Öffentlichkeit auf, dass man nichts Negatives über mich berichten konnte. Jedenfalls versuchte ich es.

Ich musste mir auch sonst die Regeln und Gepflogenheiten im Umgang mit Konsulats-Kollegen und das Verhalten des CC, des Konsularischen Korps, aneignen. Alleine die Verordnungen zum Abfassen eines Briefes sind in einem so dicken «Handbuch» beschrieben, dass das Telefonbuch von Berlin kaum mithalten kann. Lauter Regeln und Gesetze und Verordnungen! Das Briefpapier, das ich mir anfertigen ließ, trug ein Wappen und so viel Goldprägung, dass es gerade nicht die Peinlichkeitsgrenze überschritt. Ganz edel wirkt ja schon fast wieder zu billig. Ich habe durch meine Tätigkeit als Konsul viele wichtige Menschen oder solche, die sich für wichtig hielten, kennen gelernt. Sehr gute Geschäftsverbindungen resultierten daraus.

❖ ❖ ❖

Ehren ereilen den, der Ehre hat.
Anfang des Jahres 2004 traf sich der Herr Konsul Müller mit Freunden zum Mittagessen in Monte Carlo. Es war ein Traumwetter, und wir saßen auf der Terrasse eines Nobelrestaurants. Gäste wurden erwartet. Man stellte mir einen Herrn Papadou vor, der für die Regierung von Zentralafrika arbeitete. Ein deutschsprachiger Vermittler saß mit am Tisch. Das Land war früher eine französische Kolonie und erlangte 1960 die Unabhängigkeit. Zentralafrika liegt in der Mitte des Kontinents und ist umgeben von den Ländern Tschad, Kongo und Kamerun. Die Republik hat ungefähr 4,5 Millionen Einwohner, die Hauptstadt im Süden der Republik ist Bangui mit etwas mehr als 700.000 Einwohnern.

Aufgrund meiner diplomatischen und finanztechnischen Erfahrungen bot mir Papadou durch seinen deutschsprachigen Vermittler an, Investoren für ein Engagement in Zentralafrika zu gewinnen. Der Bodenschatz des Landes, Rohdiamanten, würde ein finanzielles Investment äußerst lukrativ machen. Als wirtschaftlicher Berater des Präsidenten und als Botschafter, der das Land vertreten sollte, würde man mich mit den notwendigen Legitimationen wie auch mit einem Diplomatenpass ausstatten. Da es noch keine Botschaft im Staat Monaco gab, würde man mir die Eröffnung und Leitung einer Botschaft hier in Monte Carlo anbieten. Botschafter, wow! Seine Exzellenz!

Ich dachte schnell nach, da mir so eine Stellung nicht jeden Tag angeboten werden würde. Eine Position als Botschafter könnte ich in jeder Hinsicht noch besser beruflich verwerten, und was meine Aufgabe anging, da fielen mir sofort eine Hand voll reicher Investoren ein, die ich persönlich kannte und die hier in Monte Carlo ihren Wohnsitz hatten. Investitionen in einem Land mit so lukrativen Sicherheiten, wie Rohdiamanten es nun einmal sind, das ist immer ein Anreiz für das große Kapital, das sich in Händen von wenigen Reichen befindet.

Weitergehende ethische Überlegungen lagen seinerzeit jenseits meines Horizonts. Mit Diamanten verband ich nicht viel mehr als Marilyn Monroe: «Diamonds are a Girl's best Friend». Dass an Diamanten Blut klebt, dass um Diamanten Bürgerkriege geführt, Menschen versklavt und ausgebeutet werden, dass Hunger und Elend das Diamantengeschäft begleiten – solche Gedanken, die mich aus heutiger Sicht bedrücken und beschämen, lagen mir auf der Terrasse des Nobelhotels so fern wie Zentralafrika von Monaco. Also sagte ich, unter Voraussetzung einer kurzen Bedenkzeit, einfach zu. Immerhin war das Ganze doch mit einer räumlichen Veränderung, nämlich dem Umzug nach Monte Carlo, verbunden.

Die Herren versprachen mir, die Dinge sofort in die Wege zu leiten, da es dem Präsidenten des Landes, «S.E. François Bozizé», ein persönliches Anliegen sei, Investitionen so bald wie möglich zu erhalten, zumal er vor den Wahlen im Mai 2005 stand. Präsident Bozizé hatte 2003 den früheren Machthaber gestürzt und stand jetzt vor seinen ersten demokratischen Wahlen, die er für sich entscheiden wollte. Da wirkten sich Investoren aus dem europäischen Ausland äußerst günstig auf die Wahl aus.

Mich interessierten – Schande über mein Haupt! – die politischen Hintergründe, «das Hickhack im Busch», wie ich es nannte, nicht weiter. Heute sehe ich meinen apolitischen Tunnelblick mit Schrecken an – ein Lehrstück für den spätkapitalistischen Umgang mit den Ressourcen der Erde, ein Lehrstück auch für den postethischen Menschentyp der Händler, Kontakter, Investmentbanker, Finanztransaktionisten und Müllers, die ganzheitliche Sichtweisen für unfachliche Sentimentalität halten. Womit letztlich gehandelt wurde – Öl, Waffen, Diamanten, Drogen, Menschen –, das wurde virtuos ausgeblendet.

Für Spezialisten wie mich gab es nur die technische Leitfrage: *«Geht da was?»* Mein Beruf war, Investoren beizuschaffen. Punkt. Moral ging mich nichts an. Das war eine andere Baustelle in der arbeitsteiligen Gesellschaft. Da würde schon jemand anderes etwas davon verstehen. Als Deutscher hätte ich wissen können, dass man auch ein Konzentrationslager rein von der technischen Seite her betrachten kann. Warum hatte ich – Generation zwei nach den Nazi-Gräueln – diese Lektion nicht gelernt?

Anfang August 2004 unterbrach ich voller Erwartung meinen Sommerurlaub auf meiner Yacht «Lady Sandra» in Mallorca, um in Paris unter hohen Sicherheitsvorkehrungen S.E. Präsident François Bozizé, den Staatspräsidenten, zu sehen. Er stattete mich mit allen notwendigen Vollmachten aus, überreichte mir einen Diplomatenpass und die Ernennungsurkunde. Er beschwor mich, rasch Investoren zu besorgen, diese hätten riesige Ertragschancen. Das Investment würde sehr gut abgesichert sein, und er versprach, entweder selbst oder durch das zuständige Ministerium in seinem Land dafür Sorge zu tragen.

❖ ❖ ❖

Der schöne Schein, der mein wildes Leben begleitete, verschaffte mir manchen Kontakt mit Leuten, die man unbedingt kennen lernen sollte, aber auch mit solchen, die man besser nie kennen gelernt hätte. Meine Unterscheidungsgabe war da wenig entwickelt.

So hatte ich einmal ein Finanzgeschäft abzuwickeln, das mich mit dem Sohn eines anderen afrikanischen Machthabers an einen Tisch brachte. In der Lobby des Hotels The Landmark in London saßen wir und suchten nach Wegen, eine größere Menge Bargeld auf eine westliche Bank zu transferieren. Die haarsträubende Geschichte, mit der man ein halbes Buch füllen könnte, hatte mich mit dem Sohn eines ehemaligen Diktators im Kongo zusammengeführt. Der Name des Diktators, dessen Markenzeichen eine Leopardenfellmütze war, lautete: Mobutu Sese Seko Kuku Ngbendu wa Zabanga. Auf gut Deutsch bedeutet das so viel wie: «Der Hahn, der von Eroberung zu Eroberung schreitet, ohne Angst zu haben.»

Mobutu – all denen, die ein Nachrichten-vergesse-ich-sofort-Hirn haben, sei es gesagt – war ein selten blutrünstiger Gewaltherrscher, der nicht einmal vor der grausamen öffentlichen Folter seiner politischen Gegner zurückschreckte. Am Ende seiner Herrschaft war das Land von Bürgerkrieg und Korruption ruiniert, aber auf seinen Privatkonten befanden sich geschätzte vier Milliarden Euro.

Mobutu selbst war 1997 an Prostatakrebs gestorben; «sein» Geld aber geisterte weiter durch die Welt und erfasste noch lange Jahre danach Menschen wie mich. Man saß nett in der Lobby beieinander, nahm einen Drink, parlierte über dies und das und dann über das Geschäft und sondierte die Möglichkeiten. Natürlich hatte ich kein Interesse daran, irgendwelche Gesetze zu brechen. Wenn das mal gegeben war, konnte man fachlich mit Geldbeständen, ihrer Sicherung und Vermehrung umgehen.

Mit uns am Tisch saß ein sehr sympathischer Inder namens Vinod B. Tailor aus London, der früher in Uganda/Ostafrika gelebt hatte. Er machte einen sehr würdigen und erhabenen Eindruck auf mich. Ich erzähle von ihm, weil es das charakterisiert, was ich den *fließenden Übergang* nennen möchte. Man denkt im Allgemeinen noch immer, die Welt von Wirtschaft, Handel und Politik ließe sich fein säuberlich in Gut und Böse trennen. Leider ist die Wirklichkeit nicht so. Es gibt ihn, den *fließenden Übergang*, und viele haben ein Interesse, dass es fließt zwischen den Welten.

Vinod B. Tailor beispielsweise hatte nicht nur glänzende Kontakte zur Hochfinanz, sondern auch zum englischen Königshaus. Da wir uns auf Anhieb sympathisch waren, fragte mich Herr Tailor, ob ich nicht Interesse hätte, einmal HRH The Prince of Wales (Seine Königliche Hoheit Prinz Charles) kennen zu lernen.

Mich riss das nicht unbedingt vom Hocker. Was sollte ich damit? Durch mein Konsulat und meine spätere Botschaftertätigkeit begegnete ich immer wieder einer Vielzahl von hochgestellten Persönlichkeiten.

Aber meine Frau Sandra war ganz hin und weg. «Stell dir vor, Josef, wir können meiner Mutter Bilder schicken, auf denen du, ich und Prince Charles zu sehen sind!»

Eigentlich kein Argument für mich. Aber auf die Frauen soll man hören!

Bald kam die Einladung der Temenos Academy, der Tailor angehörte, zu einem Konzert im St. James's Palace, der offiziellen Residenz des britischen Monarchen – ein Konzert mit mittelalterlichen Instrumenten, zu dem zweihundert ausgewählte Personen geladen waren. Zunächst gab es einen Cocktail-Empfang, bei dem man locker miteinander ins Gespräch kam. Nein, hörten wir, man möge besser nicht zu viel erwarten. Ja, man würde den Prinzen aus der Nähe sehen, ihm ein bisschen nett zuwinken. Alles laufe sehr formell ab, an eine wirkliche Begegnung sei nicht zu denken.

Plötzlich, nach etwa vierzig Minuten, ertönte eine melodische Glocke. Zwei große Flügeltüren gingen auf und ermöglichten den Blick auf den leeren Konzertraum, der in Samt und Gold zu uns herüberleuchtete. Die Gesellschaft begab sich zu ihren Plätzen. Ein Ordner wies uns zwei Plätze am äußeren Rand der ersten Reihe zu, nahe einer weiteren Flügeltür. Nach einer Weile erhoben sich die Leute. Und ein königlicher Page verkündete mit nach Salut schallender Stimme: «His Royal Highness The Prince of Wales!»

Ja, da kam er, leichten, federnden Schrittes, durch die Flügeltür in unserer Nähe. An seiner Seite unser Freund Vinod B. Tailor. Die beiden unterhielten sich angeregt und kamen meiner Frau und mir immer näher. Gleich musste Prinz Charles an uns vorbeikommen. War es nun der Rollstuhl oder war es der nette Mister Tailor? Seine Highness, der Prinz von Wales und der ehrenwerte Herr Tailor steuerten direkt auf uns zu.

Halb dem Prinzen, halb uns zugewandt, stellte uns Mister Tailor laut und deutlich Prinz Charles vor: «Sir, may I introduce you to Mister Müller from Munich, Germany. He came with his wife from Munich to see you and to listen to this concert.»

Der Prinz sah mich freundlich und interessiert an, und sein Gesicht hellte sich merklich auf.

«Oh, really? How lovely! Munich is my favourite town in Germany! I like this city very well!»

Ehe wir uns versahen, waren wir in einer bezaubernden kleinen Konversation. Was dachten wohl die vielen anderen Leute? Der Prinz ließ sich Zeit, lachte und hatte sichtliche Freude an unserer zufälligen Begegnung.

Die Verabschiedung war herzlich: «I hope you both visit us in our landyard in Highgrove.»
Die Einladung war keine dahingesagte Floskel. Seit dieser ersten Begegnung wurden wir jedes Jahr von HRH The Prince of Wales durch den Buckingham Palast nach Highgrove, seinem zwischen London und Bristol gelegenen Landsitz, eingeladen. Wir nahmen diese Einladung gerne an, waren glücklich über die diskrete Gastfreundschaft von Prinz Charles und fühlten uns als Gäste sehr geehrt.

13
Liebe, Angst, Vergessen

Ich weiß nicht, wie viel Geld ich zwischen 1992 und 2005 für Kokain und Wodka ausgegeben habe. Wahrscheinlich könnte man davon mehrere Einfamilienhäuser errichten. Und wenn man das Geld, das ich in Sex investierte, noch dazulegt, könnte man auch noch die Straße davor pflastern. Wahrscheinlich muss ich beides in einer Geschichte erzählen: Mein Drogenkonsum und meine «Chronique sexuelle». Und irgendwo dazwischen fand auch Liebe statt, richtige Liebe – allerdings in Bruchstücken.

Ich erzähle das nur unter Vorbehalt, und weil dieses Buch der Bekenntnisse sonst nicht vollständig wäre. Ich fürchte nämlich, es gibt Leser, für die mein obsessiver Lovestyle der Traum ihrer schlaflosen Nächte ist. Ich hätte mir etwas vorzuwerfen, wenn Sie dieses Buch zuklappten und einen Zettel hinterließen mit der Botschaft: «Liebling, bin mal grad Zigaretten holen!» Natürlich ist es prekär, wenn einer wie ich, der in *Leben A* niemals ein hübsches Mädel von der Bettkante gestoßen hat, der die Ehe gebrochen und manisch herumgehurt hat, in *Leben B* und in fortgeschrittenem Alter treue Liebe empfiehlt.

Nun taugt meine mit Drogen verknüpfte exzessive Hurerei nicht zur heroischen Inszenierung; sie war vielmehr Teil meiner inneren Zerstörungen, Auswuchs meiner egozentrischen Vereinnahmung der Welt. Ich hätte mal besser eine einzige, große Liebesgeschichte in meinem Leben realisiert, statt durch die Herzen zu jonglieren und durch die Betten zu touren, viel verbrannte Erde in den Seelen anderer Menschen zu hinterlassen – und heute allein zu sein.

Das siebte Gebot[7] aus der Bibel hielt ich lange für ein überholtes Sozialregulativ aus dem Nomadenzeitalter, und nicht für eine weise, immer geltende Schutzmaßnahme der Liebe, wobei die Zerstörungen der Liebe meist gar nicht im siebten Gebot stattfinden, sondern beispielsweise im neunten («Du sollst nicht lügen!») und im achten («Du sollst nicht stehlen!»). Und wer manisch Sex haben muss, könnte sich das erste Gebot anschauen («Du sollst keine anderen Götter neben mir haben!»), wenn er nicht gar Grund hat, sich Gedanken über das fünfte Gebot (das Elterngebot) zu machen; der Sexsüchtige ist nämlich nur eine Handbreit davon entfernt, bei nächster Gelegenheit der Übergriffige zu sein. Mit anderen Worten: Ich halte mit einem bisschen Leben im Rücken eine Menge davon, die regulativen Prinzipien der Menschheitsgeschichte (allen voran die Zehn Gebote) sehr viel ernster zu nehmen als die Tipps aus «Men's Health», «Petra» und «Cosmopolitan».

Späte Einsichten! Statt den einen Namen nennen zu können, mit dem ein *forever in love* zustande kam, muss ich mehrere Namen nennen, wobei jede Einzelne meine ganze Liebe verdient hätte, aber nur einen kleinen Teil von mir bekam, dazu vielleicht teure und edle Parfums, Kleider von Dior, Autos sowie Brillanten von Tiffany.

Meine Frauen bekamen vieles geschenkt, bloß nicht «mich». Ein Geschenk fordert man schließlich niemals zurück. Doch ich war nicht zu haben. Konnte mich nicht verschenken. Blieb bei mir. Wir haben uns nur berührt, wie Kometen im All. Verschmolzen für immer und ewig sind wir nicht. Aber auch das darf ich feststellen: Jede dieser zärtlichen Berührungen war irgendwo auch einmalig und knipste für mich einen Augenblick lang den Schalter des Paradieses an. Sie ahnen sicher, wovon ich schreibe.

Aber auch die Frauen, mit denen ich mich für längere Zeit verbunden hatte, bekamen trotzdem nicht einmal ein Viertel von mir; sie mussten mich auch noch mit Dutzenden von One-Night-Stands, Barbekanntschaften, Gelegenheitslieben, Partyfrauen, Escort-Girlies und Prostituierten teilen. Zu allen diesen Frauen versuchte ich gut zu sein, sie nicht würdelos zu behandeln. Aber wir wären erst dann wirklich «gut» zueinander gewesen, wenn wir uns nicht *benutzt* hätten, wenn wir uns nicht für eine Weile *gebraucht* und dann für andere Lieben und bessere Gelegenheiten *verlassen* hätten.

All den Dutzendpsychologen und Yellowpress-Schreiberlingen, die heute jedermann und jedefrau suggerieren, man müsse untreu sein, um sich treu zu bleiben, und ein bisschen Lüge in der Liebe sei normal, halte ich entgegen: Das ist nicht wahr. Das Gute ist gut. Das Böse ist böse. Untreue ist, wie das Wort schon sagt: Verrat an der Treue. Und eine Lüge ist eine Lüge und deshalb vom Teufel. Punkt.

Viele Leute halten die Ehe heute für ein Auslaufmodell (und ich selbst bin ja nicht gerade der geeignete Werbeträger dafür). Aber die beste Universität ist das Leben. Und da lernt man durch Fehler; die Wunden sind es, die dich halbwegs klug machen. Ich wünschte, mir wäre das Projekt Ehe gelungen – und zwar Ehe und Familie im Vollsinn: mit *einem* Partner, für immer, als sicherer, definitiver Hafen füreinander und als Heimat für Kinder, wenn sie kommen. Und ich gebe da selbst jetzt noch nicht auf.

Lebensabschnittspartnerschaft, also die Softversion von Ehe (wovon ich eine Menge verstehe), kann man knicken: Das ist Monogamie unter Ausschluss von Monotonie. Wenn es langweilig wird: Wegfall der Geschäftsgrundlage! Nach jeder Nummer im Bett folgt (meist) die Zigarette bei ihr (ich war in meinem Leben immer Nichtraucher) und die heimliche Frage bei mir: *Hat's das nun wirklich gebracht mit Claudia?* Oder wäre es mit Kathie, Sabine, Hilla, Manu oder Lara nicht noch tausendmal geiler gewesen? Klar doch!

Und so ist das Ende schon vorprogrammiert, wenn die Kippe noch glüht. Es geht nun um die glimpfliche Entsorgung des Partners und der entstandenen Kollateralschäden (sprich: Kinder) sowie um die Neuakquise eines megageilen Traumpartners mit hoher Servicequalität im Bett und an der Waschmaschine, bei geringer Kapitalbindung und einer Jederzeitausstiegsoption, was die Laufzeit betrifft.

Die optimale Kombi von Variabilität, Laufzeit und Kapitalbindung ist der One-Night-Stand: abwechslungsreich, shorttime, kostenlos. Das muss man einem Steuerberater nicht vorrechnen. Und auch nicht den *worst case*, die Ehe: monoton, ewig, teuer.

Für eine Weile lebte ich, was sich so nach und nach gesellschaftlich durchsetzt: Weg mit der Ehe! «Ich bin doch nicht blöd!»

Doch, sorry! Stabile Ehen sind ungemein wertvoll für eine vitale Gesellschaft. Kinder kommen nämlich in der schönen neuen Welt der Kurzzeitlieben nicht vor, weshalb wir auch so wenige haben. Und die wenigen werden noch gepampert, gepatchworked, fremdbetreut, zwischengeparkt, mit Ritalin ruhiggestellt und in der Pubertät (wenn sie nicht mehr süß und vorzeigbar sind, sondern problematisch und die ganze versagte Liebe einfordernd) abgestoßen. Ich darf das alles nicht sagen? Doch. Darf ich. *Denn ich rede von mir*, wenn ich auch glücklicherweise keine Kinder in die Welt gesetzt habe. Ich weiß nicht, was ich ihnen schuldig geblieben wäre, wahrscheinlich alles. Nach dieser etwas ausladenden Einführung dürften Sie die Vorzeichen kennen, unter denen ich meine Chronique sexuelle erzähle.

Nach meinem Unfall lebte ich noch eine gewisse Zeit mit Brigitte zusammen. Die wunderbare Brigitte betrog ich mit der wunderbaren Christl, mit der ich zehn Jahre zusammenlebte. Nachdem ich mich von der wunderbaren Christl getrennt hatte (in diesem einen speziellen Fall Christl von mir!), zog ich in eine wunderbare Münchner Luxuswohnung im Herzogpark. Neubau, Marmor mit eigenem Bach im Grundstück.

In dieser Zeit passte ich mich dem Lebensstil der Schönen und Reichen an und wechselte meine Partnerinnen sehr oft. One-Night-Stands waren an der Tages-, in der Regel aber eher Nachtordnung. Bei vielen privaten Partys, zu denen ich eingeladen wurde, hatte man für Mädchen schon im Voraus gesorgt, wie früher die Hausfrau für Schnittchen und Waldorf-Salat, heute würde man es Fingerfood nennen. So die willigen Mädels nicht aus dem Umfeld des reichen Hauses zu generieren waren, ließ man den Escort-Service verdienen. In vielen vornehmen Häusern Münchens gab und gibt es nicht nur die Standleitung zu Käfer und Dallmayr, sondern auch eine ins edelprostitutive Milieu. «What shalls?» («Was soll's?»), sagte man sich. Warum sollte für Liebe nicht ein bisschen Geld fließen? Wir sind doch alle in Tauschprozessen. Wer verkauft sich nicht auf die eine oder andere Weise? Den Satz hätte ich vor zwanzig Jahren glatt unterschrieben.

Vor der Geschichte mit Bruce hatte ich mit Alkohol nicht viel ... und mit Drogen gar nichts am Hut. In der Münchner Schickeria war schon vor Ende der 80er Jahre der Schnee ausgebrochen. Marihuana überließ man den Freaks. Kaum ein Model, Showmensch, Szeneschreiber, der nicht den Kick für die Nacht suchte, im Halbdunkel das Döschen zückte und auf der Toilette sein Näschen nahm. Die Ungeschickten wurden erwischt und durch die Gazetten gejagt. Die anderen taten es auch. Ich sah es ihnen an den wässrigen Augen, den erweiterten Pupillen und den aufgeblähten Nüstern an.

Ich kam, wie gesagt, spät dazu. Gewisse Drogenstudien hatte ich in New York und vor allem, später dann, in Miami gemacht. Ich kann mich noch gut an ein Erlebnis erinnern, als ich einige Zeit auf Long Island, bei New York, zu tun hatte. Ich war mit einem äußerst erfolgreichen deutschen Autohändler befreundet, der dort ein Autohaus für eine amerikanische Nobelmarke betrieb.

Als wir eines Abends, eingeladen von zwei reichen älteren Ladys, mit deren nagelneuem Rolls-Royce zum Essen in ein Nobelrestaurant fuhren, stoppte der Chauffeur hundert Meter vor dem Restaurant das Fahrzeug, zündete einen Joint an und reichte diesen den klunkerbehängten Ladys, die sogleich daran zogen und ihn weitergaben. Auch ich versuchte das erste Mal davon, obwohl ich in meinem ganzen Leben nicht geraucht habe.

Sobald der Joint geraucht war, fuhr der Fahrer den restlichen Weg vor das Lokal und öffnete formvollendet die Wagentüren.

Das alles kam mir so unglaublich schräg vor, dass ich meinen Freund, den Autohändler, beiseite nahm: «Hey, was sind das denn für Damen, von denen wir eingeladen sind?»

Er wusste natürlich sofort, worauf sich meine Frage bezog, und entgegnete mir belustigt: «Josef, das ist hier normal in Amerika. Der Joint wird als eine Art Aperitif angesehen. Er macht gute Laune und verstärkt das Hungergefühl! Da musst du dir nichts dabei denken.»

Bei mir bewirkten die zwei, drei Züge am Joint rein gar nichts. Hunger hatte ich genug und gute Laune eigentlich auch fast immer.

In Miami, im Umfeld von Bruce, gab es keine nächtliche Party ohne Koks – am Pool, an der Bar, an Tischen. Niemand versteckte seinen Drogenkonsum. Er war Teil einer erotisch aufgeladenen Gesamtatmosphäre aus Musik, Tanz, Alkohol, versteckter und offener Anmache. Es ging immer nur um «das eine». Und Koks machte «das eine» noch geiler. Immer noch beteiligte ich mich nicht an dem Ganzen, war nur der neugierige, tolerante Zuschauer, der sich am erotischen Spiel der schönen jungen Lateinamerikaner erfreute. Selbst zum Kokainkonsum kam ich erst später in München – durch die Angst und durch die Sehnsucht nach Vergessen.

Und es kam so: Mehrmals im Jahr machte Bruce in München und Umgebung Urlaub. Nach dem Abendessen, bevor wir in einen Club gingen, um Party zu machen und die Nacht zu genießen, ging Bruce zuerst immer noch einmal in sein Hotelzimmer. Dort nahm er aus einem kleinen Döschen, das er dort versteckt hatte, ein bis zwei Linien Kokain, das er aus den USA mitgebracht hatte. Es war, so klärte mich Bruce auf, eine sehr reine und saubere Qualität, die nicht mit allerlei Mitteln wie Mehl oder anderen Substanzen gestreckt worden war. Immer wieder lud er mich ein: «Nimm doch was davon! Du wirst sehen, es gibt dir einen Wahnsinnskick!» Ich lehnte stets dankend ab.

Irgendwann überredete er mich dann doch; ich versuchte es und stellte keinerlei Wirkung fest. Wie bei dem Joint der beiden älteren Damen war ich der Meinung, dass ich so etwas nun wirklich nicht haben musste. Gute Laune hatte ich auch so.

Ich sollte mich täuschen.

Eines Tages entdeckte ich eines der Döschen, die Bruce bei sich trug, auf meinem weißen Ledersofa. Er musste es bei einem seiner Aufenthalte vergessen haben; vielleicht war es ihm aus der Hosentasche gefallen. Nun war ich momentan in einer Situation, in der mir die gute Laune gründlich vergangen war. Ich hatte gerade meinen ersten Prozess wegen Steuerhinterziehung und anderen Delikten hinter mir und wurde von nackter Existenzangst geplagt. Ein bisschen Gute-Laune-Pulver kam mir gerade recht. Ich wollte einen erneuten Versuch starten, wollte vergessen, wollte Koks.

In nüchternem Zustand war ich dazu überhaupt nicht imstande, da würde mein klarer Verstand mir im Wege stehen. So trank ich erst ein paar kräftige Schlucke Wodka, die ich mit Fruchtsaft mixte, damit ich den Alkohol hinunterspülen konnte. Als meine Hemmschwelle nach ein paar Minuten tatsächlich sank, probierte ich das Kokain aus dem Döschen. Ich benutzte einen Strohhalm und zog mir eine große Portion in einem Zug durch die Nase. Das wirkte und saß. Es blies mir fast das Gehirn raus. Jedenfalls kam es mir so vor, weil ich keine Dosierung kannte und wie in allem voll gierig war. Die euphorische Wirkung, die durchs Kokain kommt, setzte sofort ein. Ja, sie durchfuhr mich wie ein Orkan. Ich nahm an diesem Abend immer wieder einen Schluck Wodka und dann Kokain, so wie ich es früher bei anderen gesehen hatte. Mann, tat das gut! *Give me more!* Ich wollte das Gefühl festhalten und sogar verstärken, was mich immer mehr von dem Zeug nehmen ließ, bis das Döschen leer war. Der Teufel hatte mich gefangen.

Ich war in dieser schrecklichen Nacht so stoned, dass ich im Übermut meine teure Designerwohnung verwüstete. Ich riss die großen Palmen aus der Erde, und es sah auf dem Fußboden wie auf einem Schlachtfeld aus. Überall lag Erde. Auf dem Teppichboden und den Marmorflächen. Die Pflanzenkübel waren umgekippt, und die Palmen lagen herum. Am nächsten Tag konnte ich mich nicht daran erinnern, wie ich das geschafft hatte. Ich hatte echte Erklärungsnot meiner Haushälterin gegenüber, die unbedingt wissen wollte, welche Vandalen hier gehaust hatten. Ich konnte ihr weder Kokain noch eine Erklärung anbieten. Beides war mir ausgegangen.

Da das Kokain zwar nicht direkt körperlich abhängig macht, aber durch Rezeptoren im Gehirn eine psychische Abhängigkeit bewirkt, nahm ich ab diesem Zeitpunkt ständig dieses Zeug, immer kombiniert mit Alkohol. In nüchternem Zustand brachte ich es einfach nicht in mich hinein. Kokain stimulierte mich sexuell ohne Ende. Die Treue zu meiner damaligen Freundin schmolz wie der Schnee in der Sonne, ebenso mein Arbeitsethos. Menschlich ging ich den Bach hinunter.

Kokain war auch mitschuldig am späteren Scheitern meiner Ehe. Ach was, ich allein war schuld – hätte das Zeug bloß nicht zu nehmen brauchen, um mal Klartext zu reden bzw. zu schreiben.

Kokain machte mich einfach geil. Und ich wollte geil werden. Grenzenlos geil. Denn wenn ich geil war, vergaß ich die Welt um mich herum. Zuerst kam der Alkohol, zwei Glas Bier oder Champagner genügten meist, dann das Verlangen nach Kokain und dann die Gier nach einer Frau. Ich konnte fast voraussagen, dass ich nach einem Glas Schampus und ein paar Drinks am Ende entweder mit irgendeiner

Frau bei mir im Bett oder in einem Bordell landete. Egal ob im Inland oder Ausland, wo immer ich mich auch befand. War ich in fremden Städten unterwegs, lernte ich schnell unkomplizierte Frauen kennen, oder ich nutzte auch den Hostessen- bzw. Escort-Service. Ich gierte nach dem Duft der Frauen, dem Spiel der Leiber, den süßen Tröstungen ihres Fleisches.

Meine Abhängigkeit entwickelte eine verheerende Dynamik. Am Ende war ich kein Mensch mehr und dreifach kaputt: als Säufer, als Drogenabhängiger und als Sexmaniac. Einer, der dreifach seine Freiheit verkauft hatte, sich dreifach ekelte vor sich selbst. Das ist die Wahrheit – und ich kann jungen Leuten, die der drogenbefeuerten «Freiheit» ihrer Stars nacheifern, nur sagen: Wenn ihr wüsstet, was das für arme Würstchen sind!

Auch finanziell ruinierte mich die Droge Kokain fast, weil die Beschaffung immer größerer Mengen Unsummen an Geld verschlang. Wahrscheinlich hätte mich ein Herzinfarkt weggerafft, wenn ich dem Teufel nicht auf besondere Weise von der Schippe gesprungen wäre.

Aber die schöne Geschichte von meiner Befreiung und Menschwerdung im Knast ist eben eine andere Geschichte.

Und man kann ja nicht alles am gleichen Tag erzählen.

14
Fliehen Sie!

Von Wolfgang Hildesheimer gibt es eine zauberhafte Satire, in der sich Folgendes ereignet:

«Eines Nachts stieß ich im Telefonbuch auf den Namen des Bewohners eines schräg gegenüberliegenden Hauses. Ich kannte ihn nicht. Ich glaube, er hieß Huncke oder so ähnlich. Ich rief ihn an, es war schon spät in der Nacht ...» Die beiden sind sich nie begegnet, aber der Erzähler sagt: «Herr Huncke, hören Sie mir jetzt bitte gut zu: *Es ist alles entdeckt.* Alles, verstehen Sie? Ich möchte Ihnen daher raten: Fliehen Sie, solange Ihnen noch Zeit bleibt!» Nach einer Weile gehen die Lichter im gegenüberliegenden Haus aus; ein Taxi fährt vor, «Huncke oder so ähnlich» steigt ein. Es kommt zu weiteren Anrufen und Kettenreaktionen – und plötzlich flieht die halbe Stadt. Scheinbar hat jeder etwas zu verbergen. Der magische Satz: «Es ist alles entdeckt», hebt die Welt aus den Angeln.

Meine Yacht «Lady Sandra», eine 25 Meter lange Sunseeker Predator, ankerte im Sommer 2004 vor Mallorca. Ich hatte es mir mit einem Drink auf dem Deck im eleganten offenen Salon gemütlich gemacht, ließ mich vom warmen Seewind umfächeln und hörte dem Klatschen der Wellen an der Bordwand zu, als plötzlich das Telefon klingelte. Ich ahnte nichts Böses. Am anderen Ende der Leitung: mein Anwalt aus München.

«Herr Müller, ich glaube, *Sie müssen fliehen ... müssen für eine Weile ins Ausland!* Es ist etwas Schreckliches passiert!»

Nun war ich ja im Ausland, zusammen mit meiner Frau Sandra und unserem Chauffeur. Mit Sandra war ich vor ein paar Tagen von München herübergeflogen; der Chauffeur war mit dem schnittigen AMG 500 SL nachgekommen, damit ich mich mit dem Fahrzeug auf der Insel bewegen konnte. Für offiziellere Besuche auf Mallorca hatte ich mir vorsichtshalber schon vor einigen Tagen von Mercedes meinen Maybach im geschlossenen Transporter anliefern lassen. Katastrophen standen nicht an. Das Börsengeschäft war hart und herausfordernd, aber üble Machenschaften gab es nicht zu «entdecken». Ich besaß zu dieser Zeit neben meinen Büros in München noch eine Tradingfirma in London, über die ich das Börsengeschäft ausführte. Diese Firma war es auch, die im Frühjahr 2004 zu Promotion- und Werbezwecken die große Sunseeker-Motoryacht erworben hatte. Großinvestoren beeindruckte es, wenn man sie auf die eigene Yacht einlud. Und ich selbst war den luxuriösen Seiten des Lebens nicht nur nicht abgeneigt – ich war ihnen verfallen. Von allem musste ich das Schönste, Beste, Schmackhafteste, Angesagteste haben.

«Fliehen Sie! ...»
Ich fasste mir an den Kopf. Was sollte das? Aber das, was mir der Anwalt mitzuteilen hatte, führte zu einem solchen Schweißausbruch, dass die kühle Seebrise nicht dagegen ankam. Ohne dass ich das Geringste davon mitbekommen hatte, war ich zum Opfer einer Intrige geworden. Ich saß wie die Fliege im Netz. Jemand war dabei, mich geschäftlich und privat zu ruinieren. Ja, der Anwalt hatte recht. Ich musste Deutschland verlassen, um mich einer voreiligen Verhaftung zu entziehen und meine Unschuld in Ruhe beweisen zu können.

Das klingt nach Richard Kimble. Als Kind habe ich keine Folge der Fernsehserie «Dr. Kimble auf der Flucht» verpasst. Erinnern Sie sich noch? Richard Kimble war der unschuldig zum Tod verurteilte Arzt, der kurz vor seiner Hinrichtung fliehen kann. Ein knallharter US-Marshall setzt alle Hebel in Bewegung, um den vermeintlichen Mörder zu fassen. Alle verfolgen den Mann, der nur ein Ziel hat: Gerechtigkeit und den wahren Täter zu finden.

Die TV-Serie, ein echter Straßenfeger, basierte auf dem wahren Schicksal des unschuldig verurteilten Arztes Sam Sheppard; die Flucht selbst freilich war pure Erfindung. Dass ich selbst einmal eine Art Richard Kimble sein würde, sechs Monate lang gejagt von deutschen und amerikanischen Ermittlern, hätte ich mir in meinen kühnsten Träumen nicht ausgemalt.

Die Pointe des Dr. Kimble (und warum ihn alle liebten) war seine

Unschuld. Schuldige Flüchtlinge sind so ziemlich das Letzte. Jagt sie! Stellt sie! Verhaftet sie! Nun bin ich in meinem Leben wahrhaft schuldig geworden und hätte für eine Menge schlimmer Dinge mit guten Gründen Fersengeld geben können. Dass ich aber ausgerechnet wegen Machenschaften fliehen musste, an denen ich so unschuldig wie ein Kind war, das ist Ironie des Schicksals. Hören Sie also die Geschichte eines betrogenen Betrügers!

Ich rekonstruiere sie nicht nur aus meinen eigenen Erinnerungen, sondern insbesondere auch aus den mir vorliegenden Vernehmungsprotokollen sowie aus den mir zugesandten Aufzeichnungen der Ermittlungsbehörden nebst der viel später ergangenen Urteile des Landgerichts München sowie des Bundesgerichtshofs in Karlsruhe. Die Zusammenhänge waren mir teilweise selbst nicht bekannt; mich beschlichen nur schlimme Ahnungen, denen ich anfangs einfach keinen Glauben schenken wollte. Leider (und zu meiner tiefsten Enttäuschung) zeigte sich, dass ein Mensch das Spinnennetz strickte, den ich einmal meinen «besten Freund» nannte. Wir kannten uns fast schon aus dem Sandkasten, zumindest waren es die 70er Jahre, und wir trafen uns oft privat, hatten auch Business miteinander gemacht.

Es würde zu weit führen, wollte ich darlegen, wie und mit welchen Projekten mein Freund geschäftlich sehr erfolgreich war, aber schlussendlich durch einen widrigen Umstand Schiffbruch erlitten hatte. Es war so, dass er eines Tages ökonomisch vor dem Nichts stand und glaubte, seine Familie nicht mehr ernähren zu können. Hinzu kam seine Scham, seinem Vater, der früher ein hohes Tier in der Justiz gewesen war, unter die Augen zu treten.

So verfiel der Mann in seiner Verzweiflung auf den verrückten Gedanken, seinen besten Freund Josef zu verraten und die Millionen dieses seines Freundes mit krimineller Energie «anzuzapfen». So weit in Unordnung. Nur gehörten mir die vielen, vielen Millionen auf meinen Konten nicht. Es handelte sich ausschließlich um das Geld meiner Klienten, das mir treuhänderisch anvertraut war. Mein Freund wusste das. Ich besaß dazu eine Vermögensverwaltungs GmbH, die mir alleine gehörte und deren Geschäftsführer ausschließlich ich selbst war.

Mein Freund handelte nicht als Einzeltäter. Zusammen mit seinem

Sohn und einem anderen Freund, einem Juristen, dem man wegen Unregelmäßigkeiten seine Notariatslizenz in Augsburg entzogen hatte, wurde ein Plan geschmiedet. Die ganze Bande war klamm und gierte nach meinen Millionen, die mir nicht gehörten. Was vor allem mein Freund sich dabei dachte, ist mir schleierhaft. Die Bande würde mir nicht ein Stück vom großen Kuchen wegnehmen: Man würde mich ruinieren. Bis heute habe ich nur eine einzige Erklärung: In der Not ist manchem das Hemd näher als die Hose. Ich kann dies selbst am besten nachvollziehen, denn auch ich befand mich Jahre davor in der ähnlichen Situation, nachdem ich Bruces Millionen verloren hatte. Damals benutzte ich meinen besten Freund, um mir Liquidität zu verschaffen, allerdings ohne die Konsequenz, dass er am Ende ruiniert war.

Der Plan, mit dem die Bande an das Geld kommen wollte, bestand darin, dass mein Freund intime Kenntnisse über meine ganze Lebensgeschichte besaß und zwei reale Schwachstellen kannte. Er wusste, dass ich es versäumt hatte, rechtzeitig eine Lizenz zum Börsenhandel zu beantragen – das Verfahren lief noch. Und er wusste auch, dass ich noch eine Verbindlichkeit aus den 80er Jahren offen hatte, die im Jahre 2000 tituliert wurde, das heißt, ich wurde damals gerichtlich verurteilt, einem Menschen, mit dem ich in den Achtzigern einmal einen Automobilvertrieb besaß, einen sehr hohen Betrag als Schadenersatz zu zahlen. Ich selbst war zu dieser Zeit gerade bemüht, mit dem Anwalt meines Gläubigers einen Vergleich herbeizuführen, da ich nun aus den Erträgen des Börsenhandels die erforderliche Summe aufbringen konnte.

Da war sie – die Schwachstelle! Mein Freund kaufte über einen Mittelsmann, einen weiteren Anwalt, diesen Titel für eine relativ geringe Summe «verdeckt» auf und hatte nun eine Forderung gegen mich. Um diese Forderung herum konstruierte die Bande das Spinnennetz. Ich lag derweilen nichtsahnend in der Sonne Spaniens.

Das Konstrukt der Pleitegeierbande lautete: Josef Müller hat sich der Vollstreckung seiner Gläubiger entzogen und lebt in Saus und Braus und größtem Luxus in Spanien. Er schilderte über einen weiteren Freund meinen damaligen luxuriösen Lebensstil, in dem er auch die exklusiven Lokale und Luxushotels in der ganzen Welt nicht aussparte, in denen ich verkehrte. Zur Krönung sandte man noch einen Detektiv nach Mallorca, ließ Bilder von mir und meinem Maybach sowie der Yacht «Lady Sandra» per Internet nach München übermitteln. Da ich aus meinem Luxusleben keinen Hehl machte und überall bekannt war wie ein bunter Hund, fiel es nicht schwer, den nötigen Treiber «Neid» zu erzeugen.

Der Anwalt der Bande, der selbst jahrelang im Gefängnis saß, ging zwischenzeitlich, so wurde mir später aus verlässlicher Quelle berichtet, im August 2004 von einem Richter zum anderen und fand schließlich einen, dem er die feingestrickte Geschichte glaubhaft machen konnte. Man hatte also vor Gericht einen vollstreckbaren Titel in mein gesamtes Vermögen erhalten, ohne dass ich ein rechtliches Gehör zu der Sache erhielt.

Zu meinem Gesamtvermögen zählte natürlich auch die Münchner Vermögensverwaltungsfirma, eine GmbH. Die Herren gingen dann vor das zuständige Amtsgericht und erwirkten dort einen Beschluss, meinen Anteil an der Firma zu beschlagnahmen und für lächerliche 10.000 Euro zu erwerben. Dieser Beschluss wurde später zwar durch das Landgericht als fehlerhaft aufgehoben. Zunächst hatten sie ihn jedoch in Händen.

Hals über Kopf brach ich Ende August 2004 aus meinem Mallorca-Urlaub nach München auf, wo mir dieser Beschluss präsentiert wurde. Ich weiß nicht, welcher Teufel mich ritt. Aber das Erste, was ich tat, war dies: Ich ging zu meinem besten Freund, den ich um Rat und Hilfe bat, ohne zu wissen, dass er selbst der Drahtzieher der Intrige war. So lieferte ich alle meine Gedanken, Überlegungen und Schritte direkt an den Feind aus.

Ich hatte nur zwei Alternativen, die ich in schönster Naivität mit meinem Freund beriet: Erstens hätte ich alle Anleger davon in Kenntnis setzen können, dass Vollstreckungsmaßnahmen gegen ihre Geldanlage aufgrund einer Pfändung erfolgt seien. Sie hätten dann nur mit einer Vollstreckungs-Gegenklage an ihr Geld kommen können. Zweitens hätte ich die Vollstreckung zulassen können. Dann wäre das gesamte Geld der Anleger von den Konten abgeräumt worden.

Die erste Alternative hätte die Anleger über meine Altlasten in Kenntnis gesetzt. Kein Anleger würde mir Geld ohne Sicherheiten anvertrauen, wenn bekannt würde, dass ich Schulden in Millionenhöhe hatte und vorbestraft war. Das Ergebnis wäre gewesen, dass die Firma und der lukrative Börsenhandel zusammengebrochen wären und ich eventuell noch mit Anzeigen hätte rechnen müssen. Die zweite Alternative wäre auf dasselbe hinausgelaufen, denn die Anleger würden schnell erfahren, dass ihr Geld, das sie Herrn Müller und der Ascania Vermögensverwaltungs GmbH anvertraut hatten, weg war.

Keine rosigen Zukunftsaussichten also, die mir Anfang September 2004 ins Haus standen. Um die Katastrophe perfekt zu machen, kam noch ein weiterer Umstand hinzu: Von der Vollstreckungsstaatsanwaltschaft beim Landgericht München war der mir 1992 gewährte Haftaufschub, der aus einer uralten Verurteilung wegen Steuerhinterziehung und anderen ähnlichen Delikten resultierte, gerade widerrufen worden – vermutlich auch deshalb, um mich für weitere Gegenmaßnahmen in der Vollstreckungssache außer Gefecht zu setzen. Auch dahinter steckte niemand anderer als mein bester Freund, mutmaßte ich, denn solche Zufälle gibt es nicht. Alles war also perfekt und bis ins Letzte geplant.

Dass mir ein Gefängnisaufenthalt in einer behindertengerechten Haftanstalt, einem Krankenhaus der JVA Hövelhof im Bundesland Nordrhein-Westfalen, bevorstand, davon bekam ich glücklicherweise vor der geplanten Verhaftung Wind durch die Justiz.

Was ich nun tat, beriet ich nicht mit meinem besten Freund, sondern mit meinem Anwalt. Das Ergebnis der Beratungen war eindeutig: «Fliehen Sie! Sie brauchen Zeit, um die Dinge juristisch klarzustellen. Sind Sie einmal inhaftiert, haben Sie keine Chance mehr zu agieren; dann bricht Ihnen alles unter den Füßen weg!»

Das war der beste Rat, den mir mein Anwalt je gegeben hatte.

Ich tat, was ich auch im Nachhinein noch für richtig halte: Ich machte den Kimble, sprich: Ich entzog mich der Verhaftung durch eine abenteuerliche Flucht, die mich schließlich um den halben Erdball führen sollte. Mein Plan war nicht, Deutschland für immer zu verlassen, vielmehr wollte ich mich erst einmal an einen sicheren Ort begeben, um von dort mit der Justiz erneut wegen meiner Haft(un)fähigkeit verhandeln zu können. Ich musste unter allen Umständen ein freier Mann bleiben. Das war das Allerwichtigste. Was eine Inhaftierung für die Anleger, deren Geld und meine Firma bedeutet hätte, wagte ich mir nicht auszumalen. Ich musste herausfinden, wer in Wirklichkeit hinter den ganzen Maßnahmen gegen mich stand.

15
Die Verschwörung der chinesischen Glückskekse

«*Fliehen Sie!*»
Jemand sagt das zu Ihnen. Sie wissen: Er hat recht, du hast keine andere Wahl. Sie sind nicht wirklich darauf gefasst, Sie haben Familie, einen Job, Freunde, kurz: Ihr Lebensmittelpunkt ist Ihre Stadt, in der Sie seit langem zu Hause sind. Ich glaube, es wären drei Fragen, die Sie sich stellen würden:
1. Wohin soll ich gehen?
2. Wen soll ich davon in Kenntnis setzen?
3. Was nehme ich mit?

Mir stellten sich die gleichen Fragen und noch hundert andere. Als Erstes überlegte ich, in welcher Stadt ich mich am besten auskenne. Es musste eine Stadt sein, die nicht zu weit entfernt lag. Meine Wahl fiel sofort auf Wien. Ich kannte mich dort aus, hatte Wien oft besucht und liebte die Wiener Art. Ich kannte die Stadtviertel und Straßen und wusste: Die Menschen dort sind gastfreundlich. So war der erste Punkt geklärt, und ich mietete mir im Grand Hotel Wien am Kärntner Ring, nahe der Oper und dem Stadtpark, eine komfortable Suite. Das war Mitte September 2004.

Ich lebte nun in Wien, fuhr aber jeden Tag nach München, um meine Börsen-Geschäfte abzuwickeln. Das waren vierhundert Kilometer einfache Fahrt, für die ich morgens und abends jeweils zirka dreieinhalb Stunden benötigte. Da ich damals einen BMW 760i fuhr, war das Fahren in diesem 12-Zylinder-Luxusschlitten nur Nebensache, und es strengte mich nicht besonders an. Ich hörte unterwegs klassische Musik und aktuelle Börsenkurse, so dass die Fahrt wie im Fluge verrann.

Warum ich mich dieser aufwändigen Übung unterzog? Nun, ich las

15 · Die Verschwörung der chinesischen Glückskekse

immer gerne Krimis, versäumte im Fernsehen keinen «Tatort» und ahnte nicht, dass man daraus auch lernen konnte. Aus der Lektüre und der TV-Sendung wusste ich aber, dass Verhaftungen meist in den Morgenstunden stattfanden, wenn die gesuchte Person noch schlief. Diese Einsicht sollte mir noch sehr nützlich sein. Morgens in aller Frühe also befand ich mich auf der Autobahn. Man würde mich vergebens im Bett suchen.

In dieser Zeit brummte mein Geschäft; zu mir kamen viele Anleger, die mir in einem Kuvert Bargeld überreichten, damit ich es an der Börse gewinnbringend vermehren sollte. Ich bestellte diese Kunden dann in das Foyer des Bayerischen Hofes in der Innenstadt von München und nahm das Geld meist im Café des Hotels, im Zwischengeschoss, entgegen. Danach zahlte ich den Betrag als Geschäftsführer auf das Girokonto der Ascania GmbH ein.

Wenn ich in der Folge nun eine Kette von unglaublichen Zufällen beschreibe, durch die ich dem Zugriff der Behörden entkam, muss ich auch beschreiben, was sich in meinem Inneren abspielte. Mal ums Mal konnte ich nur den Kopf schütteln. Mit «Schwein gehabt!» ließ sich das nicht mehr erklären. Und immer häufiger raunte ich den Satz: «*Das kann doch kein Zufall sein!*» – wie man das halt eben so dahinsagt. Man sagt auch: «Mensch, da hast du aber einen Schutzengel gehabt!» Meistens sind das Leerformeln. Wörtlich genommen würde das ja bedeuten, dass eine höhere Instanz mitspielt, ein schneller Engel mitfliegt – name whatever you want.

Mein religiöses Sensorium war zu dieser Zeit nicht besonders ausgeprägt. Der Verdacht, der mich hie und da trotzdem beschlich, der liebe Gott könnte auch in der Biografie eines katholischen Schlitzohrs seine Finger im Spiel haben, war etwa so plausibel wie die «Hand Gottes» von Diego Maradona. Es hat etwas Blasphemisches, die Handschrift Gottes unter die krummen Zeilen einer Kriminalstory zu mischen, ihn zum Kumpan einer halb berechtigten, halb seidenen Fluchtgeschichte zu machen und seine Führung in der Bewahrung vor polizeilichem Zugriff zu erkennen.

Trotzdem drängte sich mir eine immer dichtere Logik in meinem sechsmonatigen Abenteuer auf. Eines Tages werde ich die Rückseite meines Lebensteppichs sehen und das Muster der Verknüpfungen erkennen. Darauf bin ich echt neugierig.

Damals gab es auf der Strecke zwischen Wien und München bei Linz eine Großbaustelle, die umfahren werden musste, was mich eine Menge Zeit kostete. Am Abend des 6. Oktober, es war ein Mittwoch, fuhr ich vom Abendessen in einer Heurigen-Wirtschaft in Wien-Nussdorf mit dem Taxi ins Grand Hotel zurück. Fast mit jedem Taxifahrer in Wien kam ich ins Plaudern. Ich kam mit ihm auch auf meine täglichen Fahrten nach München und auf die Großbaustelle in Linz zu sprechen. Der Taxler war früher mal Lkw-Fahrer gewesen und riet mir, die Route vor Linz, über Deggendorf auf der A3 und dann weiter auf der A92 nach München zu wählen, um dieser Baustelle auszuweichen und schneller in der bayerischen Metropole sein zu können. Der Rat erschien mir logisch; ich bedankte mich freundlich für den Tipp und fuhr am nächsten Tag, am Donnerstag, den 7. Oktober 2004, auf dieser Alternativstrecke nach München.

Da schien ich aber vom Regen in die Traufe gekommen zu sein: Ich umging zwar die Großbaustelle, geriet aber in einen solchen Megastau, wie ich ihn zuvor nicht und danach nie wieder in meinem bisherigen Leben erlebt habe. Ich stand über zwei Stunden an einem Fleck der Autobahn, ohne dass es auch nur einen Meter vorwärtsging. Im Autoradio hörte ich bald den Grund: Kurz vor Deggendorf war es zu einer Massenkarambolage gekommen. Die Autobahn wurde für viele Stunden gesperrt. Die im Stau standen, hatten also keinerlei Ausweichmöglichkeiten.

Nun pressierte es mir an diesem Tag aber ganz besonders; ich hatte für die Mittagszeit eine Geldübergabe mit einem Anleger in Höhe von 100.000 Euro in bar im Bayerischen Hof vereinbart. Über das Handy hielt ich mit dem bereits etwas nervösen Mann Verbindung und überlegte mit ihm, zu welcher späteren Zeit wir uns treffen konnten. Heimlich fluchte ich vor mich hin: Verdammt noch mal, warum passierte mir das gerade heute? Dieser Deal durfte mir einfach nicht durch die Lappen gehen!

Plötzlich erreichte mich ein Anruf meiner damaligen Ehefrau Sandra, die sich in unserer gemeinsamen Wohnung in München-Solln aufhielt. Sie sprach sehr erregt und schnell: «Josef, die Polizei war hier, mit mehreren Beamten sowie einem Krankenwagen. Sie wollten dich verhaften. Ich habe den Haftbefehl mit eigenen Augen gesehen. Mensch Josef, was ist da los?»

Mir wurde plötzlich heiß im ganzen Körper. Übelkeit kroch aus der Magengegend nach oben, ein Würgereiz überfiel mich, und panische Angst löste in mir unkontrollierte Schweißausbrüche aus. Während ich noch hektisch auf meine Frau einredete, klopfte es plötzlich im Handy an; ich bat Sandra kurz um Geduld, nahm das andere Gespräch entgegen und hatte die Sekretärin meines damaligen Anwalts am Telefon. Ich liebte ihre ruhige Stimme. Sie teilte mir routiniert und sachlich mit, dass man versucht habe, mich in München zu verhaften, mich aber zu Hause nicht angetroffen hatte und mich jetzt zur Fahndung ausschreiben würde.

Fahndung – auch das noch! Mein Puls ging rasend, mir wurde noch übler, und die Angst stieg ins Unermessliche. *Jetzt klaren Kopf behalten*, redete ich mir zu, denn ich hatte für diesen Moment alles vorbereitet, wenn ich auch im Stillen hoffte, dass es nie so weit kommen würde. Ich beendete beide Telefonate, indem ich mich für die wertvolle Information bedankte und sagte, dass ich mich wieder melden würde.

Cool bleiben, Josef, ganz cool! Das hört sich einfacher an, als es ist, wenn der Körper mit seinen Signalen dem Gehirn nicht mehr gehorchen will. Und auf der Autobahn ging es keinen Zentimeter vorwärts. Die Leute waren ausgestiegen, rauchten eine Zigarette, unterhielten sich. Manchmal kamen Polizeiautos mit Blaulicht vorbei. Ich machte nur die Augen zu. Sie fuhren vorbei.

Plötzlich schoss mir durch den Kopf, was passiert wäre, wenn ich nicht diese neue Route genommen hätte. He!, war es nicht fantastisch, jetzt im Stau zu stehen?! Wäre ich die normale Strecke gefahren, hätte mich die Polizei vermutlich vor meiner Villa in München-Solln in Empfang genommen. Aus das Spiel, aus mit Josef Müller!

Umdrehen! Sofort zurück nach Wien!, war mein erster Gedanke. *Koffer packen! Ab zum Flughafen!* Sofort nach London, wo ich bereits für alle Fälle eine Suite im Landmark Hotel an der Marylebone Road im Herzen von London angemietet hatte.

Beinahe hätte ich den Anleger mit dem Bargeld im Bayerischen Hof in München vergessen. Nein, den Termin musste ich unbedingt noch wahrnehmen. Ich hatte zwar einen Barbetrag in Höhe von zirka 90.000 Euro im Hotelsafe in Wien deponiert, um unabhängig von Kreditkarten zu sein. Da ich aber nicht wusste, wie es nun tatsächlich weitergehen würde, kam mir ein zusätzlicher Bargeldbetrag gerade recht. Nach München zu fahren, erschien mir aber zu gefährlich. Deshalb rief ich den Anleger nochmals an und bat ihn, mir entgegenzukommen, sobald sich der Stau auflösen würde. Uff, er war damit einverstanden. Nach weiteren zwanzig Minuten begann der Verkehr tatsächlich wieder zu fließen. Ich rief also nochmals den Anleger an und gab ihm zu verstehen, dass er jetzt losfahren konnte. Ich teilte ihm mit, dass er die A92 Richtung Deggendorf und im weiteren Verlauf die Ausfahrt bei Dingolfing nehmen sollte. An der ersten Tankstelle sollte er auf mich warten.

Der Stau löste sich dann zügig auf, und ich traf ungefähr zehn Minuten früher am vereinbarten Treffpunkt ein. Es war alles im Vorhinein besprochen, so dass der Mann sich nur kurz in meinen Wagen setzte und mir den Betrag übergab. Im Gegenzug erhielt er von mir eine vorbereitete Quittung über die ausgehändigte Summe. 100.000 Euro gingen von Hand zu Hand, in einem Auto, auf dem Parkplatz einer Tankstelle! So etwas sieht man nur in schlechten Kriminalfilmen.

Der Mann jedoch hatte eisernes Vertrauen in mich. Was jedem biederen Bürger anrüchig erscheinen musste, bereitete ihm keinerlei Bedenken. Mich durchzuckte es. Ob der Mann sein Geld jemals wiedersehen würde? Er wollte es gewiss nicht in die philanthropische Fluchthilfe investieren. Aber ich wollte nicht darüber nachdenken.

Ich war heilfroh, dass ich bald wieder auf der Autobahn Richtung Wien unterwegs war. Mein Handy hatte ich sofort abgeschaltet, um nicht geortet werden zu können. Meine Frau teilte mir am Telefon mit, dass sie von den Beamten erfahren hatte, dass sie mich über das GPS-System meines Wagens ausfindig machen wollten. Das war schon ein Problem, denn das Navi war fest eingebaut und ließ sich nicht komplett abschalten. Ich hoffte, dass ich es bis zum Grand Hotel in der Wiener Innenstadt schaffen würde.

15 · Die Verschwörung der chinesischen Glückskekse

Auf dem Weg dorthin fiel mir jeder Streifenwagen schon von weitem auf, und von Mal zu Mal wurde ich nervöser. *Jetzt nur nicht die Höchstgeschwindigkeit überschreiten!*, dachte ich aufgeregt. Das hätte mir noch gefehlt, von einer Verkehrskontrolle überprüft zu werden. Aber heute glaube ich, dass ich das alles vollkommen überzogen sah und die Flöhe husten hörte. Niemand nahm von mir Notiz. Die Polizei will nach Feierabend auch die Pantoffeln gebracht bekommen.

Gott sei Dank, endlich am Hotel angekommen! Spätnachmittag. Dem Hotelportier die Wagenschlüssel mit dem Auftrag überreicht, meinen Wagen in der Tiefgarage des Hotels zu parken. Rauf in die Suite. Koffer packen. Alles musste sehr schnell gehen, wollte ich noch einen Flieger nach London erreichen. Ich kannte den Flugplan nicht, wollte aber auch kein Risiko eingehen.

Wenn ich mit dem Taxi zum Flughafen und in London wieder im Taxi zum Hotel fahren wollte, konnte ich nur maximal fünf große Hartschalen-Reisekoffer mit mir nehmen. (Ich sollte mein Buch wohl besser «Das Geheimnis der fünf Koffer» nennen!) In meinem Wiener Hotelzimmer-Exil hatte ich aber mindestens zehn große Koffer dabei. So musste ich das Wichtigste, vor allem bestimmte Papiere, Handys, Telefonnummern, Bade- und Arzneimittel sowie Anziehsachen – Anzüge, Hosen, Hemden und Wäsche – in fünf Koffern verstauen.

Diese Arbeit beruhigte mich irgendwie und gab mir Gelegenheit zu nüchternem Nachdenken. Das Allerwichtigste waren die Dokumente und das Bargeld, sowie Kreditkarten und die Nummern und Daten des Online-Zugangs zu meinen Firmenkonten für Geldüberweisungen. Kleidung konnte ich mir im Ausland kaufen, das war nicht so wichtig.

Endlich hatte ich meinen ganzen Haushalt verstaut – fünf Reisekoffer, der Rest in weiteren fünf Koffern, die ich dann in meinen Wagen in die Tiefgarage bringen ließ. Ich gab an der Rezeption meinen BMW-Schlüssel mit dem Hinweis ab, dass das Fahrzeug von meinem Anwalt oder einem seiner Mitarbeiter abgeholt werden würde. Wie gut, einen so perfekten Anwalt zu kennen. Ich zahlte die Hotelrechnungen, und zwar in bar, damit meine Spur nicht über die Kreditkartennutzung verfolgt werden konnte.

Dann ein Taxi zum Flughafen bestellt! Ein Blick auf die Uhr: Viel zu spät! Schon wieder ein Stau auf der Fahrt nach Schwechat, dem Wiener Flughafen. Sechzehn endlose Kilometer in Richtung Südosten. Herrschaftszeiten! Die Zeit verrann. Mir wurde warm. Körpergeruch vom Schweiß. Angst kroch wieder hoch. Der Abend war längst hereingebrochen.

Ich dachte, dass ich es endlich geschafft hätte, als der Gepäckmann am Flughafen meine Gepäckstücke zum nächsten Austrian-Airlines-Schalter schob. Aber da hatte ich mich gründlich verrechnet. Ich saß nämlich in der Falle.

Als ich mich mit meinen fünf großen Koffern endlich der dunkelhaarigen Dame am Ticketschalter gegenübersah (*Geschafft! Oh, Mann* ... «Nach London bitte, einfacher Flug. Business Class»), verzogen sich ihre Mundwinkel unmerklich nach unten. Mir schwante Unheil. Nun bekommt man in keinem Land der Erde so gezuckerte Hiobsbotschaften überreicht wie in Österreich.

Die Schöne im schicken roten Kostüm der Austrian Airlines lächelte mich so freundlich an, als würde ich gleich den Staatspreis für den millionsten Fluggast überreicht bekommen: «Bedaure, der Herr. Ausgerechnet London! Es tut mir ganz außerordentlich leid, aber der letzte Flug für heute ist gerade eben rausgegangen. Darf ich Ihnen für morgen Früh die erste Maschine anbieten?»

Ich erwiderte, sichtlich schockiert von ihrer Antwort: «Ja, aber die British Airways wird doch noch einen Flug für heute haben?»

«Leider nein, mein Herr, unser Flug war der letzte nach London für heute!», entgegnete sie in freundlichster Tonlage, die plötzlich ins Besorgte wechselte: «Ist Ihnen nicht gut ...?» Mir musste der Schrecken im Gesicht gestanden haben. Oder ich musste kreideweiß geworden sein.

Neben mir stand ein schlanker und gutgekleideter Herr, der die Szene beobachtet hatte und sich nun an mich wandte: «Ist es wirklich so wichtig, dass Sie unbedingt heute Abend noch in London sein müssen?»

Ich konnte ja nicht sagen: «Klar, Mann, die Polizei ist mir auf den Fersen!» So brachte ich nur ein «Ja, es ist sehr, sehr wichtig, aus privaten Gründen!» hervor.

15 · Die Verschwörung der chinesischen Glückskekse

Daraufhin stellte sich der Unbekannte mit seinem Namen vor, überreichte mir seine Visitenkarte und sprach zu mir: «Ich bin hier der Station Manager», was dem Rang des Flughafenleiters der Austrian Airlines entsprach, und fuhr fort: «Die letzte Maschine nach London ist zwar schon abgefertigt und geschlossen, steht aber aus technischen Gründen noch ein paar Minuten am Finger. Wenn Sie wirklich unbedingt heute Abend noch in London sein müssen, dann helfe ich Ihnen! Kaufen Sie sich jetzt sofort ein Ticket, es gibt noch Plätze in der Maschine, und dann bringe ich Sie schnell noch nach oben zum Abflug!»

Was war denn das nun wieder? Die Verschwörung aller chinesischen Glückskekse? Oder was?

So ein Glück, so ein unwahrscheinliches Glück!, dachte ich für mich. Die Dunkelhaarige vom Bodenpersonal lächelte nun wieder und freute sich mit mir. Mit flinken Fingern bearbeitete sie die Tastatur ihres PCs, verglich alle Eingaben mit dem Bildschirm, und flugs spuckte der Drucker eine Bordkarte aus, mit einem Geräusch, das mir wie das Glockenläuten am Stephansdom vorkam. Nervös und mit zitternden Händen griff ich in die Geldtasche, in die ich am Nachmittag 5000 Euro in verschieden großen Scheinen abgepackt hatte.

Währenddessen kündigte der Flughafenleiter, der etwas abseits von mir stand, mit seinem Handfunkgerät meine verspätete Ankunft am Abflug-Gate an. Danach schwang er selbst Koffer für Koffer auf das Gepäckband, das neben dem Schalter der dunkelhaarigen Bodenstewardess zu laufen begann. Diese versah jeden Koffer mit einem roten Bändchen *first class – urgent delivery*, so dass sichergestellt war, dass diese Koffer noch in den Gepäckraum mussten.

Vor Aufregung wollte ich eigentlich nochmals zur Toilette gehen, aber dafür war jetzt keine Zeit mehr. Mit schnellen Schritten und begleitet von seinen Worten: «Jetzt aber los!», eilte der Station Manager voran Richtung Personenlift. Gemeinsam fuhren wir in den ersten Stock, in die Abflughalle. Wir kamen an der Zoll- und Passkontrolle vorbei. Ein flaues Gefühl breitete sich plötzlich in meinem Magen aus, als ich den uniformierten Beamten hinter seiner Glasscheibe sitzen sah. Sobald der Beamte aber den Flughafenleiter erblickte, der mich im Schlepptau hatte, hellte sich sein finsterer Gesichtsausdruck zu einem alerten Servicelächeln auf.

Jetzt war die nächste Hürde zu nehmen, oder es war gleich alles aus und ich würde die Nacht in einem österreichischen Gefängnis verbringen. Ich fingerte meinen Pass aus der helllederen Maybach-Aktentasche, schlug die Seite mit meinem Lichtbild auf und wollte ihn dem Beamten zur Überprüfung reichen. Der warf nur kurz einen Blick von der Ferne auf meinen Pass und winkte uns beide, der erklärten Eile wegen, durch.

Puh! Der Stein, der von meinem Herzen fiel, war sehr groß, aber scheinbar doch nicht für Dritte zu hören. Das war gerade noch mal gutgegangen! Schon schoss mir der nächste Gedanke durch den Kopf: *Wenn du im Taxi in London sitzt, dann hast du es für heute geschafft.* Aber noch war ich in Wien und nicht im Flugzeug und hatte eine erneute Passkontrolle in London vor mir. *Nerven braucht man für so etwas, Nerven wie Drahtseile,* dachte ich.

Dann ging das Weitere aber ganz schnell. Die Bordtüre des Airbus A 320 war bereits geöffnet worden, so dass ich mit meinem Rollstuhl direkt hineinrollen konnte. Die Breite zwischen der Bordküche und den Sitzen war gerade so groß, dass ich noch hindurchpasste. So konnte ich nun direkt vom Rollstuhl in den Sitz der ersten Reihe überwechseln und den Rollstuhl zusammenfalten. Der wurde nun in Windeseile von dem herbeigerufenen Gepäckmann der Airline wieder aus dem Flugzeug gebracht. Dort verstaute man ihn dann, zusammen mit meinen vom Flughafengebäude angelieferten fünf Koffern, im Gepäckraum der Maschine.

Ich verabschiedete mich mit herzlichstem Händedruck und glühenden Dankeswünschen vom Flughafenleiter, der ebenso freundlich und zufrieden die Maschine verließ. Man sah ihm an, dass er diese «Rettungsaktion» genossen hatte, im Hochgefühl, einem verzweifelten Menschen geholfen zu haben.

Die Maschine startete in den Abendhimmel, London entgegen. Das erste Mal an diesem Tag entspannte ich mich im bequemen Business-Class-Sitz und dachte über die Ereignisse des Tages nach. Das war mir ein bisschen zu viel Glück hintereinander!

15 · Die Verschwörung der chinesischen Glückskekse

Durch die Stunde Zeitverschiebung zwischen Wien und London kam ich am Flughafen Heathrow um kurz vor zehn Uhr abends an und wurde von einem Betreuungsmann zur Passkontrolle geschoben. Normalerweise lasse ich mich von niemandem schieben. Aber in diesem Fall dachte ich mir, es sei klüger, mich hilfloser zu geben, als ich war.

Mein Begleiter und ich reihten uns am Sonderdurchgang für Crewpersonal hinter ein paar Flugbegleiterinnen aus Japan ein. Kurz darauf waren wir an der Reihe. Da war es wieder, dieses flaue Gefühl im Magen, das ich immer in höchster Anspannung, vor Examensprüfungen oder bei Gericht, verspürte. Ich hatte eine Riesenangst, dass man mir etwas anmerken würde, wenn man mir ins Gesicht sah.

Routiniert überflog der sichtlich müde Grenzbeamte meine Daten, die in meinem weinroten deutschen Reisepass erfasst waren. Ich musste die Spannung zerbrechen, die ich mir einbildete, und sprach den Beamten an: «I am here for the weekend to visit London», was dem Grenzbeamten gerade mal ein müdes Grunzen entlockte.

Er klappte den Ausweis zu und übergab ihn meinem Begleiter mit den Worten: «Have a save trip!». Schon wurde ich weitergeschoben und konnte nur noch ein hüstelndes «Thank you!» hervorstoßen. Dem Himmel sei Dank, dass er den Pass nicht über die digitale Glasfläche vor ihm schob, die für die Überprüfung der Reisedaten vorgesehen war. Ich konnte annehmen, dass die Fahndung nach mir bereits in ganz Europa aufgenommen worden war. Ob sie es tatsächlich war, sollte ich erst Monate später erfahren.

Der Rest verlief wie im Rausch, so überglücklich war ich, erst mal im Ausland und in einiger Sicherheit zu sein. Meine fünf Gepäckstücke hatte ich schnell vom Transportband herunterheben lassen. Was der Mann sich damals wohl dachte, dass ein Deutscher fünf(!) Koffer für einen Wochenendausflug nach London mitführte? Das war mir aber egal, ich war für würdig befunden worden, Großbritannien betreten zu dürfen.

God save the Queen! Hallelujah! Yeah! Mein Begleiter vom Behinderten-Fahrdienst des Flughafens brachte mich noch zum Flughafenausgang und half mit, die Koffer in das Black-Cab-Taxi zu wuchten, das mit seinem Fahrgast und seinem Rollstuhl nebst fünf Koffern bis auf den letzten Platz gefüllt war. Ich gab ihm ein fürstliches Trinkgeld, das ihm eine servile, dankbare Geste entlockte.

16
Gut geplant ist halb geflohen

Im Hotel angekommen, verfrachtete der Gepäckpage die fünf vollgepackten Koffer in meine Eck-Suite im zweiten Stock des Landmark-Hotels. Ich duschte mich noch kurz, fiel sogleich todmüde in mein Bett und schlief traumlos ein.

Am nächsten Tag war Freitag. Ein sonniger Tag! Nachdem ich ausgeschlafen hatte, ging ich erst einmal in Ruhe zum Frühstück in den Wintergarten des Landmark. Dieser liegt im Herzen eines achtstöckigen Atriums im Zentrum des Hotels. Ein traumhaftes Atrium, das oben mit einer Glaskuppel geschlossen ist und den Blick in den Himmel freigibt. Ich ließ mir das Frühstück schmecken mit einem Blick auf diese wundervolle Palmenlandschaft, die dieser Wintergarten bot. Jetzt fühlte ich mich ausgeruht und war bereit, mich den vor mir liegenden Herausforderungen zu stellen. War das die berühmte «kriminelle Energie»? Ich profitierte jedenfalls von meiner ausgiebigen Krimilektüre. Eltern sollten ihren Kindern besser «das gute Buch» in die Hand geben.

Ich analysierte, was nun zu tun war. Meine Situation stellte sich wie folgt dar: Erstens war in Deutschland ein Haftbefehl gegen mich erlassen worden, wegen eines Wirtschaftsdeliktes, das ich vor zwanzig Jahren begangen hatte und weswegen ich vor zwölf Jahren verurteilt worden war. Bisher war mir Haftaufschub gewährt worden, und weder die Justiz noch ich rechneten damit, dass sich das jemals ändern würde. Mein aufwändiger Lebensstil war mir jedoch zum Verhängnis geworden.

Mein Highlife wurde von Dritten der Justiz vor Augen gestellt, um mich der über mir verhängten Strafe zuzuführen, so dass ich ihnen nicht mehr bei ihren Vorhaben im Wege stehen konnte, «meine» Millionen abzuräumen, die ich für Anleger verwaltete. Sollte ich weiterhin meine Haftunfähigkeit nachweisen wollen, musste ich in Freiheit bleiben und ärztliche Gutachten liefern. War ich erst einmal inhaftiert, würde mir das umso schwerer fallen. Allein schon deshalb musste ich mich der Verhaftung entziehen.

Zweitens würden in wenigen Tagen die Geldanleger meiner Vermögensverwaltung von meiner Abwesenheit erfahren und sich nicht lange mit einem behaupteten Klinikaufenthalt oder ähnlichen Ausreden hinhalten lassen. Außerdem war zu befürchten, dass die Presse von der Justiz informiert werden würde und von meiner Flucht Wind bekam.

Ich überschlug grob meine finanzielle Situation. Ich hatte ungefähr 200.000 Euro an Bargeld bei mir, nicht sehr viel bei meinem damaligen Lebensstil – aber genug fürs Erste. Ich wollte erst einmal in Ruhe abwarten und keine Entscheidungen unter Druck fällen. Dazu besaß meine Londoner Firma noch eine Yacht auf Mallorca und ein Bankguthaben bei der Barclays-Bank in London, auf der meine selbstverdienten Trader-Provisionen des US-Brokers eingingen.

Die Bankguthaben der Anleger auf deutschen Konten, die ich teilweise vor dem Zugriff Dritter in Millionenhöhe gesichert hatte, wollte ich auch dort belassen, da es Fremdgelder waren. Die standen den Anlegern zu. Alle weiteren Wertobjekte wie Fahrzeuge, Wohnungseinrichtungen, meine wertvolle Uhren- und Bildersammlung sowie meine persönlichen Wertgegenstände ließ ich erst einmal in Deutschland zurück. Ich hatte sie schon vor Wochen treuhänderisch meiner Ehefrau Sandra übergeben. Mir war klar, dass ich, sollte es zur Flucht kommen, Sandra und unsere zwei Hunde nicht mitnehmen konnte. Sandra veräußerte diese Dinge dann später Stück für Stück, um ihren Lebensunterhalt zu bestreiten.

Wo konnte ich nun hin? Sollte ich in Großbritannien bleiben und mich auf dem Land oder in einer Großstadt verstecken? Nein – das war zu gefährlich! Großbritannien wendete die Regelungen des Schengener Grenzabkommens zwar nicht an, war aber volles Mitglied der EU. Das bedeutete einen erleichterten Daten- und damit auch Fahndungsaustausch. Diesem Risiko wollte ich mich nicht aussetzen.

Da erinnerte ich mich, dass ich mir vor wenigen Monaten, im Frühjahr 2004, ein Penthouse in Aventura (früher North Miami) gekauft hatte. Ich weiß heute noch nicht, warum. Ich brauchte die Wohnung nun wirklich nicht, da ich es auf meinen Auslandsreisen vorzog, den Service eines Fünf-Sterne-Hotels zu genießen. War der Kauf der Wohnung schon wieder ein Geschenk der netten Glückskekse? Sollte ich es Zufall nennen, Fügung, Führung? Jetzt kam mir diese Wohnung wie gerufen, da nur meine Ehefrau davon wusste. Sie hatte mich beim Kauf in Florida im Frühjahr begleitet.

Ich jubelte innerlich. Ab nach Florida! Dort war ich «aus der Welt», hatte Ruhe und konnte die Lage sondieren und mich gegebenenfalls gegen die Justiz wehren. Dort konnte ich auch die notwendigen gesundheitlichen Gutachten für meine Haftunfähigkeit erstellen lassen.

Ich rollte auf mein Zimmer und wollte den Flughafen für eine Flugreservierung anrufen. Ich musste aber vorsichtig und behutsam vorgehen, nicht wie bei den Krimis im Fernsehen, wo die meisten Flüchtigen nicht ordentlich über den nächsten Schritt nachdenken und unbedacht in eine Falle tappen. Also überlegte ich, dass eine europäische Fluggesellschaft der deutschen Justiz schneller Auskunft erteilen würde als eine amerikanische. Deshalb nahm ich nicht die British Airways, sondern fragte bei American Airlines nach freien Plätzen. Keinesfalls durfte ich eine Spur nach Miami legen.

Ich erkundigte mich daher nach einem Flug für nächsten Montag nach New York City. Die freundliche Dame am Telefon suchte mir eine Verbindung heraus. Um jeden Zufall von vorneherein auszuschließen, reservierte ich sicherheitshalber den Sitzplatz nicht unter meinem Namen Josef Müller, sondern unter dem ähnlich klingenden Fantasienamen Johann Möller. Ich wusste ja nicht, welche Möglichkeiten die Polizei hatte, auf Reservierungslisten von Fluggesellschaften zuzugreifen. Nicht dass mich die Polizei am Flughafen abfangen würde! Ich wollte die Namensähnlichkeit am Ticketschalter als Hörfehler abtun und das Ticket auf meinen richtigen Namen ausstellen lassen. Dass das gar nicht notwendig war, verblüffte mich später sehr.

Danach besorgte ich mir über den Hotelportier ein neues Prepaid-Handy, das ich gegen entsprechendes Trinkgeld auf den Namen des Hotelportiers registrieren ließ. Ihm erzählte ich etwas von Problemen und Stress mit meiner eifersüchtigen Ehefrau, was er mir sofort glaubte. Wichtig bei Hotelportiers, so habe ich im Leben gelernt, ist nicht nur die Plausibilität einer Begründung, sondern eher die Höhe des Trinkgeldes.

Kaum hatte man mir das einsatzbereite Mobiltelefon auf das Zimmer gebracht, rief ich sofort meinen Anwalt in München an. Ohne viele Fragen wurde ich von der Sekretärin durchgestellt. Da mein Anwalt über den vortägigen fehlgeschlagenen Verhaftungsversuch Bescheid wusste, kamen wir sofort zum Thema. Ich nannte meinen jetzigen Standort nicht, teilte ihm aber grob meine Pläne für den kommenden Montag mit. Er, der die Lage in München genauer kannte, riet mir jedoch, so bald wie möglich meinen Aufenthaltsort zu wechseln. Ich bat ihn, sich um meine Frau zu kümmern und meinen Wagen in Wien aus der Tiefgarage des Grand Hotels, wo er noch mit den übrigen Koffern stand, abholen zu lassen. Mit der Zusicherung, dass ich mich melden würde, beendete ich das Gespräch.

Ich nahm seinen Rat an und meldete mich nochmals bei American Airlines, um den Flug gleich auf den nächsten Tag, den Samstag, vorzuverlegen, falls noch Plätze frei wären. Dies wurde mir bestätigt. So stand meinem neuen Reiseziel New York nichts mehr im Wege.

Am Samstagmorgen fuhr ich dann mit meinen fünf Koffern und dem Handgepäck, besonders meiner hell-ledernen Aktentasche aus meinem Maybach, in dem sich die 200.000 Euro Bargeld befanden, wieder zum Flughafen London-Heathrow. Ich kaufte mir zuerst das reservierte Flugticket und zahlte den Flugpreis in bar. In der Eile vergaß ich jedoch, dass ich noch den Namen von Johann Möller auf meinen richtigen Namen Josef Müller abändern wollte. War das der berühmte verhängnisvolle Fehler, der auch den Krimiprotagonisten unterlief? Jedenfalls wurde das Ticket auf Johann Möller ausgestellt, und niemand bemerkte diesen Umstand, weder bei der Fluggesellschaft noch bei der Passkontrolle, obwohl beiden Instanzen sowohl das Ticket als auch mein Reisepass vorlag. Schon wieder so ein vollkommen unerklärlicher Umstand.

An diesem Samstag war ich allerdings etwas mutiger als am Tag zuvor, als ich von Wien nach London geflogen war. Irgendwie schien ich ein Pauschalabkommen mit meinem Schutzengel zu haben. Nach all diesen Zufällen würde man mich jetzt doch nicht bei der Ausreise in London verhaften! Das machte doch keinen höheren Sinn. So kam ich auf dieselbe Art wie bei der Einreise am Tag zuvor einmal mehr ohne jede Probleme durch die Passkontrolle.

Der Flug in die USA war ruhig und angenehm. Ich kam mit einer Dame aus Los Angeles ins Gespräch. Ihr Mann war Filmproduzent, und sie erzählte mir ihre Lebensgeschichte. Ich hielt mich mit meiner Story etwas zurück. Die Reise dauerte zwar 7,5 Stunden, die Zeit verging aber wortwörtlich wie im Fluge.

Wir kamen um 14.00 Uhr Ortszeit am John-F.-Kennedy-Flughafen in New York an. Dort gab es ein paar Probleme am Schalter der Immigrationsbehörde, aber es lag nicht an meinem Reisepass oder gar an mir. Mein aufmerksamer Schutzengel hatte *à la minute* dafür gesorgt, dass das Lesegerät der Einwanderungsbehörde seinen Geist aufgab. So bat man mich an einen anderen Schalter, und ich wurde zügig abgefertigt, da sich schon eine lange Warteschlange hinter mir gebildet hatte. Mir konnte dies nur recht sein, und ich dankte meinem Schutzengel.

Mit dem nächsten freien Taxi fuhr ich in die Innenstadt, nach Manhattan. Mein Ziel war das Four-Seasons-Hotel an der 57th Street East, einen Steinwurf vom Central Park entfernt. Das war ziemlich unvorsichtig von mir. Denn in diesem Hotel stieg ich während meiner New-York-Besuche immer ab. Aber ein bisschen Vertrautheit glaubte ich mir und meinem Schutzengel schon bieten zu dürfen; es würde schon nichts passieren. Der Mensch ist ein Gewohnheitstier. In welcher Stadt in den USA und der übrigen Welt ich auch war, immer schaute ich zuerst, ob es dort ein Four Seasons gab; ich war einfach versessen auf den Komfort, den diese Hotelgruppe ihren Gästen bot. Der Preis für das Zimmer oder die Suite war dementsprechend hoch, aber damals spielte das keine Rolle.

Der ältere Portier, der mich an der Auffahrt zum Hotel begrüßte, war sichtlich erfreut, mich zu sehen: «Willkommen! Es ist schön, Sie wieder bei uns zu haben, Sir!»

«Danke sehr, Mark. Ich freue mich ebenso!», antwortete ich und schob ihm gleich einen 20-Dollar-Schein in seine Hand, die er mir in gewohnt diskreter Weise entgegenstreckte. Mark half mir aus dem Taxi in den Rollstuhl und kümmerte sich um die Gepäckstücke. Mein Handgepäck, die helle Maybach-Tasche, wollte er gleich mit auf den großen Gepäckwagen verfrachten. Ich ließ es nicht zu, dachte an den wertvollen Inhalt, zog sie an mich.

Mark verstand sofort, dass ich ihm meine Reisetasche mit dem Geld und den Dokumenten nicht überlassen wollte. Ich wusste: Würde diese Tasche abhandenkommen, wäre meine Flucht augenblicklich zu Ende. Eine Flucht ohne Papiere und Bargeld wäre von Anfang an zum Scheitern verurteilt gewesen. Jede Kreditkartenzahlung hätte meine Verfolger sofort auf meine Spur gebracht. Ich bekam mein altes barrierefreies Zimmer mit Blick auf den Central Park im 31. Stockwerk, fühlte mich heimisch und war sehr froh darüber, auch diese Hürde genommen zu haben.

✦ ✦ ✦

Der Gedanke, dass man in Deutschland nach mir fahndete, durfte nicht in den Hintergrund treten. Was unternahm die Polizei? Zwischen gar nichts und weltweiter Großfahndung war alles drin. Ich musste auf den *worst case* gefasst sein, auch wenn ich mich hier in meiner gewohnten Hotelumgebung und in der Stadt New York, wo ich mich bestens auskannte, ziemlich sicher fühlte.

Ich vermied es beispielsweise, den Hotelmanager, den ich sehr gut kannte und der ein Deutscher war, anzurufen. Sicher ist sicher! Aber vielleicht wusste er bereits von meiner Anwesenheit? Von einem Luxushotel wie dem Four Seasons konnte man eventuell annehmen, dass meine Anwesenheit dem Hotelmanager vom Concierge direkt gemeldet wurde. Da dies ein Unsicherheitsfaktor war und ich kein Risiko eingehen wollte, musste ich dieses Hotel so schnell wie möglich wieder verlassen. Am Ende würden amerikanische Polizeibeamte vor meiner Zimmertüre stehen.

Aber erst einmal musste ich die Zwischenbilanz feiern! Ich bestellte mir beim Zimmerservice zwei große Club Sandwiches und eine große Flasche San Pellegrino sowie als Nachspeise Mousse au Chocolat. War das nicht toll, dass es keiner Menschenseele aufgefallen war, dass der Name des Passes nicht mit dem Ticket übereinstimmte? *Wie leicht, dachte ich mir, macht man es doch organisierten Banden oder gar Terroristen!*

Mein Essen kam, ich genoss es, duschte mich und schlief, während ein alter amerikanischer Schwarzweiß-Film mit Clark Gable im Fernsehen lief, problemlos ein. In der Nacht träumte ich jedoch lauter wirres Zeug, und ich war froh, als ich wegen des Zeitunterschiedes zu Europa schon um fünf Uhr früh wieder aufwachte.

Im Frühstücksraum bestellte ich meine geliebten Eggs Benedict und ging den Morgen ruhig an. Tagsüber telefonierte ich öfters mit der Hausverwaltung und den Handwerkern in Florida bezüglich des Umbaus meiner Wohnung, die ich so bald wie möglich beziehen wollte. Ich ordnete meine Koffer neu, da die Abreise doch sehr unter Zeitdruck geschehen war.

Bis ich mich versah, war es Spätnachmittag. Noch einmal richtig schön essen gehen! Meine Wahl fiel auf das Gallagher Steakhouse in der 52nd Straße, im Theater District, in dem es die besten Steaks der Stadt gab und wo ich vom deutschen Kellner Fritz jedes Mal liebevoll bedient wurde. Ich musste leider eine Abfuhr in Kauf nehmen. Alle Plätze besetzt! Gut – dann eben nicht. Ach, wären die Steaks gut gewesen! Aber wenn es nicht sein sollte, dann sollte es nicht sein!

Aber da fiel mir ein, dass neben dem Hotel, rechts vom Hintereingang, ein ganz toller Chinese seine Künste entfaltete. Man sagt, er sei der beste New Yorks. Dort im TAO verkehrten Leute wie Nicole Kidman, Tom Cruise, Robert De Niro, Beyoncé, Jay-Z und Madonna. Das war *die* Alternative! Ich konnte es einfach nicht lassen! Wenn schon Flucht, dann bitte Deluxe.

Aber vorher musste ich noch meine Reisepläne unter Dach und Fach bringen. Mich bedrückte doch der Gedanke, dass es für einen intelligenten Fahnder nicht so schwer sein durfte, auf meine Gewohnheiten zu kommen und nachzuverfolgen, dass ich fast ausschließlich in Four-Seasons-Hotels abstieg. Und gerade im Four Seasons New York logierte ich mindestens ein- bis zweimal jährlich, manchmal sogar öfters. Da würde es ein Leichtes sein, meinen weiteren Weg zu verfolgen. Also musste ich eine falsche Fährte legen. Mir kam da plötzlich eine sehr gute Idee.

Deshalb rief ich nochmals den Concierge in der Hotel-Lobby an und erkundigte mich nach den Kosten einer Fahrt mit dem hauseigenen Limousinen-Service nach Chicago. «Sie müssen mit ungefähr 3000 US-Dollar rechnen, Sir. Das Angebot beinhaltet eine Lincoln-Stretch-Limousine mit Fahrer und Getränken während der Fahrt.»

Damit war ich einverstanden: «Gut! Dann klären Sie bitte, ob ich heute um Mitternacht noch losfahren kann, damit ich morgen Abend in Chicago bin.» Ich hatte natürlich nicht im Mindesten die Absicht, mich nach Chicago zu begeben.

Nach ungefähr fünfzehn Minuten rief mich der Concierge zurück: «Geht in Ordnung, Sir. Darf Sie der zuständige Herr der Autovermietung wegen der finanziellen Abwicklung anrufen, oder soll ich das über die Rechnung Ihres Hotelzimmers buchen?»

«Nein, es ist besser, wenn ich das direkt mit der Firma abwickle. Er soll mich hier anrufen, ich warte auf seinen Anruf.»

Nach weiteren zehn Minuten klingelte das Telefon in meinem Zimmer: «Guten Abend, Mr. Müller. Sie wollen mit unserer langen Limousine heute Nacht nach Chicago gefahren werden?», begrüßte mich ein dynamisch klingender Herr von der Autovermietung.

«Ja, das ist richtig. Ich habe da allerdings noch eine Frage bezüglich des Preises. Der ist mir zu hoch, ehrlich gesagt. Ich würde maximal 2000 US-Dollar für die Fahrt zahlen.»

Er lehnte meinen Preis als zu niedrig ab, was genau in meinem Sinn war. Er bot mir 2700 US-Dollar als unterste Preisgrenze an. Schließlich wurde ich mit ihm nicht einig über den Fahrpreis, teilte es ihm freundlich mit und lehnte sein Angebot dankend ab. Das war genau mein Plan, denn so wusste das Hotel, falls man nachfragen sollte, wie meine weiteren Reisepläne aussahen.

Ich nahm mir nun die Gelben Seiten von New York vor, suchte mir die Seite mit den Limousinen-Angeboten heraus und begann die kleineren Firmen abzutelefonieren. Schließlich wurde ich bei einer Firma mit dem Namen Adams Limousinen-Service fündig. Der Chef war selbst am Apparat und erklärte mir, dass er erst letzte Woche die Route New York/

Miami gefahren sei und mit zwei Kaffeepausen zirka zwanzig Stunden dafür benötigt habe. Der Preis ging mit 2000 US-Dollar auch in Ordnung. Ich bestellte ihn um Punkt Mitternacht zum hinteren Hoteleingang an der 58th Street zwischen Madison und Park Avenue.

Diese Arbeit war also auch erledigt! *Vergnügen – du kannst kommen!* Ich genoss die chillige Atmosphäre des TAO und war bester Laune, was meine trickreichen Reisepläne betraf.

Pünktlich um Mitternacht erwartete mich Mister Adam vom gleichnamigen Limousinen-Service am Eingang des Hotels an der 58th Street. Nachdem Mark wieder mein Gepäck in der Limousine verstaut hatte, gab ich ihm fünfzig US-Dollar Trinkgeld, und schon waren wir unterwegs Richtung Süden, nach Miami! Mit fünf Koffern, einer Tasche mit 200.000 Euro und einem Rollstuhl im Kofferraum glitten wir bald auf der Interstate dahin. In einer Lincoln-Town-Car-Stretch-Limousine! Wenn ich erst einmal in meiner Wohnung in Aventura bei Miami war, konnte ich aufatmen und weiterplanen.

Aber zuerst lag noch eine lange Fahrt vor mir. Ich legte die erste CD des Boxensets «Spider Murphy Gang: Zeitreise – 70 Songs aus 25 Jahren» in den CD-Player über mir und entspannte mich. Wie unglaublich frei und zugleich behütet fühlte ich mich doch auf meiner Flucht. Wieder dachte ich an diesen schrägen Schutzengel, der mir scheinbar alle Barrieren aus dem Wege räumte. Aber so einen himmlischen Begleiter brauchte ich auch. Ich war ja nun ganz auf mich allein gestellt. Konnte momentan nicht zurück, nicht zu meiner Frau Sandra, nicht zu meinen fast neunzig Jahre alten Eltern, nicht zu meinen Freunden, nicht in die gewohnte Umgebung, nicht nach Bayern, das ich so liebte. Ich konnte keinen, den ich kannte, um Rat fragen. Ja, ich konnte niemandem offenbaren, dass ich mich, weit weg der Heimat, auf der Flucht befand.

Ich kam mir auf einmal sehr verlassen vor.

Dieses Gefühl hatte ich noch nie gespürt in meinem bisherigen Leben. Auf jeden Fall hatte ich viel Zeit, um darüber nachzudenken, denn voraussichtlich würden wir erst um 20.00 Uhr am Abend des gleichen Tages in Miami im Staat Florida ankommen, und jetzt war es erst ein Uhr nachts.

17
Unterschlupf mit Meerespanorama

Nach den ungeschriebenen Gesetzen des Genres verstecken sich «Schurken» üblicherweise in Hinterzimmern von Hafenspelunken, in einsamen Waldhütten oder Felsenhöhlen. Dort zog es mich nicht hin. Ich glaube, ich definierte mich eher als eine Art Sonderbotschafter der Gerechtigkeit denn als lichtscheues Subjekt, als ich mit Herrn Adam und seiner repräsentativen Lincoln-Stretch-Limousine gegen 20.05 Uhr Ortszeit in Miami, im nicht weniger repräsentativen Four-Seasons-Hotel auf der Brickell Avenue, angelangte.

Miami, the *Magic City*, das Tor zum lateinamerikanischen Kontinent, hatte mich schon früh fasziniert. Mit seiner typischen Art-déco-Architektur und dem spannenden Mix aus Süd- und Zentralamerika, der Karibik und den amerikanischen Einflüssen konnte ich mich an dieser Stadt nicht genug sattsehen.

Das alles war mir allerdings jetzt, nach einer zwanzigstündigen Autofahrt, vollkommen egal. Ich sehnte mich nur nach einem vernünftigen Bett. Auf dem breiten Sitz, im hinteren Teil der Limousine, hatte ich nur wenig Schlaf gefunden. Auf eine Hotelreservierung hatte ich bewusst verzichtet, um kein Empfangskomitee der Polizei erwarten zu müssen.

Ich stieg öfters im Four Seasons Miami ab und war erst drei Monate zuvor eine Woche lang in einer Suite zu Gast gewesen. In der Hoffnung, man würde für den Freund des Hauses schon ein Zimmer finden, begab ich mich zur Rezeption.

«Guten Abend, die Damen», begann ich freundlich. «Mein Name ist Josef Müller. Ich komme ja häufiger zu Ihnen. Zuletzt wohnte ich in einer Suite der 25. Etage mit Blick auf die Biscayne Bay. Hätten Sie eine ähnliche Suite für ein paar Tage? Sie ist von der Größe und dem Komfort her sehr gut für meinen Rollstuhl geeignet.»

17 · Unterschlupf mit Meerespanorama

Die hübsche Rezeptionistin lächelte ebenso verständnisvoll wie unverbindlich. Geübt und fast geräuschlos glitten ihre schlanken Finger über die Tastatur. Der Abgleich nahm Zeit in Anspruch. Zwischendurch kam immer wieder ein Anruf, eine Störung. Nervös und angespannt blickte ich auf die Uhr hinter dem Empfang. Viertel vor neun! Endlich kam die Herrin der Zimmer rüber: «Ja, Sir, Sie haben Glück, ich kann Ihnen die gleiche Suite, nur ein Stockwerk höher, anbieten. Der Preis pro Nacht ist 800 US-Dollar. Ist das okay?»

Der Preis interessierte mich nicht.

«Danke, die nehme ich. Lassen Sie das Gepäck bitte hochbringen. Noch eine Bitte: Ich habe auf dieser Reise zu viel Bargeld mitgenommen und möchte dieses Mal nicht mit Kreditkarte, sondern in bar zahlen. Ich hinterlege Ihnen jetzt 5000 US-Dollar in bar als Anzahlung; abrechnen können wir bei meiner Abreise. Ist das in Ordnung?»

In Amerika ist es absolut unüblich, Hotelrechnungen, wie auch andere offene Beträge, in bar zu bezahlen. Es ist sogar anrüchig; man gerät in den Verdacht fehlender Bonität, was in meinem Fall so weit nicht von der Wahrheit entfernt war. Die Angestellte nahm kurz mit dem Manager Rücksprache, der hinter ihr stand. Da ich meine früheren Aufenthalte alle per Kreditkarte bezahlt hatte und sie noch hinterlegt war, stimmte man zu.

«Geht in Ordnung, Sir!»

Ich übergab ihr den abgezählten Betrag und erhielt eine Quittung.

In der 26. Etage angekommen, öffnete mir der Page die Türe, stemmte mein Gepäck vom Kofferwagen und platzierte es, meinen Wünschen gemäß, an verschiedenen Orten in der Suite. Dann gab ich ihm zwanzig Dollar Trinkgeld, er verschwand, und ich war allein. Todmüde fiel ich, nach über 36 Stunden ohne geregelten Schlaf, in das Kingsize-Bett und überließ mich Morpheus' wohltuenden Armen.

✦ ✦ ✦

Am nächsten Morgen befasste ich mich intensiv mit dem Fortgang der Renovierung meiner Wohnung in Aventura, im Norden von Miami, um so bald wie möglich dort einziehen zu können. Ein paar Umstände kamen mir nun zu Hilfe. Da die Wohnung nicht unter meinem Namen lief, sondern Eigentum einer Firma mit dem wohlklingenden Namen Florida Sunshine State Realty Inc.[8] war (und ich nur die Gesellschaftsanteile der Firma erworben hatte), tauchte mein persönlicher Name im Zusammenhang mit dieser Wohnung nicht auf. Im Grundbuch war ebenfalls nur die Firma eingetragen. Und die Firma hatte ein Bankkonto, das ich von nun an für mich persönlich nutzte. Ebenso gab es – welch ein Glück! – eine Kreditkarte! Meine deutschen Kreditkarten konnte ich ja vergessen.

An die Wohnung in einer vornehmen Apartmentanlage war ich durch einen Bekannten, einen gewissen Max Kurz, geraten. Er kam ursprünglich vom Tegernsee, lebte aber mit seiner deutschen Frau Dagmar und seinen beiden Kindern schon länger in Aventura. Wollte ich ihm einen Gefallen tun? Hatte er mich beschwatzt? Hatte ich gerade zu viel Geld auf der hohen Kante?

Ich weiß jedenfalls bis heute nicht, warum Sandra und ich im Frühjahr 2004 den Entschluss gefasst hatten, auf Williams Island (eine Aventura vorgelagerte Binnen-Insel) eine Art Penthouse mit Atlantikblick zu erwerben. Klar – mir gefiel der traumhafte Meeresblick; mich begeisterte, dass die Wohnung *elegantissima* möbliert war; mich beeindruckte, dass man gleich zwei Sicherheitskontrollen passieren musste, bevor man zum Lift in die Wohnung kam. Aber schiebt man deshalb einige hunderttausend Dollar über den Tisch, wenn man weder ein Vermietungsinteresse noch ein Eigennutzungsinteresse an dem Objekt hat?

Zufällig hatte Max vor kurzem München besucht – und zwar genau in der Phase, in der ich mich mit Fluchtgedanken trug. Obwohl ich mir noch nicht im Klaren darüber war, dass die Wohnung in Aventura einmal meine Fluchtburg sein würde, übergab ich Max einen Betrag von 250.000 Euro in bar, mit der Bitte um Einzahlung auf das Girokonto der Gesellschaft, mit der ich die Wohnung erworben hatte. Dieses Geld schien mir schon einmal gut geparkt zu sein. Für Max Kurz war das kein Problem, da solche Transaktionen für ihn zum Kundenservice gehörten. Er tat es ja auch nicht umsonst. Jetzt konnte ich

17 · Unterschlupf mit Meerespanorama

diesen Betrag gut für die Renovierung und meinen weiteren Aufenthalt brauchen.

✦ ✦ ✦

Nach einer Woche Atempause im Four Seasons Miami holte mich die New Yorker Krankheit ein. Bis dahin hatte ich einmal mehr virtuos ausgeblendet, dass selbst Amateurfahnder innerhalb einer halben Stunde auf den Gedanken kommen mussten, dass man an keinem anderen Ort der Erde größere Zugriffschancen auf Josef Müller haben musste, als ausgerechnet in einem Four-Seasons-Hotel. Den Täter treibt es immer wieder an den Tatort zurück, auch den Luxustäter. Ich musste einfach das beste Hotel der Stadt haben, um leben zu können. Verrückt, aber so war es. Es brauchte eine ganze Woche, bis nüchterne Vernunft die Einflüsterungen meiner manischen Luxus- und Repräsentationssucht verdrängte.

Das Penthouse war noch nicht bezugsfertig, und so folgte ich einem Tipp von Max und zog in das Resort-Hotel Turnberry Isle Miami in Aventura.

«Da bist du bestens aufgehoben, hast nicht weit zur Wohnung und kannst dich an deine neue Umgebung gewöhnen. Es dauert halt eben noch ein paar Tage», hatte mir Max gesagt – und gleich ein Klagelied auf die unzuverlässigen Handwerker angestimmt. Mit Erstaunen hörte ich, dass es offenkundig am anderen Ende der Welt die gleichen Probleme wie in Deutschland gab. Gute Handwerker waren nur schwer zu bekommen, zumal für kleinere Aufträge; man musste sie bitten, musste hinter ihnen her sein, damit sie ihre Zusagen erfüllten.

Ich brauchte wegen der Sicherheit und aus hygienischen Gründen einen anderen Fußboden und eine neue Badewanne, eine mit einem breiteren Rand, damit ich mich leichter tat, vom Rollstuhl aus ohne Fremdhilfe in die Wanne zu wechseln – und wieder retour. Außerdem benötigte ich noch zwei massive Griffe an der Seite, so dass ich beim Aussteigen nicht Gefahr lief, auszurutschen und mich dabei zu verletzen.

Auch bei meinem Zwischenaufenthalt im Hotel in Aventura war ich nicht auf Feldbett und Brennsuppe angewiesen. Das neue Hotel bot einen Superservice. Zwei Wochen genoss ich die Zeit am Pool bei bestem Wetter und Sonnenschein. Das Haus strahlte die pure Urlaubsatmosphäre aus, lag es doch direkt an einem großen Golfplatz, nicht weit vom Ozean entfernt. Trotz tropischer Hitzegrade wehte immer eine leichte Meeresbrise über den Golfplatz und die Hotelanlage.

Ich lag den halben Tag auf der Sonnenliege, schaute flanierenden Bikinischönheiten auf den Hintern und träumte von luxuriösen Einrichtungsdetails meines Penthouses. Eigentlich wollte ich die Einrichtung der Wohnung mit Sandra gemeinsam ergänzen, aber nun war Sandra weit weg. Ich konnte das ganz gut auch alleine. Ja, ich war geradezu versessen darauf, die Einrichtungsgegenstände für die Wohnung neu zu kaufen, besonders angesichts des Umstands, dass ich ja das nötige Kleingeld dazu zur Verfügung hatte.

Nachdem die Wohnung umgebaut war, konnte ich Anfang November 2004 endlich einziehen. Jetzt erst konnte ich den tollen Ausblick auf den Atlantischen Ozean, den ich von allen Räumen (sogar vom Badezimmer aus) hatte, richtig würdigen. Die Küche war so geschnitten, dass es eine kleine Essecke gab, die von drei Seiten verglast war. Das wurde mein täglicher Frühstücksplatz. Ich war hingerissen.

✦ ✦ ✦

Eigentlich war das Ganze absurd. Von außen betrachtet, befand Herr Müller sich auf der Flucht; er tat aber alles, um sich die Angelegenheit zur luxuriösen Lustreise umzulügen. Herr Müller «genoss». Er rollte vor der Glasfront auf und ab, machte «Ah» und «Oh», lag stundenlang im Whirlpool, gab sich den Sonnenuntergängen hin und widmete sich den Feinheiten der Einrichtung.

Einen ganzen Monat lang war Herr Müller hauptsächlich damit beschäftigt, seinen Hausstand kennerisch zu vervollständigen, die Küche mit exquisiten Geräten zu bestücken, Waschmaschinen und Trockner zu vergleichen, sowie Kleingeräte anzuschaffen. Herr Müller musste in Florida unter allen Umständen genau die Geräte haben, die er schon in München benutzte. Er war es ja gewohnt, seinen Kaffee mit

17 · Unterschlupf mit Meerespanorama

dem Topmodell einer Jura-Kaffeemaschine zuzubereiten, also musste es wieder eine Jura sein, und er suchte tagelang nach einer, bis er sie fand. Dasselbe mit einem Philips-TV-Gerät für die Wandmontage, dazu die Bose-Audio-Anlage, die er auch zu Hause in München-Solln besaß.

❖ ❖ ❖

Kaum hatte ich diese grundlegenden Fragen meiner Existenz gelöst, musste ich unbedingt schauen, «mobil» zu werden. Einfach einen Wagen bei der nächstbesten Autovermietung anzumieten, erschien mir zu gefährlich. Dazu musste ich meinen Namen nennen und meine Fahrberechtigung vorlegen. Außerdem musste es ja auch ein Fahrzeug sein, das so umgebaut war, dass ich es mit meiner Behinderung steuern konnte. Ohne Auto aber war ich in den USA, wegen der Entfernungen und meines Rollstuhles, aufgeschmissen. Da kam mir wieder so ein «unerklärlicher Zufall» zu Hilfe. Haben Sie mitgezählt? Der wievielte war das denn nun?

Da ergab sich plötzlich folgender Umstand: Max, der Wohnungsverkäufer, der mittlerweile mein Freund geworden war und von meinen besonderen Umständen wusste, hatte gerade einen neuen 7er-BMW geleast und wollte den Jaguar, den er vorher gefahren hatte, verkaufen oder stilllegen. Er bot mir an, für den Rest der Leasingzeit von ungefähr einem Jahr die Raten zu übernehmen, was ich natürlich sofort akzeptierte. Der Wagen, die Steuer und die Versicherung liefen weiter auf ihn, und ich erstattete ihm nur die Kosten. Perfekt und unkompliziert.

Doch musste das Fahrzeug noch an meine Bedürfnisse als Rollstuhlfahrer angepasst werden. Da ich den Wagen sofort benötigte, suchte ich mir in den Gelben Seiten eine Werkstatt und fuhr mit Max und dem Jaguar zu der angegebenen Adresse. Der zuständige Autohausmitarbeiter hörte unser seltsames Begehren, sah sich den Jaguar an und ließ sich von mir ein Handgerät, wie ich es in Deutschland nutzte, beschreiben. Ich spürte, es sah nicht gut aus.

Der Mann zog die Augenbrauen hoch («Never heard!»), ging aber schließlich doch in seine Kabine, um zu telefonieren. Nicht einmal eine Minute später kam er mit strahlendem Gesicht heraus: «Meine Herren, Sie haben unwahrscheinliches Glück! *Zufällig* haben wir genau das passende Gerät für Ihr Jaguarmodell in einem unserer Außenlager, und wenn Sie das Fahrzeug gleich hierlassen, können Sie es heute Abend gegen 18.00 Uhr wieder abholen.»

«Mann, hast du ein Schwein», konnte Max es nicht fassen, «bei Jaguar kann die Beschaffung einer Auspuffschraube Wochen dauern. Muss ja von England rübergeschippert werden! Aber *zufällig* ...»

Zufällig, zufällig, zufällig ... Ich konnte das Wort langsam nicht mehr hören! Ich war einfach nur happy. Benommen vor Glück, stammelte ich in Richtung Jaguarmann: «Oh ja, machen Sie! Das ist so wunderbar ... Und vielen, vielen Dank!»

Ich weiß es noch wie heute, dass es Freitag war und ich mich kaum in meinem Leben einmal so sehr auf ein tolles Wochenende freute wie auf das kommende mit dem extra für mich umgebauten Jaguar.

Punkt 18.00 Uhr standen wir wieder in der Werkstatt. Eine Dame aus dem Büro erklärte uns noch: «Der Meister macht nur noch eine kurze Probefahrt wegen des Sicherheitszertifikats. Er dürfte aber in zwei bis drei Minuten wieder da sein. Sie können sich zwischenzeitlich ja schon mal die Rechnung ansehen.»

900 US-Dollar! Weniger als die Hälfte dessen, was ich in Deutschland gezahlt hätte; dagegen konnte man nichts sagen. Fünf Minuten später befand ich mich schon auf der Straße nach Williams Island. Ich war überglücklich.

Solche Glückstage könnte ich öfters brauchen im Leben, dachte ich mir. Ich ahnte nicht, dass dies erst der Anfang der Glückssträhne sein sollte.

Weiter ging es mit meinem harten Fluchtalltag. Mein Tagesablauf sah, nach Dusche und Frühstück, den Gang zum Pool vor. Vorbei an den Yacht-Anlegeplätzen, die mit schnittigen Booten aus der ganzen Welt belegt waren, kam ich nach etwa fünf Minuten in einem Pool- und Wellnessbereich an, der seinesgleichen suchte. Alle Einrichtungen

17 · Unterschlupf mit Meerespanorama

und Serviceleistungen waren im monatlichen Preis der Bewirtschaftung inbegriffen. Der Poolboy bereitete die Sonnenliege vor, brachte coole Drinks und bot auf Winken einen Snack oder ein komplettes Mittagessen an. *So muss es wohl im Paradies sein*, dachte ich.

In Kontakt mit der ausgeblendeten Realität kam ich erst wieder am Nachmittag. Über den PC hatte ich die Möglichkeit, Zeitungsmeldungen online zu studieren. Ohne Unterlass berichtete eine Vielzahl deutscher Zeitungen und Zeitschriften, von Bunte bis BILD, von der Flucht des Münchner Promis und Ex-Konsuls Müller, den Ermittlungen der Justiz, dem peinlichen Misserfolg der Fahnder und wie es sein konnte, dass ein Rollstuhlfahrer spurlos vom Erdboden verschwindet.

Den Meldungen entnahm ich, dass man mich in Spanien, im asiatischen Raum, in Kanada, sogar noch in Deutschland, aber auch in den USA oder auf einer Südseeinsel vermutete. Auch von Miami und zwei Eigentumswohnungen war die Rede. Ich lebte aber in Aventura und sagte mir: Solange ich mich nicht gerade auf den Touri-Meilen in Miami Beach, am Ocean Drive oder in der Collins Avenue blicken lassen würde, war das knapp daneben. Dort waren immer Zivilfahnder unterwegs. Hier oben in Aventura fühlte ich mich sicher.

Einigermaßen gewitzt versuchte ich mich in Sachen Einkäufe zu verhalten. Ich hatte in meinen geliebten Krimis einen bestimmten Umstand wahrgenommen, dass nämlich Gangster, die sich ins Ausland abgesetzt hatten, ihre Beute immer wieder in den besten Läden der Welt ausgegeben hatten und deshalb schnell erkannt und gefasst werden konnten. Die Versuchung dazu war auch bei mir gegeben. Man hat so seine Schwächen. Also verhielt ich mich nach dem Prinzip: Schauen, aber nicht kaufen!

Den Computer, mit dem ich mich über die Außenwelt auf dem Laufenden hielt, hatte ich bar bezahlt, hatte mich bei verschiedenen E-Mail-Anbietern eingeloggt und unter falschem Namen registrieren lassen. Mehr noch: Da ich überall Freunde hatte, bat ich diese bei verschiedenen Providern E-Mail-Konten zu eröffnen, die ich dann nutzen durfte. So gingen meine ausgehenden Mails zuerst nach Hongkong, von dort nach Europa, wieder nach Asien und schlussendlich zurück in die USA, von wo sie dann weiter zum eigentlichen

Empfänger nach Deutschland gesandt wurden. Alles nur eine Frage der Logistik.

Anfangs vermied ich jeden Kontakt nach Europa; ich trat weder telefonisch noch über das Internet mit Leuten in der Heimat in Verbindung, auch nicht mit meiner Ehefrau. Erst Monate später wurde ich leichtsinniger und chattete per Webcam mit meiner Ehefrau Sandra, die mir doch sehr abging.

Und das war es wohl, was die US-Marshalls doch noch auf meine Fährte brachte. Jedenfalls staunte mein Freund Max, der jeden Monat geschäftlich nach München flog, nicht schlecht, als er vor seiner Wohnung in München vom Staatsanwalt und dem zuständigen Ermittler des BLKA erwartet wurde und man ihn zu meiner Person befragte.

Ich hatte Max gebeten, während seines Aufenthaltes in München Dokumente bei meiner Mutter, die mit meinem Vater in einem Einfamilienhaus in Fürstenfeldbruck lebte, abzuholen. Da mein Elternhaus seinerzeit rund um die Uhr observiert wurde, kamen sie über das Autokennzeichen auf ihn und erhofften sich Hinweise zu meinem Aufenthaltsort.

So kam ich auf dem Umweg über Max zur Visitenkarte des Leiters der Fahndungsabteilung. «Ist 'n netter Kerl!», flachste Max, als er mir die Karte in die Hand drückte. «Meld' dich doch mal bei dem, der freut sich, dich kennen zu lernen!»

✦ ✦ ✦

Es kam, wie es kommen musste. Langsam wurde mir das Leben in meinem Luxusunterschlupf zu langweilig, und ich wurde erst kühn, dann kühner, schließlich tollkühn bis zur Dummheit. Um etwas Abwechslung zu haben (und auch um meine Fahnder auf eine falsche Spur zu locken), fuhr ich Ende November 2004 mit meinem Jaguar quer durch die USA, und zwar über Las Vegas nach Los Angeles. Eine idiotische Spritztour!

Da mir Autofahren Spaß macht, stellte die Tour an sich für mich keine besondere Anstrengung dar. Achtzehn Stunden am Tag zu fahren und in der Nacht sechs Stunden in einem Motel am Interstate

17 · Unterschlupf mit Meerespanorama

Highway zu schlafen – das ging. Ich hielt mich peinlich genau an die Geschwindigkeitsbegrenzungen, um nur ja nicht aufzufallen und ja nicht kontrolliert zu werden. So kam ich nach drei Tagen Autofahrt tatsächlich heil im Weichbild von Las Vegas an. Ich fuhr von Süden, von Boulder City kommend, Richtung Las Vegas. Kurz vor der Stadtgrenze ging es noch über zwei oder drei Hügel.

Das Verkehrsaufkommen wurde höher, die Autos fuhren immer langsamer, und plötzlich kam alles zum Stillstand. Zuerst dachte ich an einen Stau, aber als sich die Straße langsam um einen Hügel schlängelte, sah ich sie:

Eine Verkehrskontrolle!

In Sekundenschnelle stieg mir das Blut in den Kopf: *Aus und vorbei!*, dachte ich. *Josef, du Idiot!*

Dabei hatte ich doch der deutschen Presse entnommen, dass die Fahndung nach mir weltweit ausgedehnt worden war. Als ich das las, war mir zunächst schleierhaft, warum man ausgerechnet wegen meiner Person einen solchen Fahndungsdruck von Deutschland her erzeugte.

Später erfuhr ich das menschlich-allzu-menschliche Motiv der globalen Aktion. Die Presse hatte eine Reihe von hämischen und provozierenden Artikeln über die dilettantischen Pannen deutscher Fahnder gebracht. Dass die Kripospezialisten nicht mal einen Münchner Szene-Promi im Rollstuhl aufzuspüren vermochten, dessen Konterfei überall bekannt war, gab sie nun vollends der Lächerlichkeit preis. «Wie wollen diese Fahnder Terroristen fangen?», fragte die Presse. Und ein Blatt schrieb noch aggressiver: «Der Hauptdarsteller, Josef Müller im Rollstuhl, foppt die Komparsen, die deutsche Justiz!»

Diese Blamage konnten sich die Fahndungsbehörden in Deutschland nicht bieten lassen. Man nahm die Fahndung von der Fürstenfeldbrucker Kripo weg, und es übernahm das Bayerische Landeskriminalamt (BLKA). Und von da an ging es zur Sache. Die Spezialisten, die ihr Handwerk wohl verstanden und die über weltweite Verbindungen verfügten, erließen einen internationalen Haftbefehl, der alle sechs Monate erneuert werden muss. Seit dieser Zeit wurde in der ganzen

Welt nach mir gefahndet. Jede Polizeidienststelle hatte mein Foto auf dem Computer. Sicher auch die Leute von der Verkehrskontrolle am Stadtrand von Las Vegas.

Meine Flucht war zu Ende.

Mehrere Polizeifahrzeuge säumten die Straße, die in einem Zickzackkurs im Schritttempo befahren werden musste. Wer (wie ich) hier einmal stand, konnte nicht einfach umdrehen, sondern saß fest wie die Fliege im Spinnennetz.

«Clever gemacht», sagte ich zu mir und schluckte einen Riesenkloß hinunter. Ungefähr zehn Fahrzeuge waren nun noch vor mir. Es ging im Schritttempo vorwärts. Es gab auch für mich kein Zurück. Hundert Meter weiter war eine große Bucht an der Seite, in der die Fahrzeuge einzeln aus dem Verkehr herausgewunken und zu den Kontrollpunkten geleitet wurden. Ein Fahrzeug nach dem anderen folgte der Armbewegung des martialisch bewaffneten Sheriffs.

Ich schwitzte, dass mir die Brühe in Strömen herunterlief. *Aus! Aus, aus und vorbei!* Ich sah mich schon in einem vergammelten Gefängnis in Nevada auf meine Auslieferung warten.

Nur noch ein Wagen war vor mir, dann würde das Fallbeil auf mich herabsausen. Schon wurde das Fahrzeug nach rechts auf den Kontrollplatz gewunken, als ich noch instinktiv ein letztes Stoßgebet zum Himmel schickte. Warum? Ich weiß es nicht. Ich weiß auch bis auf den heutigen Tag nicht, ob sich Gott meiner erbarmte, ob es die Statistik war oder doch die Glückskekse beim Schicksal interveniert hatten.

Jedenfalls war ich nun an der Reihe. Der Police Officer fixierte mich. Ich rollte auf ihn zu. Ich ließ meine Seitenscheibe elektrisch herunter. Ein kurzer Blick auf mich. Ein kurzer Blick ins Wageninnere. Die Hand ging hoch ... und bewegte sich ... sehr elegant in die andere Richtung. Was war das? Die Hand wies nach links. Ich wurde aufgefordert, meine Fahrt auf der Straße fortzusetzen.

Puh!

Ich konnte es nicht glauben! Alle, wirklich alle Fahrzeuge vor mir wurden kontrolliert – mich ließ er weiterfahren. In diesem Moment überfiel mich ein Glücksgefühl, das ich heute nicht mehr zu beschrei-

17 · Unterschlupf mit Meerespanorama

ben vermag. Ich hätte am liebsten die Welt umarmt. Hätte tanzen können. Fliegen können.

✦ ✦ ✦

Ich verbrachte vier Tage im Four Seasons Las Vegas, genoss den Hype der internationalen Spielerstadt, ging in diese und jene Show, beobachtete die Menschen und gewann sogar im Spielcasino ein paar tausend Dollar, was mich angesichts meines «Gewinns» vor der Stadtgrenze von Las Vegas nicht besonders berührte. Ich glaube, ich hörte vier Tage nicht auf, immer und immer wieder den Kopf zu schütteln über meine Rettung vor der sicheren Verhaftung.

Ich traf dann noch eine Bekannte aus New York, die sich gerade im Spielerparadies aufhielt. Wir hatten die ganze Nacht Spaß, aber dabei sollte es auch bleiben.

Danach setzte ich meine Reise fort und war bald in Los Angeles, der City of Angels, wie man die Stadt auch nennt. Natürlich schlug ich wieder mein Quartier in einem Four-Seasons-Hotel auf – und zwar dieses Mal in Beverly Hills. Ich lernte einfach nicht dazu. Zu dieser Zeit reiste ich noch unter meinem richtigen Namen Josef Müller. Erst in der Folge änderte ich meine Identität, aber davon später.

In Los Angeles kaufte ich mir ein Prepaid-Handy plus Karte und schrieb mehrere Postkarten an Freunde, bei denen ich annehmen konnte, dass sie von der Polizei in Deutschland abgefangen würden. Auch schrieb ich an meine Frau, der ich auf anderen Wegen angeraten hatte, sich aus München zurückzuziehen, da ihr die Fahnder und die Presse ständig auf den Fersen waren. Später sagte sie mir, dass sie ständigen Polizeikontrollen und Durchsuchungen ihres Wagens ausgesetzt wurde, etwa, wenn sie meine Eltern besuchte.

Durch die Ereignisse rund um meine Angehörigen in Deutschland wusste ich inzwischen, dass auch ihre Telefone abgehört wurden. *Also gut, ihr Kriminaloberinspektoren,* dachte ich mir. *Wenn ihr den Müller jagen wollt, dann zeigt mal, was ihr draufhabt: Catch me if you can!*

Es war Heiligabend, der 24. Dezember. Ich griff zum Telefonhörer und rief meine Mutter an, der ich gerne ein Lebenszeichen geben und ein paar persönliche Worte sagen wollte. Nachdem das Persönliche ausgetauscht war, sagte ich: «Jetzt pass mal auf, Mama. Was ich dir jetzt sage, ist nicht für dich bestimmt. Also hört mal zu, ihr lieben Beamten vom LKA. Es tut mir leid, wenn ihr wegen mir die Christnacht im Büro verbringen müsst. Aber wenn ihr mich kriegen wollt, dann müsst ihr schon noch früher aufstehen. Also – auf in die nächste Runde. Der Schnellere gewinnt. Und momentan sieht's kaum danach aus, dass ihr damit gemeint seid. Ihr werdet sehen, ihr kriegt mich nicht.»

Nach einem kurzen Abstecher nach Santa Barbara, wo es auch im November noch zwanzig Grad warm war, führte mich mein Weg wieder zurück Richtung Florida. Nur nahm ich diesmal eine andere Route, nicht mehr die über Las Vegas. Das Schicksal soll man nicht zweimal versuchen. Zuerst fuhr ich den Freeway nach San Diego hinunter, dann ostwärts über die Interstate 8, die über Tucson/Arizona nach Texas führt, durch trostlose, weithin unbewohnte Landschaften.

Und schon wartete die nächste Überraschung auf mich. Kurz hinter Tucson, in der Nähe des Saguaro-Nationalparks, sah ich in weiter Entfernung eine Mautstelle, die durch Hinweisschilder links und rechts des Highways angekündigt wurde. Solche Mautstellen passierte ich auf meiner Fahrt nicht oft, aber ab und zu tauchte eine auf, und ich schmiss ein paar Dollar in den Automaten. Lieber ein paar Dollar und saubere, gepflegte Straßen, dachte ich mir, als Schlaglöcher und staubige Pisten. Ich legte mir also die Dollars bereit und fuhr auf die Mautstelle mit ihren ungefähr zehn Durchfahrten zu.

Aber was war das denn nun? Kurz vor der eigentlichen Mautstelle wurde der Verkehr mittels Verkehrsbaken immer enger, schließlich zu einer einzigen Fahrspur geleitet, die nur zu einer einzelnen Mautdurchfahrt ganz links außen führte.

Und dort standen sie!

Die Sheriffs.

Mitten in der Prärie.

Je näher ich dem Verhängnis kam, desto genauer konnte ich die Schilder lesen: US Customs (Zoll) und Homeland Security (Antiterror-

17 · Unterschlupf mit Meerespanorama

Organisation). Eine große Menge an Polizeifahrzeugen stand einsatzbereit verdeckt hinter der Mautstelle. Außerdem waren in Hundeboxen mehrere Schäferhunde zu sehen, die vermutlich auf Drogen abgerichtet waren. Also die DEA (Drug Enforcement Administration) war auch noch präsent. Dicker konnte es ja nicht mehr kommen. Wenigstens hatte ich kein Kokain bei mir. Wieder bewegten sich die Wagen nur im Schritttempo nach vorne. Ich saß abermals in der Falle.

«Nicht schon wieder», seufzte ich aus tiefster Brust. Diesmal befand ich mich jenseits der Hoffnung; ich betete auch nicht, lamentierte nicht, beschwor kein Schicksal, sondern konzentrierte mich auf die enge Durchfahrt zur Mautstelle. Ich hielt das Steuer ganz locker in der Hand, in einer Art nüchternem Fatalismus. Ich hatte keine Chance, mit meinem schnellen Gerät einen Fluchtweg zu wählen. Und dieses Mal würde ich auch nicht durchgewinkt werden.

Alles lief auf den Flaschenhals der Kontrolle zu. Langsam rollte ich mit meinem weißen Jaguar auf die Beamten zu. Ich ließ meine Seitenscheibe herab und wartete auf das, was da auf mich zukam. Die letzten Meter fuhr ich besonders langsam und rollte vor den Füßen eines etwa vierzigjährigen US-Beamten aus.

Er sprach mich freundlich, aber bestimmt an: «Hello Sir! Ihren Führerschein und die Wagenpapiere bitte!»

Beides hatte ich immer griffbereit in meiner linken Seitentasche.

«Hier sind sie, Sir!» Ich reichte sie ihm durch das geöffnete Wagenfenster. In ruhigem, freundlichem Ton fügte ich hinzu: «Das Fahrzeug ist auf einen Freund in Florida zugelassen, der es mir leihweise überlassen hat. Ich habe eine Vollmacht von ihm, die auf meinen Namen lautet, sie liegt hinter der Zulassungsbestätigung.»

«Sie sind nicht aus den USA. Sie sind Deutscher?»

«Ja, ich komme aus Deutschland und bin auf einer Urlaubsreise durch die Vereinigten Staaten.»

«Zeigen Sie mir Ihren Pass, bitte!»

Damit hatte ich jetzt nicht gerechnet.

Wo war denn der Reisepass gleich wieder?, überlegte ich. Ja, in meiner Tasche steckte er, in einem Seitenfach. Ich kramte ihn heraus. Der Officer nahm das Dokument an sich und blätterte darin.

«Führen Sie Drogen oder ähnliche berauschende Mittel mit im Fahrzeug?»
Ich schüttelte den Kopf.
«... unerlaubte Lebensmittel?»
«Nein!»
«... große Mengen an Bargeld?»
«Wie viel meinen Sie?», fragte ich zurück. Beim Bargeld hatte er einen Treffer gelandet, denn ich hatte immer Bargeld mit mir, da ich ja keine Kreditkarten benutzen konnte. Ich kann es jetzt nicht mehr genau sagen, aber es waren sicher über 50.000 US-Dollar.
«10.000 US-Dollar und mehr ...», erklärte der Polizist.
«Nein, Sir», log ich.
Wenn der jetzt mit seinen Drogenhunden meinen Jaguar auseinandernehmen würde, konnte es auch sein, dass sie auf die Geldtasche mit dem Bargeld stießen. Aber der Officer machte keine Anstalten dazu, vielleicht auch, weil er meinen Rollstuhl gesehen und keine Komplikationen mit Aus- und Einsteigen haben wollte. Stattdessen wandte er sich von meinem Wagen ab. Den Pass nahm er mit.
«Einen Moment, Sir, ich überprüfe die Papiere kurz.»
Überprüfen, überprüfen! Wozu will er jetzt meine Papiere überprüfen?
Der Officer begab sich langsam zu den beiden Kollegen in der Kabine und setzte sich an den Computer. Das konnte ich durch die Scheibe des Häuschens klar erkennen. Währenddessen nahmen mich seine Kollegen ins Visier und schauten, was ich im Fahrzeug tat.
Einer der anderen Beamten trat nun aus der Kabine und kam auf mich zu. Er sprach mich in einem weniger freundlichen Ton an: «Fahren Sie bitte Ihr Fahrzeug links in die Bucht ... da vorne hin!»
Verdammt, das geht nicht gut aus. Das kann nicht gut ausgehen. Jetzt haben sie dich! Gedanken dieser Art huschten mir durch den Kopf. Ich parkte an der zugewiesenen Stelle. Gleich würden sie kommen. Aber nichts passierte. Die Zeit zog sich hin. Immer noch passierte nichts. Ein Auto nach dem anderen passierte die Kontrollstelle, brauste los, die Rücklichter verschwanden im Staub.
Der Beamte, der meine Papiere mitgenommen und sie per Compu-

17 · Unterschlupf mit Meerespanorama

ter überprüfen wollte – so viel sah ich –, saß immer noch am Schreibtisch. Jetzt unterhielt er sich mit seinem anderen Kollegen.

Au Backe, die diskutierten gerade etwas! *Wenn sie das Bargeld im Auto entdecken*, schoss es mir durch den Kopf, *halten sie dich für einen Drogendealer, der von Kalifornien nach Mexiko fährt, um mit dem Bargeld Stoff einzukaufen, ihn wieder mit nach Kalifornien zurückzunehmen und ihn dort zu verkaufen.* Ich Idiot befand mich mit 50.000 US-Dollar mitten auf der Drogenroute! Niemals konnte das noch gut ausgehen! Niemals!

Nach einer für mich schier endlosen Zeit stand der Beamte auf und kam mit seinem Kollegen aus dem Zollhäuschen auf meinen Wagen zu.

Ich ließ meine Seitenscheibe wieder herab und erwartete meine Verhaftung.

«Okay, Sir. Alles in Ordnung! Gute Fahrt! Sie sparen sich die Maut. Bitte fahren Sie langsam dort entlang und ganz vorne wieder langsam auf die Fahrbahn rauf. In Schrittgeschwindigkeit, bitte!»

Ich war wie betäubt.

«Jetzt fahren Sie schon zu!», fuhr mich jetzt der andere Beamte an. Erschrocken startete ich den Motor, legte den Gang ein, schnallte mich wieder an und ließ die Seitenscheibe hoch. Der Jaguar rollte langsam an, und ich fuhr los, Richtung New Mexiko.

«Mein Gott, mein Gott, ich danke dir, mein Gott!»

18
Wie ich von Familie Dean adoptiert wurde

Mit allem hatte ich gerechnet. Mit den deutschen Fahndern, mit dem FBI. Mit dem Zufall. Nur nicht mit meiner eigenen Sentimentalität. Ich war die deutsche Weihnachtszeit gewohnt, mit Christkindlmarkt und Glühwein, mit Tannenbaum und Weihnachtsgans. Und nun bekam ich plötzlich den Koller, als ich am Heiligen Abend unter der heißen Sonne am Pool lag und über das nächste Jahr nachdachte. Ich konnte mich einfach nicht dagegen wehren; und mir kamen plötzlich die Tränen. «Blöder Hund!», raunzte ich mich an. Aber es half nichts. Ich bekam die Erinnerungen an die schlichte Zeremonie aus Kindheitstagen einfach nicht weg, die ich bei meinen Eltern am Weihnachtsabend erlebt hatte: Essen, Bescherung, Singen, Beten und, nicht zu vergessen, die Christmette. Ein schönes Ritual, das mir wirklich abging.

✦ ✦ ✦

Ich hatte ja schon berichtet, wie gerne ich meine Mutter zum Gottesdienst begleitete. Angesichts der monumentalen Größe des Kirchenraums fühlte ich mich vollkommen klein mit den Problemen, die mich zu dieser Zeit bewegten. Ich war als Kind so beeindruckt, dass ich damals sogar mit dem Gedanken spielte, alles hinzuwerfen und als Mönch in ein Kloster einzutreten. Die hätten vielleicht Spaß mit mir gehabt!

So ging ich auch später regelmäßig in die katholische Messe. Ich delektierte mich an der Choreographie, der Musik und dem verschwurbelten byzantinischen Gestus, dem ich eine gewisse sentimentale Anhänglichkeit bewahrte, auch wenn ich am Sonntagmorgen halb stoned und voll verkatert im Seitenschiff hing und sich Erinnerungsfetzen der vergangenen Bordellnacht mit dem Kyrie eleison mischten.

Im Grunde war ich ein exotischer Zuschauer und religiöser Parasit. Alles, was hier zelebriert wurde, sah ich als schöne Tradition an, und bloß als das. Hätte sie jemand abschaffen wollen, hätte ich dafür mit der gleichen Leidenschaft gekämpft wie für Glühwein und Weihnachtsgänse. Ob der allmächtige Gott eine Realität oder eine Fiktion war, stand auf einem anderen Blatt, hatte jedenfalls mit der Nummer in der Kirche nichts zu tun.

Jetzt dachte ich an meine Mutter und sagte mir: «Scheiße, es ist Weihnachten, und du liegst am Pool!» Also stellte ich meinen Drink ab, krallte mir mein Handtuch, hievte mich von der Sonnenliege in den Rollstuhl und sah zu, dass ich die Christmette in der spanischsprachigen St. Lawrence Catholic Church in der 191sten Straße von Aventura nicht verpasste.

In dieser Kirche war ich schon häufiger gewesen. Nachdem die ersten Wirrnisse der Flucht hinter mir lagen, suchte ich diese Kirche regelmäßig am Sonntag auf – und zwar aus einem kuriosen Grund: Ich hatte heftige Sehnsucht nach meiner alten Mutter. Ich konnte mit ihr immer nur kurz telefonieren, da ich von der sicheren Annahme ausgehen musste, dass ihre Telefonleitung überwacht wurde. So stellte ich mir eben vor, über Gott telepathisch mit ihr verbunden zu sein. Ich wusste, sie geht Sonntag für Sonntag in die Kirche, mit der liebevollen, aber eisernen Disziplin, die sie auszeichnete. Da ging ich eben auch, und ich hatte plötzlich das sichere Gefühl: «Hey, es funktioniert!» Mutter und ich hatten einen Draht zueinander. Wow! Das gab mir Kraft. Denn die brauchte ich, je länger mein freiwilliges Exil unter Palmen andauerte.

Zum Jahreswechsel besuchte mich für einige Tage Yvonne aus Stuttgart, die ich in München kennen gelernt hatte. Sie arbeitete damals noch hinter einer Bar in einer Nobeldisco und fiel mir deshalb auf, weil sie für diesen Job überhaupt nicht geeignet war: zu ehrlich und mit einem zu großen Herzen, ganz anders als die vielen Mädchen, die ich sonst in diesem Metier kennen gelernt hatte. Sie sah gut aus – sehr gut sogar, ich konnte mich an ihr gar nicht sattsehen.

Ich behandelte Yvonne immer höflich und respektvoll, nicht als Mann an der Bar. Sie ihrerseits begegnete mir warmherzig und echt und behandelte mich nicht professionell als Gast, sondern als Mensch. Sie war mir inzwischen zu einer guten Freundin geworden, die mein Leben kannte und auch gerne mal einen klugen Rat gab. An und für sich besuchte sie mich gerne auch außerhalb des Nachtclubs. Jetzt aber hatte es mich einige Mühe gekostet, ihre Bedenken zu zerstreuen. Immer wieder hatte Yvonne Fragen gestellt wie: «Ist es gefährlich und strafbar, dich zu besuchen? Glaubst du, mir kann etwas passieren? Wie riskant ist es für mich?»

Ich konnte sie dann doch beruhigen. Schlussendlich nahm sie den Flieger und kam über Silvester nach Florida. Ich wollte zum Jahreswechsel nicht gerne allein sein. In Miami ließ ich sie von Max' Ehefrau Dagmar abholen, und die beiden fuhren zunächst einmal kreuz und quer durch die Prärie, bevor sie die Route nach Williams Island einschlugen, dies nur zur Sicherheit, falls Yvonne jemand von Deutschland aus gefolgt wäre. In den Medien war berichtet worden, dass auch Anleger, die um ihr Geld bangten, Privatdetektive engagiert hatten, um mich ausfindig zu machen.

Als Yvonne bei mir ankam, war sie fix und fertig wegen des langen Fluges und der vielen von mir ausgedachten Sicherheitsmaßnahmen. Sie schlief erst einmal zwölf Stunden tief und fest.

Am Silvestertag war sie dann wieder erholt, und wir gingen in Miami shoppen, um für sie das passende Outfit für die Silvesternacht einzukaufen. Das war und ist eine meiner Schwächen. Ich liebe es, einkaufen zu gehen! Besonders auch mit Frauen, denen alles passt.

Wir feierten den letzten Tag des Jahres 2004 in einem tollen Restaurant in Miami Beach, dann noch in einer bekannten Diskothek in der Nähe des Strands. Hier war mir etwas mulmig zumute, da mich dort deutsche Touristen erkennen konnten. Aber wir hatten viel Spaß an diesem Abend, und niemand outete mich. Yvonne blieb noch ein paar Tage bei mir und flog dann wieder nach Stuttgart zurück. Auf meinem weiteren Fluchtweg sollte ich sie dann nochmals treffen. Sie war wirklich eine tolle Frau.

✦ ✦ ✦

Langsam war es an der Zeit, Bilanz zu ziehen. Ich hatte zwar genügend Geld bei mir, um für die nächste Zeit sorglos leben zu können, aber mein partymäßiger Lebensstil verringerte mein Kapital zusehends. In den sechs Monaten meiner Flucht verbrauchte ich durch Hotelaufenthalte, Alkohol, Drogen und Mädchen sowie einige Anschaffungen für die Wohnung ungefähr 600.000 US-Dollar, das bedeutete 100.000 US-Dollar pro Monat. Da müsste ein Schwabe lange überlegen, wie man so viel Geld überhaupt ausgibt. Es floss also raus. Im Gegensatz dazu hatte ich bisher keinerlei Einkünfte in den USA.

Mein Freund Max hatte mich außerdem noch um ein Darlehen von 100.000 US-Dollar für die Neugründung einer Firma gebeten. Ich gab sie ihm widerwillig, aber ich war von ihm abhängig. Auto, Bankkonto, Firma, Kreditkarten, alles lief anfangs über ihn. Zumindest wollte ich ihn nicht als Feind haben, dazu wusste er zu viel von mir.

Mein Kapital schmolz also zusehends. Systematisch betrachtet, musste ich (abgesehen von der laufenden Fahndung) drei Dinge in Angriff nehmen: a) Meine Ausgaben mussten heruntergefahren werden; b) wollte ich Einnahmen erzielen, um nicht nur vom bestehenden Kapital leben zu müssen; c) irgendwie brauchte ich ein Pseudonym, einen Decknamen, eine andere Identität, denn die Gefahr einer weiteren Kontrolle war sehr hoch, und ich konnte nicht hoffen, mich den Verfolgungsbehörden dauerhaft entziehen zu können.

Ich machte mich an die Arbeit und begann mit dem zweiten Punkt meiner Aufstellung. An den beiden Seitenrädern meines Rollstuhls habe ich immer sogenannte «Speichenschützer» (engl. *spoke guards*) mit verschiedenen Motiven angebracht: Fotos, Grafiken oder bunte Fantasieornamente. Auf jeden Fall springen sie einem sofort ins Auge, besonders den Kindern. In den USA wurde ich fast täglich darauf angesprochen. Man kannte das nicht.

Hier sah ich eine Marktlücke, und die wollte ich schließen. *Business as usual,* sagt der Ami, und ich gewöhnte mir an, Marktlücken zu entdecken. Die Muster und Motive der Spokeguards sollten von einer mir bekannten Firma in Kempten erstellt werden. Produzieren wollte ich die bunten Plastikscheiben aus Kostengründen allerdings in Taiwan oder China. Alles war schon in die Wege geleitet. Ich wollte mit den

Musterprodukten auf der größten Orthopädie-Messe der USA, die Ostern 2005 in Las Vegas stattfand, ausstellen und verkaufen. Dazu kam es aber nicht mehr.

✦ ✦ ✦

Im Februar 2005 versagte meiner Mutter beim Schneeschaufeln plötzlich der Kreislauf. Sie kam in die Kreisklinik von Fürstenfeldbruck und lag anschließend auf der Intensivstation. Ich erfuhr davon über meine Frau Sandra, die sich während meiner Abwesenheit um meine Mutter gekümmert hatte. Ich rief darauf selbst in der Klinik an und wurde in der Folge von den Ärzten laufend über den Gesundheitszustand informiert. Nachdem sie auch noch einen Schlaganfall erlitten hatte, stand es an einem Freitag Ende Februar 2005 ganz schlecht um sie und ihr Leben. Sie war immerhin schon 86 Jahre alt. Mit ziemlicher Wahrscheinlichkeit, erklärte mir der Arzt am Telefon, werde meine Mutter das bevorstehende Wochenende nicht überleben.

Schock! Das ganze Wochenende war ich nervlich am Boden und brach ständig in Tränen aus – selbst Alkohol, Kokain und die Mädels vom Table Dance Club «Solid Gold» halfen mir nicht aus meiner Depression heraus. Und jetzt passierte etwas vollkommen Neues für mich: Ich betete. Mitten im Talmi[9], Glitter und Akustikmüll von Miami richtete ich meine Konzentration auf Gott.

Ich wusste gar nicht, wie das geht; da ging ein Automatismus in mir ab. Etwas geschah ohne mein Zutun. Ich betete einfach. Es floss aus meinem Herzen heraus. Ich betete vollkommen frei, unbefangen und in der sicheren Annahme, dass Gott mein Gebet hören würde und dass er meiner Mutter helfen würde. Ich betete zu Gott, er möge es nicht zulassen, dass meine liebe Mutter jetzt starb, während ich mich in den USA befand. Außerdem bat ich ihn, dass er, egal wann, meine Mutter zu sich in den Himmel aufnehmen sollte.

Zumindest das erste Gebet wurde schon am Wochenende erhört, denn als ich am Dienstag in der Intensivstation der Klinik anrief, war eine Schwester am Telefon.

«Sie wollen Frau Müller sprechen? Nein, die ist nicht mehr bei uns ...»

Insgeheim hatte ich es befürchtet. *Jetzt ist sie doch gestorben*, dachte ich und wollte die Krankenschwester schon fragen, ob der Bestattungsdienst informiert und alles Weitere geregelt sei.

Doch sie fuhr fort: «Ja, es ist seltsam, aber am Wochenende hat sich ihr Gesundheitszustand plötzlich und unerwartet verbessert. Wir haben sie aus der Intensivstation in ein normales Krankenzimmer verlegt.»

Diese Nachricht war ja unglaublich! Ich musste es genau wissen: «Kann ich sie sprechen? Hat sie Telefon am Bett? Wie geht es ihr?»

«Den Umständen nach gut, bis auf die halbseitige Lähmung. Moment, Herr Müller, bleiben Sie doch bitte am Apparat, ich verbinde Sie direkt.»

Schon war sie aus der Leitung ausgestiegen.

Wie denn? Wo denn? Was denn? Vor genau vier Tagen hatte mir der Arzt am Telefon doch erklärt, dass meine Mutter das Wochenende gewiss nicht überleben würde. Es läutete. Freizeichen. Jemand nahm ab.

Ich hörte eine schwache Stimme langsam und wie betrunken sprechen: «Haaal-looo ...»

Das konnte nicht meine Mutter sein! Die Stimme hörte sich so fremd an.

«Wer spricht da? Mama, bist du es?»

«Ja! Beeep-piii ... ich bin eees!»

Früher nannte sie mich als Kind immer Beppi, die kindliche Variante von Josef. Mir ging es durch Mark und Bein. Du meine Güte, warum war ich nur am anderen Ende der Welt? Was hatte ich hier zu schaffen?

«Mutti», rief ich ins Telefon, «wie schön, deine Stimme zu hören! Mach dir bitte keine Sorgen, alles wird gut! Ich komme! Ganz schnell. Ich besuche dich. Halt nur durch! ... Versprichst du mir das, dass du durchhältst, Mutti?»

«Wo biiist duu denn?», kam es weiter lallend aus ihr heraus.

Ich bemerkte, wie schwer ihr das Sprechen fiel, wie sehr es sie anstrengte.

«Weit weg, Mutti, leider, aber ich komme so bald wie möglich zu dir!», versprach ich ihr am Telefon und verabschiedete mich, als ich spürte, wie glücklich es sie machte, dass ihr verlorener Sohn wirklich kommen würde.

Ich wählte erneut die Nummer der Klinik und hörte den Arzt: «Wir konnten Ihre Mutter so weit stabilisieren. Ihr geht es den Umständen entsprechend gut. Aufgrund des Schlaganfalls wird sie jedoch dauerhaft ein Pflegefall bleiben. Wir können sie nicht hierbehalten, deshalb bitte ich Sie, sich kurzfristig um einen Pflegeplatz zu bemühen. Wir benötigen das Krankenbett dringend für andere Patienten!»

Ich wusste, was ich zu tun hatte. Sowohl mein damals 89-jähriger Vater als auch meine Ehefrau Sandra waren offenbar mit der Situation überfordert. Ich nahm die Dinge in die Hand, und innerhalb von einer Stunde hatte ich einen Pflegeplatz im Theresianum Alten- und Pflegeheim organisiert, wohin meine Mutter verlegt wurde und wo sie bis zu ihrem Tode, ein paar Monate später, auch blieb.

Ich musste meine Mutter sehen, sie so schnell wie möglich besuchen und ihr beistehen! Aber wie konnte ich das bewerkstelligen, ohne der Polizei und meinen Gläubigern in die Arme zu laufen? An allen Landesgrenzen wurde nach mir gefahndet, weltweit.

Einmal mehr kam mir meine TV-Krimi-Erfahrung zugute. Bei «Tatort» oder «Polizeiruf 110» benötigte ständig jemand so schnell wie möglich andere Dokumente. Mein Problem war nur, dass ich keinen kannte vom Fernsehen. Da fiel mir ein Freund aus der Szene ein, der früher mehrere Läden im Frankfurter Rotlichtmilieu betrieben hatte, aber immer ein seriöser Kaufmann war und heute noch ist. Er war eine echte Ausnahme im Vergleich zu den Typen, die man sonst in dieser Branche antrifft. Ich rief ihn also aus Miami an, verhielt mich am Telefon aber sehr vorsichtig und tastete mich im Gespräch langsam vor, wobei wir es beide vermieden, den Namen des jeweils anderen zu nennen.

«Hallo, du ... erkennst du meine Stimme? Und weißt du, wer an der Strippe ist?», begann ich das Telefonat. Da ich eine sehr einprägsame Stimme habe, antwortete mir mein Frankfurter Freund sofort mit einem jovialen: «Na klar, du ... wie geht es dir denn?»

«Du kennst die Berichte über mich, die momentan in der deutschen Presse erscheinen?»

Da er nicht in München lebte, hatte ich keine Ahnung, wie intensiv die Presse auch außerhalb Bayerns über mich berichtete und ob diese Berichte gelesen wurden.

«Na klar, du ... ist ja nicht zu übersehen! Kann ich dir irgendwie helfen?»

Auf diese Frage hatte ich gewartet. Ich war mir sicher: Sie würde kommen, denn ich kannte kaum einen hilfsbereiteren Mann als ihn. Er ging vorsichtig mit dem Wort Freund um, denn er sah eine Freundschaft als etwas Kostbares und Seltenes an. Und er wusste, dass ich es genauso hielt.

«Ja, kannst du! Ich habe da momentan folgendes Problem ...» Und ich schilderte ihm die Sache mit meiner Mutter.

Er hatte sofort verstanden und kam ohne Umschweife zur Sache: «Ruf mich doch bitte morgen um dieselbe Zeit wieder an. Mal sehen, was sich machen lässt!»

Einen Tag später meldete ich mich wieder bei ihm und fragte neugierig, ob ihm etwas eingefallen sei und ob er mir helfen könnte. Er kam dann auch gleich zum Punkt: «Einen eigenen Pass kann ich dir natürlich nicht besorgen, aber ich kenne einen Engländer, der hier in der Nähe von Frankfurt eine Kneipe besitzt und der dir sehr ähnlich sieht. Er ist immer klamm, und vielleicht kann ich ihn dazu bewegen, dir seinen Pass zu überlassen, bis du wieder in Deutschland bist. Billig wird das aber nicht – das weißt du!?»

Wusste ich, war mir klar.

«Gut, frag ihn, was er dafür will und ob er den Pass sofort hergeben kann.»

«Zehntausend wird dich das kosten.»

«Gut, bin einverstanden!»

Wieder einen Tag später meldete ich mich bei ihm zur gleichen Uhrzeit.

Er hatte alles arrangiert: «Du ... ich habe eine gute Nachricht für dich! Er ist einverstanden. Allerdings unter der Bedingung, dass du mir sofort Bescheid gibst, wenn du mit dem Pass aufgeflogen bist. Dann muss er den Pass sofort als gestohlen oder verloren melden.»

«Gut, einverstanden. Noch eine Frage: Sieht er mir wirklich ähnlich auf dem Passbild? Hast du das Bild und den Pass auch wirklich gesehen? Wie lange ist er noch gültig?»

«Ich habe den Pass gesehen, und das Bild ist dir sehr ähnlich, außer, dass der Typ eine Brille trägt. Kein Designerstück, das sage ich dir gleich. Das Dokument ist noch fünf Jahre gültig, denn er hat ihn erst beim britischen Konsulat hier in Deutschland verlängern lassen. Kannst du das Geld sofort per Blitzüberweisung senden?»

«Ja, geht sofort! Ich brauch die Kontonummer, und du hast den Betrag morgen in Deutschland. Schick dann den Pass per Kurierdienst zu meinem Notar hier in Florida. Ich melde mich, sobald er angekommen ist. Und vielen, vielen Dank! Du hast einen gut bei mir!»

Wir tauschten die Daten aus. Er gab mir die Kontonummer eines Mädchens, das vermutlich keine Ahnung hatte, wozu der Geldeingang diente, und ich gab ihm den Namen und die Adresse meines Notars. Dann verabschiedeten wir uns und legten auf. Anschließend beauftragte ich meine Bank in Miami, den Betrag spesenfrei auf ein Konto bei einer Frankfurter Bank anzuweisen, und wartete ab. Tatsächlich rief mich schon zwei Tage später der befreundete Notar aus Miami an und teilte mir mit, dass von der Kurierfirma UPS ein Umschlag aus Deutschland eingetroffen sei. Er würde diesen Umschlag meinem Freund Max geben, durch den ich ihn kennen gelernt hatte.

Am Abend traf ich Max, er gab mir das Kurierpäckchen. Ich riss es voller Neugierde vor seinen Augen auf und entnahm ihm den britischen Reisepass. Ich konnte es kaum erwarten, meinen neuen Namen zu erfahren und das Bild im Reisepass zu sehen.

Ich hieß «Leon Dean».

Passte.

Als ich aber das Bild sah, wurde mir schlagartig schlecht. Auf dem Passbild war ein zehn Jahre älterer Mann mit Glatze, Mondgesicht und Brille abgebildet. Grrrr!

Zehn Jahre älter als ich! Mit einem kahlen Kopf! Rund wie der

Mond! Hässlich wie die Nacht! Und die Brille! ... Na, die Brille war wirklich das geringste Problem.

Ich fiel in Verzweiflung. So sah ich doch niemals aus! Niemals! Ich konnte das Ding in die nächste Tonne tun. Und die 10.000 bei der nächsten Steuererklärung abschreiben ...

Langsam gewöhnte ich mich an mein neues Alter, meine Glatze, mein Mondgesicht. Ich würde einige gravierende Änderungen an mir vornehmen müssen, um Leon Dean zu sein. Immerhin, der Reisepass war echt und hatte wirklich noch eine Restlaufzeit von knapp fünf Jahren.

Aber konnte ich irgendwann dem Mann auf dem Bild wirklich ähnlich sehen? Wer würde mir das glauben, selbst wenn sich die passende Brille organisieren ließe? Würden die Grenzbeamten, die auf Fälschungserkennung trainiert sind – würden sie diesen Schwindel nicht sofort durchblicken? Ich konnte nur darauf hoffen, dass ich mich optisch einigermaßen neu erfinden konnte und dass müde Grenzer nur Pi mal Daumen auf den Mann im Rolli schauten. Glücklicherweise waren wir noch nicht im Zeitalter der biometrischen Passbilder angelangt.

Problem eins: *Josef Vollhaar* musste zu *Leon Glatze* mutieren. Ich kannte genug Männer mit Glatze. Fast alle trugen ständig eine Kappe auf dem Kopf, um ihr bares Haupt nicht jedem Menschen offenbaren zu müssen. *So machst du es auch*, sagte ich mir.

Also ließ ich mir am nächsten Tag die Haare kürzest schneiden und setzte die pfiffige blaue Mercedes-Sportkappe auf, die ich im Sommer im Rahmen einer Neuwagenpräsentation mit Christina Aguilera von der Mercedes-Benz-Niederlassung in München geschenkt bekommen hatte.

Problem zwei: *Josef Scharfblick* musste zu *Leon Blindschleiche* mutieren. Ich ging in ein Brillengeschäft in der Aventura Shopping Mall und behauptete, ein Tourist aus England zu sein, der seine Brille verloren hatte. Ich zeigte meinen Pass, wies auf das Bild, auf dem Leon Dean eine etwas altertümliche Brille trug. Genau so eine müsse es wieder sein.

«Aber das Modell ist vollkommen aus der Mode!», sah mich der Brillenspezialist entsetzt an.

«I love it!», sagte ich kühl.

«Aber ...», der Optiker versuchte es mit einem letzten ästhetischen Einwand.

Ich ließ nicht mit mir reden. Diese Brille oder keine!

«Ich tu, was ich kann», gab der Mann klein bei. Diese spleenigen Engländer! Nach der Brillenstärke der Gläser gefragt, erwiderte ich, dass sie mir nicht genau bekannt sei, aber es sollte die geringste sein und nur am linken Auge.

Kurze Zeit später hielt ich das hässliche Teil in Händen, das mir der Optiker mit sichtlichem Missvergnügen überreicht und angepasst hatte. Im Geschäft sah ich kaum hin. Ab in den Wagen, nix wie nach Hause! Schnell vor den Spiegel! Die Kappe über die Stoppelhaare! Brille auf die Nase!

«Good morning, Mister *Leon Dean!* How are you?»

Ich musste schallend lachen. Komischer Typ da, im Spiegel! Schnell nahm ich das Passbild her. Der echte Leon Dean schien kein fröhlicher Zeitgenosse zu sein, denn seine Mundwinkel zeigten nach unten, und man sah ihm an, dass er diesen mimischen Gestus nicht bloß für die Fotoaufnahme wählte. Der arme Kerl! Müsste ihn glatt mal besuchen in Frankfurt. Ich versuchte mich in seine Mentalität hineinzuversetzen. Unglaublich, wie ich jetzt gerade, wo ich die Mundwinkel einmal bewusst nach unten zog, dem wahren Leon Dean ähnlich sah. Alle meine Befürchtungen waren wie weggeblasen. Ich sah nicht nur aus wie Leon Dean.

Ich war Leon Dean!

Mein Englisch klang auch ganz anders. Nun konnte ich mich daranmachen, systematisch meine Identität in den USA zu wechseln: Führerschein, Bankkonto, Kreditkarte. Vor allem Visitenkarten mussten her! Wenn schon, denn schon! Josef Müller war, wie man so sagt, verbrannt. Josef Müller musste beerdigt werden. Die Visitenkarten orderte ich noch am gleichen Tag. Schon lustig, dachte ich, auf was ich alles achten musste. Die Initialen auf den Reisekoffern etwa. Klar ließ ich sie austauschen, von *JM* auf *LD*.

Fragten mich die Leute nach meinem Nachnamen, war ich richtig stolz auf meine erlesene Sippe: «*Dean* ... wie James Dean!»

Der kleine Hinweis auf die Familie verfehlte nie seine Wirkung. «Wow! Sind Sie etwa verwandt mit ...?» Ich ließ es offen. Leider hat mein berühmter Namensvetter die «Affäre Müller» nicht mehr erlebt; er hätte bestimmt einen Heidenspaß an dem transkontinentalen Etikettenschwindel gehabt. Mit Onkel James teilte ich ja auch die Liebe zu schnellen Autos. Das liegt scheinbar in der Familie. James Dean starb, als ich fünf Tage auf dieser Welt war.

Die Visitenkarten sahen echt gut aus, genauer gesagt: echt *und* gut. (Ich besitze heute noch genug davon, kann sie aber nur noch als Scherzartikel einsetzen). Bis ich ein neues Bankkonto in Florida eröffnen konnte, war ich leider gezwungen, meine Rechnungen mit meiner alten, auf Josef Müller lautenden Kreditkarte zu begleichen. Aber ich benutzte sie fast ausschließlich in Restaurants oder in Clubs, und da war die Deckung wichtiger als der Name auf der Karte. Erst zwei Monate später würde ich in Wien ein Konto bei der Raiffeisenlandesbank Wien-Niederösterreich eröffnen, die mir dann auch eine MasterCard auf *Leon Dean* ausstellte.

Als ich später mit dem neuen Reisepass von den USA nach Jamaika, weiter nach London und Wien reiste, gab es nie ein Problem. Keiner Flughafenbehörde, keinem Grenzer, keinem Polizisten, keinem Fahnder, einfach niemandem fiel meine falsche Identität auf. *So einfach geht das also*, dachte ich damals. *Da könnte doch jeder Ganove ...!*

Man sieht daran: Noch immer teilte ich die Welt in Gut und Böse auf – und was mich betraf, so befand ich mich natürlich auf der Seite der Guten. Genau genommen war ich ja ein in vielen Facetten schillernder Betrüger, nicht nur, was meinen falschen Pass betraf. Aber so tief ging meine selbstkritische Wahrnehmung nicht. Ich fühlte mich noch lange nicht als Schurke, fand mich einfach nur clever, sah mich als obergescheites Schlitzohr – «a Hund und a Bazi» – und hatte es einmal mehr geschafft, dem Schicksal von der Schippe zu springen.

Dass ich permanent auf einer absolut unverdienten Glückswelle ritt, dass ich zum x-ten Mal mit heiler Haut durch Fahndungsfilter und Polizeikontrollen schlüpfte, dass ich, den Hals schon in der Schlinge, mich Mal ums Mal bewahrt und gerettet wiederfand, das rechnete ich nur einem an: *dem genialen Trickser Josef Müller.* Ich hatte nichts gelernt. Einsichten in die innere Logik meiner Geschichte, Einschübe von Nachdenklichkeit («Jemand könnte einen Plan mit mir altem Halunken haben. Jemand könnte *wollen*, dass ich da glatt durchkomme!») blitzten kurz auf und verschwanden wieder am Horizont. Eigentlich, so fiel es mir gelegentlich ein, musste ich beim «lieben Gott» doch auf der schwarzen Liste stehen. Irgendwann musste der große göttliche Daumen doch durch die Wolken kommen und mich plattmachen. Aber der Himmel, wenn es ihn denn gab, war einfach nett zu mir. Entweder war Gott irrational, oder er hatte eine kleine Schwäche für mich. Oder bei meiner Fluchtgeschichte musste es sich um eine Art höheres Versehen handeln. Ich schob das beiseite. Ich hatte genug zu tun mit der Wirklichkeit (oder dem, was ich dafür hielt). Und hier galt einfach:

Neuer Name, neues Spiel!

19
Second Life in Reality

Wahrscheinlich haben Sie, liebe Leserin, lieber Leser, meine Geschichte schon im Geist weitergeschrieben: Geläuterter, braver Sohn kehrt mit falschem Pass, aber unter dem Geleitschutz der chinesischen Glückskekse wohlbehalten nach Deutschland zurück, schließt liebe, kranke Mutti in die Arme und stellt sich anschließend der Polizei.

Leider, so muss ich bekennen, war ich im Januar/Februar 2005 für jede Überraschung gut, bloß nicht für eine positive.

Mein frommer Weihnachtsanfall war ebensolcher Kitsch wie die sentimentalen Telefontränen am Krankenbett meiner Mutter – alles nur folgenloser Gefühlskram! Ich war zwar nun der unbescholtene Leon Dean, konnte tun, lassen und reisen, wohin ich wollte. Aber ich dachte nicht im Traum daran, nun sofort auch einen konkreten Plan für meine Rückkehr nach Deutschland zu entwickeln.

In meinen abgelegensten Hirnpartien wusste ich genau, dass meine Mutter nicht mehr lange leben würde. Aber ich drückte es weg, als hätte sie gerade das ewige Leben im Lotto gewonnen. Außerdem war das Risiko megagroß, dass sie vielleicht doch unter polizeilicher Beobachtung stehen würde. Wenn ich in den nächsten Wochen irgendwo hinfuhr, dann in den Table Dance Club «Solid Gold». Und wenn ich mir irgendetwas besorgte, dann nicht etwa Tickets für die Reise zur Familie nach München, sondern eine Familienpackung Kokain beim Nachtclubmanager Jimmy.

Beim Gedanken an meine alte Heimat wurde mein Kopf überflutet von einem komplexen Verhau an Leben: verstrickte Beziehungen, ein Spinnennetz wechselseitiger Verpflichtungen, Dinge, die man sich schuldig geblieben war, Orte voll giftiger Erinnerungen, Menschen, denen man besser nie wieder über den Weg lief: Verräter, Liebschaften,

Gläubiger. Musste ich diese Melange des Irrsinns haben? Musste ich mir das antun? Wo ich nun doch Leon Dean war – was sollte mich eigentlich daran hindern, im sonnigen Florida ein perfektes Leben zu genießen? Leon Dean – ein neuer Name, ein neues Leben, ein neuer Mensch! War das nicht eine paradiesische Vorstellung? Ich musste dieses neue Leben nur professionell angehen. Und darin war ich stark. Ich hasste blauäugigen Dilettantismus. Ich würde keine Fehler mehr machen. Ich wusste, wie das Business funktioniert, wusste, wie Leben geht. Ich würde Geld, Sonne, Sex – in Kombi: *einfach Glück haben* ohne Ende. Ich würde endlich *mein* Leben führen. Ein synthetisches Leben zwar, eines unter falscher Flagge, aber genau das megageile Leben, von dem ich immer schon geträumt hatte: *second life in reality*.

«Du kannst es haben, Josef! Du kannst es haben!», flüsterte ich mir immer wieder zu und ballte entschlossen die Faust.

Das war meine Peilung. Ein paar Hindernisse waren noch aus dem Weg zu räumen. Meine dreimonatige Aufenthaltsdauer, die Touristen bei Einreise in die USA gewährt wurde, war mittlerweile abgelaufen. Das würde ich hinkriegen. Ich kannte nur allzu viele bildhübsche amerikanische Mädchen, die mich sofort heiraten würden. Eine dreißigjährige Texanerin mit einer Traumfigur, Amanda hieß sie, glaube ich, wartete nur auf ein Zeichen von mir. Ja, und das Geschäft musste ins Laufen gebracht werden. Auch das kein Drama; ich machte so etwas ja nicht zum ersten Mal. Also ging ich meinen Plan an, für den US-Markt einen schicken Speichenschutz für Rollstuhlräder zu entwickeln, zu produzieren und zu vertreiben.

Das Ganze musste Stil haben. Normalerweise schlief ich bis gegen 8.00 Uhr, duschte mir die wirren Schemen der Nacht von Haut und Seele und genoss dann (alleine oder zu zweit) ein üppiges Frühstück mit frischgepresstem Orangensaft, leckerem Espresso aus meiner Schweizer Jura-Kaffeemaschine und den üblichen Frühstücksbeilagen mit Blick auf den Ozean. Dieses Ritual konnte sich bis gegen 10.00 Uhr hinziehen.

In feinstem Businesslook gewandet, ein Gentleman vom Scheitel bis zur Sohle, saß ich dann am Schreibtisch meiner Wohnung und arbeitete am Vertriebskonzept des Produkts. Zwischendurch warf ich einen Blick hinaus auf das Wasser des Atlantiks. Super! Gehörte mir. Jeden zweiten Tag ging ich zum Pool. Dreimal die Woche besuchte ich den Nachtclub «Solid Gold», um, wenn mir danach war, eines der Mädchen für eine Nacht mit in meine Wohnung zu nehmen. Meistens eine Blonde, so wie Amanda, aber ich wollte mich da nicht festlegen, auch die anderen hatten was. Im Ganzen hatte ich, wie mir schien, eine Abfolge heilsamer Rituale um mich herum installiert. Für die Herstellung von Glück braucht der Mensch eben Gewohnheiten. Und diese sollten luxuriös sein. Für mich sogar sehr luxuriös.

Am Tag, wenn ich mit allerlei praktischen Überlegungen und Arbeiten an meinem Projekt befasst war, ging mein Glückskonzept einigermaßen auf. In der Nacht aber, mit Einbruch der Dunkelheit, kamen die Gespenster. Es gab keinen dieser einsamen Abende, an dem nicht eine fürchterliche innere Unruhe da war, die mich am Schlafengehen hinderte. Ich konnte sie nicht anders wegschießen als mit meinem Teufelscocktail aus Alkohol und Kokain.

Ich lag dann, zunehmend in Auflösung, vor dem TV-Gerät, zappte mich willenlos durch den Lärm und Müll der zirka fünfhundert Sender. Ich nahm einen Drink. Brennen, ein kurzes Anklopfen bei den Lebensgeistern. Wiederkehr der Kälte. Innere Leere. Taubheit der Empfindung. Grassierender Unfrieden, Überdruss und Angst in der Seele. Ich nahm noch einen Drink. Weiterzappen! Ekel vor dem prolligen Pöbel im Fernsehen. Ekel vor mir. Angewidert sein von Politik, Gesellschaft, Kultur, dem Gequatsche der Politiker, TV-Gurus und Intellektuellen. Ich spülte mit Alkohol nach. Scheiß-Welt! Scheiß-Jahrhundert! Scheiß-Leben!

Und irgendwann verpasste ich mir die Dröhnung. Sie musste hart, scharf, übermäßig, verletzend sein. Der Kopf musste brennen, das Gift wie ein Messer zustoßen. Mit ein bisschen Schlafpulver war es nicht getan.

Natürlich hinterließ das Spuren, die sich nicht wegduschen ließen. Durch den ständigen exzessiven Drogenkonsum wurde meine Psyche immer labiler. Selten war ich noch *in balance*, also auf Normalnull. Und ich brauchte ihn doch, den Zustand inneren Friedens, in dem es sich gelassen arbeiten ließ. Manchmal ging der Pegelausschlag nach oben, dann war ich euphorisch, hektisch, voller Visionen. Der Telefonhörer klebte mir am Ohr. Ich quatschte die Welt rund, lachte, war exaltiert drauf. Das konnte sich aber innerhalb von Minuten ändern. Ich kippte dann urplötzlich in Lethargie. Immer häufiger bekam ich auch tagsüber den «Moralischen»: Abstürze in Depression. Nichtherausfinden aus den seelischen Tälern. Weinkrämpfe ohne klare Ursache. Rational war das kaum zu bewältigen. He!, was fehlte mir denn? Musste ich etwa zum Psychiater, wie alle diese reichen Amis? Hatte ich nicht alles, alles, alles? In verzweifelten Spiralen kreiste ich um Gegenstände, Zustände, Personen, Ereignisse, die ich unbedingt noch «haben» musste, damit ich zufrieden war. Ich grübelte ohne Ende über das fatale Loch in meinem perfekt designten Glückorama: Hallo, was konnte das denn sein? Mir *musste* doch etwas fehlen, schließlich war ich ja, mitten im Glück, irgendwie alles, bloß nicht glücklich.

Aber mein Kopf war wie leer gepumpt. Ich würde es mir garantiert leisten können, wenn es mir bloß einfiele! Okay, nicht gerade den Oceanliner oder die Shopping Mall in Dubai. Aber wozu brauchte ich den Mist? Herrschaftszeiten! Was fehlte denn da noch?

Keine Antwort. Nur das entfernte Rauschen des Atlantischen Ozeans, tief drunten unter meiner Glasfront. Es war Abend, nach Einbruch der Dunkelheit. Ich saß regungs- und gefühllos da, der Mann, der alles hatte, ein toter Mann in einer toten Luxuswohnung, und sah aus meinem Wohnzimmerfenster in die Weite hinaus. Hie und da tauchten Gischtkronen aus dem Schattenmeer auf, und ein paar Positionslichter einsamer Schiffe machten auf sich aufmerksam.

Plötzlich kam sie, wie aus dem Nichts: *die Faust.*

Oder so etwas wie eine Faust. Etwas, das mich im Nacken packte, eine schwarze mentale Kraft: überfallartige *Sehnsucht nach dem Tod,* ein Drängen dahin. Eine schneidende, eisige Lust bemächtigte sich meiner, «es» hinter mich zu bringen. Einfach ein Ende zu setzen. Ganz schnell, ohne langes Nachdenken. Jetzt gleich.

Ein verführerischer Sog erfasste mich und machte, dass ich mich zur Glasfront begab, die Schiebetür öffnete, ganz nahe an das Geländer heranfuhr und mich nach vorne beugte. Zwanzig schwindelerregende

Josefs Hochzeit mit Sandra, 2001. Rechts der Chauffeur und Bodyguard Rahim, daneben zwei weitere Bodyguards.

Bei der kirchlichen Hochzeit 2001 am Königssee in Bayern.

Sandra

Sandra zu Besuch im NOBU, dem berühmten japanischen Restaurant an der Old Park Lane in London.

Josefs betagte Eltern.

Josefs Papa, der ihm seine Liebe und Zuneigung nicht mit Worten zeigen konnte, aber in seinen letzten Jahren durch Support und Taten. Als Josef ihn brauchte, war er immer da.

Eine schöne Begegnung anlässlich eines Empfangs bei Prinz Charles, dem Prince of Wales.

His Royal Highness The Prince of Wales,
Patron of the Temenos Academy,
requests the pleasure of the company of

Mr. and Mrs. Joseph Muller

at a Concert and Reception
to be held at The Orchard Room, Highgrove
on Friday, 18th June 2004

Pour Mémoire

Time: 4.00 pm
Dress: Lounge Suit

Josef und Sandra wurden vom Prince of Wales mehrfach offiziell auf den Landsitz in Highgrove (zwischen London und Bristol) eingeladen.

Ein weiterer Empfang bei Prinz Charles auf seinem Landsitz in Highgrove.
Hinter Josef steht seine Frau Sandra.

Auf einer Isar-Floßfahrt nach München.

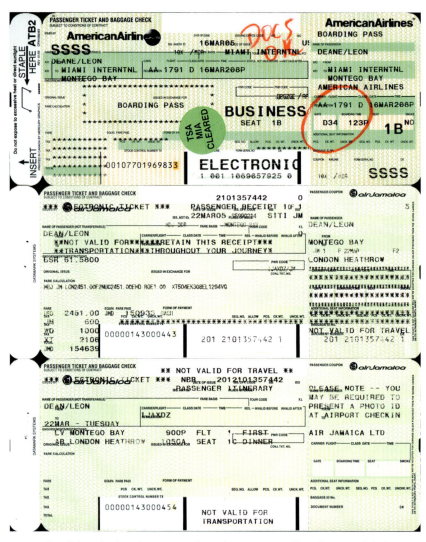

Josef auf der Flucht. Hier einige Flugtickets, ausgestellt auf seinen falschen Namen «Leon Dean».

Margarete: Spitze durch und durch.

HOTEL BRISTOL
A WESTIN HOTEL
Vienna

Mr.
Leon Deane
2999 N.E. 191st Street, Suite 700
33180 Miami
United States of America

Date : 04/04/05
Arrival : 25/03/05
Departure : 04/04/05

Room No.   : 660
Folio No   : 25478
INVOICE

A/R No. :
Cashier : 106 / STB
Page : 1 of 3

Text	Date	Amount EUR
Miscellaneous UNICEF Donation 0%	25/03/05	1.00
Accommodation	25/03/05	618.00
Minibar	26/03/05	25.00
Room Service	26/03/05	46.25
Telefon	26/03/05	1.61
Pay TV 10%	26/03/05	17.00
Accommodation	26/03/05	618.00
Restaurant Sirk	27/03/05	30.00
Telefon	27/03/05	1.61
Laundry 20%	27/03/05	75.00
Laundry Dry Cleaning 20%	27/03/05	22.00
Pay TV 10%	27/03/05	17.00
Paid out 0%	27/03/05	4.00
Accommodation	27/03/05	618.00
Minibar	28/03/05	163.00
Room Service	28/03/05	120.00
Accommodation	28/03/05	618.00
Minibar	29/03/05	58.00
Room Service	29/03/05	58.25
Telefon	29/03/05	17.01
Laundry 20%	29/03/05	11.00
Laundry Dry Cleaning 20%	29/03/05	11.00
Business Center Internet Access 20%	29/03/05	5.00
Accommodation	29/03/05	618.00
Room Service	30/03/05	428.00
Laundry 20%	30/03/05	22.00
Laundry Dry Cleaning 20%	30/03/05	10.00
Accommodation	30/03/05	618.00
Room Service	31/03/05	86.25
Pay TV 10%	31/03/05	17.00
Accommodation	31/03/05	618.00
Minibar	01/04/05	20.00

Kärntner Ring 1, A-1015 Wien, Tel. +43 (1) 515 16-0, Telefax +43 (1) 515 16-550
e-mail: Hotel.Bristol@westin.com · www.westin.com/bristol · ATU15671306
Bankverbindung: Bank Austria-Creditanstalt, BLZ 12000, Kto.-Nr. 50-14352/01, DVR-Nr. 0421791
Imperial Hotels Austria: Hotel Imperial Wien · Hotel Bristol Wien · Hotel Goldener Hirsch Salzburg · Imperial Torte

Zehn Tage Wien à la Josef: 8000 Euro Hotelkosten.

HOTEL BRISTOL
A WESTIN HOTEL
Vienna

Mr.
Leon Deane
2999 N.E. 191st Street, Suite 700
33180 Miami
United States of America

Date : 04/04/05
Arrival : 25/03/05
Departure : 04/04/05

Room No. : 660
Folio No : 25478
INVOICE

A/R No. :
Cashier : 106 / STB
Page : 2 of 3

Text	Date	Amount EUR
Room Service	01/04/05	264.00
Laundry 20%	01/04/05	15.50
Laundry Dry Cleaning 20%	01/04/05	11.00
Pay TV 10%	01/04/05	17.00
Accommodation	01/04/05	618.00
Room Service	02/04/05	62.00
Accommodation	02/04/05	618.00
Room Service	03/04/05	91.00
Telefon	03/04/05	0.61
Laundry 20%	03/04/05	57.00
Laundry Dry Cleaning 20%	03/04/05	22.00
Business Center Internet Access 20%	03/04/05	5.00
Accommodation	03/04/05	618.00
Room Service	04/04/05	69.75
Paid out 0%	04/04/05	28.00
Mastercard	04/04/05	-8089.84
	Folio Amount :	8,089.84
	Paid :	8,089.84
	Balance :	0.00

	VAT	NET	GROSS
VAT 10%	599.82 EUR	5,998.18 EUR	6598.00 EUR
VAT 20%	201.89 EUR	1,009.45 EUR	1211.34 EUR
Totals	801.71 EUR	7007.63 EUR	7809.34 EUR
City tax included	133.50 EUR	Tax free	147.00 EUR

Kärntner Ring 1, A-1015 Wien, Tel. +43 (1) 515 16-0, Telefax +43 (1) 515 16-550
e-mail: Hotel.Bristol@westin.com · www.westin.com/bristol · ATU15671306
Bankverbindung: Bank Austria-Creditanstalt, BLZ 12000, Kto.-Nr. 50-14352/01, DVR-Nr. 0421791
Imperial Hotels Austria: Hotel Imperial Wien · Hotel Bristol Wien · Hotel Goldener Hirsch Salzburg · Imperial Torte

Viel Schotter ...

Yvonne in Josefs Wohnung in Miami. Sie hielt durch dick und dünn zu ihm.

Das «Grand Bay Hotel» in Miami. Von hier aus ist Josef jeweils zu Bruce gefahren. Und hier hatte er die Michael-Jackson-Suite mit dem Spiegelraum.

Der Frühstücksraum des Hotels «The Landmark» in London. Hier traf sich Josef mit Mobutus Sohn. Dieses Hotel war eine Art «Fluchtburg» für Josef.

RÉPUBLIQUE CENTRAFRICAINE

PASSEPORT DIPLOMATIQUE

Nous, Ministre des Affaires étrangères, requérons les Officiers Civils et Militaires chargés de maintenir l'ordre en République Centrafricaine et prions les autorités investies de la même mission dans les pays alliés ou amis de la République Centrafricaine de laisser librement passer Monsieur Josef MÜLLER, Conseiller Économique du Chef de l'Etat Ambassadeur et de lui donner aide et protection en cas de besoin.

Date et lieu de délivrance 05 Août 2004 à Bangui - République Centrafricaine

Le Ministre des Affaires étrangères,

Charles Hervé WENEZOUI

Josefs Diplomatenpass für die Zentralafrikanische Republik.

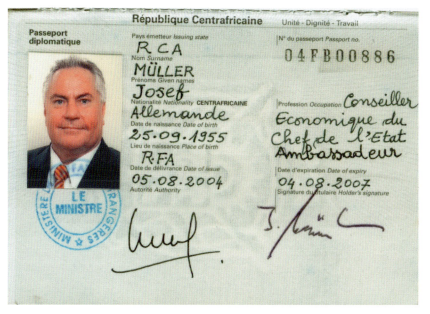

Die letzte Seite des Diplomatenpasses.

Die drei Stationen des Gefängnisvollzugs: Einlieferung nach langer Flucht.

Auf dem Weg der Erholung.

Am Ende um einiges «näher bei sich selbst».

Langjähriger Freund aus dem Norden: Kalle Schwensen, die Hamburger Kiez-Legende (hier mit zwei Schönheiten).

Nochmals Kalle Schwensen, die Hamburger Kiez-Legende. (Bild: Axel Martins)

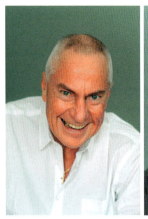  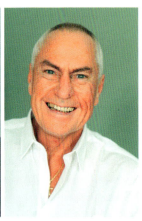

 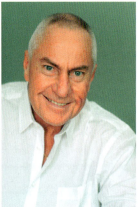 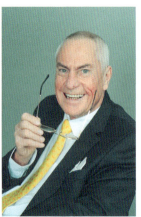

Josef heute.

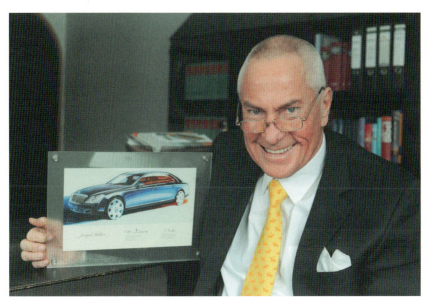

Die Affinität zu schönen Autos ist geblieben!

Zu Hause an seinem Computer. Hier entstand auch dieses Buch.

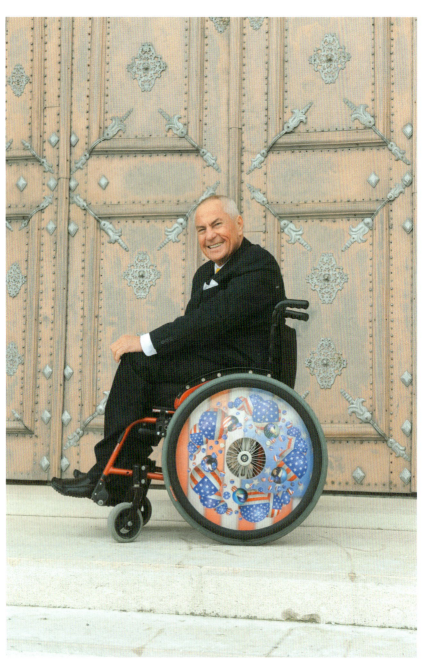

Vor dem Eingang zur Klosterkirche in Fürstenfeldbruck.

In der Stille gelingt die Aufarbeitung der Vergangenheit besser.

Geld, Frauen, Autos, Yachten, Reisen, Luxus, alles war da – aber damit war die Sehnsucht nicht gestillt …

Dynamisch, farbig, fröhlich: Josef Müller heute. Zu seinen Markenzeichen gehören die speziellen Speichenschützer.

Stockwerke tiefer sah ich die Anfahrtsschleife zum Apartmentgebäude. Davor ragten riesige Palmen in den sternenüberzogenen Nachthimmel.

Ich zog mich aus dem Rollstuhl heraus, verlagerte meinen Schwerpunkt auf die niedrige Brüstung, beugte mich weiter und weiter, schließlich gefährlich weit vor. Jetzt würde es nur noch einer winzigen Bewegung bedürfen, und ich würde in die tödliche Tiefe stürzen: eine schreiende, sich drehende, überschlagende Gliederpuppe, deren Bekleidung im Wind flatterte ... *ein-und-zwanzig, zwei-und-zwanzig, drei-und-zwanzig* ... Dann der Aufprall auf dem Beton. Die Entsorgung der Blut- und Knochenteile würde ich nicht mehr mitbekommen.

Ja, ich war bereit. Ich schwankte, probierte, hielt Kopf und Oberkörper in die Meeresbrise hinaus, versuchte ein Gefühl für die Sache zu bekommen. Mein Hin- und Herwackeln auf der Brüstung musste nur noch um eine Nuance verstärkt werden. Dann würde ich aus dem Gleichgewicht geraten, den Halt verlieren, ins Stürzen kommen, in eine Reise ohne Wiederkehr. Ein paar Zentimeter, eine Handbreit noch war ich entfernt vom großen Ausweg!

Jetzt, jetzt, jetzt! ...

Es war doch so einfach. Warum unterließ ich die letzte, etwas stärkere Bewegung, die mich endgültig aus der Balance bringen würde? Etwas, eine Stimme vielleicht, hielt mich im allerletzten Augenblick davon ab. Und dann hatte ich den Zeitpunkt für den Absprung verpasst. Jetzt lief der Film ab, der Film meines Lebens. Ich würde es nicht tun, wenigstens an diesem Abend nicht.

Ich ließ mich wieder in den Rollstuhl zurückfallen, fuhr in die Wohnung zurück, schenkte mir ein und zog mir etwas durch die Nase. Den inneren Film, der so sicher kam wie das Amen in der Kirche, konnte ich mir auch «illuminiert» anschauen. Film ab!

Ich sah meinen armen Vater in dem Augenblick, in dem er erfahren würde, dass ich meinem Leben ein Ende gesetzt hätte. Ich sah meine Mutter, die gerade erst zum Pflegefall geworden war, hörte wieder ihre Stimme, mit der sie nach mir lallte. Konnte ich den beiden alten Menschen das antun?

Ich sah die Gesichter meiner Geschäftspartner, vor allem der Anleger, die mich der Entwendung ihrer angelegten Gelder beschuldigten, mich deswegen vielleicht sogar verflucht hatten. Würde es für sie nicht sogar ein Vergnügen sein, diese Nachricht zu hören? Immer mehr bekannte Gesichter tauchten auf, von rechts, von links, von allen Seiten. Sie umstellten mich, schauten mich durchdringend an, wiesen anklagend mit dem Finger auf mich, überschütteten mich mit Fragen. Ich presste die Hände an meinen Kopf. Das war ja nicht zum Aushalten! Aber ich konnte mich der Bilder, vielmehr des Gesamtbildes, nicht erwehren.

Klaus Mann hat sein großes autobiografisches Buch *Turning Point* genannt – «Wendepunkt». Nun gibt es, glaube ich, im Leben nicht einen, sondern gleich mehrere Wendepunkte, elementare Richtungskorrekturen, die einen Menschen in Summe auf die richtige Spur setzen. So ein großer, luzider Moment der Lebenswende war das, was ich an jenem denkwürdigen Märzabend des Jahres 2005 in meinem Apartment auf Williams Island erlebte. Da war dieser innere Film, die vielen Bilder, die an mir vorüberzogen.

Und da war plötzlich die innere Stimme, die mir etwas zu sagen hatte: «Du warst in deinem ganzen Leben noch nie ein Feigling. Stell dich deiner Verantwortung, auch wenn es schwer wird. Wenn du aus dem Fenster springst, nimmst du die Wahrheit mit ins Grab! Damit ist niemandem geholfen.»

Diese Stimme vernahm ich so deutlich, als ob sich jemand in meiner Wohnung in Florida befunden hätte. Sie war mir in keiner Weise fremd. Ich staunte nicht, dass sie da war. In irgendeinem Winkel meiner Seele sprach es schon lange so. Es war ganz selbstverständlich, was sie sagte – eine Anweisung, die keinen Widerspruch duldete.

Als wollte ich gleich damit beginnen, begab ich mich noch einmal zur Schiebetür, die auf die Veranda hinausführte, und schloss sie.

Ich rollte zurück in mein Wohnzimmer. Von diesem Moment an war Frieden in meiner Seele. In großer Klarheit und Ruhe zog mein Leben an meinem geistigen Auge vorbei. Ich betrachtete die Dinge wie von außen, als wäre ich ein objektiver Dritter, der neutrale Dinge sagt, wie: «Das war gut. Das war schlecht. Damit muss Schluss sein. Das ist noch zu tun.»

Das ging eine Weile so, dann aber überwältigten mich wieder die Gefühle. Plötzlich bekam ich einen Weinkrampf und fühlte mich wie der letzte Dreck. Ja, ich war armselig und unfähig, mein Leben in den Griff zu bekommen: ein Mensch, der die eigene todkranke Mutter, die sich nach ihm sehnte, im Stich ließ, nur weil er in Florida auf dem Selbstverwirklichungstrip und auf der Flucht war. Wie abstoßend!

Völlig erschöpft fiel ich in mein Bett, um zunächst traumlos und wie ein Brett zu schlafen. Gegen drei Uhr in der Nacht wachte ich auf und wurde erneut von schrecklichen Erkenntnissen überfallen. Noch einmal schlief ich ein, um am Morgen endlich schweißgebadet aufzuwachen. Das Gefühl hielt weiter an, in meinem Leben nur Mist gebaut zu haben und zu nichts gut zu sein. Es war diesmal kein Selbstmitleid, sondern eine einfache, schlichte Anerkenntnis der nackten Realität. Das Weinen ging den ganzen Tag und auch den nächsten Tag weiter.

Als harter Hund war und bin ich nicht besonders nahe am Wasser gebaut. Die Tränen überließ ich meist den Mädels, bis zu dem Moment, als sie über mehr als zwei Tage aus mir herausbrachen, aus mir herausquollen – immer wieder, mit einer reinigenden Kraft, wie ich mir das bis dato nicht hatte vorstellen können. Mit den Tränen der Reue kam die Beziehung zu Gott zurück. So, wie ich auf den Hund gekommen war, wollte ich nicht vor meinen Schöpfer treten. Dieses verkorkste, egoistische Leben als Referenz vor dem Allmächtigen anführen? Übel!

Seit ich am Vortag die Stimme gehört hatte, verband ich sie mit dem Gedanken an Gott. Das war eine neue Vorstellung für mich. Zwar redeten die Kirchenfuzzis pausenlos davon, dass Gott «sprechen» konnte. Aber das blieb für mich immer eine suspekte Vorstellung. Gott und «sprechen» – so ein Quatsch! Eine nebulöse Metapher, nichts dahinter! Diese Funktionäre, dachte ich, glaubten doch selbst nicht an den Unsinn. Sie wurden für die poetische Deko bezahlt wie die Konditoren für die Spritzverzierung. Damit konnten sie bei einem knochentrockenen Zahlenmann nicht landen. Ich hatte und habe es nicht mit geheimnisvollen Stimmen, mit Engelsgeflüster, Geistern und Spukgestalten.

Aber die Stimme, die ich nun wirklich gehört hatte, besaß eine andere Qualität. Sie erscholl nicht *high end* aus den Wolken; sie war kein dumpfes Raunen aus der Standuhr, auch kein Hu-Hu aus der Sofaecke.

Sie kam aus meinem tiefsten Inneren heraus und war doch nicht *meine* Stimme. Es war auch nicht so, dass ich die Stimme als eine Halluzination von gestern abtun konnte. Ich musste nur den inneren Sendersuchlauf aktivieren, und schon war sie wieder da und «sprach» aus, was ich all die Jahre nicht auszusprechen gewagt hatte, weil es absolut die Wahrheit und das einzig Richtige war: «Geh zurück nach Deutschland, stell dich den Ermittlungsbehörden, klär den Sachverhalt auf! Trag die Konsequenzen, die auf dich zukommen.»

Ich hörte das. Stimmte aus ganzem Herzen zu, ohne Angst vor den Folgen, zur freiesten Freiheit befreit, in wortlosem Einklang. Zugleich fühlte ich Wärme und Kraft in mir hochkommen; einen starken, unbekannten Strom, der von innen in mir aufstieg. Ich war ganz bei der Stimme, zugleich ganz bei mir: ein freies Wesen in der Mitte der Welt, plötzlich zu allem in der Lage, sogar zum Vollbringen der Wahrheit.

So etwas hatte ich noch nie im Leben erlebt, schon gar nicht im künstlichen Hype von Drogen und Alkohol. Das Schöne an der «Stimme» war, dass sie nicht über mich urteilte. Die «Stimme» war nämlich keineswegs identisch mit dem, was «man» über mich dachte; sie war nicht identisch mit der Vielzahl der Stimmen, die mir aus vielerlei berechtigten Gründen die Pest an den Hals wünschten. Die «Stimme» sah meine fürchterliche Realität, aber sie vernichtete mich nicht. Ganz im Gegenteil. Sie *rettete mich.* – Eine Stimme? Nein, *die* «Stimme» war es gewesen, die mich im allerletzten Augenblick vor dem Schlimmsten bewahrt hatte: meinem Leben durch einen Sprung aus dem zwanzigsten Stock ein jähes Ende zu setzen.

Ich ging hinüber zu meiner kleinen Bibliothek und blätterte die Thriller durch, bis mir das violette Lesezeichen mit dem Spruch dieses Josua in die Hände fiel: «Sei unerschrocken und unverzagt, denn dein Gott ist mit dir, wohin du auch gehst. Josua 1,9». Ich wusste immer noch nicht, was das für ein Typ war. Aber ich hatte das Gefühl, ein passgenaues, wichtiges Teil meines Lebenspuzzles in Händen zu halten. Ich legte den Spruch auf meinen Schreibtisch, so dass er mir fortan immer ins Auge fallen musste.

❖ ❖ ❖

Was konnte ich konkret tun? Als Erstes begann ich am Computer eine Stellungnahme zu verfassen, die an alle Anleger meiner Vermögensverwaltung, an die für mich tätigen Vermittler und die Justiz gerichtet war. Ich schilderte, warum ich mich gezwungen sah, das Land zu verlassen. Ich legte die Gründe dar, wer nach meiner Meinung das Geld der Anleger von den Konten entwendet hatte, und schilderte meine jetzige Situation. Es wurden ungefähr acht bis zehn Seiten. Ich feilte immer wieder an dem Text, legte ihn beiseite, holte ihn wieder hervor. Volle drei Tage nahm ich mir dafür Zeit und sandte den fertigen Text schließlich per Fax an meine Ehefrau Sandra nach Deutschland. Ich bat sie, jegliche Spuren des Absenders auf den Blättern zu tilgen und das Schreiben anonym an alle Empfänger zu senden, die ich ihr auf einer eigenen Liste benannte. Natürlich sandte sie den Text nicht an vierhundert Kunden, sondern bat die Vermittler, den Text ihrerseits wiederum an alle Kunden weiterzuleiten. So geschah es. Jahre später, eigentlich erst 2012, wurde meine Darstellung des Sachverhalts aus dem Frühjahr 2005 durch die rechtskräftige Verurteilung der Täter bestätigt.

20
Das FBI auf meinen Fersen

Bei der Echternacher Springprozession geht es in einem merkwürdigen Rhythmus voran: zwei Schritte nach vorne, einen Schritt zurück, wieder zwei Schritte nach vorne, wieder einen zurück. Wenn mir ein Ritual im Zusammenbruch meiner Welt blieb, dann dieses. Ich hatte wirklich erkannt, dass es so nicht weitergehen konnte. Es gab eine Menge zu tun. Und so ging es auch mal mutig zwei Schritte nach vorne. Aber gleich folgte wieder ein Rückschritt in die alte Welt und die bequemen, falschen Verhältnisse, in denen ich es mir so kuschelig eingerichtet hatte.

Dass der Himmel mich mit den kuriosesten «Zufällen» bombardierte und mich durch hammerharte Signale aufforderte, mein Leben zu ändern, daran hatte ich keinen Zweifel mehr. Aber musste das nun heißen, dass ich von jetzt auf plötzlich alle Frauennamen und Dealernummern in meinem Handy löschte?

Wie sagte doch Bert Brecht? «Es gibt kein richtiges Leben im falschen.» Wusste er, wie schwierig es ist, ein richtiges Leben aus dem falschen heraus zu entwickeln? Die Höllenhunde, denen ich Wohnrecht in meiner Seele gab, hatten mich mit tausend Ketten an meine unreflektierten Gewohnheiten angebunden.

So besaß ich beispielsweise zeitweise nicht die geringste Widerstandskraft gegenüber einem Drink. Da stand ein Glas Dom Perignon. Ich hätte nicht sagen können: «Nein, will ich jetzt nicht!» Es zu trinken oder eben nicht zu trinken, wäre vollkommen egal gewesen. Keine der beiden Möglichkeiten hätte den Saldo meines Lebens auch nur um eine Wertstufe erhöht oder erniedrigt.

Wenn ich eine Frau wollte, musste ich sie haben, notfalls auch mal kaufen. Sie gebraucht zu haben, fügte meiner Bilanz nichts hinzu. Dem Triebwunsch nicht gefolgt zu sein, hätte der Bilanz aber auch keinen Abbruch getan. Ich hatte mir eine fortlaufende Kette von Entschuldigungen aufgebaut, ein richtiges «Du-kannst-nicht-wenn-du-nicht»-System: Du kannst nicht zum Frisör gehen, wenn nicht bei Luigi. Du kannst nicht in New York übernachten, wenn nicht im Four Seasons. Du kannst in Wien kein Schnitzel essen, wenn nicht beim Plachutta. Du kannst einer Frau kein Kleid kaufen, wenn die Haute Couture nicht die Finger dran hatte. Du kannst nicht einschlafen ohne Alkohol. Und so weiter und so weiter, von morgens bis abends.

Ich war hedonistisch konditioniert in einem Maß, dass man nur noch von Sklaverei sprechen kann. Natürlich hätte ich durchaus mehr Dampf hinter die beschlossene Rückkehr in die Heimat machen können, wäre ich nicht der Sklave meiner Lüste gewesen, ein im hohen Grad unfreier Mensch. Wahrscheinlich hätte ich die Sache auf den Sankt-Nimmerleins-Tag verschoben, wäre nicht von anderer Seite her Feuer in die Geschichte gekommen.

An einem der folgenden Tage brach ich sehr früh aus meinem Apartment in die Stadt auf – und zwar mit einigem Missvergnügen. Mein Weg führte mich zu einer Zweigstelle der UBS Bank of Florida in Aventura, wo ich ein Konto besaß und einen Termin mit dem Chef der Bank hatte.

Das Wort Morgengrauen betonte ich immer auf der dritten und vierten Silbe. Da ich vor 10.00 Uhr eigentlich kein Mensch war, blieb man mir mit Business in den Morgenstunden besser vom Leib. Meine Freunde wussten, dass ich meine Morgenrituale und meine ausgiebige Frühstücksphase brauchte. Weil nun aber der Bankmanager keinen anderen Termin freimachen konnte, parkte ich meinen weißen Jaguar bereits gegen 8.10 Uhr auf dem Gelände vor der Bank. Wir wollten miteinander über eine lukrative Geldanlage sprechen, welche die Bank gerade ihren Premiumkunden offerierte.

Kaum hatte ich das Bankhaus verlassen, klingelte mein Mobiltelefon. Es war Dagmar, die Frau von Max Kurz, das sah ich an der Ruferkennung. Wieso Dagmar? Sie rief mich selten auf dem Handy an, und schon gar nicht am Morgen.

«Josef, wo bist du?», kam es mir aufgeregt und hektisch aus dem kleinen Lautsprecher meines Mobiltelefons entgegen. «Wir müssen uns sofort sehen!»

«Bin in Aventura, Dagmar ... grad in den Wagen gestiegen, befinde mich auf dem Weg zur Shopping Mall. Was gibt es denn so Dringendes? Soll ich auf dem Rückweg bei dir auf einen Kaffee vorbeikommen?»

«Nein, Josef, es ist etwas ganz, ganz Schlimmes passiert. Wir müssen uns sofort sehen! Hörst du?! Können wir uns in fünfzehn Minuten an der Chevron-Tankstelle am Biscayne Boulevard treffen? Alles Weitere erzähle ich dir dort», stieß sie aufgeregt ins Telefon.

Jetzt hatte sie mich aber neugierig gemacht. Ich gab Gas, und in weniger als acht Minuten hatte ich die kurze Distanz zum Biscayne bewältigt. In der Nähe der Waschanlage der Chevron-Tankstelle wartete ich auf Dagmar. Da kam auch schon ihr roter Kombi um die Ecke auf die Tankstelle eingebogen. Sie entdeckte sofort meinen weißen Jaguar, den sie vermutlich früher selbst einmal gefahren war. Sie parkte ihr Fahrzeug etwas abseits von meinem, sprang aus ihrem Auto, stürzte auf meinen Wagen zu, klopfte an die Scheibe. Ich entriegelte. Sie riss die Beifahrertür auf und ließ sich auf den Sitz neben mir fallen. Für eine Begrüßung schien sie keine Zeit zu haben.

Vor Erregung außer Atem sprudelte sie gleich los: «Stell dir vor, Josef, vor einer Viertelstunde rief mich der Portier deines Apartmenthauses an und erkundigte sich nach dir. Ich fragte ihn, um was es denn geht. Er darauf: ‹Das FBI ist in der Lobby! Sie suchen einen gewissen Josef Müller aus Deutschland.› Was sagst du dazu?»

Ich schwieg, kratzte mich am Hinterkopf, sah aus dem Auto, trommelte mit den Fingerkuppen auf dem Lenkrad. Das hatte mir gerade noch gefehlt! Was hatte sich die «Regie» denn da nun wieder einfallen lassen? Ich hatte gerade mal die Nase voll von dieser Sorte von metaphysischem Humor und immer neuen himmlischen «Zufällen», auch wenn ich zuletzt heil aus den übelsten Kalamitäten herauskam. Ich wollte mal meine Ruhe, wollte nicht mehr mitspielen.

Andererseits: Was für ein unfassbares Glück, dass ich «rein zufällig» an diesem bestimmten Morgen einmal *nicht* in meinem Penthouse anzutreffen war. Ich hätte den aufdringlichen Bankmanager von der UBS küssen können, oder wer auch immer für diesen Live-Gag zuständig war. An allen anderen Tagen hätten sie mich gekriegt, an allen regulär ablaufenden Tagen. Wahrscheinlich hätte ich mich noch im Bett geräkelt, als das FBI an meiner Tür klingelte. «Hier Ihre Handschellen, Mister! Ab in den Transporter! Ab ins Untersuchungsgefängnis!» Was das in den Staaten heißen kann in puncto rüder Behandlung, das weiß man durch Fernsehberichte mittlerweile auch in Europa.

Ich hatte zunächst gar nicht richtig zugehört, was Dagmar noch an Detailinformationen loswerden musste: «... und es sind gleich drei US-Marshalls vom FBI und zwei Beamte von der Immigration, die auf dich warten. ... Bist du so 'n dicker Fisch? ... Vergiss es! Der Portier hat ihnen gesagt, dass du weg bist. Und er hat mir noch erzählt, dass sie nicht in die Wohnung reinwollten, auch nicht vorhatten, sie gewaltsam zu öffnen. Aber nun warten sie in der Lobby auf deine Rückkehr.»

Mein Hirn rotierte. Ich ließ mir mein Entsetzen nicht anmerken und sprach ruhig mit ihr. «Okay», seufzte ich, «mein Versteck ist aufgeflogen. Ich habe keine Ahnung, warum. Die Wohnung auf Williams Island jedenfalls kann ich vergessen. Nur spielt das im Augenblick keine Rolle ... Dagmar, jetzt brauche ich dich! Ich bitte dich nämlich, mir einen großen Gefallen zu tun. Wärst du dazu bereit?»

«Klar, Josef! Ich mache alles für dich, das weißt du, wenn es nicht gar zu gefährlich ist!»

So ganz beruhigen konnte ich sie nicht. Aber ich strahlte, je länger ich auf sie einredete, immer mehr Ruhe und Sicherheit aus. Ich kannte mich. Bei Kleinigkeiten flippte ich oft aus. Aber wenn mal die richtig großen Dinger schiefliefen, war ich häufig die Ruhe selbst und konnte die schwierigsten Situationen mit pragmatischen Entscheidungen meistern.

«Dagmar, die Wohnung ist jetzt für mich ‹verbrannt›, und ich kann nicht wieder dorthin zurück. Ich habe aber für Notfälle eine helle Ledertasche in meinem Safe im Schlafzimmerschrank vorbereitet, in der die wichtigsten Dinge drin sind. Fahr bitte jetzt zu meinem Apartmenthaus, dann in die Tiefgarage, nimm den Lieferantenlift in das Stockwerk, auf keinen Fall aber den Personenlift, der direkt in die Wohnung führt. Wenn du jemanden triffst, der vor der Wohnung oder im Flur warten sollte, dann kehr um und ruf mich von der Tiefgarage aus sofort an. Anderenfalls geh bitte in die Wohnung, hol die Tasche aus dem Safe, und nimm den restlichen Inhalt des Safes auch mit. Ich gebe dir die Kombination. Im Schlafzimmer findest du einen großen schwarzen Reisekoffer. Geh dann bitte zu meinem Schreibtisch, räume alles vom Schreibtisch und vom Sideboard daneben ab und packe es in den Koffer. Füll den restlichen Platz im Koffer mit Hemden und Krawatten aus, sie hängen im Schrank. Verlass die Wohnung und fahr mit dem Lieferantenlift wieder in die Tiefgarage, damit man dich nicht mit Koffer in der Lobby antrifft. Sicher ist sicher! Ruf mich dann bitte auf dem Handy an, und wir machen einen Treffpunkt aus, wo du mir die Sachen übergibst.»

Etwas viel auf ein Mal für die arme Dagmar ... Aber so geschah es. Das FBI hatte es, aus welchen Gründen auch immer, versäumt, mein Apartment zu versiegeln. Dagmar ging einmal in die Wohnung, dann noch einmal und noch ein drittes Mal, bis wir alle wichtigen Dinge vom sinkenden Schiff gerettet hatten. Niemand nahm offenbar von ihr Notiz.

Während Dagmar auf leisen Sohlen mein Apartment bereinigte, war ich auf der Suche nach einem neuen Unterschlupf. Es musste ein hochfrequentiertes Hotel sein, in dem ich mit meinem Rollstuhl nicht gleich auffiel. Ich nahm meine Straßenkarte zur Hand. Sofort fiel mir eine Werbeanzeige für das Seminole Hard Rock Hotel & Casino in Hollywood, Florida, ins Auge. Das Hotel warb mit dem Werbeslogan: «Knockin' on Heaven's Door».

Ja, das passte wie die Faust aufs Auge. Von irgendjemandem hatte ich gehört, dass das Objekt Eigentum der Seminole-Indianer war und dass dort Tag und Nacht der Bär steppte. Aufgrund eines alten territorialen Abkommens betreiben sie ein Spielcasino.

Als ich nach ungefähr zwanzig Minuten dort ankam, erkannte ich sofort, dass ich hier richtig war: volle Parkplätze, viele Menschen und viel Trubel. Genau das war der passende Ort für einen wie mich, der Anonymität suchte. Es gab Menschen ohne Ende, von denen jeder Einzelne sich nur um sich selbst kümmerte. Dort fiel ich überhaupt nicht auf. Ein großes Behindertenzimmer war auch noch frei, und so checkte ich ein und hatte erst mal Zeit, in Ruhe über meine neue Situation nachzudenken.

Ein mannhafter Entschluss musste her! Die Steilvorlage dazu hatte ich ja bei meinem Fastselbstmord im Aventura-Apartment bekommen: «Geh zurück nach Deutschland, stell dich den Ermittlungsbehörden, klär den Sachverhalt auf! Trag die Konsequenzen, die auf dich zukommen.» Da war sie wieder, in einem Moment von Licht: die Sehnsucht nach authentischem Leben, nach Heimat, nach der Chance, noch mal an den *Point Zero* zu kommen. Würde ich einen neuen Anfang schaffen?

Mein Plan sah folgendermaßen aus: Ich wollte mich freiwillig den Ermittlungsbehörden in München stellen und nicht vorher verhaftet werden. Doch nahm ich besser keinen Direktflug nach München, sondern begab mich erst einmal in eine Stadt im benachbarten Ausland, um von dort nach München zu fahren. Durch die Zeitungsartikel und Fahndungsfotos des Mannes mit dem Rollstuhl stand zu befürchten, dass man mich am Münchner Flughafen sofort erkannt und verhaftet hätte.

Wien war wieder die Stadt der Wahl. Rom war mir zu weit entfernt. Und mich gelüstete nach einem gescheiten Tafelspitz beim Plachutta in der Wiener Innenstadt.

Weil ich es auch vor dem großen Bußgang noch *deluxe* haben musste, beschloss ich, meine zerknirschte Heimreise noch durch ein paar Tage «Urlaub» von meiner Flucht auf der Karibikinsel Jamaika zu versüßen. Max und Dagmar hatten mir von einem Resort-Hotel Half Moon in Montego Bay auf Jamaika vorgeschwärmt, in dem sie letztes Jahr die Weihnachtstage und den Jahreswechsel verbracht hatten. Würdig und recht für Leute wie Leon Dean und Josef Müller! Jamaika schien mir der rechte Platz zu sein, um mich auf meine Aussage vor der deutschen Justiz vorzubereiten. Und wenn ich tatsächlich hinter schwedische Gardinen kommen sollte, blieb mir wenigstens noch die tröstende Erinnerung an ein paar Bacardi-Sonnenuntergänge und die Hüftschwünge der braunen Girls an der Montego Bay.

Mister Leon Dean buchte also das Ticket, und ich nutzte die letzten Tage in Amerika, um mich von meinen Freunden und insbesondere Freundinnen zu verabschieden, was einige Kosten verursachte. Den weißen Jaguar gab ich an Max zurück und bedankte mich herzlich für seine Hilfe. Etwas wehmütig kehrte ich am definitiv letzten Abend meines Amerika-Aufenthaltes ins Hotel zurück.

Ich ahnte nicht, dass ich im Auge des Hurrikans saß. Ohne dass ich etwas davon mitbekommen hatte, waren im Hintergrund die Fahndungsdrähte heiß gelaufen. Von Tag zu Tag zog man die Schlinge enger zu. Wie ich später vom Leiter der Sonderfahndungsgruppe beim BLKA in München erfuhr, hatten mich die Fahnder vom FBI in den letzten Tagen vor meinem Abflug nach Jamaika doch noch ausfindig gemacht. Man observierte mich eingehend. Alles war für den Tag X vorbereitet.

Am Tag meiner Abreise nach Jamaika wollte man zum finalen Schlag gegen den international gesuchten mutmaßlichen Millionenbetrüger Josef Müller ausholen. Zwar wusste das FBI nichts von meinen Reiseplänen. Dennoch hätte die großangelegte Verhaftungsaktion zum gewünschten Erfolg führen müssen, wenn nicht ...

Nun möchte ich meine Leser nicht langweilen. Aber zum ungefähr 723. Mal war der Zufall auf meiner Seite – übrigens verrückter, kurioser, unglaublicher denn je. Das FBI hatte eine Gruppe von bewaffneten Einsatzleuten zusammengestellt, mit der man in klassischer Manier die Hotelsuite stürmen wollte. Es war ein Zeitpunkt festgelegt worden, an dem die koordinierte Aktion starten sollte. Das war wenige Minuten, bevor ich meine Suite verlassen wollte, um mich per Taxi zum Flughafen zu begeben. Die umliegenden Zimmer wurden geräumt, die Truppe nahm Aufstellung, das Startkommando wurde gegeben, die Tür wurde filmreif aufgerissen, die Suite gestürmt.

Von Josef Müller keine Spur. Ich will nicht ausschließen, dass sich eine ältere Dame im Bademantel fast zu Tode erschreckte.

Des Rätsels Lösung: Die Einsatzleute hatten sich «rein zufällig» im Stockwerk geirrt. Kann ja mal passieren. Meine Suite, in der ich mich gerade in Seelenruhe für die Reise schön machte, lag genau ein Stockwerk höher. Bis die FBI-Leute dies in ihrer Verwirrung bemerkten, hatte ich schon ausgecheckt, freundlich parlierend noch ein paar Trinkgelder verteilt und das Hotel mit dem Taxi verlassen. Als die Fahnder an die Rezeption stürmten, war ich längst über alle Berge. Diese Einzelheiten erfuhr ich erst im Rahmen meiner späteren Vernehmung durch die Behörden in Deutschland.

✦ ✦ ✦

Ab dem Zeitpunkt meines Fluges nach Jamaika trat ich nur noch als Leon Dean auf. Sämtliche Papiere, die auf meine wahre Identität hinweisen konnten, ließ ich in Florida zurück.

Ein paar Tage blieb der Mann mit dem Mercedes-Käppi und der komischen Brille in Jamaika, dann flog er weiter nach Europa. Am 23. März 2005 brachte ihn ein Direktflug der Air Jamaika nach London, wo er (wie weiland Josef Müller) einen Tag im Four-Seasons-Hotel verbrachte, um anschließend weiter nach Wien zu fliegen, dem Ausgangspunkt der Müller'schen Reise vor knapp sechs Monaten. Leon Dean kam anstandslos durch alle Pass-, Zoll- und Einwanderungskontrollen. Und keiner klopfte ihm auf die Schulter und sagte: «He!, Josef, altes Haus ...»

Am Nachmittag des 25. März war ich also wieder in meiner geliebten Stadt Wien angekommen und bezog dort – ganz der alte Luxus-Junkie – eine feudale Suite im Le Meridien am Wiener Opernring. Bis zu meiner Festnahme am 16. April 2005 sollten noch drei Wochen vergehen. Statt in mich und auf die Knie zu gehen, ging ich aus und ließ es krachen. Ich genoss die wunderbare Küche Österreichs, den Tafelspitz im Plachutta, das Gulasch und all die anderen Schmankerl, die ich in den USA nicht bekam. Man war ja richtig auf Entzug.

Zum Osterfest lud ich einmal mehr nicht meine Frau, dafür Yvonne aus Stuttgart für ein paar Tage nach Wien ein; das Mädchen, das mich bereits zu Silvester in Miami besucht hatte. Danach ließ ich mich von einem Taxifahrer, den ich in Wien kennen gelernt hatte, nach Budapest fahren, um die Aussage einer jungen Wienerin zu überprüfen, dass die Mädels in Budapest noch viel schärfer seien als in der österreichischen Donaumetropole. Das beanspruchte einige Tage.

Näher an der Tugend war schon die Absicht, am 26. April in Salzburg meine Frau Sandra zu sehen und ihren Geburtstag mit ihr zu feiern.

Dazu sollte es nicht mehr kommen.

21
Schaut her, ich bin's!

Wahrscheinlich hätte es in der Wiener Innenstadt Hotels gegeben, die einen noch charmanteren Schauplatz für eine kaiserlich-königliche Kriminalkomödie abgegeben hätten. Das Le Meridien am Wiener Opernring, ein Designer-Hotel der Extraklasse, war dazu eine Spur zu kühl.

Am 16. April 2005, einem Samstagmorgen, war ich gerade von einem ausgiebigen Schlemmerparadies-Frühstück, das ich im Speiseraum des ultramodernen Hotels eingenommen hatte, in meine Suite im fünften Obergeschoss zurückgekommen. Die Tür hatte ich hinter mir geschlossen. An diesem Tag erschütterte laut Wikipedia in Südkalifornien ein Erdbeben der Stärke 5,1 das Land und die Menschen.

Auch in Wien kam es zu einer allerdings menschlichen Erschütterung. Und das begann wie folgt: Etwas unwillig musste ich feststellen, dass der Service noch immer nicht aufgeräumt und das Zimmermädchen die Spuren der letzten Nacht noch nicht beseitigt hatte. Ich hatte diese mit zwei Mädchen aus der Ukraine verbracht; entsprechend sah es aus. Da klopfte es – eine Spur zu heftig, wie ich fand. Ein gutes Zimmermädchen erkennt man schon am Klopfen. Leicht, diskret, vornehm – so muss es sein. Ich begab mich also zur Tür, um der jungen Dame zu öffnen.

Ich traute meinen Augen nicht: Kein Zimmermädchen stand vor mir. Stattdessen sah ich mich sechs uniformierten donaurepublikanischen Polizistinnen und Polizisten gegenüber. Na servus – das hatte mir grad noch gefehlt. Ich fand jedoch recht schnell meine Fassung wieder. Irgendwann musste es ja passieren. Der 724. «Zufall» hätte mich übermütig gemacht.

Eine Polizistin – schlank, jung, blond – rief in barschem Ton: «Herr Müller!»

Das ging mir schon nahe.
Jetzt nur keinen Fehler machen! Besinne dich, wer du bist! Nun hatte ich zwar gerade meine Brille nicht auf, und auch das Mercedes-Käppi flog irgendwo herum, statt mein Kurzhaarhaupt zu zieren, aber einen «Müller» gab es weit und breit nicht. Alle Papiere, Kredit- und Visitenkarten, die auf meinen richtigen Namen hinweisen konnten, hatte ich ja in den USA zurückgelassen. Deshalb gab ich der wortführenden Lady in Uniform eine höfliche, aber bestimmte Abfuhr.

«Madam, I think you are in the wrong room, 'cause my name is Dean, *Leon Dean,* and I'm from England. I am here for a pleasure trip through Austria!»

Stiff upper lip! The perfect Oxford English! Dazu mein ungnädiger Blick. Das saß. Daraufhin beriet sich die Gruppe. Wahrscheinlich stand es um ihr Englisch nicht zum Besten, trotzdem schien es, als hätten die wackeren Kriminaler den Grund meiner Entrüstung vollinhaltlich zur Kenntnis genommen. Den zuvor tatbereiten Gesichtern sah man eine gewisse Verunsicherung an. Einer schien zum Gehen zu raten («Da ko ma nix mochn! Ga ma!»), andere insistierten auf gründlicher Untersuchung des Falles.

Schließlich kam einer aus der Gruppe auf mich zu, wedelte mit einem Schreiben in Klarsichthülle, zuckte unverbindlich mit den Schultern und sagte: «This, schaugn's bittschön, is Hoftbefehl für Müller!», womit er sich und seinen Kollegen Zugang zum Zimmer verschaffte. Der Österreicher ist eben im Peinlichsten der Freundlichste.

Ich folgte und schaute zu, wie die Beamten ungeniert damit begannen, mein Hotelzimmer zu durchsuchen. Nach einer Weile begab ich mich zur Ablage, setzte meine Brille auf und öffnete meinen Zimmersafe. Da war er – der britische Pass.

«Gentlemen!»

Die beiden Beamten, die mir am nächsten standen, nahmen das Dokument entgegen, blätterten und verglichen den Mann im Rollstuhl mit dem Passbild.

Währenddessen hatte der Rest der Crew umfassend gekramt; man entdeckte aber nur Kreditkarten, Hotelrechnungen und andere Papiere, die ohne Ausnahme auf den Namen Leon Dean ausgestellt waren. Sichtlich ein Flop auf der ganzen Linie.

Als Brite fand ich es langsam an der Zeit, eine unterkühlte Bemerkung zu machen: «Do you really know what you're doing?»

In einwandfreiem Englisch und einiger Geschwindigkeit ließ ich die gemischte Ermittler-Truppe wissen, dass ich englischer Staatsbürger sei und mir eine solche Behandlung in einem befreundeten Land nicht gefallen lassen müsse.

Die Antwort der Beamten fiel aus Recherche- wie aus Sprachgründen kärglich aus. Ein Beamter wollte mir noch radebrechend den Sinn der Mission erklären, der nächste war schon auf dem Entschuldigungstrip, ein dritter gab in breitem Wienerisch (dieser komische Engländer verstand das ja sowieso nicht) Mutmaßungen zum Besten, wo «der Müller» sich verkrochen haben mochte. Kurz gesagt: Die Task-Force befand sich in Auflösung; das Unternehmen schien ein klägliches Ende zu nehmen. Und ich durfte mich schon als der halbe Sieger fühlen.

Aber als sich die Gruppe zum Gehen wandte, geschah etwas Merkwürdiges mit mir. Ich kippte. Innerhalb von Sekundenbruchteilen war mir klar, dass ich die Farce nicht bis zum bitteren Ende durchspielen wollte. Noch eine Wendung und noch eine Wendung und noch eine Wendung! Was sollte das denn?

Ich war nach Europa gekommen, um mich zu stellen. Schöner wäre es gewesen, wenn ich als freier Mann in München, vor dem Landgericht in der Nymphenburger Straße, hätte auftauchen können – aber so war es auch nicht unverdient.

So nahm ich die Brille ab, legte den Leon Dean ein für alle Mal beiseite und vorerst auch die englische Sprache. Ich wählte das Idiom meiner Heimat und rief den österreichischen Beamten, die mir schon den Rücken gekehrt hatten, lautstark zu: «Ja, Buam, i bin scho der, den ihr suachts!»

Was jetzt? Lachen verbot sich (außer bei mir). Ich sah, wie jeder der Beamten nach einer Rolle zwischen Entsetzen und Entrüstung suchte. Ich genoss die behördliche Schrecksekunde und lächelte noch immer.

«Dann ist ja alles klar, Herr Müller!», hörte ich die Chefin, die als Erste die Fassung wiederfand, in strengem Ton sagen.

Sieht verdammt gut aus, diese Frau, dachte ich. Eine junge, langhaarige Blondine – eigentlich mein Beuteschema. Mich verwunderte (daran erinnere ich mich), dass ich in dieser Situation immer noch an *das Eine* dachte. Alle anderen dachten an das Andere. Einer der Beamten hatte Handschellen dabei und schickte sich an, sie mir anzulegen.

Ich lehnte dankend ab: «Brauchen Sie nicht!»

Die Chefin winkte ihn zurück.

Nun brachte man mich zielstrebig auf eine Polizeistation in der Wiener Innenstadt und verhörte mich fast über den ganzen Samstag hinweg zu den mir vorgeworfenen Taten. Auch interessierte man sich für meine Flucht und welche Wege ich nun genau in den sechs Monaten genommen hatte. Leider wurde ich nicht von der Blondine verhört, sondern von einem etwas knorrigen, aber korrekten älteren Inspektor, dem anzusehen war, dass es ihn nicht gerade erfreute, mit mir seinen ganzen Samstag verbringen zu dürfen.

Am Abend endlich wurde ich mit einem grauen VW-Bus der Gendarmerie durch zwei Beamte in das Gefängnis Wien-Josefstadt überstellt. Zehn lange Tage verbrachte ich dort. Ich hatte eine Menge Zeit, mir die Welt und ihre Ereignisse mal von der passiven Seite her anzuschauen.

Während dieser Zeit wurde in Rom Kardinal Ratzinger zum Papst gewählt. Irgendwie fühlte ich mich ziemlich katholisch. Unser Mann in Rom, wow! Das «Habemus papam» sah ich im Fernsehen, in Auslieferungshaft auf der Krankenstation. In diesem Gefängnis wurde ich zusammen mit vier Schwerverbrechern – na, was heißt das, meiner heutigen Meinung nach ist jedes Verbrechen «schwer» – in einer Gemeinschaftszelle untergebracht. Meine persönlichen Sachen, besonders die mit vielen Juwelen verzierte goldene Breitling-Uhr, mein ganzer Stolz, wurden mir abgenommen und in die Asservatenkammer gebracht.

Die Ersten, die von meiner Verhaftung erfuhren, so informierte man mich später, waren der ermittelnde Staatsanwalt sowie der Leiter der Sonderkommission beim Bayerischen Landeskriminalamt in München. Man informierte sie noch am Wochenende.

Die österreichischen Justizbeamten, so muss ich aus heutiger Sicht sagen, waren allesamt sehr freundlich und höflich zu mir. Das Gefängnis Wien-Josefstadt war ein moderner Neubau und verfügte über sehr gute Einrichtungen – im Gegensatz zu dem Altbau in München-Stadelheim, in dem ich mich ein paar Tage später wiederfinden sollte.

Die in Wien mitinhaftierten «Kollegen», manche auch Deutsche, erwiesen sich als kameradschaftlich, da man mir vermutlich ansah, dass ich das erste Mal in meinem Leben «gesiebte Luft» atmete. Die Zellen auf der Krankenstation glichen mehr dem zu klein geratenen Schlafsaal einer Jugendherberge, waren aber mit modernen Möbeln eingerichtet. Sogar die mit einer Tür versehene Toilette war breit genug für meinen Rollstuhl, was mich doch sehr verwunderte.

Man wies mir einen großen, leeren Schrank zu, in dem ich meine Habseligkeiten, die ich meinen Koffern aus dem Hotel noch entnehmen durfte, sauber verstaute, ebenso wie meine täglich am Morgen angelieferte Semmel- und Brotration, sowie zwei Trinkgläser, ein Essbesteck, Teller und ein Frühstücksbrettchen aus Plastik, das mir überreicht wurde.

Was ich nie vergessen werde, dass ich – aber nur ich – jeden Morgen fünf frische Kaiserbrötchen überreicht bekam, während die anderen Mitgefangenen sich mit Graubrot begnügen mussten, das in rauen Mengen in jeder Zelle zur Verfügung stand. Da ich irgendwie nicht mitansehen konnte, welche Privilegien ich wegen des Rollstuhls genoss, teilte ich diese besonderen Backwaren mit den anderen Zellenbewohnern. So behandelten mich meine «Kollegen» sehr höflich und respektvoll, damit ihnen auch am nächsten Tag nicht der Semmelsegen abhandenkam.

Was meine Tage im Gefängnis mit einer Art von Licht versah, war, dass ich einen Deutschen kennen lernte, der eine eigene Espressomaschine besaß und mich täglich zu zwei dieser pechschwarzen Köstlichkeiten einlud. Jeden Morgen freute ich mich auf die Sonderbewirtung in der Nachbarzelle, denn die von der Gefängnisverwaltung angebotene «Plörre» konnte man nicht Kaffee nennen. Den Namen meines Gönners habe ich genauso vergessen wie sein Gesicht, ich weiß nur, dass er fünfzehn Banküberfälle in Österreich und Südtirol verübt hatte. Der letzte war ihm zum Verhängnis geworden. Die österreichische Polizei hatte ihn nach einer wilden Verfolgungsfahrt festgenommen. Er war bereits zwölf Jahre in Haft, hatte vor einem Jahr Leberkrebs bekommen und wurde nun bald entlassen. Wahrscheinlich lebte er nicht mehr lange genug, um sich nach der Entlassung seinen Traum von Naturreisen mit dem Wohnmobil zu erfüllen.

Ich erzähle diese kleine Geschichte nur, weil ich die Einladung zum Espresso als wunderbares Zeichen der Menschlichkeit empfand. Später sollte ich selbst die kleine Tradition fortsetzen, indem ich jeden Neuankömmling, der auf der Krankenstation in München-Stadelheim ankam, mit einem selbst gebrauten Filterkaffee bewirtete.

22
Müller on the rocks

Zehn Tage sollte es noch dauern, bis man mich nach München-Stadelheim überstellte. Eigentlich war dieser 26. April schon verplant: Den 33. Geburtstag meiner Ehefrau Sandra wollte ich mit ihr verbringen. Die österreichische Gendarmerie brachte mich mit einem Kleinbus und vier Beamten bis an die Grenze nach Freilassing. Dort übernahm mich das Bayerische Landeskriminalamt, vertreten durch den Fahndungsleiter und den zuständigen Staatsanwalt. Beide reisten eigens aus München an und hatten zudem noch einen Arzt im Gefolge, der meine Haftfähigkeit attestieren sollte. Das Trio der Chefs war von mehreren Sicherheitsbeamten der Polizei eskortiert. Großer Bahnhof also!

Ich war froh – unter welchen Umständen auch immer –, wieder in Deutschland zu sein, um mich meiner Verantwortung nun endlich zu stellen. Im Vagen kann man nicht leben. Ich hatte auch seelisch das Bedürfnis, klar Schiff zu machen. Nach wie vor fühlte ich mich im Kern der Geschichte *nicht schuldig*. Ich hatte Rahmenbedingungen geliefert, innerhalb derer andere kriminelle Akte begangen hatten. Mir und anderen als Schuld einzugestehen hatte ich allerdings die noch nicht vorhandene Handelslizenz als Vermögensverwalter, wiewohl das Verfahren dazu lief. Es war wie Fahren ohne Führerschein, während ich noch in der Fahrschule büffelte. Das ist eine Straftat. Die unterschlagenen Millionen der Anleger jedoch gingen nicht auf mein Konto, und das konnte ich nachweisen.

Der Staatsanwalt wollte offenbar keine Zeit verlieren. Noch auf der Fahrt nach München versuchte er mich auf eine Aussage festzunageln und stellte mir eine Frage nach der anderen. Ich gab ihm auf allgemeine Fragen Auskunft, wollte aber die Darstellung spezifischer Zusammenhänge lieber mit meinem Anwalt absprechen, bevor ich mich mehr als nötig belastete.

In München-Stadelheim wurde ich von einer Reihe von Beamten freundlich begrüßt. Den bunten Exoten, der da einflog, musste man sich anschauen. Mir schien, die Stadelheimer hatten umfassend die Boulevardpresse studiert und ihr einiges über «den verrückten Konsul im Rollstuhl», seine verwegene Flucht und seinen luxuriösen Lebensstil entnommen. Ich fühlte mich wie «Everybody's bad boy» – beißt nicht, kann besichtigt werden, Tickets an der Gefängniskasse.

Nach den Begrüßungsfeierlichkeiten wurde meine «Habe» in Empfang genommen und gegen Quittung in der Kleiderkammer verstaut. Was ich medizinisch benötigte, wurde mir gelassen. Ich erhielt Anstaltskleidung, die – nun ja – eine Spur schicker hätte sein können. Aber man ist da besser nicht wählerisch. Anschließend wurden digitale Fotos von mir angefertigt: frontal von vorne, von der Seite links, von der Seite rechts.

War ich zuvor weitgehend von meiner Unschuld überzeugt, vermittelten mir diese Fotos ein echtes Verbrecherfeeling: *Diesem Mann war alles zuzutrauen.* Eine Gefangenenakte wurde angelegt, und mir wurde eine Haftnummer zugeteilt.

✦ ✦ ✦

Schlüsselgeklapper ... Die Schritte des Wärters, der eben noch nach mir geschaut hatte, verloren sich hallend im kalten, leeren Gang der Abteilung H 0, im Nordbau des Gefängnisses München-Stadelheim.

Hier saß schon Hitler ein! Das war das Erste, was manche Gefangene dem Neuankömmling unbedingt mitteilen mussten, nicht ohne Stolz in der Stimme. Im Zustand der allseitigen Ent-Ehrung und Ent-Würdigung suchte man sich scheinbar die seltsamsten Formen persönlicher Aufwertung. Im gleichen Gefängnis wie *Hitler!* Wow, was für eine Auszeichnung! ...

Die schwere Eisentüre meiner kargen Zelle war eben hinter mir geschlossen worden. Geschlossen worden ist der falsche Ausdruck; das tonnenschwere Ding mit Guckloch war metallisch krachend in den Rahmen eingerastet. Dauernd krachte es irgendwo auf die gleiche brutale Weise. Manche Wärter machten sich offenkundig ein besonderes

Vergnügen daraus, die Zellentüren mit Schmackes zuzuschmeißen. Der Schall brach und multiplizierte sich im offenen System der Gefängnisgänge. Das, untermalt noch von Rollgeräuschen, Teller- und Schlüsselklappern sowie Zurufen, war die Musik im Gefängnis. Nur nachts ergoss sich Stille über die Szenerie.

Es ist schon ein einschneidendes Erlebnis, wenn du bemerkst, dass es innen an deiner Türe weder ein Schloss noch eine Klinke gibt. Kein Mensch, solange er in Freiheit ist, denkt darüber nach, dass er die Türe seines Zimmers nach Belieben auf- und zumachen kann. Die Tür ist die Freiheit. Hinter ihr geht die Welt auf. Das weiß man und weiß es doch nicht, solange man nicht wenigstens einmal eingeschlossen war. Freiheit heißt: Du kannst gehen, wohin du selbst es willst.

Dieses Gefühl ist schlagartig verschwunden, wenn die Mauer, die dich von der Welt trennt, fließend in eine Metallfläche von zwei mal einem Meter übergeht; eine Metallfläche, die eine Tür ist und doch wieder keine, denn es fehlt ihr am wesentlichen Merkmal: sie öffnen zu können.

Auch ich machte diese Erfahrung. Eine nicht näher definierbare Angst, ein Grauen, machte sich in meinem Körper breit. Spätestens jetzt realisierte ich, dass ich eingeschlossen war und nicht wusste, wann die Türe wieder aufging und wer sie aufmachen würde.

Eingeschlossen sein! Ein beklemmendes Gefühl der Ohnmacht und Hilflosigkeit ging vom Körper auf den Kopf über, eine ständige Bewegung, unaufhaltsam strömend im Gefüge meiner Zelle. Erst langsam verlor dieses Gefühl an Macht, wurde ersetzt durch den Trübsinn der Gewohnheit. Jetzt erst verstand ich, was sich hinter Walter Ulbrichts Berliner Mauer abgespielt haben musste: Gefangenschaft bewegt sich zwischen den Polen von Rebellion und dumpfer Ergebung, und zwar immer und egal in welcher Art von Gefangenheit. Man kann auch in sich selbst gefangen sein. Und man kann frei sein, wenn man bis zur Nasenspitze mit Schiffstauen umrollt und gebunden ist – aber das sollte ich später erst lernen.

Da war ich nun an einem Ort angekommen, an den ich nie im Leben hinwollte! Ich hatte keine Ahnung, was mir hier im Gefängnis bevorstand. Vor Tagen noch hatte ich mir die Sonne der Karibik auf den

Bauch scheinen lassen, hatte in Jamaika am Pool gelegen, einen Drink in der Hand, ganz lässig. Der schwarze Barmann am Pool las mir jeden Wunsch von den Augen ab: «Wanna have a new drink? Or cold towels, Master?», fragte er devot, in der Hoffnung, dass er am Abend wieder reichlich Trinkgeld von mir erhalten würde.

Das konnte er wohl erwarten, denn damit geizte ich nie. Ich machte sie mir immer zu Freunden, die Leute an der Rezeption, die Kofferträger, Zimmermädchen und Putzfrauen, auch die Barkeeper. Es war ein Stück meiner Philosophie: Der Geizige, auch wenn er noch so nett ist, muss sich im Leben meist ganz hinten anstellen. Wer großzügig ist und sich sein Vergnügen etwas kosten lässt, dem fliegen viele Sympathien zu.

Hier aber war ich an einem Ort und in einem Zustand, an dem ich keine Trinkgelder verteilen konnte. Ich hätte dem Wärter ja gerne einen Schein zugesteckt. Der Wechsel in Ambiente und Servicestil – vom Four Seasons zu Stadelheim – verlangte mir schon einiges ab. Da war noch die schöne schlanke Schwarze in Jamaica. Auf einer rundum freien Insel. Und sie war schwarz von oben bis zu den Zehenspitzen, und dazwischen auch. Jung – lustig – aufregend und schwarz! Da wollte ich mich momentan gar nicht dran erinnern. Am schwierigsten war die Umstellung von Betriebsamkeit auf Garnichtstun. Da war nur die weiße Wand, auf die man seine Erinnerungen und Wünsche projizieren konnte.

Oh, die Karibik! Würde ich da noch mal hinkommen? Ich spürte die Sonne immer noch auf meiner Haut, ich war ja gerade erst in dieses kalte und unfreundliche Gefängnis in München-Stadelheim überstellt worden (wie es in der Amtssprache heißt). Schon einmal, vor ungefähr fünfzehn Jahren, hatte ich in die hermetische Welt «Gefängnis» hineinschnuppern dürfen. Zwei Kriminalbeamte in Zivil kamen in meine Steuerkanzlei in Fürstenfeldbruck, legten einen auf mich ausgestellten Haftbefehl auf den schwarzen Designerschreibtisch und forderten mich rüde auf, nur ja keine Scherereien zu veranstalten und ohne Widerstand mitzukommen.

Widerstand! Haha! Dass ich nicht lache! Widerstand im Rollstuhl? Was dachten sich die beiden Kripofritzen denn? Dass ich unter meinem Schreibtisch eine Knarre herausziehen und die Herren bedrohen würde? Als Haftgrund war angegeben: Fluchtgefahr. Zur damaligen Zeit war ich akkreditierter Honorarkonsul der Republik Panamá in Bayern mit einem Konsulat in der Münchner Innenstadt, im Tal, nahe dem Rathaus. Wie es sich später herausstellte, war es allein der Umstand, dass ich Konsul von Panamá war, der den Richter veranlasste, eine Fluchtgefahr (ich nehme an: nach Panamá) zu vermuten.

Es ging nur darum, dass ich als Angeklagter bei einem späteren Prozesstermin auch tatsächlich zugegen war. Ich hatte jede Menge zu tun (hier – und nicht in Panamá) und keine Absichten, mich einer gerichtlichen Auseinandersetzung durch Flucht zu entziehen. Warum auch? Nun ja, die Beamten erfüllten nur ihre Pflicht. Wenn es etwas diskreter (und weniger vorverurteilend) hätte sein können, wäre es auch nicht schlecht gewesen. So konnte ich froh sein, dass meine Mitarbeiter in den anderen Büroräumen nicht mitbekamen, was da ablief.

«Nehmen Sie das Nötigste mit, was Sie für ein paar Tage brauchen», meinte der eine Beamte und schaute auf die Uhr. Gott sei Dank war ich nach wenigen Stunden wieder im Büro. Ich hatte gar nichts mitgenommen, hatte nur kurz noch meinen Anwalt in München angerufen. Dieser war zum Polizeipräsidium geeilt und hatte mit dem zuständigen Haftrichter, den er noch von seiner Studienzeit her kannte, gesprochen. Binnen weniger Stunden befand ich mich wieder auf freiem Fuß, allerdings gegen Zahlung einer sofortigen Kaution von 100.000 Mark. Meinen Reisepass musste ich auch hinterlassen, damit ich das Land nicht verlassen konnte.

Als die Kaution später wieder von der Justiz freigegeben wurde, kassierte sie derselbe Anwalt als Honorarvorschuss. Damals war alles noch einmal gut gegangen – aber heute hatte ich keine 100.000 für eine Kaution und hatte keinen Pass mehr, geschweige denn einen guten Anwalt.

❖ ❖ ❖

Mir wurde auf einmal kalt – sehr kalt, in dieser engen und uralten Zelle im Altbau, der noch aus dem 19. Jahrhundert stammte. Jetzt ging es mir doch noch einmal durch den Kopf, wer hier alles aus- und eingeschlossen worden war. Es war eben nicht nur Adolf, der in den 20er Jahren des letzten Jahrhunderts hier im Nordbau inhaftiert war. Michael Jackson besuchte hier seinen deutschen Musikmanager Marcel Afram, der wegen Steuerhinterziehung saß. Ebenso saß Dieter Zlof, der Entführer von Richard Oetker, hier ein, auch Konstantin Wecker und andere Prominente, deren Drogenkonsum aktenkundig geworden oder deren Finanzgebaren aus dem Ruder gelaufen war. Stadelheim war sozusagen das «Bunte»-Gefängnis. Wen Michael Graeter, der Starjournalist, nicht im Nobelschuppen P1 fand, der konnte in Stadelheim sein. Na, da passte ich ja hin!

Das half mir allerdings in keiner Weise. Ich hatte das erste Mal im Leben wirklich Schiss, hatte Angst vor der Abrechnung, die mir nun präsentiert werden würde, ob zu Recht oder zu Unrecht. Ich hatte keine Ahnung, wie das komplexe Verfahren ausgehen würde, ob man die Zusammenhänge durchschauen konnte, ob man meine Flucht verstehen oder sie im Gegenteil noch als straferschwerend obendrauf packen würde. Der eiskalte Wind blies mir ins Gesicht. Ich hatte Bedenken, ob ich einen Richter finden könnte, der die Sache unbeeinflusst von den Jubelmeldungen der Boulevardpresse untersuchen und beurteilen würde. Die Gazetten überboten sich ja, als hätte man Graf Koks persönlich geschnappt. Ich war aber nie adelig und hatte das Gefühl, dass mir eine lange, harte Zeit bevorstand. So ganz daneben lag ich mit meiner Vermutung nicht.

Ich hatte stundenlang Gelegenheit, eine weiße Wand anzustarren. Das schlechte Gewissen meldete sich bei mir, wie schon so oft in den letzten Tagen, Wochen, Jahren. Mit heißen Ohren musste ich beispielsweise an meine arme Mutter denken. Warum hatte ich Schweinehund nicht alle Hebel in Bewegung gesetzt, um sie zu sehen! Natürlich hätte ich meinen Taxifreund – statt nach Budapest in den Puff – auch ins Pflegeheim Theresianum nach Fürstenfeldbruck dirigieren können, um bei Nacht und Nebel meine Mutter zu sehen, sie zu sprechen, sie zu umarmen und zu streicheln.

Warum nur tat ich es nicht? Antwort: Ich war, trotz aller Erfahrungen und Denkanstöße, im Kern noch immer fremdgesteuert. Ob es so etwas wie den Teufel gibt, wusste ich nicht. Aber ich gehorchte definitiv einem anderen, ganz real! Ich gehorchte ihm aufs Wort. Und dem ich gehorchte, der war *böse*, der wollte das Böse, der brachte mich dazu, das Gute, das ich hätte tun können, zu unterlassen und das Böse zu tun, das Böse, das ich eigentlich nicht wirklich tun wollte. Aber was heißt nun «eigentlich nicht wirklich»?

Ich tat es ja!

Verflixter Teufelskreis! Jetzt, hinter schwedischen Gardinen und vor der weißen Wand, sah ich das mal wieder ganz klar. Die gewaltsame Entfernung aus den zerstörerischen Automatismen meines Alltags konnte mir nur guttun.

Wenn ich nur nicht so gefroren hätte.

Ich sah mich um in meiner grauen, kalten Zelle, ich würde es in der Umgangssprache mal als «Loch» bezeichnen. Anfangs dachte ich, dass den Beamten ein logistischer Fehler bei der Zellenwahl unterlaufen war, denn als ich angekommen war, hatte mir der «Leitende Medizinaloberrat» (eine Art Chefarzt für den Knast) einen modernen, eigens behindertengerecht umgestalteten Haftraum in Aussicht gestellt. Lustig fand ich, wie er mich begrüßte: «Müller! Was, um Himmels willen, wollen Sie denn hier? Ich kann Sie nicht brauchen! Ich habe es denen schon so oft gesagt!» Mit sichtlicher Verärgerung eröffnete er mir, dass er seit Jahren dem Justizministerium auf Anfrage immer wieder mitteilte, dass sie mich wegen meiner speziellen Pflegeanforderungen nicht aufnehmen könnten.

Den modernen behindertengerechten Haftraum gab es weit und breit nicht. Ich saß nach einer Weile noch immer in der Zelle, in die ich überstellt worden war. Andere Zellen hatten sie wohl nicht. Als hoffnungsloser Optimist sah ich mich zur Hälfte schon wieder in Freiheit. Ein Haftraum, in dem es nicht einmal eine geeignete Toilette für mich gab – das ging wirklich gar nicht, bei aller Liebe zum Vollzug.

Als Gefangener da nachzubohren ist sehr schwierig. Immerhin konnte ich eine Beratung unter den Ärzten veranlassen. Man eröffnete mir schließlich, dass eine Station zur Aufnahme von Rollstuhlfahrern zwar geplant und genehmigt, der Umbau aber noch nicht in Angriff genommen worden sei. Man wolle aber noch in diesem Jahr damit beginnen.

In diesem Jahr, gab ich den Ärzten zu verstehen, sei keine Antwort. Ich müsse jetzt gleich aufs Klo.

Das wisse man, sagten mir die Ärzte: «Deshalb haben wir nun beschlossen, Sie vorläufig in einem kleineren, aber behindertengerecht umgebauten Haftraum unterzubringen!»

Nachdem einer der Ärzte sich meine täglich benötigten Medikamente hatte aufzählen lassen, wurde ich, von zwei Beamten eskortiert, in das kalte «Loch» gebracht, in dem ich mich nun befand.

Auf der rechten Seite der Zelle hing eine deckellose Toilettenschüssel aus Stahl an der Wand, mehr so eine Art Auffangbecken, in dem Wasser stand. Links daneben befand sich ein quadratisches Waschbecken aus dem gleichen Material. Daneben an der Wand hing ein kleines altes Holzregal, darunter befand sich ein total verkommenes Nachtkästchen, das gewiss in einem Luftschutzbunker den Zweiten Weltkrieg überlebt hatte: eine Beleidigung für jede Müllhalde – oder eine Trouvaille fürs Museum.

Dann kam schon die Stirnseite der Zelle, an der sich oben, für mich im Rollstuhl in unerreichbarer Höhe, ein Luftschlitz mit kleiner Sichtmöglichkeit befand. Dieses «Fenster» war in die alte, mindestens fünfzig Zentimeter dicke Außenmauer eingelassen. Es war total vergittert und ließ gerade mal erahnen, ob es draußen Tag oder Nacht war. An der linken Längswand stand ein Holzgestell, das als Bett diente; darauf hatte man eine schäbige Auflage geworfen. Daneben ein einfaches Holzschränkchen.

Links neben der Zellentür aus massivem Stahl lief ein überdimensionales Rohr von der Decke bis zum Boden. Erst später erfuhr ich, dass dies die «Heizung» war. Im Winter wurde sie für ein paar Stunden mit heißem Wasser durchflutet, um Erfrierungen bei den Häftlingen zu vermeiden.

Jetzt war mir so unerträglich kalt geworden, dass ich etwas unternehmen musste, um nicht körperlichen Schaden zu nehmen. Da ich aufgrund meiner Rückenmarkverletzung in der unteren Körperhälfte, etwa ab Hüfthöhe, nicht immer voll durchblutet bin, war und ist das mein Schwachpunkt. Ich musste immer schauen, dass ich nicht zu lange im Kalten saß, um mir nicht eine Erkältung zu holen.

Wie konnte ich hier Hilfe herbeirufen? Neben der Zellentüre hatte man einen weißen Knopf in die Wand eingelassen, den ich im Notfall drücken sollte. Aber gewiss «nur im Notfall», hatte man mir eingeschärft, bevor man die schwere Stahltür zugeschlagen und mich meinem Schicksal überlassen hatte. *Ja, wenn das jetzt kein Notfall ist,* dachte ich, *wann sonst?!* Also Knopf tief hineingedrückt und gewartet. Nach einer gefühlten Unendlichkeit vernahm ich Schlüsselgeklapper am Ende eines halligen Flurs. Bewegte sich da was in meine Richtung? Es schien so, aber dann wurde doch eine andere Tür geöffnet. Wieder Schlüsselgeklapper, diesmal näher bei mir. *Aha,* war mein Gedanke, *es kommt endlich jemand.* Weitere zwei Minuten später tat sich was an meiner Tür. Jemand öffnete mit lautem Knall eine dort befindliche Luke, die nach außen fiel. *Ha,* dachte ich, *das ist ja wie mit dem «Brotzeitfach» in meinem zweiflügeligen «GE Refrigerator»,* einem amerikanischen Superkühlschrank. Diese Luken, sagte mir später ein Mitgefangener, seien eigentlich verboten. Wo sie noch existierten und in Gebrauch waren, müssten Gefängnisse Ausgleichszahlungen an Amnesty International leisten.

Jedenfalls sah ich nun durch die geöffnete Luke das kleine runde Gesicht eines uniformierten Beamten, der mich in einem fränkischen Dialekt anschnauzte: «Warum haben S' geläutet?»

Höflich wollte ich das Gespräch eröffnen: «Erst einmal guten Abend, mein Herr ...»

Weiter kam ich gar nicht. Wir waren nicht unter Menschen.

«Frech wirst! Sag, was du willst, sonst bin ich weg.»

Erst jetzt sah ich, dass der mit dem runden Gesicht nicht allein gekommen war, sondern von einem Kollegen begleitet wurde, der verbal kräftig mitpolterte. Mit den beiden war nicht zu spaßen.

Ich trug also möglichst sachlich mein Anliegen vor: «Mir ist es zu kalt hier. Da meine Beine nicht so durchblutet sind, benötige ich bitte einen Heizlüfter. Außerdem bitte ich um eine weichere Matratze zum Schlafen, da ich auf diesem harten Teil nicht liegen kann, ohne dass ich Verspannungen im ganzen Körper bekomme.»

Es war, als hätte ich um eine Extraportion provençalischen Trüffel gebeten. Der Runde schaute mit ungläubigen Augen durch die Luke.

So eine dreiste Bitte schien ihm noch nicht untergekommen zu sein: Heizlüfter! Matratze!

«Jetzt ist kein Arzt mehr da, es ist sechs Uhr abends. Ich kann nichts für dich tun. Morgen bei der Visite im Arztzimmer kannst' deine Bitten nochmals vortragen!»

Ohne eine Erwiderung abzuwarten, knallte er die Luke auf eine Art zu, dass mir schier die Ohren abfielen. Peng! Die schlurfenden Schritte der beiden Wachmänner entfernten sich, und das Schlüsselgeklapper war nach einer Minute nur noch in der Ferne zu hören. Nichts zu machen. Das würde eine mörderische Nacht werden. Aber ich hatte schon so manches überlebt.

Also packte ich meinen Toilettenbeutel aus: Seife, Zahnbürste und Zahncreme, stellte sie auf das Metallteil, das als Waschbecken bezeichnet worden war, und legte mir Waschlappen und Handtücher zurecht. Das hatte einen gewissen puristischen Charme: spartanisch, aber nützlich. Sehen und gesehen werden war hier nicht. Ich war ja alleine in der Zelle, musste mich vor niemandem schämen.

Ich wusch mich kurz, putzte mir die Zähne und legte mich wegen der beißenden Kälte in voller Montur auf das bretthartes Bett. Die beiden Decken, die ich in der Zelle vorfand, zog ich mir hoch bis zum Mercedes-Käppi. Das hatten sie mir gelassen. Es gab gewisse Chancen, dass ich in der Nacht nicht zu Eis erstarrte: Müller on the rocks.

Eingemummelt, so gut es ging, richtete sich mein Blick nach oben. Mein Gott, war der Raum hoch! Ich schätze mal: so fünf Meter. Die Zelle glich einer auf den Kopf gestellten Schuhschachtel. Ein Raumgefühl wie in der Kirche. Ganz, ganz oben glomm eine Funzel. Darüber wohnte nur noch Gott. Mir fiel ein Kindergebet ein: «Die Eltern mein empfehl' ich dir, behüte, lieber Gott, sie mir. Vergilt, o Herr, was ich nicht kann: das Gute, das sie mir getan.» Toll!

Gott sah, dass mir saukalt war. Saukalt, halt. Er schickte einen Trupp Engel, die mich in den Schlaf wiegten.

Ich überlebte meine erste Nacht im Knast.

23
Der Traum

Ich sah einen eleganten schwarzen Wagen der Oberklasse – ich glaube, es war ein 500er-Mercedes – auf einer Landstraße dahinbrausen. Am Steuer des Fahrzeugs saß niemand; der Sitz hinter dem Lenkrad war leer. Trotzdem fuhr der Mercedes, und das Lenkrad bewegte sich, wie von Geisterhand geführt. Ich sah mich angeschnallt auf der Beifahrerseite sitzen. Der Wagen fuhr mit extremer Geschwindigkeit durch die engen Gassen einer italienischen Kleinstadt, dann über Brücken hinweg, steile Serpentinen hoch, an Abgründen vorüber, durch enge Häuserschluchten hinab ins vibrierende, chaotische Verkehrszentrum der Stadt, und wieder hinaus, immer, immer weiter, mit Vollgas.

Ich bekam es als Beifahrer mit der Angst zu tun. Trotz des irren Tempos vollführte das Lenkrad höchst präzise Lenkbewegungen, und der Wagen prallte weder an die Wand, noch kamen Personen zu Schaden. Obwohl die Lenkbewegungen manchmal erst in letzter Sekunde kamen, Menschen in höchster Not zur Seite springen mussten und das Auto haarscharf an Mauerecken oder anderen Fahrzeugen vorbeibrauste, passierte nichts. Mit schlafwandlerischer Sicherheit glitt die Karosse pfeilschnell mitten durch die turbulente, menschenreiche Stadt – an allen Hindernissen vorbei. Die Fahrt schien kein Ende zu nehmen ...

Da erwachte ich aus meinem Traum. Wo war ich hier? Ich brauchte einen Moment, um zu realisieren, dass ich mich in meiner Zelle im Stadelheimer Gefängnis befand. Es war früh am Morgen, wie mir ein Blick auf den Wecker verriet, denn durch die Luke fiel so wenig Licht, dass man dadurch die Tageszeit nicht bestimmen konnte.

Hey, was war das denn für ein Traumgebilde gewesen? Normalerweise vergaß ich Träume schon beim Frühstück, oder sie blieben nicht einmal bis dahin haften, aber dieser Traum sollte mich den ganzen Tag beschäftigen. Vielleicht war es sogar der erste Traum in meinem Leben, über den ich ernsthaft nachdachte. Ich bin ja nicht von der poetischen Fraktion.

Ich hatte zwar gelesen, dass Träume nicht Schäume sind und dass sich keineswegs nur esoterische Scharlatane damit befassten, ich aber blieb lieber bei 3 x 3 = 9, beim Steuergesetzbuch und bei technischen Betriebsanleitungen. Wieso, um alles in der Welt, hatte ich diesen verrückten Traum – und was sollte er bedeuten?

Also, wenn der Wagen mein Leben war, dann stimmte der Traum. Die Marke stimmte, das Tempo stimmte, die traumwandlerische Sicherheit stimmte, mit der es mitten durch den dicksten Trubel ging. Hätte ich nicht tausendmal verunglücken müssen? Warum gab es den Totalcrash nicht, der doch die logische Folge meiner irren Fahrweise sein musste? Warum kam ich immer und immer wieder durch?

Und dann, was hatte es zu bedeuten, dass ich nur auf dem *Beifahrersitz* saß?

He!, Josef – und Beifahrer! Das ging gar nicht!

Ich war spätestens ab dem ersten Tretauto, also mit fünf, ein fanatischer Autofreak, der sich eher den Daumen abgebissen hätte, als einen anderen ans Steuer zu lassen. Per Tagtraum ging ich einige Wagenmarken durch, die ich in meinem Leben gesteuert hatte: Bobbycar, Rolls-Royce, Bentley, Maybach, Ferrari, Porsche, Jeep, Range Rover, Lamborghini, Mercedes, BMW, Jaguar, SLR McLaren … ein Schlitten aufregender und schöner als der andere! Also, um präzise zu sein: Bei Sportwagen und schnellen Geräten ließ ich nie einen anderen ans Steuer, bei den Luxuslimousinen gab es Chauffeure.

Und das entsprach auch exakt meiner Lebenseinstellung: Obwohl ich verschiedenste Unternehmen leitete und zeitweise Dutzende von Angestellten hatte, ließ ich nie vom Steuer ab, wenn es um die großen Weichenstellungen ging, wenn unter Zeitdruck weitreichende Entscheidungen gefällt werden mussten, wenn man ins Risiko gehen musste oder wenn die Firma durch brenzlige Situationen hindurchgesteuert werden musste. Da ging es ums Ganze. Und dazu gehörten Klugheit und vor allem, dass man im Kopf schon da war, wohin die

Chose (und die langweilige Konkurrenz) erst noch hinkommen würde. Nur so behielt man das Heft in der Hand.

Wer erst dann zu handeln pflegt, wenn es irgendwie nicht mehr weitergeht, hat nicht das Zeug zum Chef. Ich war mit Leidenschaft Firmenlenker, nicht aus angeborenem Hochmut heraus oder wegen einer fixen Idee, sondern weil es einfach für die Sache im Allgemeinen das Beste war, wenn ich die Fäden in der Hand behielt. Zu leiten ist eine Gabe, man kann auch sagen: ein Dienst. Letztlich profitieren ja alle davon, wenn einer das Ding steuert, der es draufhat. Eines habe ich gelernt: Der Unternehmer, der meint, auf dem Beifahrersitz Platz nehmen zu dürfen, war es die längste Zeit.

Aber es gab noch eine zweite Unstimmigkeit in meinem Traum. Da saß ja nun nicht irgendein Angestellter von mir am Lenkrad – da saß *gar niemand* am Steuer! Und ich wurde von diesem *Garniemand* in einem so irren Tempo durch die Welt kutschiert, dass ich abwechselnd in den Sitz gepresst wurde oder nur durch den Haltegurt vor dem Herausgeschleudertwerden bewahrt wurde. An diesem Bild und seinen «Fehlern» hatte ich tagelang zu knacken.

Die Lösung, die ich schließlich fand, war nicht irrational, sondern logisch, zumindest für mich. Ich dachte noch einmal genau über mein Leben nach (weswegen, erzähle ich gleich) und kam zu einer bestimmten *Frage*.

Die richtigen Fragen zu stellen ist ja das Entscheidende, sowohl in der Wissenschaft als auch in der Philosophie. Wer wolkig fragt, wählt den Nebel. Wer präzise fragt, kommt zu präzisen Einsichten. Die große Frage also, zu der ich kam, lautete folgendermaßen:

Wie viel Prozent meines Lebens steuere ich, und zu wie viel Prozent werde ich von außen gesteuert?

Denken Sie bei «Steuerung von außen» bitte einmal nicht an Ihren Ehepartner. Was macht man eigentlich selbst in seinem Leben, und was wird einem zugespielt, was hat man anderen zu verdanken? Ich fand dafür keine exakte Prozentzahl heraus. Vermutlich gibt es dafür auch keine Excel-Tabelle. Man wird in diesem oder jenem Land, in diese oder jene Sippe hineingeboren, entdeckt eines Tages, dass man schwarzer, weißer, gelber Hautfarbe ist, lernt diese oder jene Menschen kennen, die man nicht selbst herbefohlen hat, wird mit großen oder kleinen Gaben in die Welt gesetzt, mit oder ohne besondere Chancen geboren. Und mitten in diesen Umständen nimmt man ein bisschen das Steuer in die Hand, entscheidet sich für A oder B, aber dann kommt das Leben (der Zufall – oder ist das Gott?) und sagt: «A war falsch, B ist eine Sackgasse – nimm C, hier ist es. Ich mache dir eine Tür auf!» Und dann geht was.

Lange hielt ich mich für einen «Macher». Ich glaubte, ich könnte mich gewissermaßen selbst *erfinden*, mich cool designen und mir alleine meine Welt erschaffen. Ich tat es, indem ich eine sündhaft teure goldene Breitling-Uhr trug und mich im Maybach vor das Edel-Restaurant *Die Ente vom Lehel* fahren ließ. Lachhaft! Ich war ein drogenabhängiger, sexsüchtiger Rollstuhlfahrer. Nicht mal das *kleine Wagerl*, in dem ich seit dem Unfall saß, konnte ich immer steuern, wohin ich wollte.

Langsam durchschaute ich die Lüge der «Macher». Ich verstand, dass auch die anderen Bosse und fanatischen Selbststeuerer nur sehr begrenzt am Lenken waren. Ich kenne keinen Selfmademan, der mir glaubhaft machen kann, er selbst (und kein anderer) habe *sich gemacht*. Solche Leute gibt's aber!

Und wenn die Eltern dieses Bekloppten zufällig dabeistünden, um mir weiszumachen, sie (und niemand anders) hätten dieses Wesen «gemacht», würde ich es erst recht nicht glauben. Man kann ein Kind nicht *machen*, nicht in der Retorte und auch sonst nicht! Kinder sind nicht die Summe der genetischen Mixtur, die ein Pärchen in einer heißen Sommernacht anrührt, weder wenn die beiden systematisch (Kind geplant!) noch wenn sie notgeil (Kind als Unfall!) zu Werke gehen.

Kinder sind, glaube ich, ein Wunder. Jedes Kind ist unverwechselbar und einzigartig – etwas *ganz Neues* –, und das hat für mich mit dem *Schöpfer* zu tun, der das Neue (das definitiv nicht Menschengemachte) in die Welt bringt. Etwas absolut Neues ist ein Wunder. Und nur ein Wunder ist etwas absolut Neues in dieser Welt. Unsere Novitäten sind nur Varianten von irgendwas. Zu Wundern ist nur einer fähig: Gott.

Mein Traum machte mir nicht nur klar, dass ich mich nicht selbst erfunden und gemacht hatte und dass ich nur der Beifahrer meines Lebens war. Der Traum war auch der Schlüssel zu meiner Lebens-, insbesondere zu meiner Fluchtgeschichte. Hätte ich das alles nur selbst gesteuert, ich wäre nicht von Wien nach London, nicht von London nach New York, nicht von New York nach Miami, nicht von Miami nach Las Vegas und Los Angeles, nicht von Los Angeles nach Miami, nicht von Miami über Jamaika und London wieder nach Wien, ja nicht einmal von Wien nach Stadelheim gekommen. Manche sagen: Das war der Zufall, der das gesteuert hat. Hallo! Zufall ist *Zufall*, also gerade nicht planvolle Steuerung. Für den Glauben an den Zufall benötigt man einen Berg an Glauben. So viel Glauben habe ich nicht. Ich bin religiös eher unbegabt. Ich bin Steuerberater.

Andere sagen: Wenn das «Gott» war, der da unsichtbar hinter dem Lenkrad saß, dann kann er mir gestohlen bleiben. Der wahre «Gott» hätte diesen feinen Herrn Müller bei seinen raffinierten Geldgeschäften gestoppt; er hätte ihn bei der ersten Passkontrolle schnappen lassen; seine Vorsehung hätte ihn weder regelmäßig in ein Four-Seasons-Hotel noch in den Puff geführt, und sein Segen hätte keinesfalls dafür gesorgt, dass ihm der Kokainvorrat nie ausging.

Antwort: Woher wissen Sie das so genau? Ich sage, was ich denke: Gott hat einen Plan für mich, für dich, für jeden. Ich kann diesen Plan verändern, ihn sogar durchkreuzen. Es ist wie beim GPS. Wenn das Ziel Hauptbahnhof ist, sagt das GPS: Nimm die Goethestraße. Wenn ich aber die Schillerstraße nehme, rechnet das GPS neu und leitet mich trotzdem zum Hauptbahnhof. Selbst wenn ich verrückterweise die Goethestraße in Gegenrichtung befahre, sagt das GPS nur: «Drehen Sie bei nächster Gelegenheit um!» Gott ist so unbeirrbar wie ein GPS-Navigationsgerät.

Er, der mein Leben im Letzten steuert, hat zwei Eigenschaften: Er ist absolut gerecht. Einen Lumpenhund nennt er einen Lumpenhund, Betrug ist in seinen Augen Betrug (und nicht Business), Verrat bleibt Verrat. Ich denke, das hat er alles auf dem Monitor. Ich rechne jetzt schon mal mit ein paar Fragen am Jüngsten Tag.

Aber ich glaube, dass Gott noch ganz anders ist, nämlich Liebe, und zwar geduldige Liebe, *Liebe mit ganz, ganz langer Laufzeit.* Gott hat eine irrwitzige, engelhafte Geduld. Das heißt: Er ist nicht nur lieb, wenn *wir* lieb sind. Ein bisschen zu viel Belohnung, weil wir funktionieren? Nein, dann würde seine Liebe mit der Umstellung von der Milchflasche auf Haferbrei aufhören. Nein, er ist auch lieb, wenn wir vom Tretauto auf den Traktor umsteigen, und vom Traktor auf den heißen Schlitten, und vom heißen Schlitten auf die Harley, und von der Harley in die Kiste. Er ist immer lieb.

Er ist nicht nur lieb, wenn wir gerade mal unsere brave Phase haben, sondern auch dann, wenn wir schmerzhaft unsere Eierschalen abwerfen, wenn wir den Macho markieren oder die Zicke heraushängen, wenn wir mit harten Bandagen um unseren Platz im Leben kämpfen, wenn wir in vielen Betten nach der einen Liebe suchen, wenn wir schuldig werden, gar ins Bodenlose abstürzen und komplett bescheuerte Wege gehen.

«*Wie, Josef, du musst nach Miami?* Okay, dann geh nach Miami! Wird dir nichts bringen, du wirst nur den Unsinn in der Welt vermehren. Aber ich bin bei dir. Ich bin geduldig, kann warten. *Wie, Josef, du musst dir unbedingt was durch die Nase ziehen?* Okay, dann zieh dir was durch die Nase! Wird dich traurig und leer machen, dich ziemlich sicher zerstören. Du verlierst 'ne Menge Zeit. Aber ich hab dich sehr, sehr gern, ich warte auf dich. Irgendwann wirst du meiner Liebe nicht widerstehen.»

So ungefähr sehe ich mein Leben. Und ich glaube sagen zu können, dass man auf diese Weise jedes Leben leben kann. Wir sind alle nur Beifahrer im Wagen unseres Lebens. Wir können schon ein wenig steuern, können die Richtung mitbestimmen, können sogar sagen: «Hey, ich muss *unbedingt* noch da- und dorthin, muss noch diesen oder jenen mitnehmen, muss mal grad aussteigen.»

Aber wir haben den Wagen unseres Lebens nicht erfunden, wir besitzen ihn auch nicht, haben ihn allenfalls geleast. Wir können zwar sagen: Ich will da- und dorthin. Aber ob wir wirklich dahin kommen, das wissen wir nicht. Vielleicht ist schon morgen die Fahrt zu Ende. Und wenn wir nur die Beifahrer im Auto unseres Lebens sind, wer ist dann der Fahrer? Das ist die große Frage, die jeder für sich beantworten muss.

23 · Der Traum

Gar niemand? Unglaubwürdig. Der Wagen fährt doch.
Der Zufall? Wer ist das?
Gott? Dieser Fährte war ich auf der Spur.

✦ ✦ ✦

Und das kam so: In der Haftanstalt Wien-Josephsstadt, in der ich nach meiner Verhaftung am 16. April 2004 landete, war ich im Krankenhaus der Anstalt untergebracht. Dort gab es eine offene Bibliothek, in der die verschiedenartigsten Bücher zum Lesen bereitstanden. Als ich die Buchrücken überflog, fiel mir ein grellroter Band ins Auge, den ich herauszog. Es war leider keiner meiner geliebten Krimis, wie ich insgeheim erhofft hatte, sondern das Neue Testament: der zweite Teil der Bibel, in dem die Gestalt von Jesus im Zentrum steht. Ich blätterte etwas in diesem Neuen Testament, das mir in einer modernen Übersetzung der Deutschen Bibelgesellschaft vorlag. Es war da beispielsweise nicht die Rede vom «Evangelium nach Matthäus», sondern es hieß «Die Gute Nachricht nach Matthäus».

Nun brachte mich das immer schon ins Denken, wenn ich aus Hunderten von Büchern ausgerechnet ein bestimmtes herausgriff. *Ich sollte das lesen.* Das Buch hatte mich als Leser ausgewählt. Es hatte mich gefunden. Wenn ich «zufällig» nach dem Kamasutra gegriffen hätte, hätte ich mir wahrscheinlich auch gesagt: *Musst du lesen, Josef!* Also, warum nicht mal was Frommes? Hatten wir noch nicht. Natürlich stand auch bei uns zu Hause eine Bibel herum. Ernsthafte Versuche, in ihr zu lesen, hatte ich nie unternommen. Es war ja bei uns Katholiken auch nicht so Mode. Als ich doch mal zu lesen anfing, kam ich nicht weit. Der Fun-Quotient war zu niedrig – ich vermutete seinerzeit, dass die Bibel so eine Art Fachliteratur für Pfarrer und andere abgespacte «Heilige» war.

In der Gemeinschaftszelle in Wien, die mehr einem großen Wohnraum mit vergitterten Fenstern glich, las ich im ersten «religiösen» Buch meines Lebens, und zwar mit wachsendem Interesse. Ich las es ohne irgendwelche Vorzeichen, ganz naiv und direkt, mit einer einzigen Leitfrage: Konnte ich das gebrauchen? Mein Suff- und Kokskopf war leer und aufnahmefähig für etwas anderes, etwas Starkes, «Reines» (ich benutze dieses Wort einmal, obwohl ich weiß, dass es sich um einen gefährlichen Begriff handelt).

Seite um Seite wühlte ich mich in das Leben von Jesus hinein. Nichts lenkte mich ab; mir kamen bildkräftige Vorstellungen der Landschaft und der Leute. Jesus, ein großer Einzelner, der Kristallisationspunkt in einer stillen, starken Welt von Fischern und Bauern. Eine wohltuende Ruhe und etwas Langsames, Wesentliches gingen von diesem Text aus.

Lange blieb ich an der Bergpredigt hängen: «Selig, die Frieden stiften ... Selig, die reinen Herzens sind ... Salz der Erde, Licht der Welt.»[10] Urige, ruhige, schöne Bilder – wie geschaffen, um in die Seele zu fallen und Resonanzen auszulösen!

Dann berührten mich – kein Wunder! – diese permanenten Einladungen zur existenziellen Transformation: Kehrt um! ... Wenn ihr nicht werdet wie die Kinder ... Richtet nicht! ... Wer ohne Sünde ist, der werfe den ersten Stein.

Es war wie ein klarer, warmer Seewind, der mir meinen billigen Hedonismus aus dem Hirn blies. Während ich Krimis im Sturzflug las (oft ein einziges Buch in einer Nacht), kam ich einfach nicht vorwärts. Da – wieder ein starker Satz, über den ich nachdenken musste! Und hier, diese Geschichte von der Frau am Brunnen, was hatte das zu bedeuten?

Als ich zwei Tage später nach München verbracht werden sollte, hatte ich das Buch noch nicht mal zur Hälfte gelesen.

Frech, wie ich war, ging ich zum Chef der Wachleute, sprach von meiner Begeisterung für das Buch und fragte ihn: «Kann ich das Teil mit nach Deutschland nehmen, um es fertig zu lesen?» Vielleicht freute der Mann sich, dass einer von den Knackis mal keine Pornoschmonzette las (die habe ich auch sonst im meinem ganzen Leben nicht gelesen, konnte ich doch alles im Original *al natura* genießen), jedenfalls überließ er mir das Buch mit einer großzügigen Geste.

Großzügig war man auch im sonst megapingeligen Stadelheim. Normalerweise waren dort alle Bücher in der sogenannten «Habe» aufzubewahren. Eigene Bücher waren nicht vorgesehen; Bücher gab's nur aus der Gefängnisbücherei. Aber ich durfte trotzdem als einziges Buch dieses Neue Testament in meine Zelle mitnehmen.

Dann passierte etwas Merkwürdiges: In Stadelheim war ich sehr stark mit der Aufarbeitung meines Falles befasst und hatte nicht die Wiener Ruhe zum Weiterlesen. Zufällig kam ich mit einem Mitgefangenen ins Gespräch, der sich stark mit religiösen Fragen befasste. Der Mann hatte Geburtstag – und weil ich gerade nichts besaß, was ich ihm schenken konnte, überließ ich ihm mein Kostbarstes unter den verbliebenen Besitztümern, mein Neues Testament. Da hatte ich aber einen Volltreffer gelandet. Er freute sich riesig. Und ich war auch glücklich. Irgendwann würde ich schon wieder an so ein Teil herankommen, irgendwann, wenn ich ganz viel Zeit hatte.

Nach mehreren Wochen wurde der Gefangene zurück ins Saarland verlegt. Er nahm alles mit. «Zelle besenrein!», hieß es. Einen Tag nach seiner Abreise ging ich an seiner noch immer leeren Zelle, die einen Spalt offen stand, vorbei. Was sah ich? Ein grellrotes Buch auf dem Regal. Obwohl der Sidestep strengstens verboten war und übel geahndet wurde, schlüpfte ich in die Zelle und nahm «mein» Buch an mich. Nicht *ich* hatte es gefunden, das Buch hatte *mich* gefunden – ein zweites Mal. Das konnte nicht mit rechten Dingen zugehen. Jetzt gab es keinen Zweifel mehr: Das Buch war dafür bestimmt, dass ich es studierte.

Am nächsten Tag begann ich abermals, mich eingehend mit dem Buch zu befassen, es zu studieren. Mit einem gelben Textmarker und einem Rotstift markierte ich Stellen, die mich besonders ansprachen und die ich mir merken wollte. Ich nenne nur zwei, die mich in den ersten Tagen geradezu ansprangen: «Gott hat die Menschen so sehr geliebt, dass er seinen einzigen Sohn hergab. Nun werden alle, die sich auf den Sohn Gottes verlassen, nicht zugrunde gehen, sondern ewig leben» (Johannes-Evangelium, Kapitel 3, Vers 16).

Was war es, das mich da so ansprach? Ich denke, es war das Wort «zugrunde gehen». Ich war gerade drauf und dran, zugrunde zu gehen. Das würde nicht passieren, hieß es hier, wenn ich mich «auf den Sohn Gottes verlassen» würde. Hm! Ich ließ das einfach mal so stehen.

Die zweite Stelle lautete: «Wer an den Sohn Gottes glaubt, der hat das ewige Leben. Wer aber nicht auf ihn hört, wird nie zum Leben gelangen, sondern Gottes Zorn wird für immer auf ihm lasten» (Johannes-Evangelium, Kapitel 3, Vers 36).

Ich hatte Klaus Kinski in Werner Herzogs Film «Aguirre, der Zorn Gottes» gesehen. Wie dieses fratzenhafte, böse Gesicht mochte ich mir Gott nicht vorstellen. Aber Zorn, heiliger Zorn, musste schon in ihm sein: Zorn über Krieg und Ausbeutung, Hass und Gewalt; Zorn, dass es Kinder gibt, die hungern, gequält und missbraucht werden.

Betraf Gottes heiliger Zorn auch mich? Ich hatte ja immer eine Entschuldigung parat. Aber steckte ich nicht bis zum Hals in dem drin, was den Zorn des Allmächtigen erregen musste: Hatte ich nicht geholfen, das Blutgeld von Mobutu anzulegen? War ich mit meiner Neigung zur käuflichen Liebe nicht Teil des Menschenhandels und der seelischen Ausplünderung von jungen Frauen? Hatte ich nicht Drogengeld gewaschen? Junge Frauen zum Drogenkonsum verführt? Ich markierte die Stelle gelb und machte noch ein rotes Ausrufezeichen an den Buchrand. Ich lernte die Verse sogar auswendig. Zeit hatte ich ja genügend, und irgendwo hatte ich mal gehört, dass das gut sein sollte.

Wenn Obama am Flughafen ankommt oder Putin, schwärmen die Polizei-Eskorten aus. Man stelle sich einmal vor, Gott kommt. Was muss da protokollarisch passieren? Der ist ja nun noch eine Stufe drüber. Jedenfalls muss es dem Allerhöchsten gefallen haben, wie ich eines Tages unter Polizei-Eskorte die Bibel studierte.

Und das kam so: Gesundheitliche Probleme veranlassten den Medizinalrat, mich für ein paar Tage zu einer Operation in das Unfallkrankenhaus nach Murnau verlegen zu lassen, in eine Spezialklinik für Rückenmarkverletzte, in der ich schon zigmal im Leben stationär und ambulant behandelt worden war. Wie einem Schwerverbrecher wurden mir im Acht-Stunden-Rhythmus Wachleute aus München-Stadelheim ans Bett gesetzt. Das hatte was. Dabei schmiedete ich keine Terrorpläne und bereitete auch keine Flucht über den Dachgarten vor. Ich las einfach nur Psalmen, eskortiert von einem kaugummikauenden Waffenträger in Uniform. Ich fand: eine schöne protokollarische Aufmerksamkeit anlässlich der Ankunft Gottes in meiner Seele.

Die Psalmen, biblische Gebete aus dem Alten Testament, die mir der

Klinikseelsorger in die Hand gedrückt hatte, waren eine echte Entdeckung für mich. Während mein uniformierter Schutzengel mit mahlendem Unterkiefer und glasigen Augen aus dem Klinikfenster starrte, traten mir die Tränen in die Augen. Ich las Psalm 86, den «Hilferuf eines Armen zu Gott», las Verse, die perfekt auf meine Situation passten: «Wende dein Ohr mir zu, erhöre mich, Herr! Denn ich bin arm und gebeugt. Beschütze mich, denn ich bin dir ergeben! Hilf deinem Knecht, der dir vertraut. Du bist mein Gott. Sei mir gnädig, o Herr! Den ganzen Tag rufe ich zu dir. Herr, erfreue deinen Knecht!» Wow! Das zog rein.

«Ja, ja, ja … erfreue mich! Bitte sofort!», rief ich. Der Wachmann merkte glücklicherweise nichts. Ich betete wie ein Weltmeister. Und weiter, dann fast am Ende des Psalms: «Gott, freche Menschen haben sich gegen mich erhoben, die Rotte der Gewalttäter trachtet mir nach dem Leben, doch dich haben sie nicht vor Augen!» Ja, ja, ja … ich hatte vieles auf dem Kerbholz. Was mich aber (und mit mir meine vierhundert Gläubiger) zu vernichten drohte, war die «Rotte der Gewalttäter», die schamlos in die Kasse gegriffen hatte. Im Moment richteten sich Wut und Hass ganz allein auf mich. Erst Jahre später konnte das durch die Ermittler aufgeklärt werden.

Dieser Psalm 86 passte so gut zu meiner Situation. Deshalb betete ich ihn mehrmals am Tag. Er stärkte mich, gab mir Hoffnung, legte mir eine Sprache in meinen Mund: «Herr, vernimm mein Beten … Weise mir, Herr, deinen Weg, ich will ihn gehen … Tu ein Zeichen und schenke mir Glück …»

Das alles sprach – oder besser: schrie – ich in Verzweiflung zu einem Gott, den ich so nicht kannte. Ich hatte den Eindruck, er ist da. Er hört dich. Er macht was. Ich hätte noch tausend Jahre auf traditionelle Art in die Kirche gehen können, und ich wäre dennoch nicht auf den Trichter gekommen. Für mich war der Gottesdienst in der katholischen Kirche ein museales Ritual, bei dem man an ein Ereignis, das vor 2000 Jahren stattfand, in würdevoller Tradition erinnert wurde. Dass es um eine lebendige Beziehung geht, um eine 230-Volt-Verbindung zu einem, der *da* ist, das hätte ich nicht bemerkt. Ich hätte weiter doof auf den Christbaum geglotzt, gelegentlich ein Kerzlein entzündet und mit einem genauso traurigen Gesicht wie die anderen Kirchenbesucher angegraute Lieder abgelassen, in deren schwülstige Gefühlswelt ein moderner Mensch vermutlich gar nicht einsteigen kann. Bis ich die Teile anhand der Liednummern fand, war schon die erste Strophe gesungen. Das Modernste an diesen Liedern war die Digitalanzeige der Liednummern, die vorne im Kirchenraum hing.

Ich möchte um Gottes willen nicht die wenigen Leute, die noch in die Kirche gehen, aus ihr hinaustreiben, nicht aus der evangelischen und nicht aus der katholischen. Aber wenn dies das Einzige ist, was uns mit dem lebendigen Gott verbindet, wenn nicht Wunderkerzen in den Köpfen und Feuerchen in den Herzen der vielen Einzelnen angehen, werden sich die beiden Großkirchen sang- und klanglos vom Acker machen. Man wird sich ein Ticket für 2,50 Euro kaufen und die Ruinen eines vergessenen Gottes besichtigen.

Wenn du Gott nicht mitten in deinem Leben findest, wenn er dir nicht hilft in deiner Not, dich nicht erfreut in deiner Bedrängnis, dich nicht stärkt in deinen Versuchungen und dich nicht korrigiert in deinen Irrwegen, brauchst du ihn nicht – auch nicht am Sonntag.

24
Die Change-Manager kommen an Bord

In der Wirtschaft gibt es sogenannte Wirtschafts- oder Unternehmensberater. Es ist besser, man braucht sie nicht, denn sie schlucken eine Menge Geld, und manchmal hinterlassen sie ein paar billige Rezepte und eine noch größere Ratlosigkeit. Oft sind Unternehmen aber in wirklicher Not: Kundengruppen lösen sich in Luft auf, ganze Produktreihen brechen ihnen weg. Eine Kamera sollte heute einfach digital sein, und klassische Filterkaffeemaschinen will keiner mehr.

Dann gibt es nur noch eins: Man holt sich Spezialisten an Bord, die «Change-Management» draufhaben und Veränderungsprozesse durchführen. Die Alternative ist klar: Entweder das Unternehmen findet einen neuen Unternehmenszweck, eine neue Bestimmung, ein neues Geschäftsmodell – oder es stirbt. *Einfach was anderes machen* – das ist freilich schwieriger, als man denkt.

Im Gefängnis stürzten mein Imperium, mein System, mein Denken, mein Leben, meine Werteordnung – es stürzte einfach alles wie ein Kartenhaus in sich zusammen. Ich war in der dunkelsten Stunde meines Lebens angekommen. Auf einen Schlag brachen mir alle zwölf Elemente weg, aus denen ich die Josef-Müller-Erfolgsstory gestrickt hatte:

Gesundheit und Kraft, Geld, Erfolg, Selbstsicherheit, Ehre, Luxus, Freiheit, Liebe, Freundschaft, Sex und Drogen.

Um meine *Gesundheit* stand es schlecht wie nie. Ich merkte erst langsam, wie krank ich war. Ich hatte ein metabolisches Syndrom: Diabetes, Übergewicht, Bluthochdruck, und ich war akut vom Erblinden beider Augen bedroht. Meine legendäre Vitalität war wie weggeblasen, ich war ausgepowert, hatte einfach keine *Kraft* mehr.

Genauso übel stand es um mein *Geld:* Mir würde kein roter Heller bleiben, dafür Schulden ohne Ende. Ich konnte keine Geschäfte mehr machen, hatte also keinen *Erfolg* mehr, an dem ich mich erfreuen konnte. Weil nichts mehr anzuschauen war, was ich «gemacht» hatte, löste sich meine *Selbstsicherheit* in Luft auf; ich degenerierte förmlich.

Die Boulevardpresse zog mich als windigen Millionenbetrüger durch den Dreck, Vollzugsbeamte sahen mich von oben herab an, Gläubiger wüteten gegen mich – einen Mann, der keine *Ehre* mehr zu haben schien. In der «High Society» konnte ich mich nicht wieder blicken lassen. Einen Ex-Knacki würde man dort nicht akzeptieren.

Ich hauste in einem kalten Loch; ein Brett war mein Bett. Man hatte dafür gesorgt, dass mir alle Tröstungen von *Luxus* und Genuss unerreichbar blieben. Jede Minute konnte die Luke an meiner Tür aufgerissen werden; andere bestimmten, wann und wo ich hinzugehen hatte. Meine *Freiheit* bestand darin, Nein zu schlechtem Kaffee zu sagen.

Mit der *Liebe* war ich so töricht umgegangen, dass mich nun auch noch meine Frau verlassen hatte, durchgebrannt mit dem Auto, samt Chauffeur. Meine *Freunde* hatten sich verkrümelt; von den meisten hörte ich nichts mehr, seit ich im Gefängnis war.

An *Sex* war nicht zu denken, es sei denn, ich wollte mich an fleckigen «Praline»-Heften und unter der Hand kursierenden Spindfotos aufgeilen – nicht mein Ding!

Alkohol gab es nicht; wohl konnte man zu etwas erhöhten Preisen an *Drogen* kommen. Ich war aber bereits auf einem anderen Trip, als dass ich mich an dieses letzte, fragwürdigste Element meines Systems geklammert hätte.

Bis zuletzt hatte ich mich in der Vorstellung gesonnt, trotz Behinderung und Rollstuhl laufe alles rund, alles sei unterm Strich doch super. Aber jetzt lief auf einmal gar nichts mehr, geschweige denn super! Mein Leben befand sich im freien Fall, von ganz oben nach ganz unten. Es rauschte durch wie ein stählerner Amboss, den man aus dem Dachfenster geschmissen hatte. Unten angekommen, würde der Aufprall des Monstrums ein gewaltiges Loch in den Boden schlagen. So fertig, so am Ende, kam ich mir im Gefängnis vor. Es gab nur noch eine Alternative: Ich konnte mir die Kugel geben – oder: *Change-Management* musste her! Ich brauchte dringend eine neue Bestimmung! Ich musste wieder wissen, wozu es mich gibt, wozu ich da bin.

Ich habe mir viele Gedanken darüber gemacht, warum ich eigentlich wie ein Getriebener durch die Welt hetzte, ein Geschäft nach dem anderen anging, ein Unternehmen nach dem anderen gründete und alles, alles, alles haben musste. Nachdem ich alle Verursacher betrachtet hatte, kam mir ein einziger Name in den Sinn: *mein Vater*. Ihm, dessen Liebe und Anerkennung mir stets fehlte, wollte ich zeigen, dass ich es draufhatte. Nicht meinen Freunden, nicht der Münchner Schickeria, ja nicht einmal der Welt wollte ich es beweisen, sondern zuletzt immer nur ihm, meinem Vater, den ich mit riskanten Geschäften zeitweise um sein Vermögen gebracht hatte. Und ausgerechnet er war es nun, der mein erster und nachhaltigster Change-Manager werden sollte.

Mit Psalm 86 hatte ich Gott ja tagelang um ein Zeichen, eine Hilfe, einen Retter in der Not angefleht. Eines Tages im Februar 2006 kam er hereinspaziert, der 89-jährige Mann, der (vom Alter gezeichnet, aber sprachlich noch topfit und herrisch wie eh und je) kein Auto mehr fahren konnte und sich von einem netten Nachbarn ins Gefängnis kutschieren lassen musste. Unsere Begrüßung war so herzlich, wie sie sein konnte. Man musste die kargen Gesten lesen können, und ich konnte sie lesen.

Mein Vater hatte keinerlei Vorwürfe im Gepäck. Dafür hatte er mir ein Geschenk mitgebracht, das er aus der Plastiktüte kramte, ein Taschenbuch. Eine solche Übergabe von Büchern war eigentlich verboten, aber man ließ den alten Mann. Er würde schon keine subversive Literatur einschmuggeln. Und man ließ auch zu, dass ich das Buchgeschenk mit in die Zelle nahm.

Ein Buch also! Etwas anderes hätte mich auch verwundert. Da mein Vater ein strenggläubiger Katholik war, gab er mir, solange ich mich erinnern kann, Schriften und Bücher zum Lesen, meist irgendwelche frommen Traktätchen über Heilige, Rituale und Gebete. Er drückte sie mir einfach hilflos in die Hand, brachte keine Erklärungen zustande. Da ich früher kaum mit der Lektüre von Steuerfachzeitschriften nachkam und mich die Schriften meines Vaters nicht wirklich interessierten, nahm ich sie entgegen, stellte sie beiseite oder warf sie gleich weg.

Was hatte er mir denn nun heute mitgebracht? Nichts Schräges, Verkitschtes – dafür war ich schon einmal dankbar. Das kleine, nicht einmal hundertseitige Buch war von einem gewissen Dr. Jörg Müller verfasst, trug den Titel «Gott heilt auch dich» und versprach seelische Heilung durch einen lebendigen Glauben. Der Mann war offenkundig gleichzeitig Priester und promovierter Therapeut und betrieb eine Praxis in Freising bei München. Aus dieser Praxiserfahrung heraus und mit vielen Beispielen zeigte er den Zusammenhang von körperlichen und seelischen Funktionen auf.

Als mein Vater gegangen war, konnte ich es kaum erwarten, wieder in der Zelle und mit dem Buch allein zu sein. Schon das Vorwort weckte mein Interesse: «Wer sein Gottesbild von magischen, verzerrten Vorstellungen befreien, wer sein bisheriges Glaubensleben zu einer tieferen, heilsamen und lebendigen Gotteserfahrung machen will, findet hier einen Weg.»

Ganz schön vollmundig, das! Man würde sehen. Trotzdem sprangen mir die Worte «lebendiger Glaube» und «lebendige Gotteserfahrung» förmlich ins Gesicht. Konnte es so was geben? Der Autor bat den Leser, sich von allen Vorurteilen und Widerständen zu lösen und das Buch *in Stille* zu lesen. Das war ja nun zu machen hier, von den krachenden Zellentüren einmal abgesehen.

Tatsächlich: In der Stille meiner Zelle verschwanden die anfänglichen Widerstände. Ich verschlang das Buch regelrecht, las es wieder und wieder. Jörg Müller sollte der zweite Change-Manager werden, der an Bord meines Lebens kam. Woher kannte der Mann mich und meine Probleme? Mir schien, als hätte der Autor Zeile um Zeile seines Buches für einen einzigen Menschen auf der Erde geschrieben: für mich, Josef Müller. Die Müllers hielten offenbar ebenso zusammen wie die Deans.

Müller, der andere, schraubte nicht an meiner Psyche herum, und er hatte auch keine billigen Rezepte für besseres Selbstmanagement im Gepäck. Die Wurzel all meiner Probleme war, folgte ich diesem Jörg Müller, dass ich von der Quelle abgeschnitten war. Ich hatte keinen Psychoknacks und litt nicht unter einem falschen Selbstgebrauch, hatte nichts von der Art, was man mit Akupunktur und dreißig Stunden Verhaltenstherapie wegbekommt. Ich litt unter einer akuten Nicht-Beziehung zu Gott.

Wenn Gott wirklich Leben, Liebe, Beziehung war, dann hatte ich ein total verschnarchtes, unreflektiertes Gottesbild. Für mich waberte «Gott» immer noch irgendwo im All herum. Er war eine Formel oder ein Urprinzip, meinetwegen auch noch der Schöpfer der Welt, aber seitdem musste er sich zurückgezogen haben, ein Gott a.D., «außer Dienst», der mit den modernen Zeiten nicht mehr mitkam.

Mit meinen Sorgen, meiner Arbeit, meinem Spaß, meiner Zukunft und meinen akuten Nöten schien der alte Mann im Himmel nicht das Geringste zu tun zu haben. Gott war einfach nicht wirklich «da». Eine lebendige Beziehung zu ihm haben zu können, mit ihm auf vertrautem Fuß zu stehen, in ständiger Funkverbindung mit ihm zu sein, das war mir echt zu *strange*. Zu verrückt! Wer bin ich, und wenn ja, wie viele? Wenn mir jemand zu gewissen Zeiten gesagt hätte: «Ich rede mit Gott», hätte ich ihm verständnisvoll über den Arm gestreichelt und hinter seinem Rücken die Klapsmühle angerufen. Jetzt überlegte ich selbst, ob da was dran sein könnte.

Das Buch lehrte mich, dass der Mensch eine lebendige Beziehung zu Gott braucht wie die Primel das Wasser. Es lehrte mich auch, dass es Gott wirklich gibt, dass man diesen Gott in jedem stinknormalen Alltag und in jeder Lebensgeschichte finden kann. Also auch in meiner?

Mit heißen Ohren las ich wieder und wieder, was es heißt, «Gott zu finden». Stimmte das? Ich würde an eine Kraftquelle ohne Ende angeschlossen sein? Ich würde Frieden in der Seele haben, versöhnt sein mit Gott, den Menschen und meinem Leben? Ich würde gesund werden, würde volles, gutes, sattes Leben haben, ohne jede Sucht nach Drogen, Luxus und Sex?

Zwischendurch musste ich an meinen ersten Change-Manager denken: Hatte mein Vater dieses Buch gelesen? Woher wusste er, dass ich das – genau das! – haben musste? Brauchte der das auch, so ungelenk er auch war im Ausdruck seiner wahren Bedürfnisse?

Jörg Müller versicherte schlicht, aber glaubhaft: Mit Gott konnte man reden, mit ihm konnte man hadern, ihn um Klartext bitten, wenn die Botschaft nicht verständlich rüberkam; man konnte ihn jederzeit und für jede noch so kleine Kleinigkeiten anrufen.

Gott will, so erfuhr ich, dass wir uns freuen und Leben haben, Leben in praller Fülle haben. Leben, dass es nur so kracht! Hatte ich das nicht selbst schon erfahren, in meinem Penthouse in Aventura, als ich mich aus dem Fenster stürzen wollte und eine «Stimme» mich davon abhielt? Ich hatte der Stimme geglaubt, war ihr gefolgt. Ich hätte damals nur drei und drei zusammenzählen müssen – und ich hätte aus mir heraus gewusst, was mir dieser Müller jetzt vor Augen führte.

Und war dieses Buch da, das mein Vater mir mal wieder «ganz zufällig» mitgebracht hatte, nicht selbst schon eine Reaktion darauf, dass ich ein paar Sätze aus diesem 86. Psalm notorisch an den Himmel adressierte? Es funktionierte offenbar. Die Puzzlesteine passten nahtlos ineinander. Was riet dieser Müller? «Suchen Sie täglich Gott! Sie müssen täglich darum bitten, dass der Geist Gottes Ihre Augen und Ohren öffne, damit Sie fähig sind, Gottes Wirken zu erkennen.» Da wusste ich ja nun, was auf der Agenda stand.

Die Gewissheit, ob das auch in der Praxis funktionieren würde, die wollte ich bekommen. Schreiben kann man viel. Gott ist nun mal nicht sichtbar. Wie sollte er auch aussehen? Riesig? Riesig ist auch der Himalaya. Also noch ein bisschen größer? Schön? Schön ist auch Claudia Schiffer, für meine Begriffe jedenfalls. Noch ein bisschen schöner? Quatsch!

Ich hatte nichts mehr zu verlieren. Ich versuchte es mal mit der «Methode Müller». Ich überlegte genau – und dann machte ich etwas Krasses. Ich formulierte ein persönliches Gebet, eine Art Magna Charta, mit der ich ein für alle Mal aus meiner egozentrischen Selbstverwirklichungsnummer heraussprang. Anders gesagt: Ich verlagerte den Mittelpunkt der Erde von mir auf *ihn*. Ich sagte:

> «Mein Herr und mein Gott.
> Bisher hatte ich keinen näheren Kontakt zu dir.
> Ich bin zwar sehr oft
> am Sonntag in den Gottesdienst gegangen,
> aber ich sah das alles bloß als Erinnerung an,

an dich und deinen Sohn.
Ich machte das aus Tradition,
weil es mir von meinen Eltern so beigebracht wurde.
Eine lebendige Beziehung zu dir kenne ich nicht,
würde sie aber gerne haben.
Ich bin hier ganz alleine, alle haben sie mich verlassen,
nur mein 89 Jahre alter Vater, der schon schwach
und mit dem jede Unterhaltung schwierig ist,
besucht mich noch.
Sonst bin ich mit meinem Leben am Ende.
Ich besitze nichts mehr – gerade noch das,
was sich in den paar Koffern befindet,
die hier im Gefängnis lagern.
Ich habe kein Geld, keine Frau, keine Freunde.
Ich komme mir vor, als wäre ich mit dem Auto
meines Lebens frontal gegen die Wand gefahren.
Gerade so wie bei den «Crashtests» in der Werbung.
Mein Leben besteht nur noch aus den Scherben,
die an der Wand zu Boden gefallen sind.
Nur noch dieser klägliche Scherbenhaufen
ist übrig geblieben.
Ich, so sage ich dir ganz ehrlich,
kann mit diesem Scherbenhaufen nichts mehr anfangen
und nichts mehr daraus machen.
Wenn du dazu fähig bist, daraus noch
etwas Brauchbares für mein künftiges Leben zu gestalten,
dann wünsche ich dir viel Spaß dabei.
Für mich ist es unmöglich.
Ich habe viel Mist gebaut in meinem Leben,
was ich jetzt aufrichtig bereue.
Ich kann es nicht ungeschehen machen.
Ich habe fast gegen alle Zehn Gebote, die ich einmal
im Religionsunterricht gelernt habe, verstoßen.
Ich habe mich an deine Gebote nicht gehalten
und all deine Ordnungen mit Füßen getreten.

> Es tut mir von Herzen leid,
> und ich bitte dich aufrichtig und von Herzen
> um Vergebung.
> Wenn du jetzt fähig bist, so wie ich es gelesen habe,
> mein Leben zu übernehmen und zu führen,
> so will ich dir mein Leben hiermit übergeben.
> Ich habe nichts mehr zu verlieren
> und habe nur noch dich.
> Jetzt bist du an der Reihe.
> Mal sehen, ob es dich wirklich gibt,
> ob du meine Bitte gehört hast, sie ernst nimmst
> und etwas geschieht. Nimm meine Bitte an.
> Ich danke dir dafür.»

Ich wartete ab. Nichts geschah. Alles war wie vorher. Kein Aha-Erlebnis, kein Donner grollte am Himmel. Ich hörte nichts, spürte auch sonst kein Zeichen. Ich war gespannt, ob noch irgendetwas passieren würde.

Oder ob das jetzt die neueste Müller'sche Luftnummer war.

25
Luftnummer mit Taube

In Stadelheim gibt es auf dem Gefängnisgelände eine Kirche, die jeden Sonntag um 8.30 Uhr für den Gottesdienst geöffnet wird. Architektonisch ist die Kirche nicht gerade der Traum meiner schlaflosen Nächte, aber wenn man aus einem Haftraum heraustritt, ist jeder Raum, der ein bisschen Weite hat, eine Offenbarung von Freiheit und Schönheit. Nach vorheriger Genehmigung und Anmeldung können die Gefangenen diesen Gottesdienst besuchen. Einzige Voraussetzung ist, dass man einer der großen Glaubensrichtungen angehört und getauft ist. Ein Beamter der Station geleitet einen hin. Ich nutzte das Angebot und ging jeden Sonntag zur Feier der katholischen Messe.

Am Eingang der Kirche werden die Gefangenen durch andere Beamte übernommen und in die für sie vorher festgelegten, etwas erhöhten Bankreihen geführt. Da ich im Rollstuhl saß, wies man mir einen Platz vor diesen Reihen zu, auf Eingangslevel. Ich hatte sozusagen einen Super-Sonderplatz. Von diesem Platz aus konnte ich den gesamten Altarraum einsehen, während ich selbst irgendwie «unsichtbar» war. Die anderen Gefangenen sahen mich jedenfalls kaum. Nur die Besucher in der ersten Reihe konnten auf mich hinunterblicken.

Ein paar Tage nach meinem Gebet ging ich zum Sonntags-Gottesdienst in die Anstaltskirche. Ich war nicht gerade bester Laune, hatte beim Gang über den Gefängnishof eine Spur zu lange in den grauen Himmel geschaut und mich vom trüben Wetter anstecken lassen. Anderen ging es wohl genauso, denn an diesem verhangenen, kalten Sonntagmorgen war die Kirche nur halb voll.

Pünktlich um 8.30 Uhr ertönte die Glocke. Die Orgel begann zu spielen, leider auch in Moll. Musste der Orgelmann auch noch trüb präludieren? Herrschaftszeiten, ich war doch wegen einer frohen Botschaft hier, oder?! Der Priester und die Ministranten zogen ein. Der

Gottesdienst nahm seinen gewohnten Lauf. Die Liturgie macht keine Fehler. Man weiß, was kommt. Dachte ich.

Denn plötzlich passierte etwas völlig Unerwartetes. Die Sonne kam raus. Aber hallo – und wie, an diesem öden Tag! Ein Sonnenstrahl schoss wie ein Pfeil durch das obere Kirchenfenster in den Raum hinein, als würde in den Wolken einer an der Lichtregie spielen, einen Tausend-Volt-Hebel nach unten ziehen und ein punktgenaues Spotlight in die Kirche jagen. Dieses gleißende Licht suchte sich einen einzigen Punkt in der ganzen Kirche aus: mich. Der Lichtkegel hüllte mich ein, als hätte Gott ein Casting veranstaltet und ausgerechnet mich alten Schurken im Rollstuhl für eine Extrarolle auf seiner Bühne ausgesucht. Der Sonnenstrahl raubte mir komplett die Sicht. Ich musste die Augen schließen. He!, was sollte das bedeuten? Mir wurde angenehm warm, und ich genoss, nach innen schauend, das unverhoffte Geschenk aus Wärme und Licht.

Ich hob die Hand über die Augen, um nicht geblendet zu sein. Tatsächlich: Das Licht war *nur um mich*. Die ganze Kirche war noch in Grau gehüllt. Die melancholischen Gesichter meiner Mitgefangenen hingen nach unten. Irgendwo da vorne, in einer schattigen Region, las jemand aus einem heiligen Buch. Für eine gefühlte Ewigkeit genoss ich das warme Licht. Augen wieder zu! Ja, hörte das überhaupt nicht mehr auf?

Noch einmal nahm ich meine linke Hand zu Hilfe, blickte durch die Finger nach oben und sah, indem ich dem einfallenden Licht mit fast zugekniffenen Augen bis zum Kirchenfenster folgte, draußen eine Taube. Sie flatterte hin, flatterte her, entschwand dann nach oben. Eine Taube, Mann, eine Taube! In meinem Kopf machte es klick.

Nach einer kleinen Weile zog der Lichtkegel weiter nach links und verschwand dann ganz. Ich verbrachte den weiteren Gottesdienst in einem einzigartigen Hochgefühl.

Nach der Messe hatte ich das dringende Bedürfnis, mit anderen über diesen ungewöhnlichen Einfall von Sonne und Licht zu sprechen. Ich dachte, jeder in der Kirche müsste das bemerkt haben. Aber weder die anderen Gefangenen noch der Pfarrer noch die Ministranten hatten irgendeine Notiz davon genommen. Es war für sie wie Luft, als hätte nie etwas stattgefunden. Doch für mich war die vermeintliche Luftnummer eines der tiefsten Erlebnisse in meinem ganzen Leben. Der Lichtstrahl und die Taube – das muss für niemanden etwas bedeuten. Es war eine intime, sehr individuelle Botschaft: an Josef Müller, persönlich/vertraulich.

Er braucht eine Taube. Kriegt er eine Taube!

Dieses Ereignis blieb mir, ebenso wie der Traum mit dem unsichtbaren Fahrer, bis heute im Gedächtnis, als hätte beides erst gestern stattgefunden. Das alles war sehr, sehr ungewöhnlich für mich! Ich hatte es, wie gesagt, nicht so mit Träumen, Licht- und Luftnummern, heiligen Vögeln und solchem Kram. Meine Welt war das, was zwischen die Deckel eines Leitz-Ordners passt. Aber nun war ich an einem Punkt angelangt, an dem mir der Leitz-Ordner weggesprengt wurde, und zwar mit Schmackes. «There are more things between heaven and earth ...» – hatte das nicht schon William Shakespeare einem seiner Helden in den Mund gelegt?

Dieser Sonntag im Frühjahr 2006 war der *turning point*. Es gibt so amerikanische Erfolgsgeschichten, die ab Seite 213 in Rosarot gedruckt werden. Dann regnet es Rosenwasser, die Sonne scheint auch nachts, und die Liebe ist permanent in Buttercreme. Das ist natürlich Kitsch. Aber ich darf aus meinem Leben berichten, dass ab dem *turning point* ein solcher Grundklang von Freude in mein Leben kam, dass kein Missklang, keine Dissonanz und keine Moll-Attacke ihn bis heute übertönen konnten.

Mich überkam an diesem Märzsonntag ein Gefühl der inneren Leichtigkeit und Freude, wie ich es bisher nie gekannt hatte. Ich war auf einmal so gut gelaunt wie keinen Tag zuvor während meiner bisherigen Haftzeit. Diese überschwängliche Freude wollte mich einfach nicht mehr loslassen. Sie hielt auch am Montag noch an und am Dienstag und die ganze Woche lang. Ich stand pfeifend auf, freute mich auf den neuen Tag in Haft und begrüßte jeden, der mir über den Weg lief, mit Energie und Elan. In mir war so viel Freude, dass ich jeden, der mir begegnete, hätte umarmen können. Bei manchen tat ich es auch, was ziemliche Verwirrung in den Menschen auslöste.

«Jetzt dreht er komplett durch!», hörte ich jemanden sagen. Und ein anderer: «Diese Medikamente, die der Müller kriegt, die will ich auch haben!» Ich schnappte es auf dem Zellengang von einem Mitgefangenen auf.

Eine Dame vom psychologischen Dienst schaute mich durchdringend an, als ich ihr mitteilte, dass ich vor lauter Lebensfreude wildfremde Menschen umarmen könnte. «Für Sie ist die Haftzeit scheinbar wohl gar keine Bestrafung, wie?», meinte sie. Klang irgendwie pikiert.

Das gab mir dann doch zu denken. Bei Psychologen weiß man nie. Am Ende verordnen sie dir Psychopharmaka, damit das weggeht. Bei den Ärzten unterließ ich es dann lieber gleich, meiner Freude Ausdruck zu verleihen. «Alles im grünen Bereich», brummelte ich ausdruckslos, wenn sie sich nach meiner seelischen Stimmungslage erkundigten.

Ich selbst staune noch immer, warum trotz aller Höhen und Tiefen des Alltags, die auch ich erlebe, diese Grundierung der Freude nicht mehr verblasst. Freude ist mein Markenzeichen geworden. Die mich kennen, wissen, dass es nicht aufgesetzt ist.

Mit der Freude – ebenso plötzlich, ebenso anhaltend – kam die Freiheit. Von dem Tag an fühlte ich mich innerlich frei, und manchmal so frei wie eine Möwe über der Ostsee. Mitten im Gefängnisalltag konnte mich plötzlich das Gefühl überfallen: «Josef, du bist der freieste Mann der Welt!» Die Gitterstäbe und die Mauer vor meinem Fenster, der ständig besetzte Wachturm in ungefähr hundert Meter Entfernung, all das nahm ich kaum mehr als bedrückend wahr, und wenn mich dennoch jemand darauf ansprach, so hörte ich mich sagen: «Hey, macht doch nichts. Die Zeit vergeht, dann sind wir auch äußerlich wieder frei! Die innere Freiheit ist die wahre Freiheit. Ich habe sie hinter Gittern gefunden.»

Ist das nicht wunderbar? Aber auch verrückt. So etwas am unfreiesten Ort meines Lebens festzustellen.

Frei war ich auch in anderer Hinsicht. Meine Frau hatte mich ja verlassen. Von der Verantwortung für sie, der Sorge ihr gegenüber, hatte sie mich freigesprochen. Ich hatte auch kein Geld mehr, um das ich mich sorgen musste. Ich hatte kein Auto, keinen Job, keine Sekretärinnen oder Mitarbeiter mehr. Da waren auch keine Menschen mehr, die mich um Geld anbettelten. Ich war frei, und ich fühlte mich behütet und geführt. Wahrscheinlich war es ein Crashkurs, dass ich im Handumdrehen lernte, wozu andere ein halbes Leben benötigen: mir keine Sorgen mehr zu machen, jedenfalls keine Sorgen mehr mit ins Bett zu nehmen. «Werft alle Sorgen auf ihn, denn er sorgt sich um euch», steht in der Bibel. Das, worum ich mich früher sorgte, traf auch damals meist nicht ein. Aber die Vorstellung, was hätte sein *können*, machte mich damals manchmal halb wahnsinnig. Was das Kraft kostete!

Das alles klingt unglaublich. Ich kann Leser verstehen, die an dieser Stelle aussteigen. Aber stellen Sie sich bitte vor, es war für mich selbst mindestens ebenso unvorstellbar! Ich konnte beispielsweise erst nicht fassen, dass ich tatsächlich frei auch von jeglichem Verlangen nach Alkohol und Drogen sein würde. So war es aber. Und so ist es bis auf den heutigen Tag. Ich könnte in Schampus baden und würde ihn mit dem Stöpsel ablassen. Ich könnte die Kokainfabrik fegen und hätte nicht die geringste Lust auf den giftigen Schnee.

Kennen Sie Suchtdruck? Wissen Sie, wie das ist, wenn man vor lauter Gier jemanden umbringen könnte, um an das Zeug zu kommen? Und können Sie sich das Gegenteil vorstellen: Wie das ist, wenn dieser brutale Suchtdruck verfliegt wie die Kopfschmerzen nach einer Aspirin-Tablette? Du kannst gar nicht glauben, dass du das jemals hattest.

Eine Frage beschäftigte mich trotzdem: War ich etwa verrückt geworden? Oder träumte ich das Ganze vielleicht nur? Fakt war, dass sich die Grundkonstanten meines Lebens innerhalb von wenigen Stunden veränderten.

Was, wie, wo, warum, weshalb?

Das alles bekam ich selbst nicht in meinen Schädel hinein. Ich wusste nur: Wenn das hier das *neue Leben* war, dann konnte es mal so weitergehen. Meinethalben bis in Ewigkeit.

26
Blind Date – oder: Alles auf Anfang

Ich wurde zu mehreren Jahren Gefängnis verurteilt. Diese hohe Haftstrafe resultierte auch aus meinen früheren Verurteilungen. Ich hatte ja seinerzeit die Haftstrafen aus gesundheitlichen Gründen nicht antreten müssen, und nun addierte und verschärfte man, weil es sich bei diesem Josef Müller offenkundig um einen notorischen Bösewicht handelte.

Eigentlich hätte ich bis zum 3. September 2014 (neun Jahre und vier Monate) einsitzen müssen. Ich konnte aber am 10. August 2010 nach fünf Jahren und vier Monaten Haftzeit das Gefängnis bereits verlassen. In der Zwischenzeit – und das sollte wohl eine Rolle spielen – war es nämlich zur Überführung und Verurteilung der Täter gekommen, die Millionen von dem von mir verwalteten Anlegerkonto abgeräumt hatten. Alle Welt (und besonders die Presse) hatte mich ja früher beschuldigt, das gesamte Geld in meine eigene Tasche gesteckt zu haben.

Der 10. August 2010, «zufällig» der 94. Geburtstag meines Vaters und Change-Managers Josef Müller senior, war ein großartiger Tag. Der Himmel lag blau über dem Land, und die Sonne strahlte wie in einem amerikanischen Werbeclip fürs Hofbräuhaus. Vier Jahre zuvor hatte ein fetter, suchtkranker Trickser das Gefängnis betreten. Aus dem Gefängnistor kam nun ein anderer Mensch. Ich war innerlich und äußerlich runderneuert – das konnte man sehen. Mein Herz pochte bis zum Hals. Pures Glück durchströmte meine Adern.

Mit 110 Kilo an der Backe war ich einst inhaftiert worden. 37 Kilo leichter verließ ich das Gefängnis. Im Gefängnis hatte ich wieder die «normale Küche» kennen, lieben und schätzen gelernt; Essen, wie es meine bescheidenen Eltern hatten und wie ich es von meiner Kindheit her kannte. Mir hingen die «Nouvelle Cuisine», «Designer Food» und ähnlicher Quatsch schon lange zum Halse heraus. Hummer, Champagner, Austern, Kaviar & Co. konnte ich nicht mehr sehen und wollte sie auch nicht mehr riechen. Der normale Geschmack eines Apfels oder einer Tomate, in die ich einfach reinbeißen konnte, war mir längst zur fröhlichen Kost geworden.

Aber diese Wiederentdeckung alleine hätte nicht bewirkt, dass ich mein Körpergewicht um ein Drittel auf gesunde 73 Kilo reduzieren konnte. Nicht einmal die Tatsache, dass mir die Ärzte attestierten, ich würde mich zu Tode fressen, wenn ich nicht augenblicklich meine Ernährung umstelle, hatte mich zu einem konsequenten Umdenken und nachhaltigen Handeln gebracht. Einem Fresssüchtigen, der ich zu allem Überdruss auch noch war, kann man nicht mit dem Zeigefinger und moralischen Vorhaltungen kommen. Jede Sucht führt zum Tod, wenn nicht etwas Verrücktes passiert. Mir passierte «Gott». Es war die «Hotline» nach oben, die mir die Kraft gab, ein paar ganz einfache, aber wirksame Maßnahmen zu ergreifen und *leicht und fröhlich durchzuhalten*.

Ich konnte mich schwach an eine Empfehlung erinnern, etwas weniger Kohlenhydrate zu verzehren, dafür aber mehr Gemüse, Obst, Käse und Eiweißprodukte. Bald wusste ich genau, welche Effekte das im Körper auslöste, insbesondere in Hinsicht auf meinen Insulinspiegel, der sich in einem kritischen Zustand befand. Ich hatte, wie gesagt, nur wenige einfache Grundsätze, die ich aber konsequent befolgte:

1. Ich nahm täglich drei Mahlzeiten zu mir, allerdings mit weniger Kartoffeln, Reis und Brot, das ich (bis auf gelegentliches Vollkornbrot) fast ganz wegließ.
2. Ich aß langsamer, denn ich wusste: Die Sättigung tritt erst nach zirka zwanzig Minuten ein.
3. Ich aß ausgewogen Eiweiß, Kohlenhydrate und Fett, so dass ich keinen Mangel litt und zwischendurch keinen Hunger bekam.
4. Ich ließ fünf Stunden Pause zwischen den drei Mahlzeiten.
5. Ich trank täglich drei Liter Wasser aus dem Wasserhahn.
6. Ich bewegte mich am Sportgerät eine halbe Stunde am Tag, mindestens an fünf Tagen pro Woche.

Das war auch so ein Ding: Nach und nach hatte sich das Klima um den «neuen Josef Müller» auf eine Weise verbessert, dass mein absoluter No-go-Antrag, ein Trainingsgerät für Rollstuhlfahrer von meinem Elternhaus in den Vollzug zu bringen, genehmigt wurde.

Warum ich das Gefängnis aber fröhlich und gesund im Rollstuhl verließ – und warum ich nicht blind und krank auf der Bahre oder gar tot in der Kiste hinausgeschoben wurde, das hat mit einem wirklichen Wunder zu tun. Man redet so leicht von Wundern. Das «Wunder von Bern» war kein Wunder, wenn Fritz Walter, Helmut Rahn & Co. auch wunderbaren Fußball zu spielen verstanden.

Schon anders liegen die Dinge bei dem «Wunder von 1989», als die Mauer fiel. Einerseits war es kein Wunder, dass Politiker in einer bestimmten aussichtsreichen politischen Situation entschlossen handelten und das Richtige taten. Andererseits hatten Millionen dafür gebetet, dass der Eiserne Vorhang fiel. Die Mauer war wie für die Ewigkeit gebaut, und sie wurde von zynischen, zum Blutvergießen entschlossenen Machthabern und ihren Panzern «beschützt». Doch dann kamen diese Kerzen und die Gebete. Und die Mauer fiel.

Ein Wunder ist, wenn Gott eingreift und etwas bewirkt, was auf natürliche Weise nicht zu erklären ist. So etwas ist in meinem Leben geschehen – und ich kann dieses Buch nicht abschließen, ohne davon zu berichten.

Ich wiederhole noch einmal, dass ich nicht die geeignete Person für Wunder bin. Ich glaube weder an Horoskope noch an irgendwelche mystischen Zauberkunststücke. Nur das, was in den Dingen passierte, die ich hier so exakt und wahrheitsgetreu wie möglich berichte, das fand definitiv in der Realität statt. Ich bezeuge es, die Ärzte können es bezeugen, die sich nicht weniger die Augen rieben als ich selbst.

✦ ✦ ✦

Ich hatte zunehmend Probleme mit meinen Augen. Die Anstaltsärzte wiegten bedenklich den Kopf und schickten mich schließlich in Begleitung eines Wachmanns zu einem Spezialisten in der Klinik München-Harlaching. Der Dottore dort stellte mir eine bestürzende Prognose; eine Prognose, die mich fast aus dem Rollstuhl haute. Ich konnte es nicht fassen: «Blind? Vollkommen blind? Für immer?»

Der Arzt redete nicht um den heißen Brei herum: «Ja! Sie hätten Ihren Lebenswandel radikal umstellen müssen, als man bei Ihnen Diabetes mellitus festgestellt hat! Da sind Sie leider selbst schuld, Herr Müller.»

Stotternd setzte ich nach: «Keine Operation kann das verhindern? Heute gibt es doch gegen alles was! Das kann doch nicht sein – blind?»

Der Arzt schüttelte nur den Kopf: «Dieses Rad drehen wir nicht zurück! Die durch Diabetes hervorgerufene Erkrankung der Netzhaut, eine diabetische Retinopathie, kann man in Ihrem Stadium nur noch verzögern. Stoppen lässt sich da nichts mehr. Sorry, wenn ich Ihnen das so offen sage …. Sie sind ein Mann, oder?!»

«Noch einmal Klartext», griff ich den Hinweis auf meine männlichen Nehmerqualitäten auf: «Erblinden werde ich sicher, fragt sich nur, wann es eintritt? Ist es so?»

«Sie haben es auf den Punkt gebracht, Herr Müller. Da gibt es nur eines: Man wird jetzt alle vierzehn Tage eine Lasertherapie mit Ihnen durchführen. Die verletzten Stellen werden noch mal verödet. Damit verzögern wir Ihre Erblindung aber maximal um einige Monate. Mehr ist nicht drin!»

Auf dem Rücktransport überfiel es mich wie der Hagel das Kornfeld: Blind! Für immer! Und ich war doch ein Augenjunkie! Ich liebte die Natur, liebte meine bayerische Heimat, die Berge und die Seen, konnte mich nicht sattsehen am glänzenden Lack eines schnittigen Wagens, und schon dreimal nicht an der Schönheit der Frauen.

Ja, ja, ich wusste es schon. Dieser etwas unsensible Augenspezialist im Harlachinger Krankenhaus hatte nur zu recht! Seit ungefähr zehn Jahren lebte ich mit der Diagnose Diabetes mellitus. Obwohl mich die Ärzte eindringlich gewarnt hatten, aß, fraß, haute ich in mich rein, verdrückte immer irgendwelche Kekse und Nüsse, dinierte zu spät und zu üppig und konsumierte Alkohol in rauen Mengen. Ich nahm zwar auch Tabletten. Aber es war ungefähr so wie bei dem Witz, wo sich einer beim Arzt beklagte, er bekäme die Diät einfach nicht rein – zusätzlich zum Essen. Ich hätte meinen Lebensstil umstellen müssen.

Nun war es definitiv zu spät. Und ich hatte mir dieses Schicksal selbst zuzuschreiben.

Ich war eine Kämpfernatur. Gerade wegen meiner Behinderung erhielt ich oft abschlägige Antworten: «Das geht nicht. Das können Sie nicht. Das schaffen Sie nicht.» Denen das Gegenteil zu beweisen, bereitete mir diebische Freude, und ich sah ein Nein immer als Herausforderung an.

Deshalb konnte und wollte ich es auch nicht so einfach hinnehmen, dass ich erblinden sollte. In Freiheit hätte ich sieben andere Spezialisten befragt, hätte mich in Fachliteratur gebohrt und nichts, aber auch gar nichts unversucht gelassen, dem Schicksal noch einmal ein Schnippchen zu schlagen. Im Gefängnis waren meine Möglichkeiten sehr begrenzt, ja kaum vorhanden. Auch die Ärzte hier in Stadelheim waren mir keine große Hilfe, denn sie verließen sich ganz auf das Fachurteil des Augenarztes der Klinik, in der ich nun behandelt wurde. So fühlte ich mich vollkommen niedergeschlagen.

Stopp – ich kannte solche Hiobsbotschaften doch schon! Ein Mittel gab es, das mich aus den unmöglichsten Konfliktsituationen herausgeführt hatte: das Gebet. Konnte Gott mir auch jetzt helfen? Im selben Augenblick begann ich schon zu zweifeln, denn das würde ja bedeuten, so stellte ich sachlich fest, dass ich nicht weniger als ein «Wunder» von ihm erwarten würde.

Durfte ich das von ihm verlangen? Konnte er das überhaupt?

Aber hatte nicht Gott die Welt aus dem Nichts heraus erschaffen? Warum sollte er es nicht fertigbringen, mich von meiner begonnenen Erblindung zu heilen?

Ich dachte nach, sammelte Mut gegen meine Zweifel und sprach dann: «Lieber Gott! Du kennst die Diagnose über mein Augenlicht, und du kennst mich. Du hast mir echt aus der Scheiße geholfen – in Straubing, in Murnau, in Stadelheim. Wo ich nicht mehr weiterwusste, da warst du da und hast mich überrascht. Du warst das doch, oder? Nun habe ich eine echte Liebe zu diesem deinem Buch, der Bibel, gewonnen – ich möchte sie lesen und aus ihr lernen. Aber ich erblinde gerade, ausgerechnet jetzt. Dir muss doch etwas daran liegen, dass ich sie problemlos lesen und durcharbeiten kann? Wenn ich blind werde, dann müsste ich doch zuerst die Blindenschrift lernen, und das ist alles sehr umständlich. Ich bitte dich deshalb von Herzen: Nimm dich meiner Augen an, und heile mich von dieser Krankheit. Bitte, mein Gott, hilf mir und heile mich! Ich weiß, dass du es kannst!»

So oder so ähnlich betete ich jeden Tag. Es war wie Konditionstraining für unbegrenztes Vertrauen. Eine Runde! Und noch eine Runde! Und noch eine! Ich hörte einfach nicht auf ...

Nichts geschah.

Am Donnerstag darauf wurde ich zur Augenklinik gebracht und ließ die erste Laserbehandlung über mich ergehen. Das war eine schmerzhafte Angelegenheit, denn es wurde ein Plastikkeil zwischen die Augenlider geklemmt, damit sie nicht zufielen. Dann wurde mein Kopf in einem Gestell fixiert. Der Arzt schoss anschließend in vollkommener Dunkelheit mit einem Laserstrahl mehrmals schnell hintereinander auf verschiedene Punkte der Netzhaut, um die befallenen Stellen gitterförmig zu vernarben. Die vernarbten Stellen blieben sehfähig, da der Laserstrahl nur die äußeren Anteile, nicht aber die Photorezeptoren zerstörte. Insgesamt waren hier zwischen tausend bis zweitausend Stellen in ungefähr zehn Lasersitzungen zu vernarben.

Die nächste Behandlung war für Donnerstag in zwei Wochen vorgesehen, und in diesem Intervall sollte es über zehn Sitzungen hinweg weitergehen, um die erhoffte Verlangsamung des totalen Sehverlustes zu erzielen.

Der zweite Donnerstag verlief wie der erste. Schmerzhaft, aber ohne besondere Vorkommnisse. Ich ließ nicht locker und betete in festem Glauben und verwegenem Vertrauen, dass sich etwas bewegen würde. Täglich. Auch der dritte Donnerstag verlief wie der erste und der zweite.

Am vierten Donnerstag, mittlerweile waren über zwei Monate nach der Diagnose meiner bevorstehenden Blindheit vergangen, geschah etwas höchst Merkwürdiges.

Wie immer wurde ich mit dem Transporter um 10.00 Uhr vormittags in der Klinik Harlaching abgeliefert. Auf Schritt und Tritt wurde ich von einem Sicherheitsbeamten begleitet. Ich sollte schließlich den Augenlasertermin nicht zur Flucht missbrauchen.

Vor jeder Lasersitzung wurden meine Augen unter einem Mikroskop überprüft, ob die Laserstellen von der letzten Behandlung gut vernarbt waren. So geschah es auch an diesem vierten Donnerstag meiner Behandlung. Die Ärztin, die die Untersuchung durchführte, kam irgendwie mit der Sache nicht zurecht. Sie schüttelte etwas unwillig den Kopf und fragte bei der Krankenschwester nach, ob ihr vielleicht die falsche Krankenakte vorgelegt worden war.

«Entschuldigen Sie bitte, Herr Müller», meinte sie, zu mir gewandt, «aber ich glaube, man hat mir versehentlich den Vorgang eines anderen Herrn Müller vorgelegt ... Wo bleibt die richtige Akte denn? ... *Josef Müller* heißt der Mann!» Ihr riss der Geduldsfaden, und sie begab sich selbst zum Hochschrank, in dem die Patientenakten in alphabetischer Anordnung aufbewahrt wurden.

Entnervt ließ sie Luft ab: «Jetzt noch mal: Sie sind *Josef Müller*, und sie wurden geboren in Fürstenfeldbruck, und zwar an einem 25. September, ja?»

Ich antwortete ihr gehorsam: «Ja, Frau Doktor, bin ich!»

Die Ärztin war verärgert: «Dann lag mir also doch die richtige Akte vor. Aber irgendwas ist da faul. Das, was ich in Ihren Augen sehe, hat *ungefähr nichts* mit den Bildern zu tun, die hier vor zwei Wochen von Ihrer Netzhaut aufgenommen wurden! Das sind die Bilder von irgendeinem anderen Patienten! Schlamperei, wie kommen die in Ihre Unterlagen? Ich kann mir das überhaupt nicht erklären.»

Die Ärztin griff zum Telefonhörer und rief ihren Vorgesetzten an. Dem Gespräch entnahm ich, dass sie sofort mit mir in den Laserbehandlungsraum kommen sollte. Der Sicherheitsmann begleitete uns.

Dort dauerte es noch eine ganze Weile, bis ein weißhaariger, offenkundig leitender Arzt den Raum betrat und seine Kollegin mit den Worten beruhigte: «Na, dann werden wir mal sehen, was wir da haben!»

Dann setzte sich der erfahrene leitende Arzt mir gegenüber auf den kleinen Hocker vor dem Augenmikroskop. Er bat mich, mein Kinn in die dafür vorgesehene Einbuchtung zu legen, durch die Okulare zu sehen und mich ruhig zu verhalten. Er sah sich meine beiden Augen eingehend an, jedenfalls kam es mir unendlich lange vor.

Schließlich wandte er sich wortlos von mir ab, zog meine Krankenakte zu sich und blätterte darin. Er schlug die Bilder der letzten drei Sitzungen auf und verglich sie immer wieder mit meinem Augenbefund, den er via Mikroskop live vor sich hatte. Endlich schaltete er das Mikroskop aus und sprach zuerst zur Ärztin, um sich ganz am Ende auch an mich zu wenden.

«Herr Müller, das ist verrückt, was ich Ihnen jetzt zu sagen habe. Ich habe keine Erklärung dafür, was da passiert ist. Es ist einfach so: Sie sind gesund, geheilt oder was auch immer. Sie brauchen definitiv keine Laserbehandlung. Aber es gibt etwas Beunruhigendes für mich als Arzt: Ich kann nämlich auf Ihrer Netzhaut keinerlei Spuren unserer drei bereits erfolgten Laserbehandlungen erkennen. Nichts, einfach null! Das ist nicht möglich. So was gibt's nicht. Zumindest die Narben oder die Verödungen müssten einfach sichtbar sein. Das ist nicht der Fall. Ihre Netzhaut sieht geradezu jungfräulich aus.»

Er sah mich an. Seine Assistenzärztin sah mich an. Erwarteten sie von mir eine Erklärung? Okay, die konnte ich liefern, wobei ich fast nicht an mich halten konnte, so viel Freude und Dankbarkeit kamen in mir hoch.

«Ja, ich kann Ihnen was sagen. Ich hab zwar keine Ahnung von Medizin. Ich weiß nur, *wer* mich geheilt hat. Ich rede jetzt nicht von irgendwelchen anderen Ärzten oder Heilpraktikern. Wissen Sie, ich bin im Gefängnis und habe keine Möglichkeiten. Aber seit einiger Zeit bin ich ein gläubiger Mensch, und ich habe in den letzten Wochen um nichts so intensiv gebetet wie darum, dass Gott mir mein Augenlicht erhalten möge.»

«Sie haben also um ein Wunder gebetet?», fragte der alte Arzt nach – ernsthaft und ohne eine Spur von Ironie in der Stimme.

«Ja, exakt», gab ich zurück. «Und ... kann man das ein Wunder nennen?»

Der Arzt rückte nicht sofort mit einer Antwort heraus. Mitten im hektischen Krankenhausbetrieb ließ er sich einen Moment Zeit, um dann zu sagen: «Ja, Sie haben vielleicht recht. So kann man es nennen: ein Wunder! Ich habe auch keinen anderen Begriff dafür.»

✦ ✦ ✦

So verließ ich die Haftanstalt im August 2010 vollkommen verändert, geläutert, gereinigt und mit mehr als einem realen Wunder im Rucksack. Superman konnte nicht mehr Antrieb im Rücken haben, als ich unter dem Rollstuhl hatte.

Ich müsste noch ein zweites Buch schreiben, wollte ich die wunderbaren wie die schrecklichen Dinge aus der Haftzeit im Einzelnen berichten. Immer wieder war ich bedroht durch unzulässige Haftbedingungen, manchmal durch Schikanen von Leuten, für die ich nur eine Nummer in den Gefängnisakten war, oder von Schreibtischverordnungen, die das Leben eines Behinderten zur Hölle machen.

Aber ich traf auch großartige, verständnisvolle Leute wie den stellvertretenden Stadelheimer Gefängnisdirektor Dr. Gruber, um nur einen dieser Menschen zu nennen. Er brachte mir nach und nach ein immer größeres Vertrauen entgegen und erleichterte meine Haftbedingungen, wo immer es ihm möglich war.

Ich versuchte – so gut es nur ging – ihm dieses Vertrauen auch zu erwidern, um ihn nicht zu enttäuschen. Mir unterlief trotzdem mal ein leichtsinniger Fehler, weil ich aus einem meiner zahllosen Murnauer Krankenhausaufenthalte einmal, nichts ahnend der Folgen, ein Messer zum Tomatenschneiden mitbrachte. Man hätte dieses scharfe, spitze Kleinstilett in der JVA zu etwas ganz anderem benutzen können. Hätte ich doch nur vorher besser nachgedacht. Die Konsequenzen waren aber mild, da man erkannte, dass ich das nicht aus Absicht oder mit Hintergedanken getan hatte.

Wenn es schwer wurde – und nicht nur dann –, hatte ich einen Anker, der in die Tiefe ging. Ich wusste, dass Gott eine Realität ist, dass man ihn aus dem Stand heraus anrufen konnte und dass man dazu vorher keinen Antrag stellen und keinen Soulcheck durchlaufen musste.

Das Gebet, so viel hatte ich endlich verstanden, ist das Wichtigste im Leben. Und ich hatte gelernt, dass man es nicht nur ans Ende seiner Tagesordnung und seiner Krisenbewältigungsstrategien stellen durfte (in Sinne von: «Beten, wenn sonst nichts mehr hilft»). Gott musste ganz nach vorne, in die erste Reihe meines Lebens. Beten hieß:

Gott den ganzen Tag auf dem Monitor zu haben, hieß: ihn unaufhörlich zu suchen, sein Gesicht, seine Handschrift, seine Pläne mit mir. Beten hieß: in einem Grundklang von Freude und Dankbarkeit zu leben. Dann waren reale Wunder möglich.

27
Ostern für Sad Max

Eine wunderbare Geschichte bildet die Brücke aus dem Gefängnis heraus in mein neues Leben in Freiheit. Es ist – wie könnte es bei Josef Müller anders sein – eine Autogeschichte. Eines Tages sah ich einen sympathisch aussehenden braungebrannten Mann mittleren Alters vor dem Schwarzen Brett auf der Krankenstation im Knast. Rein optisch schien er so gar nicht zu den typischen Gefangenen zu passen. Vielleicht war er erst wenige Tage oder Stunden hier. Irgendein Gefühl sagte mir, dass ich ihn ansprechen sollte.

«Hallo, ich bin der Josef! Kann ich dir etwas helfen? Suchst du was am Schwarzen Brett?»

Der andere war dankbar für meine Ansprache.

«Ich heiße Max – und ich bin erst zwei Tage hier. Kannst du mir bitte sagen, wie das mit dem Versenden von Briefen hier läuft? Das scheint irgendwie kompliziert zu sein.»

Aus seinem Verhalten entnahm ich, dass der Mann nicht nur erst seit zwei Tagen hier war, sondern sich überhaupt das erste Mal in so einer Lage befand. Max, ein nicht allzu groß gewachsener Mann, machte sofort einen sehr angenehmen Eindruck auf mich. Gerne wollte ich ihm helfen. Sehr gerne sogar. Oft musste ich mich daran erinnern, dass ich die ersten Gefängnistage in meinem Leben, damals in Wien-Josefstadt, nur mit Hilfe eines anderen Gefangenen überlebt hatte, der mir Mut zusprach und mich mit Espresso belieferte. Dieses *Welcome!*-Gefühl wollte ich gerne jedem anderen Neuinhaftierten vermitteln.

Also erklärte ich Max erst einmal das Procedere des Postversands an Angehörige. Da dieser in der Regel über den Staatsanwalt gehen muss, kann es sein, dass die Post bis zu drei Wochen braucht, um beim Empfänger einzutreffen.

Max war niedergeschlagen. «Auch das noch!»
Ich bat ihn bis zum Ende der offenen Zellenzeit kurz in mein neues Zimmer herein, das – danke, Dr. Gruber! – bequem und fast komfortabel war, verglichen mit dem «Loch» meiner ersten Unterkunft in Stadelheim. Ich bereitete Max eine große Tasse duftenden Kaffees zu und schnitt ihm ein Stück von dem Rührkuchen ab, den es beim Lebensmittelhändler in der Anstalt gab. Verwundert und dankbar nahm er mein Angebot an und setzte sich.

Er erzählte mir seine Geschichte, dass er aufgrund einer an den Staatsanwalt herangetragenen irren Mutmaßung zu einer Bande von Versicherungsbetrügern gehören sollte, dass er das anfänglich kaum ernst genommen habe und dass er einen schlechten Anwalt habe. Er sei schuldlos und sitze hier als Justizirrtum ein. Max war selbständiger Kfz-Gutachter und hatte eine Firma mit vielen Mitarbeitern in München.

«Zwei Sachen hab ich für dich», sagte ich zu Max, «zwei Sachen, die dir in dieser Lage helfen können.»

Ich empfahl ihm zunächst meinen Anwalt und Freund, Steffen Ufer, einen der genialsten Strafverteidiger Deutschlands. Einerseits ein juristischer Vollprofi, andererseits einer mit einem Löwenherz für Menschen in Not. Der kann helfen, da war ich mir sicher.

«Und das Zweite ist: Wir könnten beten!»
Die Gesichtszüge von Max oszillierten binnen Sekunden zwischen «erstaunt», «dankbar» und «total verrückt». Kurzum: Max ließ sich auf diesen seltsamen Josef ein. Wir beteten also, blickten durch das vergitterte Fenster zum Himmel und baten Gott gemeinsam, er möge doch in seinem Verfahren so schnell wie möglich die Wahrheit ans Licht kommen lassen.

Dies war an einem Montag vor Ostern, ich weiß es noch ganz genau. Der Kontakt zum Anwalt war schnell hergestellt, und der gute Steffen Ufer kam umgehend zu meinem neuen Freund in das Gefängnis. Max erteilte ihm das Mandat, und Steffen Ufer versuchte sofort, ihn aus der Untersuchungshaft frei zu bekommen. Und es sah zunächst sehr gut aus.

Was in den nächsten Tagen geschehen sollte, werde ich nie vergessen. Max und ich trafen uns jeden Morgen und besprachen die Lage. Am Gründonnerstag teilte Max mir mit, dass er eben den Anwalt gesprochen habe. Der habe ihm mitgeteilt, dass seine Entlassung unmittelbar bevorstehe. Es gebe nur ein einziges Problem: Der zuständige Staatsanwalt, der seine Zustimmung erteilen musste, sei schon in den Osterferien.

Max war der Verzweiflung nahe: «Josef, jetzt hängt es nur noch an *einer* Unterschrift. Die Verdachtsmomente gegen mich reichen nicht aus, der Vorwurf konnte ausgeräumt werden. Stell dir das vor! Aber nun muss ich diese Tage trotzdem wie ein Verbrecher hinter Gittern verbringen! Getrennt von meiner lieben Frau Claudia, die das auch nicht versteht, dass es «nur» an einer Unterschrift hängt. Und das alles nur, weil dieser Staatsanwalt gestern in Urlaub gegangen ist! Ich dreh noch durch! Ich halte das nicht länger aus!» Max presste die Fäuste gegen seine Stirn.

Vergebens versuchte ich ihn zu beruhigen.

«Josef, ich habe mit meiner Frau das Osterwochenende in Venedig gebucht, und sie freut sich seit Wochen so sehr darauf! Und jetzt platzt alles. Wegen einer einzigen Unterschrift!»

Max war emotional am Nullpunkt angekommen, und ich konnte ihn zunächst nicht aus seinem Tief heraufholen.

Ich besann mich auf das, was größer war als Max' Verzweiflung und meine Grenzen: «Hör mal, Max, für Gott ist nichts unmöglich!»

Max war skeptisch: «Glaubst du wirklich, dass Gott sich für solche Kleinigkeiten interessiert?»

«Ja, Max, das glaube ich! Lass uns beten. Jetzt sofort. Sag ihm genau, was du willst und fühlst. Gott hört jedes Gebet!»

«Meinst du?»

«Ich meine das nicht nur. Ich weiß das!»

Max gab seinen inneren Widerstand auf. Er kniete sich auf den Boden und sah mit mir gemeinsam zum Fenster in Richtung Himmel. Wir flehten den Herrn an, sich irgendetwas einfallen zu lassen, damit Max und Claudia doch noch vor Ostern zusammenkamen und sich dieser Gefängnisspuk für ihn auflöste.

Von draußen vom Gang hörte ich den Vollzugsbeamten rufen: «Einschluss, meine Herren, Einschluss!»

Ich sah Max an und sprach: «Gut, Max, du musst jetzt in deine Zelle gehen. Wir beten weiter, jeder für sich, dass sich vielleicht doch noch eine Möglichkeit ergibt.»

«Gut, Josef. Ich danke dir von Herzen für alles, was du für mich tust.»

«Geht schon. Wir werden sehen, was passiert.»

Ich gebe zu: Innerlich war ich mir nicht sicher, ob es einen Ausweg aus dieser Lage gab. Ich kannte die Justiz und wusste nur zu gut, dass man eine Menge Geduld mitbringen musste, wenn sich etwas bewegen sollte. Gott sollte mich einmal mehr beschämen.

Gegen 15.00 Uhr traf ich einen freudestrahlenden Max auf dem Gang. Er hatte eine Sporttasche in der Hand und rief mir zu: «Du glaubst es nicht. Ich bin frei; frei, Josef! Der Anwalt war gerade hier und hat mir die freudige Nachricht überbracht. Die Entlassungsverfügung ist von der Staatsanwaltschaft unterschrieben und per Fax auf dem Weg ins Gefängnis. Er sagte, ich könne meine Sachen packen und würde heute noch entlassen werden. Josef, ich bin der glücklichste Mensch der Welt!»

Jetzt war ich selbst fast sprachlos über diese schnelle Wendung der Geschichte: «Mensch, Max, das ist ja der Hammer, das freut mich total für dich. Aber erzähl, wie kam es, dass es jetzt doch noch gelaufen ist?»

«Du wirst es nicht glauben, Josef, aber während der Staatsanwalt offiziell schon im Urlaub war, kam er noch einmal kurz in sein Büro, traf zufällig auf dem Weg unseren Steffen Ufer, den er offenbar kannte. Der schilderte ihm in aller Eile meinen Fall. Hey, und der brachte ihn doch tatsächlich dazu, meine Entlassungszustimmung zu unterzeichnen. Ist das nicht verrückt? Heute Morgen haben wir noch darum gebetet, jetzt ist es geschehen. Nicht zu fassen. Meine Frau ist bereits auf dem Weg hierher, um mich abzuholen. Wir fahren nach Venedig! Oh, Josef, ich bin so wahnsinnig glücklich! Ich glaube, so glücklich war ich noch nie.»

Das war nun echt ein Ding! Wir klatschten uns ab, als hätte unser Team gerade den Matchball verwandelt.

Ich blickte ihm gerade in die Augen: «Max, du kennst die Adresse, bei der du deinen Dank deponieren solltest?»

«Aber hallo! Weißt du, wohin wir als Erstes fahren, wenn Claudia mich hernach abholt? Wir fahren in unsere kleine Kirche nach Starnberg, und dort beten wir und stecken einen Wald voll Kerzen an.»

Max trug damals ein kleines goldenes Kreuz um den Hals. Er bestand darauf, es mir zu schenken. Dieses Kreuz trage ich in Erinnerung an diesen Vorfall heute noch.

Ach ja, eine Autogeschichte wollte ich erzählen. Max und ich blieben bis heute in Verbindung. Er half mir mehrmals bei meinen Klinikaufenthalten, damit ich dort die notwendigen Behandlungen bekommen konnte, die teilweise privat bezahlt werden mussten. Ich selber hatte ja nichts mehr. Er war großzügig, sehr sogar. Gott möge es ihm vergelten.

Als es zu meiner Haftentlassung kam, unterbreitete er mir folgenden Vorschlag: «Josef, du hast mir in der schwersten Zeit meines Lebens beigestanden, und jetzt werde ich dir helfen! Wenn du entlassen wirst, brauchst du als Rollstuhlfahrer ein Auto. Ich kauf dir ein gebrauchtes Teil, lasse es behindertengerecht umbauen und stelle es dir am Entlassungstag vor die Türe. Ich zahle die Versicherung und die Steuer für ein Jahr, und dann kaufst du es mir ab, oder ich verkaufe es wieder. Was hältst du davon?»

Ich war von den Socken. Tief gerührt. Glücklich. Mir lief plötzlich der Rotz runter. Verflixt. Ich bin doch kein Mädchen.

Wie hatte ich im letzten Kapitel gesagt? Wenn das hier das *neue Leben* war, dann konnte es mal so weitergehen. Meinethalben bis in Ewigkeit. Max hatte genau erkannt, was ich dringend brauchte: Ohne Fahrzeug war ich mit meiner Behinderung einfach aufgeschmissen. Und wie hätte ich mir ein solches Auto und dessen Umbau leisten können?

Und als ich aus dem Gefängnis trat, stand es da, ein wunderbares, viel zu großes, viel zu gut ausgestattetes Auto, das ich noch heute, drei Jahre später, besitze.

Mann, Max und Gott, die waren gut!

28
Mein neues Leben ist *on track*

Schon vor meiner Entlassung hörte ich im Radio vom Augsburger Gebetshaus. Ein paar junge Leute hatten die steile Idee, es müsste doch einen Ort geben, wo man 24 Stunden am Tag betet – und das sieben Tage die Woche. Gebetspower für Jesus, ein Livestream zum Himmel, rund um die Uhr. Die Idee begeisterte mich, auch wenn sie in keiner Weise taufrisch ist. Die alten Klöster kannten das seit Jahrhunderten, und in erneuerter Weise gibt es solche Häuser inzwischen auch in anderen Ländern.

Ich schaute mir das an und war fasziniert von der Hingabe und Power, welche die vorwiegend jungen Menschen dort versprühten. So etwas hatte ich noch nie gesehen. Und ich habe im Leben schon einiges gesehen! Da musste mehr dahinter sein.

Donnerstagabends fuhr ich regelmäßig die 64 Kilometer von Fürstenfeldbruck nach Augsburg, um beim Lobpreis, den Vorträgen und Gebetszeiten mit dabei zu sein. Mit der Zeit fiel ich im Rollstuhl natürlich auf, war ich doch der Einzige, der seinen Sitzplatz stets selbst mitbrachte. Ich kam auch mit den Leuten näher ins Gespräch, und wir waren uns auf Anhieb sympathisch. Ich konnte dort meine wilde Lebensgeschichte erzählen, outete mich bewusst, um zu sehen, was passieren würde.

Dr. Johannes Hartl, der Leiter des Gebetshauses, sah meine kolossale Lebensveränderung, brachte mir Vertrauen, Herzlichkeit und Wärme entgegen, genauso wie alle anderen Leute, die ich dort kennen lernen durfte. Ich war willkommen, obwohl ich Sümpfe ohne Ende durchquert habe. Nie sagte einer ein abwertendes Wort, niemand kam mir mit Abneigung entgegen.

Ganz im Gegenteil. Ich fand im Gebetshaus meine eigene Würde und den Respekt wieder, den ich nach über fünf Jahren Haft, in denen ich nur der «Verbrecher» war, zu verlieren drohte. Hier respektierte man mich als Menschen, und da hüpfte meine Seele.

Jedem im Gebetshaus, der diese Zeilen liest, gilt mein ganzer, ehrlicher Dank. Ihr habt mich immer wieder glücklich gemacht. Noch immer fahre ich sehr gerne Woche für Woche zu nächtlicher Stunde von Fürstenfeldbruck nach Augsburg, um selbst eine Gebetszeit zu leiten. Ich empfinde dabei solch eine Freude, dass ich damit nie wieder aufhören möchte.

✦ ✦ ✦

Weil immer mehr Leute kamen, drohte das Gebetshaus aus allen Nähten zu platzen. Neue Räume mussten her. Hartl rief eine Gruppe aus erfahrenen Spezialisten ins Leben, die sich darum kümmerte. Ich war mit dabei in diesem Fünferteam. Wir wollten zuerst ein altes Gebäude mieten und umbauen, stießen aber dann im Industriegebiet auf ein Fitness-Center, das im Umzug begriffen war. Das könnte man doch kaufen, die Geräte rausschmeißen und daraus ein Gebetshaus machen! Man konnte dann sozusagen Vertrauen trainieren und den Liebesspiegel wieder nach oben bringen!

Ich ließ mich von der Idee anstecken. Nur, wer sollte das bezahlen? Das würde ja irgendwas zwischen einer halben und einer ganzen Million kosten! Leider hatte ich die Telefonnummer von Bruce verlegt, hatte kein Geld mehr auf Schweizer Konten, keine geheimen Villen an der Côte d'Azur und keine Yacht, die sich unter der Hand hätte verscherbeln lassen.

Uff, mich juckte es in den Fingern wie einen alten Zirkusgaul bei Marschmusik in den Hufen. Mit Geld durfte und wollte ich in meinem Leben nie wieder etwas zu tun haben. Aber Ideen – so ein paar nette, kleine, steuerunschädliche Ideen, wie man an den Schotter für den lieben Gott kommt, die durfte man doch beisteuern, oder?

Vom Himmel her kam kein Einspruch. Also brachte ich meine Idee ein. Johannes und ich dachten uns ein Modell aus, wie wir durch Patenschaften zu je tausend Euro das Geld zusammenbekommen konnten. Fundraising! Wow! In mir erwachten alle Lebensgeister. Aber hallo! Da war es wieder, dieses Gefühl von Abenteuer. Diesmal für den Allerhöchsten Kohle akquirieren – das gab doppelt Power und machte irre Spaß.

Und es funktionierte prima. Im Sommer 2012 konnte das gesamte Gebäude ohne Schulden erworben werden. Das ganze Geld war in nicht einmal einem Jahr zusammengekommen – und es war noch so viel übrig, dass man Mittel für den Betrieb zur Verfügung hatte.

Damit war mein Auftrag erfolgreich beendet.

❖ ❖ ❖

Wenn mich heute jemand fragt, wie man endlich reich wird, sage ich ihm:

«*Endlich* reicht nicht. Du musst *unendlich* reich werden!»

Ich zeige ihm mein Haus. Ich darf darin wohnen, solange ich lebe. Ich zeige ihm mein Auto. Es ist vollgetankt. Auch mein Kühlschrank ist voll. Mein Konto ist lachhaft, aber es ist was drauf. Ich bin so frei wie ein Vogel in der Luft. In meiner Seele ist Frieden. Und dafür habe ich keinen Finger gerührt. Wurde mir alles geschenkt. Alles wurde mir in die Hände gelegt. Alles!

Es hat nur eine Weile gedauert, bis sie leer genug dafür waren.

Epilog

Trotz der vielen Schurkenstücke und Eskapaden während meines Berufslebens möchte ich in aller Bescheidenheit nicht unerwähnt lassen, dass ich lange Jahre in meiner Haupttätigkeit als redlicher Steuerberater meine Brötchen mit harter, gewissenhafter, kompetenter Arbeit verdient habe. Dies war immer ein Beruf, in den ich mich mit Leib und Seele investieren konnte und der mir große Freude bereitete. Ich begann – wie könnte es anders sein – mit einer weiblichen Auszubildenden, mit Dagmar, 1980 als kleiner fleißiger Steuerberater, der auch in der Folge nie vor 22 Uhr abends aus dem Büro kam und morgens stets als Erster wieder da war. Und mit der Zeit wuchs meine Kanzlei. Ich hatte bald viele fleißige Mitarbeiterinnen und Mitarbeiter, die sich ganz auf mich verlassen konnten. Ich beschäftigte auch andere Steuerberater und Juristen. Rosie, meine Bürovorsteherin, war mir bei allem eine sagenhafte Hilfe. Dank sei ihr, da sie mich in meiner Abwesenheit immer sehr gut und zuverlässig vertrat.

Ohne dieses große Engagement als Steuerberater wäre ich nie zu Ansehen und Würde gekommen; zu jenen wichtigen Aspekten also, die mir erst die Basis für all die notwendigen Kontakte und die künftigen Geschäfte gebaut haben. Wer meint, man käme allein mit einigen guten Beziehungen und dank ein paar glücklichen Umständen weit nach oben, der täuscht sich eben. Hinter so einem Weg stehen enorm viel Aufwand und Einsatz. Oder anders gesagt: «Von nichts – kommt nichts.» Auch in dieser Branche nicht.

Ich habe in zwölf Jahren vier Steuer- und Wirtschaftsprüfungskanzleien mit insgesamt fünfzig Mitarbeiterinnen und Mitarbeitern hochgezogen. Das ist die seriöse Grundlage meiner wilden Geschichte; jene Grundlage, an die ich bis heute gerne zurückdenke und die nicht vergessen sein soll.

Danksagung

Zurückblickend auf mein früheres Leben empfinde ich Dank. Großen Dank. Das gilt vor allem für Menschen, die mich begleitet haben. Insbesondere für die Frauen an meiner Seite. Ich weiß, dass es wirklich nicht immer einfach mit mir war. Ich weiß aber auch, dass es eine aufregende und prickelnde Zeit miteinander war. Das Gute und Schöne werde ich nie vergessen.

Für mein nicht zu knappes Fehlverhalten und auch für meine Untreue möchte ich mich heute entschuldigen: bei Christl, Elke, Stefanie, Christiane, Claudia, Sylvie, Susanne, Inez, Melanie, Carolin und meiner geschiedenen Frau Sandra. Sorry. Sorry! Ihr seid Teil meiner Geschichte, und ihr liegt mir so sehr am Herzen, dass ihr nicht unerwähnt bleiben dürft.

Aber auch Männer haben mich begleitet, deren Freundschaft mir sehr wertvoll ist.

Ralph darf hier genauso wenig fehlen wie Charles und Kalle, Axel und Andy. Ich habe euch oft begeistern können, aber auch manchmal enttäuscht.

Ohne meinen Freund und Anwalt Steffen Ufer, der mich juristisch vertrat und mir als Mensch in meiner schwersten Zeit eine große Stütze war, wäre ich vermutlich heute noch im Gefängnis. (Wobei ich betonen möchte, dass nicht er es war, der mir vor und während meiner Flucht Ratschläge gab.)

Reinhold, Serap, Marion, Max und Reinhardt – ohne euch wäre mir der Neuanfang sehr viel schwerer gelungen. Danke für eure menschliche wie auch finanzielle Unterstützung.

Ein besonders handfester Dank geht an Bernd, der mir bis heute treu zur Seite steht und in allen praktischen Dingen hilft. Seine unerschütterliche Natur erlaubt es ihm, mich auch durch schwere Phasen hindurch zu ertragen.

Ein Dank geht nach Innsbruck zu Richard: Danke für deine Hilfe und deinen stets wertvollen Rat; dasselbe gilt für Yvonne aus Zürich.

Rosi und ihre ganze Familie, Lui, Regine, KD, Christoph, Samuel, Susann, Thomas, Walter und Uli: Ihr seid mir stets eine menschliche Bereicherung gewesen.

Ein Autofreak wie ich hat auch seinen Chauffeuren zu danken. Ich danke den Herren Hoffmann, Düfrein und Farid. Und meinen beiden treuen Fahrern Charles A. (Nigeria) und Thierry R. (franz. Guayana). Ihr seid nicht selten einen heißen Reifen gefahren und habt so manche heiße Story live miterlebt. Ich schätze eure Diskretion und eure Professionalität, an der ich bis heute keine Zweifel habe. Danke, dass ihr mich stets sicher ans Ziel gebracht habt.

✦ ✦ ✦

Allen, die mithalfen, dass dieses Buch in dem vorliegenden Umfang erscheinen konnte, sei an dieser Stelle mein großer Dank übermittelt.

Im Besonderen danke ich Bernhard, der mich unterstützt und auch in schwachen Momenten ermutigt hat. Du hast meine Idee vom Flyer bis zum fertigen Buch begleitet. Deine Vision war wie ein roter Faden in allem. In vielerlei Hinsicht hast du mir mit Vorschlägen und Formulierungen zur Seite gestanden.

Uschi und Louis gilt mein Dank für ihre telefonische und persönliche Unterstützung. Ihr seid treue Freunde, die es verstanden haben, mich von negativen Einflüssen fernzuhalten. Ihr habt mir stets Ermutigungen zugesprochen und guten Rat gegeben. Ohne euch hätte ich es vermutlich nicht geschafft. Ihr habt mir auch als geistliche Begleiter so manche neue Lebenssituation erklären können.

Dorothe gilt mein besonderer Dank für die Vorkorrekturen der einzelnen Kapitel.

Dario hat mich ermutigt, bei Angriffen aus der sichtbaren und der unsichtbaren Welt durchzuhalten und alles im Gebet und im Vertrauen immer wieder vor Gott zu bringen. Danke, dass du deine Erfahrungen mit mir geteilt hast. Ich bewundere deine Bücher, und ich staune über die Kraft, aus der du schöpfst und die deine Vorträge so lebendig macht.

Daniel danke ich für das Einrichten des Computers, mit dessen Hilfe ich dieses Buch schreiben konnte. Hannes und Steffi, ihr habt mir den Weg zum ersten Werbematerial geebnet.

Heinz, du bist nicht nur der Pastor meiner Gemeinde, sondern auch ein Freund, der mich stets ermutigt und im Gebet unterstützt hat. Das Gleiche gilt für die Jungs aus der *small group* vom Mittwoch.

Mein geschwisterlicher Dank gilt allen Betern aus meiner Gemeinde in Olching wie auch den Paten und Unterstützern des Gebetshauses in Augsburg.

Dominik danke ich für den Glauben an den Erfolg und für sein Engagement zur Vermarktung des Buches. Er wurde zu einem guten Ratgeber und Freund. Allen Mitarbeitern des Brunnen Verlags Basel danke ich für ihren wertvollen Einsatz. Insbesondere Christian, der als Lektor durch seinen treuen Dienst und seine lustige Art zum Gelingen beitrug. Aber auch Vera, Anne und Mirjam. Und natürlich Jessica, deren Pressearbeit mir sehr viel bedeutet.

Mein Kompliment gilt – last, but not least – dem Fotografen Daniel Biskup, der mich trotz Eiseskälte im Winter in meinem Sommeranzug abgelichtet hat. Mehrere Stunden lang. Und stets mit einem Lächeln auf den Lippen!

Anmerkungen

[1] Als Weichbild wird die äußere und innere Erscheinungsform eines städtebaulichen Ensembles bezeichnet. Es kann aber auch auf die gesamte Ausdehnung eines bewohnten Gebietes angewandt werden und damit ihre Begrenzung meinen (Quelle: de.wikipedia.org).
[2] Drittorden sind Laienvereinigungen, die an große Ordensgemeinschaften angeschlossen sind. Man ist Mitglied des Ordens, bleibt aber in der «Welt», darf auch heiraten.
[3] Süddeutsche Tradition: Eng in Bänder gewickeltes Jesuskind, das in der Weihnachtszeit zur Verehrung ausgestellt wird.
[4] Peregrine Financial Group in Chicago.
[5] Der Atlantic Intracoastal Waterway ist eine Wasserstraße, die parallel zur Küste ein paar hundert Meter landeinwärts verläuft. Sie ist 4800 Kilometer lang. Sie reicht von Florida bis nach Boston in Massachusetts und dient sowohl der kommerziellen Nutzung als auch der Erholung.
[6] Onkologen befassen sich mit der Diagnostik, Prävention, Therapie, Heilung und Nachsorge von bösartigen Tumoren. Dazu gehören Anamnese, Laboruntersuchungen, chirurgische Tumorentfernung, Strahlentherapie und Chemotherapie von Krebserkrankungen (Quelle: www.paradisi.de/Health_und_Ernaehrung/Heilberufe/Onkologen/).
[7] Die Zählung unterscheidet sich zwischen den Konfessionen. Im katholischen Raum zum Beispiel ist dieses das sechste Gebot.
[8] Realty = Immobilie
[9] Talmi (von französisch Tallois-demi-or) ist ein Falschgold, das zuerst von Tallois, einem Pariser Fabrikanten, hergestellt wurde. Es war eine Kupfer-Zink-Legierung, die mit Blattgold überzogen wurde. Das Material wurde für Schmuck verwendet. Der Begriff «Talmi»

wird (veraltet) umgangssprachlich auch für die Bezeichnung von Modeschmuck verwendet. Im übertragenen Sinn bezeichnet Talmi heute etwas Unechtes, nicht Authentisches (Quelle: de.wikipedia.org).

[10] Die Bibelzitate entstammen in der Regel einer dieser drei Übersetzungen:

Einheitsübersetzung © 1980 Katholische Bibelanstalt, Stuttgart;

Gute Nachricht © 1997 Deutsche Bibelgesellschaft, Stuttgart;

Hoffnung für alle © 1983, 1996, 2002 Biblica™, Hrsg.: Brunnen Verlag Basel.

Anhang

```
Justizvollzugsanstalt München          Datum: 18.06.2009
Stadelheimer Straße 12
81549   München

089 / 69922-0
089 / 69922-490
```

Haftbescheinigung
für

```
Familienname: Müller
Vorname(n)  : Josef
Geburtstag  : 25.09.1955

GBNr.       : 26 1 250/2007


Der / Die Gefangene befindet sich seit  26.04.2005 in Haft.
Haftart z.Z.: Freiheitsstrafe, zeitig
Frühest mögliches Haftende:             11.02.2011
Voraussichtliches Haftende:             03.09.2014
```

Haftbescheinigung der JVA. Geplantes Haftende: September 2014!

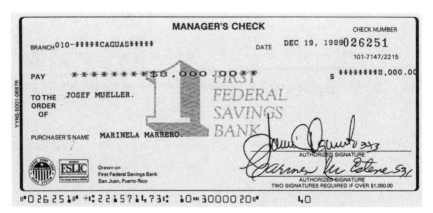

So genannte «Negerschecks» von Bruce, siehe Kapitel 8.

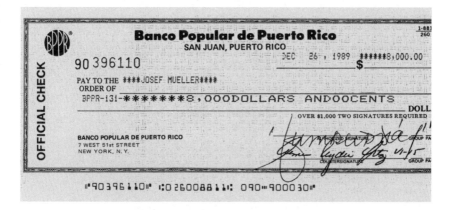

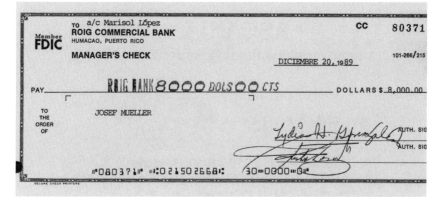

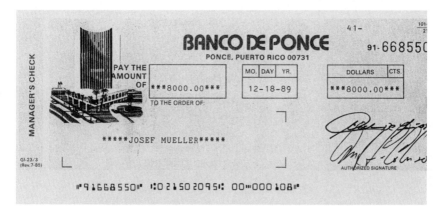

Weitere «Negerschecks» von Bruce, siehe Kapitel 8.

TREUTAX
Treuhand- und Steuerberatungsgesellschaft mbH

Joseph Müller

Schneckenburgerstraße 22   81675 München
Fon 089 - 4570 9922   Fax 089 - 470 10 40
e-mail info@treutax.com   Internet: www.treutax.com

ASCANIA
Vermögensverwaltungsgesellschaft mbH

Joseph Müller

Arabellastraße 5/1107 * D - 81925 München
Telefon: 089/91076911 * Telefax: 089/91076955
Email: info@ascania-muenchen.de

Leon Dean
Consultant

2999 N.E., 191st Street
Suite 700, Aventura, FL 33180
Mobile USA: 001-305-409 35 52
Mobile Austria: 0043-676-705 96 64

Visitenkarten von Josef Müller alias «Leon Dean».

El Presidente de la República de Panamá

A todos los que las presentes vieren,

Salud:

Por cuanto que es conveniente a los intereses del Estado desarrollar las relaciones comerciales que felizmente existen entre la República de Panamá y la de _República Federal de Alemania_ ha tenido a bien nombrar al señor _Joseph Muller_ por sus aptitudes y probidad _Cónsul honorario de Panamá en Munich, República Federal de Alemania_ otorgándole la competencia necesaria reconocida por el Derecho Internacional.

Por tanto encarece al Gobierno de _República Federal de Alemania_ reconocer al nombrado con el carácter expresado, prestarle su apoyo, concederle las prerrogativas inherentes a la jerarquía del cargo que se le confiere y permitirle ejercerlo libremente.

En fe de ello, he hecho expedir las presentes Letras Patentes firmadas de mi mano, selladas con el escudo de la República y refrendadas por el Ministro de Relaciones Exteriores en el Palacio Presidencial, en Panamá, a los _(15)_ días del mes de _mayo_ del año mil novecientos _noventa (1990)_

Registro N° 31

Refrendado.

El Ministro de Relaciones Exteriores, Julio E. Linares

Guillermo Endara Galimany

Ernennungsurkunde zum Konsul durch den Präsidenten von Panamá.

İstanbul.6.08.1992

To the attention : MR.RİJ█████

    Adress and signature indicated herebelow I Mustafa At█████ hereby irrevocabelly confirm that, according to our various telephone conversations and decisions taken during our discussions with your representative that the selling of Libian Dinars according to below mentioned conditions and purchaser complying fully all conditions intime. The seller will also fully comply all conditions under this contract, none of the conditions under this contract can be changed without approval.of both sides, all conditions under this contract will be preserved from third persons, all transactions will be applied according International Trade conditions.

SUBJECT OF THE AGREEMENT	: Delivery and sales of cash L.D.
QUANTITY	: 1.200.000.000 Libian Dinars in tranches of 100.000.000 L.D.each per mounth.
PRICE	: One (1) L.D - USD. 0.95
PLACE OF THE EXCHANGE	: In a prima Bank in İstanbul or in an agreed and trustable place by both parties.
PAYMENT	: After control, counting and expertising receipt of the cash Libian Dinars the buyer will pay the countervalue to the Seller in USD or DM or FS or in Türkish Liras. All the basis of the Free Market's exchange rate at the time of the exchange. The seller as the wright to count, Control and expertize. the above mentioned foreign courances paid by the Buyer.

- / -

Auszug aus dem Auftrag zum Umtausch von Libyschen Dinar in Höhe von 1,2 Milliarden US Dollar, siehe Kapitel 7.

AUSWÄRTIGES AMT
701-701. AM 21/ PAN

VERBALNOTE

Das Auswärtige Amt beehrt sich, der Botschaft der Republik Panama auf ihre Verbalnote Nr. EPALF -212/90 vom 20.06.1990 und unter Bezugnahme auf seine Verbalnote vom 14.3.1990 - 701-701.AM 21/PAN - mitzuteilen, daß die Bundesregierung der Errichtung einer honorarkonsularischen Vertretung im Range eines Honorarkonsulats in München zustimmt und Herrn Joseph Müller das Exequatur als Leiter dieser honorarkonsularischen Vertretung im Range eines Honorarkonsuls erteilt hat.

Die Botschaft wird gebeten, Herrn Müller darauf hinzuweisen, daß sein Titel Honorarkonsul lautet. Auf die Rundnote Nr. 6/88 des Auswärtigen Amts vom 14. März 1988 wird insoweit Bezug genommen.
Weiter wird um Mitteilung der Anschrift, der Telefonnummer und der Öffnungszeiten des zu errichtenden Büros für diesen Honorarkonsularbeamten gebeten, damit das Konsularverzeichnis entsprechend ergänzt werden kann.

Der Konsularbezirk umfaßt das Land Bayern.

Das Auswärtige Amt beehrt sich, die Botschaft der Republik Panama erneut seiner ausgezeichneten Hochachtung zu versichern.

Bonn, den 15.10.1990

An die
Botschaft der
Republik Panama

Ernennungsurkunde zum Honorarkonsul durch das Auswärtige Amt in Bonn, siehe Kapitel 12.

Artikel aus der BILD Zeitung vom 13. Januar 2007.

13. Januar 2007 ★ BILD MÜNCHEN ★ Seite 7

te schnelle Autos, Yachten und ein Leben in der High-Society

Konsul betrog Münchner um 7,5 Millionen

Von **GEORG GOMOLKA**

München – **Rollstuhlfahrer Josef M. (55) hat sie alle genarrt: 380 Kunden seiner Anlagefirma „Ascania" nahm er gnadenlos aus, ergaunerte 7,5 Millionen Euro.** Dann verprasste der Ex-Honorkonsul von Panama das Geld für ein Luxusleben in der Münchner Schickeria.

Er kaufte sich eine Motoryacht für 850 000 Euro auf Mallorca, einen Mercedes SLR McLaren für 400 000 Euro, einen Maybach für 205 000 Euro – Chauffeur inklusive. Dazu kamen noch mehrere BMW und eine Wohnung in Solln für satte 800 000 Euro.

Gigantische Verschwendung, um den Schmerz seiner Behinderung zu betäuben. Josef M. ist seit 1973 an den Rollstuhl gefesselt. Ein Autounfall nahm ihm das Gefühl abwärts der Brust, lähmte Beine und Darm. Nachts hob er seine Beute mit mehreren EC-Karten am Automaten ab – im Minutentakt bis zu 1000 Euro.

Gleichzeitig überwies er Anlagegelder auf seine Konten.

Geldwäschefahnder wurden stutzig, alles flog auf. Die Justiz gewährte ihm jahrelang Haftaufschub, weil kein geeigneter Knast für den Querschnittgelähmten zu finden war. Als ein Platz in der JVA Hövelhof (Paderborn) bereitstand, flüchtete Josef M. mit einem gefälschten Pass unter dem Namen „Dean Leon" in die USA. „Er hatte Helfer", sagte die Polizei damals. Im April 2005 gelang seine Festnahme in Wien, Josef M. wurde ausgeliefert.

Nun muss er endgültig büßen. Vor Gericht gestand er in Begleitung seiner Anwälte Steffen Ufer und Roland Hasl: „Ich wollte einen Lebensstandard wie ein nichtbehinderter Mensch – und Luxus dazu." Er hatte plötzlich viele „Freunde", ging zu Partys und speiste elegant im Hotel. Josef M.: „Wenn ich Geld und Autos hatte, hat es immer funktioniert." Dazu kam: Mit seinem Protz-Auftreten konnte er viele neue Anleger gewinnen...

Jetzt bekam er endlich die Quittung vom Landgericht München: Fünf Jahre und drei Monate Knast.

Sein Lieblingsauto: Ein Maybach (550 PS, 250 km/h)

Motoryacht auf Mallorca: Ein Traum den sich M. erfüllte

Münchner Merkur Nr. 273

Honorarkonsul blamiert die Justiz

Der Fall des geflüchteten Betrügers Josef Müller entpuppt sich für die Justiz immer mehr als Blamage. Wie berichtet, war der 49-Jährige Anfang Oktober abgetaucht, weil er eine Haftstrafe antreten sollte, zu der er bereits 1992 verurteilt worden war. Wegen angeblicher Pflegebedürftigkeit hatte Müller, der seit einem Autounfall querschnittsgelähmt ist und im Rollstuhl sitzt, eine Vollstreckung immer wieder verhindern können. Jetzt räumen die Ermittler indirekt ein, dass sie der gebürtige Fürstenfeldbrucker vermutlich genarrt hat. Nach dem 49-jährigen wird EU-weit gefahndet. Vermutlich hat er sich ins Ausland abgesetzt. Er könnte im Besitz von Diplomatenpässen sein. Von 1990 bis 1993 war Müller Honorarkonsul von Panama. 1992 war Josef Müller, der zuletzt in Pullach wohnte, unter anderem wegen Kreditbetrugs zu viereinhalb Jahren Haft verurteilt worden. Mittels ärztlicher Gutachten gelang es ihm aber, der Zelle zu entgehen. Zwar gibt es in Bayern reichlich behindertengerechte Haftplätze. Aber laut S sanwaltschaft habe sich ke Gefängnis bereit erklärt, ihn aufzunehmen. Erst jetzt – zwölf Jahre nach d

Josef Müller. Foto: Polizei

Verurteilung – fand sich eine Haftanstalt in Nordrhein-Westfalen. Am 22. September erging n Vollstreckungshaftb l und Müller tauchte ab.

Die Agilität des Rollstuhlfahrers scheint die Behörden überrascht zu haben. „Momentan gehen die Ermittlungsbehörden davon aus, Herrn Müller auch in jeder bayerischen Haftanstalt unterbringen zu können", hieß es gestern in einer Mitteilung der Polizei. Dabei war der 49-Jährige, der als schillernde Figur der Promi-Szene gilt und 1994 ein Lifestyle-Magazin für Behinderte herausgab, bis zuletzt höchst aktiv. Als Chef der Münchner *Ascania Vermögensverwaltung* bot er Börsenspekulationen mit hohen Renditen an und lebte selbst auf großem Fuß.

Jetzt ist mit Müller das Geld der Anleger weg. Sieben Millionen Euro sind bekannt, um bis zu 25 Millionen soll es gehen. Die Staatsanwaltschaft, die wegen Anlagebetrugs ermittelt, hat bisher nur eine Million Euro gefunden.

Wolfgang Hauskrecht

Artikel aus dem «Münchner Merkur».

Luxusleben mit fremdem Geld

Gericht schickt Ex-Konsul im Rollstuhl hinter Gitter

Er lebte auf großem Fuß und gab das Geld mit vollen Händen aus. Er residierte in bester Lage, direkt neben dem Bundesnachrichtendienst in Pullach. In der Garage drängten sich die Luxuslimousinen, eine Motoryacht ankerte vor Mallorca. Das Luxusleben des Josef M., 51, hatte nur einen Haken: Es war nicht sein Geld, mit dem er um sich warf, sondern das hunderter geprellter Kapitalanleger. Josef M. war das gleichgültig, denn er wähnte sich in Sicherheit. Weil er querschnittgelähmt ist und viel Pflege braucht, ist er auf ein behindertengerechtes Gefängnis angewiesen. Das gab es lange Zeit nicht, bis sich ein Platz in Stadelheim fand. Dort muss er nun schlimmstenfalls fast zehn Jahre absitzen.

Der Fall des Josef M. hatte immer wieder für (negative) Schlagzeilen gesorgt. Als ehemaliger Honorarkonsul von Panama geisterte der gelernte Steuerberater durch die Gazetten, eine Verurteilung reihte sich an die nächste. Der seit mehr als 30 Jahren im Rollstuhl sitzende Angeklagte hatte bis zum Jahr 2004 Haftstrafen von rund viereinhalb Jahre angesammelt, die er aber wegen des Fehlens eines rollstuhlgerechten Gefängnisses nicht anzutreten brauchte.

Die Zeit in Freiheit nutzte er, um immer wieder neue Betrügereien zu begehen. 2001 übernahm er die „Ascania Vermögensverwaltung GmbH" mit Sitz in München. Als Geschäftsführer widmete er sich der Akquise von fremdem Kapital, mit dem er einen spekulativen Handel betrieb. Fast 400 Anleger ließen sich von den glänzenden Renditeversprechungen des Angeklagten blenden und vertrauten ihm insgesamt fast neun Millionen Euro an.

Von dem Geld gönnte sich Josef M. ein Leben im Luxus. Dazu zählten wilde Partys ebenso wie protzige Statussymbole, etwa eine Motoryacht im Wert von rund 850 000 Euro, ein Maybach oder ein Mercedes SLR McLaren. Er habe auf dem „gleichen Level" wie nicht behinderte Menschen leben wollen, gestand er vor dem Landgericht München I, das ihm den Prozess machte. Fünf Jahre und drei Monate Haft lautete das Urteil, wobei sich vor allem das umfassende Geständnis des Angeklagten erheblich strafmildernd auswirkte.

Dem Prozess vorausgegangen war eine spektakuläre Flucht des Angeklagten. Als der Schwindel nämlich 2004 aufflog, tauchte er unter. Zielfahnder des Bayerischen Landeskriminalamtes (LKA) setzten sich auf seine Spur und lokalisierten ihn in Miami. Von dort flüchtete er nach Jamaika, dann nach England und schließlich landete er in Wien, wo er im April 2005 festgenommen werden konnte.

Das Landgericht machte kurzen Prozess mit dem Millionenbetrüger. Die fünf Jahre und drei Monate Haft wegen Betruges in 383 Fällen sind bereits rechtskräftig. Zusätzlich muss Josef M. aber auch noch seine früheren Haftstrafen von insgesamt rund viereinhalb Jahren hinter Gitter verbringen. Sein Anwalt Roland Hasl hofft dennoch auf Haftlockerungsmaßnahmen. Die geprellten Anleger werden auf einen Großteil ihrer Gelder wohl für immer verzichten müssen. Nur etwa ein Drittel der fast neun Millionen Euro floss bislang zurück. *Alexander Krug*

Artikel aus der «Süddeutschen Zeitung» vom 14. Januar 2007.

MÜNCHEN

Rollstuhl-Konsul muss mehr als 5 Jahre in Haft

Josef Müller (51) hat Anleger um 7,3 Millionen Euro geprellt

MÜNCHEN Sein prominentestes Opfer war der Schlagersänger und Musikproduzent Bernie Paul („Lucky", „Sail away"). Um 500 000 Euro hat ihn der Ex-Konsul von Panama, der 51-jährige Josef Müller, betrogen. Insgesamt hat Müller, der nach einem Verkehrsunfall 1973 querschnittsgelähmt im Rollstuhl sitzt, 383 Anleger reingelegt. Sein Trick war simpel: Er stellte seinen „Kunden" hohe Renditen bei Börsengeschäften in Aussicht. Doch mit den Geldern finanzierte der Steuerberater sein Luxusleben (AZ berichtete). Schaden: 7,3 Millionen Euro.

Die 6. Strafkammer des Landgerichts München I hat Müller jetzt zu fünf Jahren und drei Monaten Haft verurteilt. Im Prozess sagte Müller, dass er mit dem Geld „Freundschaften" erkauft und Menschen ausgehalten habe: „Wenn ich Geld und Autos gehabt habe, hat es immer funktioniert. Ich habe mir etwas vorgemacht." Müller hatte eine Motoryacht (850 000 Euro) vor Mallorca und verschiedene Luxuskarossen. Unter anderem einen Mercedes SL McLaren und einen Mercedes Maybach mit Chauffeur. Seine Gäste empfing er in einer teuren Wohnung in Solln. Jetzt sitzt Müller im Gefängnis München-Stadelheim in einer behindertengerechten Zelle.

Sein Strafverteidiger Roland Hasl zur AZ: „Jetzt wird darüber nachgedacht, wie der Vollzug der Strafe zu gestalten ist. Eventuell kommt auch ein offener Vollzug in Frage. Zum hohen Strafmaß meint Hasl: „Man konnte sich auf ein noch verträgliches Strafmaß einigen." Denn sein Mandant sei bereits wegen Wirtschaftsdelikten vorbestraft

Artikel aus der «AZ» vom 13. Januar 2007.

Wochenende, 13./14. 1. 2007

Steuerberater Josef Müller durfte zur Beerdigung seiner Mutter Rosalia (85 †) seine Zelle verlassen. Foto: Mike Schmalz

Das Gericht habe bei Prozessbeginn sogar mit mehr als acht Jahren Haft gedroht.

Müller war eine schillernde Figur. Der Sohn eines Polizeibeamten fehlte auf keiner Promi-Party. Schauspieler und Sänger zählten zu seinem „Freundeskreis". 2004 versuchte er, sich der Justiz zu entziehen. Mit einem gefälschten britischen Pass flüchtete er in die USA. Von dort nach Jamaika und wieder zurück nach Europa. Im April 2005 wurde er in Wien festgenommen. Die Polizei konnte rund 1,7 Millionen Euro und die Luxuskarossen sicherstellen.

Nur einmal durfte Müller nach seiner Festnahme in Freiheit. Das war zur Beerdigung seiner Mutter Rosalia (85 †) im Mai 2005. **Torsten Huber**

Betrüger führt Luxusleben vom Geld anderer

Jahrelange Haft für Millionenschwindler – Behinderung stimmt Richter milde

Das Landgericht München I hat den früheren Honorarkonsul von Panama wegen millionenschweren Anlagebetrugs mit seiner *Ascania Vermögensverwaltung GmbH* zu fünf Jahren und drei Monaten Haft verurteilt. Der 51 Jahre alte querschnittsgelähmte Josef M. hat in 383 Fällen Kapitalanleger um rund 7,3 Millionen Euro gebracht und einen großen Teil des Geldes für sein kostspieliges Leben ausgegeben.

Auf schweren Betrug stehen bei einem einzigen Fall bis zu zehn Jahre Haft. Bei dem querschnittsgelähmten Josef M. aber zeigten sich die Richter trotz einschlägiger Vorstrafen milde, da er wegen seiner Behinderung besonders stark unter der Haft leiden würde. Der Konsul sitzt seit einem Verkehrsunfall 1973 im Rollstuhl.

Foto:dpa

Neben etlichen anderen Luxusautos stand auch ein Mercedes „Maybach" im Fuhrpark des betrügerischen Konsuls.

Bereits Mitte der 90er-Jahre hatte das Landgericht München II Josef M. wegen Bankrotts, Konkursverschleppung, Kreditbetrugs, Untreue und Steuerhinterziehung zu viereinhalb Jahren verurteilt. Damals kam der Mann aber nicht ins Gefängnis, da ihm Amtsärzte wiederholt extreme Pflegebedürftigkeit bescheinigten und sich kein geeigneter Haftplatz fand.

Josef M. nutzte dies für weitere Betrügereien: Als Chef der *Ascania* versprach er Kapitalanlegern beim Handel mit Dax-Futures bis zu zehn Prozent Rendite. Mehrere hundert Anleger vertrauten ihm ihr Vermögen für Börsengeschäfte an. Josef M. allerdings gab das Geld für persönlichen Luxus aus. Neben einer Yacht besaß der Mann einen Fuhrpark, in dem sogar ein Mercedes „Maybach", im Wert von 370 000 Euro stand.

Parallel zu den Ermittlungen der Staatsanwaltschaft im Fall *Ascania* fand sich im Herbst 2004 ein Gefängnis in Paderborn, das Josef M. trotz Behinderung aufnehmen konnte.

Als der Konsul davon erfuhr, setzte er sich ins Ausland ab. Sechs Monate lang verfolgten Zielfahnder den Mann rund um den Globus, bevor sie ihn im April 2005 in Wien endlich schnappen konnten.

Seit seiner Auslieferung nach München sitzt er in einer behindertengerechten Zelle in Stadelheim, wo er auch den Rest der Strafe verbringen soll. ■ **Betina Link**

Artikel aus dem «Münchner Merkur» vom 13. Januar 2007.

Beim verstorbenen Modedesigner und Freund Rudolph Moshammer hat Josef sich gerne mal eingekleidet. Das hatte natürlich seinen Preis ...

O-Ton Josef Müller: «20.000 war meine Ration für das Wochenende; das reichte genau aus.»